二战经典战役丛书

雷霆杀机

二战四大闪击战

二战经典战役编委会◎编译

中国铁道出版社有限公司
CHINA RAILWAY PUBLISHING HOUSE CO., LTD.

图书在版编目（CIP）数据

雷霆杀机：二战四大闪击战 / 二战经典战役编委会编译. —北京：中国铁道出版社，2017.1（2022.1重印）
（二战经典战役）
ISBN 978-7-113-22409-7

Ⅰ.①雷… Ⅱ.①二… Ⅲ.①第二次世界大战战役－闪击战－史料
Ⅳ.①E195.2

中国版本图书馆CIP数据核字（2016）第234873号

书　　名：雷霆杀机——二战四大闪击战
作　　者：二战经典战役编委会

责任编辑：刘建玮　　　　　　　电　话：（010）51873005
装帧设计：艺海晴空
责任印制：赵星辰

出版发行：中国铁道出版社有限公司（北京市西城区右安门西街8号　邮编100054）
印　　刷：永清县晔盛亚胶印有限公司
版　　次：2017年1月第1版　2022年1月第2次印刷
开　　本：787mm×1092mm　1/16　印张：19　字数：426千字
书　　号：ISBN 978-7-113-22409-7
定　　价：69.80元

01 BATTLE

第一篇　闪击·波兰/1

BATTLE

第二篇 闪击·法兰西/75

03 BATTLE

第三篇　闪击·苏维埃/149

01 BATTLE

第四篇　闪击·珍珠港/223

01

BATTLE

第一篇 > 闪击·波兰

第1章
CHAPTER ONE

逐渐复苏的德国

★凡尔赛和约规定了德国必须交出并归入赔款账内的实物清单。在附加的经济条款中，将德国重要的河流交由国际专门委员会控制，法国可免税向德国出口一定数量货物，而德国出口货物则必须付税。

★1930年和1932年，纳粹又先后出台《迅速提供就业——战胜危机纲领》和《农民纲领》，宣称将保护中小企业和农民。纳粹党通过以上的宣传和政策，笼络了大批不明真相的中小资产者和农民。

No.1 "道威斯计划"

从1919年1月18日到1919年6月28日，第一次世界大战战胜国在巴黎召开会议，与战败国分别签订合约，建立国际联盟，后又举行华盛顿会议，构筑了所谓的凡尔赛－华盛顿体系。

1919年6月28日，《协约及参战各国对德和约》的签字仪式在凡尔赛宫镜厅举行。整个对德合约的草拟和讨论过程都是在排除德国政府参与的情况下进行的。

对此德国各地纷纷举行群众集会，全国还举行了"国民哀悼周"，以示抗议，坚决要求政府不要在"凡尔赛和约"上签字。

德国国家内阁集体辞职，组成新政府，新政府提出的任何保留意见都遭到了协约国的拒绝。直到停战期限终止前1小时30分，德国才宣布无条件接受和约。

凡尔赛对德和约共15部分，440条，其主要内容包括：

第一，重新划定德国疆界，阿尔萨斯－洛林归还法国，萨尔煤矿归法国所有，15年后举行全民投票决定其归属。莱茵河右岸50～60公里以内地区划定为非军事区，德国无权设防，左岸则由协约国占领5年等等。（自此，德国领土减少13.5%，人口减少10%以上。）

第二，瓜分德国所有海外殖民地，而按委任统治制交由英、法、比、日管理，限制德国军备，废除其普遍义务兵役制，陆军不得超过10万人，海军兵员不得超过1.5万人，禁止生产和输入坦克、装甲车和其他重型武器，禁止拥有潜艇及军用飞机，并规定德国拥有军舰的最多限额。

第三，规定赔偿原则和附加的经济条款。和约规定德国应赔偿协约国因战争所受的一切损失，由协约国赔偿委员会在1921年5月1日以前决定德国在30年内的赔偿总额，在此之前德国应交付协约国50亿美元的赔款。

此外，和约还规定了德国必须交出并归入赔款账内的实物清单。在附加的经济条款中，将德国重要的河流交由国际专门委员会控制，法国可免税向德国出口一定数量货物，而德国出口货物则必须付税。

凡尔赛－华盛顿体系的建立，是按照战胜国的意志对战败国，特别是对德国进行的领土瓜分和划定势力范围，它的目的在于，在新的国际力量对比的基础上确定战后的国际关系格局，稳定资本主义世界的统治秩序，缓和各国危机。但是，因为在资本主义世界内部有着重重不可调和的矛盾，所以凡尔赛－华盛顿体系不会也不可能保障帝国主义的长治久安，更不会消除帝国主义的全面危机，它所掩盖的矛盾必将以新的形式表现并发展出来，进而引起新的战争。

而最具标志性的事件就是鲁尔事件。

1923年1月11日，法国伙同比利时同时出兵鲁尔，占领了几乎包括德国工业心脏地区的整个鲁尔盆地，这一时期德法矛盾以及英美与法国的矛盾迅速激化。

法国此次出兵，是以德国未能履行赔偿义务为借口的。

1924年8月中旬，在伦敦召开的审议"道威斯计划"的协约国会议顺利闭幕。到了8月底，德国国会通过并接受了协约国会议的"道威斯计划"。9月1日，"道威斯计划"开始正式执行。

至此，鲁尔事件得到了和平的解决。

鲁尔事件的爆发并非偶然，它深刻反映出战胜各国列强通过各项条约所构筑的所谓的凡尔赛－华盛顿体系的脆弱性。在这次新的利益侵害和势力范围划定中，战后欧洲国际关系又经历了一次重要改组。法国开始丧失其先前的优势地位，美国在处理赔款事宜上的作为，使其在国际事务中更具发言权，而德国开始借助英美的扶持，度过第一次世界大战结束以后最严重的经济、政治和外交危机，逐渐恢复其大国地位。

而更为主要的是，战争结束以来协约国列强对德国经济和政治上的凌辱和掠夺，特别是在《凡尔赛和约》和鲁尔事件中对德国经济和政治上的严重打击，在德国各阶层民众中激起了强烈的反感情绪，同时极端主义思潮迅速泛滥。而这，也正是希特勒和纳粹党在德国能够迅速发展的重要社会思想根源。

德国将给予协约国的，不仅是赔款，更有仇恨。

No.2 希特勒的手腕

在第一次世界大战后，帝国主义国家的全面危机没有得到彻底解决，在封建主义和军国主义传统影响较强的几个国家，先后兴起了法西斯思潮和运动。随着全面危机的加深，这一运动向世界各国蔓延，直至20年代初，在国际范围内形成了世界法西斯运动的第一个浪潮，在德国主要表现为复仇主义、扩张主义和反对凡尔赛和约。

凡尔赛和约的签署对当时德国社会的影响极为深刻，这个战胜国为惩治战败国并掠夺战败国利益的条约，使德国背负上了沉重的赔偿包袱。大批中小企业破产，失业者成千上万，在德国民众中普遍存在着这样两种心理：一是因为外国势力的压迫而产生的强烈的复仇主义心理和极端的民族主义情绪；一是各阶层民众由于对现状不满而对政府软弱无力的反感和厌恶。正是在这两种心理的交织中，纳粹运动在德国才得以迅速兴起。

1919年1月，慕尼黑机车厂机工安东·德雷克斯勒与报社记者卡尔·哈勒成立了德意志工人党，此即德国纳粹的前身。1919年9月希特勒加入该党，并迅速成为该党主要领导人之一。

1920年4月1日，希特勒把"德国工人党"改名为"民族社会主义德国工人党"，简称"纳粹党"。为了加强对纳粹党的宣传，希特勒在党旗、党徽的设计上花了不少的心思。在色彩上，希特勒讨厌老魏玛共和国从前的黑红黄三色旗，而钟情于前帝国的红白黑三色旗，所以纳粹党的党旗的基色即这三种颜色。在图案上，希特勒费尽了脑筋，最后终于选中了

"卐"字，这本来是19世纪末、20世纪初一些民族主义团体的标志，不少志愿团部队都把"卐"作为佩带的符号。没过多久，红底白圆心中间嵌一个黑色"卐"字图案的旗帜作为纳粹党的党旗出现在了大大小小的公共场合。

除了政治上的宣传，德国纳粹还开始组建军事力量。1921年10月5日，希特勒在党内建立了自己的军事组织——冲锋队，到1923年，纳粹已经拥有3万名党徒，成为当时不可忽视的一支政治力量。

1923年11月9日的上午，在贝格勒劳凯勒啤酒馆暴动失败后，德国的纳粹运动没有停止，因为导致纳粹运动的种种因素没有改变。

德国法西斯的第二次浪潮很快又到来了。1929～1933年出现的经济危机席卷了整个资本主义世界，工厂停产，商店倒闭，银行破产，整个工农商业陷于瘫痪，这造成了灾难性的后果。

在这次危机中，美国和德国所受的打击最大，其中美国的经济倒退了27年，德国的经济倒退了36年。在美国，罗斯福总统上台，开始实施新政，国家插手经济生活，对经济生活加以计划性的调节。在德国，纳粹则利用经济危机中人们的愤懑情绪和不安心理，采取种种欺骗手段，掀起了声势浩大的法西斯运动。

在希特勒的授意下，1930年，纳粹出台"商店－分店税收法草案"，宣扬"保护日益受到大企业严重威胁"的个体商贩，同时提出"定货法草案"，扶助中小工商业。

1930年和1932年，纳粹又先后出台《迅速提供就业——战胜危机纲领》和《农民纲领》，宣称将保护中小企业和农民。纳粹党通过以上的宣传和政策，笼络了大批不明真相的中小资产者和农民。

另一方面，德国纳粹加强了夺权的步伐。他们利用凡尔赛和约签订后国内对魏玛共和国的反感心理，攻击共和制，声称要用一个新的帝国来取代。1930年，当国内因经济危机而导致政治危机时，纳粹党发起了一次选举战，数千名训练有素的演说家被派往全国各中小城市，宣传纳粹纲领，发放传单，大谈政府的无能，并作出种种诱人的允诺。

纳粹政党并非一个停留于鼓唇弄舌的政党，它所想代表的并非一个政党，而是整个国家。纳粹党一直宣扬采取"主动行动"，而其实质则是以永恒、全面的暴力和恐怖为其行动纲领。其暴力工具即为成立于1921年8月的冲锋队，冲锋队员多次用来扰乱其他党派会场，镇压敌对者，恐吓竞争者。

纳粹通过以上的种种手段，使得当时的大批中小资产阶级、知识分子和大学生加入纳粹党。就这样，纳粹党利用1929～1933年的经济危机，迅速地从一个微不足道的小党（1928年国会选举仅获选票2.6%，共81万张）一跃成为国会第一大党（1932年国会选举中获37.2%，达到1,370万张），从而为其进一步侵略扩张捞取了政治资本。

No.3 隐藏的祸心

"道威斯计划"使得鲁尔事件得到了和平的解决。而更为重要的是，根据"道威斯计划"的约定，大量的外国资本开始涌入德国，这使得德国几近崩溃的经济有了转机，甚至有了复苏的可能。

据统计，从1924年到1929年，德国共得到的国际贷款和投资326亿马克，其中长期的信贷达到108亿马克，短期信贷则有150亿马克，其他投资达68亿马克。这一时期德国的全部资产竟然有40%是外国的长期贷款与投资，而这一时期德国用于支付战争赔款的总金额不过95亿马克。

大量国际资本的输入，使得德国衰退的经济乘势恢复并得到了发展。1925年，"道威斯计划"开始执行的第二年，德国的经济便出现了高涨的局面，到1928年，达到了高峰。这一年的工业资本已经超过战前一倍多，电力生产比1913年增加了6倍，汽车产量增加了近6倍，铝的产量增加了31倍，工业总产值中生产资料的比重已经达到了58.5%。到1929，国民收入已达到了759亿马克，为战前的150%，黄金储备已经达到22.6亿马克，超过战前的一倍多。

终于，德意志这只有气无力的鹰开始恢复元气了。

就在"道威斯计划"刚刚开始执行的第二年，在德国国内经济情况刚刚好转的情况下，德国的国内统治势力即开始蠢蠢欲动。

从1925年5月开始，在德国驻外国的领事馆里，除了悬挂魏玛共和国的国旗以外，还悬挂了德意志帝国时期的黑白红三色旗。这一新动向，是在兴登堡当选魏玛共和国的第二任总统后才出现的。

两个月之前，魏玛共和国的第一任总统艾伯特被卷进了一场政治闹剧，折腾得心力交瘁，不久即病逝。大选过后，4月26日，兴登堡当选为魏玛共和国的第二任总统。

兴登堡对德皇的崇拜，对先前俾斯麦首相"铁和血"政策的欣赏，使得德国的军国主义势力有了复苏的可能。

逐渐强大起来的德国开始向世界发出了它的声音。1924年9月29日，德国政府向战胜国发出了一份照会，表明了德国政府要跻身于国际舞台，以谋求恢复帝国地位的强烈愿望。这是战后经济的复苏和军国主义复活的必然产物。在这份照会里德国政府提出了三项要求：

1.接纳德国加入国际联盟并给予行政院常任理事席位；

2.免除德国的战争责任；

3.取得殖民地委员会统治权和修改"凡尔赛和约"中关于"德国在军备方面的不平等状况"的军事条款。

面对这三条充满挑衅的照会，法国首先发难，加以阻拦。在当时的法国看来，随着德国经济、军事潜力的复活，德国必然会把其斗争的矛头指向法国。法德是世仇，这很简单，德国决不会忘记法国从自己那里割走的土地，拿走的钱财，更不会忘记战后法国出兵占领鲁尔地区带给德国人的恐慌和耻辱。因此，法国说什么也不答应让德国这么容易就强大起来。

而此时，凡尔赛和约的另一受益国英国却不这么想。在英国看来，战后在包括对战败国德国处理的众多欧洲问题上，法国一直处于主导地位，这一直令英国不安。抗衡法国在欧洲大陆的霸权，是英国政府一直都在默默奉行的政策，而拉拢德国加入国际联盟，对于抑制法国的称霸，或许是一条妙计。因此，英国并不反对德国加入国际联盟，而且打算由此重新缔结一个关于保证德国边界的协定。

在大洋彼岸的美国一直对欧洲这边的事情保持着关注，尤其是德国的事务，这一次更是如此。因为自从大量的美国资本涌入德国境内，这些资本的流向及其是否能带给美国相应的利益，便无时无刻不牵扯着美国垄断资产阶级的神经。扶持德国度过难关，抑制对德一直有怨的法国，保证投资正常回流，并引诱当时的德国向苏联进军，这也是美国的方针。于是，1925年7月3日，美国总统柯立芝宣布对保证德国本部边界的主张予以支持，这是他第二次作这样的声明了。

1926年9月，德国正式加入国际联盟，不久便"光荣地"成为国联行政院的常任理事国。从此，德国的战败国地位得到大大改变，跻身于国际舞台，再次成为与英、法平起平坐的大国。

而德国想得到的并非仅仅如此。1925年10月18日，在洛迦诺国际会议的第四次全会上，德国外长施特莱斯曼在对联盟的第十六条提出保留意见时，公开声明：

由于德国处于解除武装状况，它的直接军事参加是不可能的。要知道，德国现在是否拥有军队，或它现在的武装力量应被看作仅是警察部队，根本已成问题。因而，要让德国参加军事措施，至少必须加强其部队的武装。

这一席话虽然说得藏头露尾，但是武装德国、重新称霸的野心已经显示出来，这就是战后德国的最终期望。

第2章
CHAPTER TWO

慢慢伸出的魔爪

★在改革改组经济的同时，希特勒开始花更多的时间去争取德国的工商业巨头。依靠这种人为的刺激，德国的军火工业得到了迅速发展，而军火工业的发展又带动了整个工业，特别是重工业的发展。在入侵波兰前夕，德国的工业产量仅次于美国和苏联，在世界上居第三位。

★"我只要下达一个命令，在一个晚上你们所有可笑的防御工事将被摧毁成碎片。你是不是认真地以为你能阻止或者拖延我半个小时？谁知道呢？也许一天早上你在维也纳醒来，发现我们就在那里，就像一阵春天风暴。"

No.1 "魔火"与"秃鹰"

1933年1月30日，希特勒被任命为德国总理。

上台后的希特勒已经在跃跃欲试，迫不及待地想在国际舞台上一展身手。

这样的机会很快就来了。

1936年7月25日晚，希特勒和许多纳粹军官在巴伐利亚的拜罗伊特市听完歌剧后，回到了他下榻的瓦格纳的别墅中。别墅中已有三位从西班牙属摩洛哥远道而来的代表等待召见，他们是代表西班牙佛朗哥叛军来向希特勒求援的。这对渴望一试身手的希特勒来说，无疑正中下怀。佛朗哥要10架运输机，希特勒给了20架他自己乘坐的可靠性很高的三引擎的Ju52，还派了6架战斗机护航。接着，元首立刻召见了国防部长勃洛姆贝格和航空部长戈林，向他们宣布了自己的决定。

一场名为"魔火"的运输行动开始了。

1936年7月31日，一批空军飞行员被选出，谎称预备役，连同他们的装备一起乘轮船以游客的身份前往西班牙。8月的第二个星期，"魔火"行动全面开始，Ju52穿梭于摩洛哥和西班牙大陆之间的狭长地带。到10月初，13,000名士兵已经被运到西班牙，还有大约500吨弹药和其他装备，包括36门大炮的散件和127挺机关枪，这是历史上第一次大规模的军事空运。

开始的时候，被派往西班牙的飞行员只是偶尔参战，但是为了更好地利用这次机会，希特勒和他的将军们准备更主动地介入西班牙冲突。元首和他的将军们都十分清楚，这一次，不仅仅是反对共产主义的战争，而是为了更好地测试新式武器，训练优秀的战斗人员。

德国军方于10月底成立了"秃鹰军团"。在接下来的时间里，德国的"秃鹰军团"参加了佛朗哥军队的一切战斗，直到佛朗哥获胜。在战斗中，德国的轰炸机和战斗机发挥了极大的作用，特别是在1937年1月，坦克司令托马终于有了机会验证他的老师海因兹·古德里安的坦克战理论。双方把坦克分布在步兵团里，为地面部队提供机动炮火支援。托马计划同希特霍芬战斗机中队协同作战，由集结的德国P-I坦克发动空袭。进攻开始时先炮轰敌人阵地两小时，随后He-51升空，炸掉敌人的主要反击点；然后由坦克强行开进，摧毁敌人一切可能的防御力量；最后步兵上场，占领坦克夺取的地盘，这就是坦克战的实质。

事实上，在此以后，"秃鹰军团"一直不断演练并改进他们的这次闪电战式的战术。在进攻的同时，军团指挥官和西班牙同行配合熟练，前沿阵地可以用无线电同地面部队及空军保持联系，先进的通信手段和德国高性能的武器，使得指挥官能够快速而有效地对共和政府的进攻做出有效的回应。如果指挥部知道对方的重型坦克要出战，就不派力量薄弱的坦克去应战，而转用88毫米的机动高射炮平射应敌。就这样，在西班牙战场上真正发挥作用的不是德国的某样先进武器，而是各种装备的密切配合。

1939年的春天，战争结束了，"秃鹰军团"陆续回到了柏林，他们一起游行通过勃兰登堡门，欢庆胜利。当时的航空部长戈林对这次行动十分满意，认为这次行动考验了他的空军，而且空军的表现不负众望，无论是飞行员还是飞机，德国的和其他国家的一样优秀。他的飞行员则在屡次激战中磨练了技术，同时那些派去当顾问的指挥人员也学到了宝贵的经验，他们认识到高强度的、大面积的轰炸可以在敌人前沿阵地产生毁灭性的效果，而空军的作战，需要和地面部队进行密切的配合。最为主要的是，他们把海因兹·古德里安所提出的坦克战的理论加以部分地实践，德军日后的闪击战已经初具雏形。

6年以前，希特勒刚刚上任时，国家经济萎缩，军事力量脆弱，而现在，希特勒手中的牌越来越大，他手里既有性能先进的武器，又有经过验证的技术，还有久经沙场的部队。

为了能使国内的经济最大限度地为扩军备战服务，希特勒上台后即着手改革经济管理体制。1933年7月15日，希特勒颁布法律，命令一切工业组织成立辛迪加，统治国内市场并操纵物价。就在这一天，希特勒同时还设立了全国最高的经济机构——"德国经济总会"，由12名德国大工业、大银行、大商业代表和5名纳粹分子组成的领导集团，以维持国内的经济秩序为名把持了经济管理权。

在改革改组经济的同时，希特勒开始花更多的时间去争取德国的工商业巨头。依靠这种人为的刺激，德国的军火工业得到了迅速发展，而军火工业的发展又带动了整个工业，特别是重工业的发展。在入侵波兰前夕，德国的工业产量仅次于美国和苏联，在世界上居第三位。

与军火生产猛增的同时，军队规模也迅速扩大。1933年12月，在布洛姆贝格主持下，德国制订新的扩军计划，规定到1938年4月1日建立21个步兵师、3个骑兵师、1个骑兵旅、1支装甲部队和1个轻装甲师。陆军平时总兵力为30万人，战时经动员可扩展到63个师，其中有33个野战师。后来希特勒下令将完成期限提前到1934年秋，实际上到1934年秋，德国陆军已达到25万人左右。1935年3月16日，希特勒公开撕毁凡尔赛条约对德国的军备限制，发表关于重整军备的"声明"，宣布正式建立国防军。同年7月19日，总参谋部提出一项新的扩军计划。到了1939年9月1日，德国的陆军总数已经达到了275.8万人，装备有各型装甲车3,200辆、反坦克炮1.12万门、迫击炮3,340门，以及大量工程、通信等装备和器材。

希特勒对空军的发展高度重视，40%的扩军备战经费都被用于空军，因此空军在三军中的发展是最快的。1935年，戈林正式向世界宣布，德国已经建立起自己的空军，此时的德国有飞机1,500架，其中作战飞机800架。同年10月，米尔希起草的"第一号生产计划"规定，到1939年4月1日前，将生产出11,158架飞机，其中作战飞机3,820架。到了1939年8月第二次世界大战前夕，德国空军已经拥有军官1.5万名、士官和士兵37万人，有21个飞行联队、302个飞行中队，拥有作战飞机4,093架，已是一支颇具威力的空中打击力量，成为纳粹即将实施的闪击战的重要支柱之一。

在刚开始时，希特勒并未对海军给予足够的重视，这是因为德国一直奉行着"先大陆，后海洋"的扩张战略。1934年，纳粹德国海军制订了第一个造舰计划。根据这一计划，1934年秋，德军开始建造"布吕歇尔"号和"海军上将施佩伯爵"号重型巡洋舰，以及5艘驱逐舰。1938年10月底，德国海军计划委员会提出了德国海军"暂时的最终目标"：将德国海军建设成一支足以与英国对抗的，拥有10艘战列舰、15艘装甲舰、5艘重型巡洋舰、24艘轻型巡洋舰、36艘小型巡洋舰、8艘航空母舰和249艘潜艇的海上武装力量。为此，德国海军方面先后提出了"X""Y"和"Z"的造舰计划，但是由于受脆弱的经济的影响，加上缺少技术熟练的工人，直到战争爆发也没有达到所预期的目标。

实际上不仅是海军，就整个德国的扩军备战而言，虽然其规模和速度都是德国前所未有的，但是在其扩军过程中遇到了许多问题，如兵源不足、军官训练不够、武器装备不足等障碍，直接影响了其扩军备战的质量。到1939年，德国可以说在各方面都做好了打一场短期战争的准备，但是还未能完全做好同西方国家进行一场大战的准备。

几个月后，希特勒就要把他的帝国推向一场征服性的战争，尽管无论从人力物力还是从国际环境上，整个国家和军队都没有做好完全的准备，但是在革新派和战术理论家看来，德国的弱势不会在战争初期暴露出来。9月1日，那些在西班牙练就了一身胆略和技术的飞行员和坦克指挥员将入侵波兰，在密切的战斗配合中，展现他们所谓的德国闪击战的奇迹。

No.2 罪恶的《慕尼黑协定》

1938年2月，希特勒向来访的奥地利总理许士尼格发出了赤裸裸的威胁：

"我只要下达一个命令，在一个晚上你们所有可笑的防御工事将被摧毁成碎片。你是不是认真地以为你能阻止或者拖延我半个小时？谁知道呢？也许一天早上你在维也纳醒来，发现我们就在那里，就像一阵春天风暴。"

这种威胁使许士尼格当时就接受了希特勒的条件，但在回国后，进行了全民投票，看人民是否支持德国和奥地利合并。这使希特勒暴跳如雷，他一面以最后通牒的方式要求许士尼格放弃举行公民投票的决定，并要求他立刻辞职并指定英夸特担任临时总理，一面指示凯特尔和维巴恩等将军拟订进兵奥地利的作战方案，定名为"奥托"方案。

武装部队最高统帅部下达了武装部队总司令希特勒的第一号指令，这也是第三帝国走向战争的第一个完整的作战指令。同时，希特勒又向许士尼格发去一份最后通牒，限定其必须于当晚19时30分前满足德国的所有要求，否则将有20万德军进入奥地利。

此时的许士尼格除了投降以外，还有一条路可走，就是下令军队进行战斗，但是他放弃了。摩特·冯·许士尼格宣布辞职，并下令奥地利军队停止抵抗。随后，赛斯·英夸特成了奥地利的新总理，这位新总理一上台就急着呼吁奥地利市民要保持镇静，不要对发生的事情作任何抵抗。就这样，德国军队被请到了奥地利，总统被迫任命新总理赛斯·英夸特签署了一项新法令，宣布奥地利成为"德意志帝国中的国家"。

而希特勒的消化能力是很强的，他怀着征服者的喜悦到奥地利转了一圈之后，奥地利便被他消化了。而后，捷克斯洛伐克是他的下一个目标。

奥地利的轻易得手，大大助长了希特勒的野心，他告诫手下人，对捷克人的空袭应当以闪电式的速度来进行，并把时间定在1938年。而这次事情的进展远没有上次那么顺利。

1938年5月19日，《莱比锡报》报道了德国调军的消息。对此，捷克迅速作出反应，根据总统的提议，内阁会议决定发布"部分动员令"，召集在一个年限服役的后备人员以及某些技术人员入伍。英国、法国和苏联也对此事表示了极大的关注，纷纷召见使节进行询问或者威胁。这使希特勒像一个被发现的正在偷东西的小偷那样又羞又恼，但是，他并没有停下他的脚步。5月30日，希特勒签发了关于"绿色方案"的新指示。两天后，武装部队指挥官接到了一道指令，规定1938年10月1日为"绿色方案"实施的最后期限。终于，危机从苏台德蔓延到了捷克。

1938年9月29日下午，英法德意四国首脑齐集慕尼黑的元首大厦，会议在希特勒的私人办公室召开。这次聚会的主题自然是最近捷克斯洛伐克的苏台德问题。

9月30日凌晨，《慕尼黑协定》用4种语言打印出来，并由四国领导人签字，希特勒的要求得到了满足。根据这个协定，苏台德地区被交给了德国，希特勒向其他国家许诺，这是"我在欧洲的最后要求"。

很多欧洲人相信了这句话。然而希特勒的许诺靠得住么？当然不！

慕尼黑协定签订的同时，德国的冯·李勃将军即已率领德国军队到达德捷边境，并从帕绍北面的格洛克尔堡越过了边界。1939年3月15日10点钟，一辆辆德国的装甲车在猛烈的暴风雪中开进了布拉格，许多捷克斯洛伐克人用手帕擦着眼泪看着那些摩托化部队轰鸣着驶过城市的街道，直到晚上占领完成，开始了8点钟的宵禁。

捷克斯洛伐克已不复存在。

No.3 希特勒的阴谋

占领捷克斯洛伐克给德国带来了巨大的经济利益和武装补给，对希特勒来说，此时的他却有些无所适从，成功似乎来得太快也太容易了，必须找到下一个更具挑战力的目标才能满足他。

他很快就找到了，优柔寡断绝不是希特勒的天性。

首先是收回梅梅尔地区。1938年11月，希特勒下令执行侵占梅梅尔计划。

在德国的恐吓下，立陶宛政府被迫签署了将梅梅尔港及其贸易区割让给德国的条约。希特勒又一次以胜利者的姿态出现在新的领土上，这又是一次不流血的征服，没有在国际上引起任何争议。不久，希特勒想到了更大的也更有挑战性的目标：波兰。

1939年的新年刚过不久，希特勒即接见了波兰的外交部长。这位独裁者以不容置疑的口气向客人提出他的领土要求：但泽是德国人的，永远是德国人的。接着，里宾特洛甫召见了波兰驻柏林的大使，重复了希特勒的这一要求。波兰大使迅速向华沙报告了这些情况，波兰政府拒绝了希特勒的这一要求，这惹怒了德国人，他们扬言"可能会出现严重的局势"。

此时的波兰也不甘示弱，波兰外长向驻波的德国大使表明了华沙的坚定立场，波兰政府的这一决定受到了广大波兰群众的一致支持。另外，波兰政府此时向英法求援，并且得到了肯定的答复。英国首相于3月30日在下院发表演说时宣告："一旦发生任何已威胁到波兰独立，而波兰政府因此也认为亟须动员全国力量以进行抵抗的行动，那么，英王政府将认为有义务立即给波兰政府以全力支持……我还要补充说，法国政府已授权我明确表示，他们与英王政府采取同一立场。"

4月3日，希特勒和最高统帅部下令制定代号为"白色方案"的对波兰作战计划，同时他指示下属："战备工作之进行，务必做到能在1939年9月1日以前的任何时间内发动军事行动。"

"白色方案"指令如下：

一、鉴于波兰目前的态度，不仅需要使修改后的东部边界有安全保障，而且还需要进行军事准备，以便在必要时永远消除来自这一方向的各种威胁。

（一）政治上的前提和目的：

德国同波兰的关系仍然要遵循避免引起骚乱的原则。如果波兰改变其迄今基于同样原则的对德政策，转而采取对帝国进行威胁的态度，那么，同它进行最终清算就有可能势在必行。

那时要达到的目的是，粉碎波兰的防御力量，在东面造成一种能满足国防需要的态势。最迟在冲突开始时，宣布但泽共和国为德意志帝国的领土。

政治当局认为自己的任务是：在上述情况下必须尽可能地使波兰孤立，即把战争局限在波兰进行。

这种局面在不太远的将来就可能出现，因为法国的内部危机日益加剧，英国会因此而采取克制态度。

俄国的干预（它有能力这样做）很可能对波兰毫无益处，而仅仅意味着波兰被布尔什维克主义吞并。

周边国家的态度如何，完全取决于德国的军事需要。

德国不能轻易地将匈牙利列为盟国。意大利的态度是由柏林－罗马轴心已经确定了的。

（二）军事上的结论：

建设德国国防军的伟大目标，仍然要视西方民主国家的敌对程度而定。"白色方案"仅仅是诸项准备工作的一个预防性的补充措施，决不能将它视为同西方对手进行军事冲突的先决条件。

越能成功地以突然、猛烈的打击开始战争，并迅速取得胜利，就越容易使波兰处于孤立地位，即使在战争爆发以后也是如此。

但是，整个局势要求在任何情况下都必须采取预防措施，以确保帝国西部边界和北海沿岸及其空域的安全。

在进军波兰时，要针对周边国家特别是立陶宛采取警戒措施。

（三）国防军的任务：

国防军的任务是歼灭波兰的军事力量。为达到此目的，必须做好准备，力求达成进攻的突然性。秘密的或公开的总动员，将尽可能推迟到进攻日的前一天才下令进行。

计划用于防守西部边界的兵力暂时不得另行调用。

对立陶宛须保持警惕，对其余边界只须进行监视。

（四）国防军各军种的任务：

1. 陆军

在东线的作战目标是歼灭波兰陆军。为此，在南翼，可进入斯洛伐克地区。在北翼，应迅速在波莫瑞和东普鲁士之间建立联系。

必须做好开战的各项准备工作，以便以现有的部队也能发动进攻，而无需等待动员后组建的部队按计划开到后再行动。现有部队的荫蔽的进攻出发地区，可在进攻日之前予以规定。我保留对此事的决定权。

预定担负"西部边界掩护"任务的兵力是全部调往该处，还是留一部分作他用，将取决于波兰的局势。

2. 海军

在波罗的海，海军担负下述任务：

①歼灭或者打垮波兰海军。

②封锁通往波兰海军基地（特别是格丁尼亚海军基地）的海上通道。开始进入波兰时，即宣布停泊在波兰港口和但泽的中立国家船只离开港口的期限。期限一过，即由海军采取封锁措施。

必须估计到，规定离港期限会给海战造成不利的影响。

③切断波兰同海外的贸易联系。

④掩护帝国——东普鲁士的海上通道。

⑤保护德国至瑞典和波罗的海沿岸诸国的海上交通线。

⑥尽可能以不引人注目的方式实施侦察和警戒，防止苏俄海军从芬兰湾进行干涉。应预先规定适当数量的海军兵力用于保卫北海海岸和濒陆海区。

在北海南部和斯卡格拉克海峡，须采取措施防止西方列强突然对冲突进行干预。采取的措施应局限在绝对必要的限度以内，务必保证不引人注目。关键是应避免采取可能会使西方列强的政治态度变得强硬起来的一切行动。

3. 空军

空军必须对波兰实施突袭，而在西线则可只保留必不可少的兵力。

空军应在极短时间内歼灭波兰空军，此外，主要担负以下任务：

①干扰波兰的动员，阻止波兰陆军按计划开进。

②直接支援陆军，首先是支援已经越过边界的先头部队。

开战之前航空兵部队可能要向东普鲁士转场，但这不可危及达成突然性。

第一次飞越边境时，在时间上应与陆军的作战行动协调一致。

只有在给中立国家船只规定的离港期限（参见国防军各军种任务中海军的任务）过了之后，方可对格丁尼亚实施攻击。

对空防御的重点是施特廷、柏林和包括梅伦地区的奥斯特劳和布吕思在内的上西里西亚工业区的空域。

6月14日，第3集团军总司令勒拉斯科维兹将军发布了"白色方案"的详细计划，一星期后在凯特尔将军签发的一份命令中称：元首已经大致上批准了他收到的初步时间表。

1939年，迫于当时的紧张局势，苏法英三国进行了一次互惠谈判，这令希特勒十分担心，如果这三方面一旦达成了某种程度的一致，即会使他的"白色方案"完全泡汤，因而希特勒开始更加主动地拉拢苏联。因此，德国政府一次次向苏联暗送秋波，希望能够同苏联在8月23日左右达成一个互不侵犯条约。出于自身安全的考虑，斯大林同意了希特勒的这个要求。于是，在1939年8月23日上午，莫洛托夫和里宾特洛甫分别代表本国，在《苏德互不侵犯条约》上签了字。

这个条约签定后，希特勒掩饰不住自己的兴奋，他在一次高级陆军指挥官的会议上大谈他的战争理论：

在发动战争和进行战争时，是非问题是无关紧要的，紧要的是胜利。心要狠，手要辣！

谁若是仔细想过这个世界的道理的话，谁就懂得它的意义就在于优胜劣败，弱肉强食。

在这次会议即将结束时，希特勒下令将"白色方案"付诸实施，具体发动的时间定为1939年的8月26日凌晨4时30分，他宣布这个方案的目标是"波兰的有生力量"。然而，正当希特勒踌躇满志，默想着他的策略的成功和他即将给德意志帝国带来的荣耀时，国际形势突然又起了变化。国际反战力量的壮大及声势让希特勒不得不有所收敛。

1939年8月21日，英国首相张伯伦主持召开了内阁紧急会议，会议主要就当前德波之间的紧张局势进行了讨论，决定英国是否履行对波兰承担的义务，并颁布各种有关部分动员和国内防御的

← 1939年8月23日，德国、苏联双方举行《苏德互不侵犯条约》签字仪式。

措施。在随后召开的议会上，工党和自由党的领袖都重申了他们反抗侵略的决心。迫于战争的威胁，英波越走越近，终于，1939年8月25日下午17时，《英波互助同盟条约》在伦敦签署。同时意大利墨索里尼表示如果德国对波兰发动战争并且引起盟国的关注的话，意大利将可能不会介入。于是，希特勒已经发动的战争机器不得不停了下来。

而在德波前线，接到发动入侵指令的部分先头部队已经开始了动作，渗入到波兰境内的一级突击队大队长赫尔维格已无法联系了。他按计划率部队冲向海关站，并开了火。就此而言，德国已经处在一个骑虎难下的尴尬局面。刚刚发动的战争就这么硬生生停了下来。

如果有人认为德国至此为止，那他就实在低估了希特勒。

面对波兰和英国已经缔结的条约，希特勒不得不有所顾忌，但是已经举起的魔刀不会轻易放下。

在暂时停止了对波兰的"白色方案"后，德国开始了强大的宣传战，其实在德国这样的宣传一直在进行，只是从前是面向国内而已。

于是一场名为"希姆莱计划"的行动开始了。

1939年8月31日中午，在海德里希的亲自布置下，从纳粹集中营里拉出了十几名死囚，他们个个都进行了化装，全都穿上了波兰的军服，并配备了波兰式的武器。德国中央保安局长海德里希亲自为这支队伍壮行。

"你们对国家犯有不可饶恕的罪行，但是，我给你们带来了戴罪立功的机会！"海德里希慢吞吞地说道。

接下来，由一小队党卫队小队身着便装，将这一批"波兰"军人拉到一处距离波德边境16公里的树林里杀死，他们保留了一名死囚，然后由身着波兰军服的党卫队员阿尔弗雷德·赫尔莫特·瑙约克斯带领小队押着幸存的死囚，冲到靠近波兰附近的格莱维茨电台。在那里，他们占领了电视台，然后由一名会讲波兰语的德国士兵念了一个事先草拟好的提纲，其中充满了煽动性的反德言论，最主要的是宣布波兰已经对德发动了进攻，然后他们打死了那名死囚，开了几枪后便离开了那里。

就在同一时刻，在德国克罗伊堡北面的边界林区城市皮琴的森林管理所，在格雷威茨和拉蒂波尔之间地段的德国霍赫林登海关，由党卫军伪装起来的"波兰人"同时发动了进攻。

纳粹吹鼓手戈培尔的手下，立即对各个战斗现场进行了拍照。按照事先的预谋，翌日的德国各大报纸，全都刊登了"波兰人"进攻德国的大幅照片。

战后，据当时的纳粹谍报局拉豪森将军供述，所有参加制造格莱维茨电台"波兰"进攻事件的穿着波兰军服的党卫队人员，全部被干掉了。可见，侵略者不仅对敌人凶狠，对自己人也是一样。

第3章
CHAPTER THREE

被蹂躏的波兰

★德国空军搜索着地面的目标，希望能完全消灭波兰的飞机，但是波兰人已经提前把他们的很多飞机转移到辅助机场跑道上，而且剩下的飞机也勇敢地冲向天空。波兰飞行员的顽强抵抗使得德国的轰炸机付出了一定的代价，但是，这根本不能减缓德军的猛烈攻势。

★8月25日，德国海军"石勒苏益格－荷尔斯泰因"号老式战列舰以"纪念'一战'阵亡将士"为名，对但泽自由市进行"友好访问"。但是舰长克雷坎普上校心里很明白此行的真正使命。

No.1 呜呼，波兰

1939年9月1日，历史永远不会忘记这一天。

9月1日4时45分，希特勒决心破釜沉舟，不惜冒与英法发生大战的风险，下达了第一号作战指令。

"一号作战令"：

国防军最高司令

国防军统帅部/指挥参谋部/国防处一组

1939年第170号绝密文件

只传达到军官

柏林

1939年8月31日

第一号作战指令：

一、通过和平方式消除东部边境德国不能容忍的局势的一切政治可能性既已告罄，我已决定用武力解决。

二、对波兰的进攻应按照为"白色方案"所作的准备工作进行，但陆军方面由于现在几乎完成了集结，因此有所变更。任务区分和作战目标未变。

进攻时间：1939年9月1日4时45分。

与此同时，也对格丁尼亚——但泽湾和迪绍大桥采取行动。

三、在西线，重要的是，让英国和法国单方面承担首开战端的责任。对于侵犯边界的小规模活动，暂时仅以局部行动对付之。

对荷兰、比利时、卢森堡和瑞士的中立，我们曾经给予保证，必须认真予以尊重。

没有我的明确同意，不得在陆地上的任何一个地点越过德国西部边界。

这也同样适用于海洋上的一切战争的或可解释为战争的行动。

空军的防御措施，目前仅局限于无条件地拦阻敌人对帝国边境进行空袭。在拦击单机和小编队敌机时，应尽可能长时间地尊重中立国家的边界。只有在法国和英国出动强大攻击编队飞越中立国家领空进攻德国，西部的对空防御不再有保障时，方可在中立地区的上空实施拦截。

应将西方敌对国家侵犯第三国中立地位的情况，毫不迟延地报告国防军统帅部。这至关重要。

四、如果英国和法国对德国开战，国防军西线部队的任务是，在尽可能保存实力的情况下，为胜利结束对波作战创造前提条件。在此任务范围内，应尽可能地消耗敌人的武装力量和敌人的军事经济资源。无论在任何情况下，只有我才有权下达开始进攻的命令。

陆军应坚守西线壁垒，并做好准备，以阻止（西方列强在侵犯比利时或荷兰领土的情况下）从北面包抄西线壁垒。如果法军进入卢森堡，则可炸毁边界上的桥梁。

　　海军应重点对英国进行经济战。为了增大效果，可考虑宣布危险区。海军总司令部应提出报告，说明哪些海域适于宣布为危险区以及危险区的范围以多大为宜。关于公告的文本可与外交部协商拟订，然后呈报国防军统帅部，由我批准。

　　必须防止敌人进入波罗的海。为达此目的，是否以水雷封锁波罗的海通道，由海军总司令决定。

　　空军的首要任务是，防止法国和英国空军攻击德国陆军和德国的生存空间。

　　在对英国作战时，应准备用空军破坏英国的海上补给线，摧毁其军备工业，并防止其向法国运送军队。必须抓住有利战机，对密集的英国舰队，特别是战列舰和航空母舰，实施有效的攻击。至于对伦敦的攻击，则须由我决定。

　　为做好攻击英国本土的准备工作，必须切记，在任何情况下，都必须避免以不充足的兵力取得不完全的胜利。

（签字）阿道夫·希特勒

　　希特勒这一关系人类社会命运的决定，是在8月31日上午做出的。

　　8月31日，希特勒发布了向波兰进军的最后命令。同时，他发表了所谓相当有节制的16点建议要求波兰政府考虑，这16点建议是仅供记录在案用的。在建议送到华沙之前，希特勒就宣布它遭到了拒绝，他企图利用这一欺骗手法来证明这时已发生的对波兰的猛攻是有理的。

　　几分钟后，波兰人便第一次尝到了人类历史上规模最大的来自空中的突然死亡与毁灭的滋味。边境上万炮齐鸣，炮弹如雨般倾泻到波军阵地上。

　　呜呼，波兰！

No.2 闪击开始

　　按照希特勒的要求，德军统帅部计划以快速兵团和强大的空军，实施突然袭击，闪电般地摧毁波军防线，占领波兰西部和南部工业区，继而长驱直入波兰腹地，围歼各个孤立的波兰军团，力求在半个月内结束战争，然后回师增援可能遭到英法进攻的西线。

　　德军轰炸机群呼啸着向波兰境内飞去，目标是波兰的部队、军火库、机场、铁路、公路和桥梁。强大的德国空军，不仅在数量上居欧洲之首，而且在作战飞机的性能上也遥遥领先于其他国家。纳粹军队在首次作战中就投入2,000多架飞机，对波兰境内的21个机场进行空袭，多架波兰的第一线飞机没有来得及起飞就被德国的轰炸机炸毁了。

　　德国法西斯在轰炸机场的同时，又以大量的轰炸机密集突击波兰的战略中心、交通枢纽和指挥机构。由于波军大部分部署在边境地区，纵深兵力很少，对德军使用大量航空兵对纵深要地实施闪电般的空中袭击茫然无知，没有任何对空防御准备。结果德军飞机如入无人之境，可以自由地飞来飞去，想炸哪儿就炸哪儿。许多飞行员甚至像过节日放鞭炮一样，投下炸弹，急急忙忙返航装弹，然后又起飞轰炸下一个目标。

不过，即便德国空军在空袭时未遇有力抵抗，但空袭并未取得德国军队先前所想像的那样完全压倒对方的决定性成果。首先，波兰北部上空一直弥漫着浓雾，能见度极差，从而抑制了德军对华沙的大规模空袭，使得飞行员无法方便地搜索地面目标。因而直到早晨6时，整个第一航空队从基地起飞的才4个战斗机大队。上午又增加了两个大队，他们好歹能发现目标就已满足了。不得已，空军司令戈林打了退堂鼓，他迅速给各航空队发出了"今天不实施'海岸作战'计划"的电报。所谓"海岸作战"计划，乃是各航空团于当天下午集中攻击波兰首都华沙事前约定的暗语。因天气变化，华沙上空200米以上全是云层，云下的能见度不到1公里。

当时的空军各大队和各团都在东部的出击基地集结待命，这倒是事实。加满油、装好炸弹的飞机虽说不是几千架，但可装载炸弹的飞机也有897架，还有大体和此数相当的驱逐机、战斗机和侦察机。他们全部了解自己的作战目标，并都有精确的地图，这些也都是事实。但他们都没有进行大规模的攻击。至少9月1日清晨是这样，因为大雾使得大规模攻击没能实施。这也许可以说是第二次世界大战中的一个典型战例吧。花费了几个月的时间，制订了一个动用大量人力物力的计划，几百名参谋军官全力以赴地部署了每一个细节，执行这个计划的数千人都在集结待命。然而最后，却因天气不好而不得不从头搞起。在接下来的几天时间里也是这样，浓雾天气反复无常，可是一俟天气晴朗，德国空军就会发起他们闪电式的攻击。

而在波兰的南方，天气却异常晴朗。在南部的第10集团军战线不远的前方，德国空军投下了第一批装有触发引信的小型炸弹。炸弹在地面爆炸，发出沉闷的爆炸声。潘基村周围随即被烈火吞没。这场攻击，从里希特霍芬的战斗指挥部里可以看得一清二楚。随后，著名的战斗机飞行员阿道夫·加兰德中尉的第2中队又进入第1中队的攻击航线进行轮番攻击。尔后，他们3架飞机一组擦着树梢低空飞行，用机抢不断扫射波军阵地。波兰的地面防空武器开始反击了，爆炸声里出现了轻型高炮的射击声，接着，步兵火器也开火了。战斗打得很激烈。强击机飞走了又飞回来，不断地进行攻击。

德国空军搜索着地面的目标，希望能完全消灭波兰的飞机，但是波兰人已经提前把他们的很多飞机转移到辅助机场的跑道上，而且剩下的飞机也勇敢地冲向天空。波兰飞行员的顽强抵抗使得德国的轰炸机付出了一定的代价，但是，这根本不能减缓德军的猛烈攻势。

实际上，波兰的飞机和高射炮击落了超过70架德国的轰炸机。这证明，德国的轰炸机在防卫武器方面是存在缺陷的，当时的亨克尔轰炸机上的3部机枪就连防御波兰的轻型武装飞机也不够用。但是，德国空军在数量、通信和战术安排上与波兰空军相比，则占尽优势。在当时得以起飞并对德军加以还击的波兰飞行员尽管很英勇，但是却只能进行局部的反击。据德国的低空侦察机报告，波兰的轻型防空武器和小型炮火的威力还是相当强的，但是只要德国空军保持在一定高度飞行，这些设施便只有等待被摧毁的命运。

9月1日拂晓，对潘基村进行的这次空袭，是第二次世界大战中德国空军首次对地面部队实施的直接支援。当天晚上，德国最高统帅部在空军战果中加上了这样一条："……几个强击机航空团有效地支援了陆军的进攻。"

除了炸毁波兰空军及其主要军事设施以外，德国的轰炸机还直接对波兰的地面部队进行了空对地式的打击。

就在这天中午，波兰上空的能见度依然不好，但是德军的侦察机回来报告说：已侦察到波兰骑兵部队正在十六军左翼前方的维卢尼附近大量集结。此外，在琴斯托霍瓦以北，沿瓦尔塔河的贾洛申附近，也发现了敌人队伍，并证实在兹杜尼斯卡·伏拉铁路线上也正在向同一个地点运兵。是需要俯冲轰炸机的时候了。第二俯冲轰炸航空团一大队的指挥所和营房，座落在沃波累附近的施泰因山上。

12时50分，前导的三机组起飞了。不久，大队飞机也相继起飞，取得高度后向东飞去。雾霭中浮现出一座较大的城镇，这一定是维卢尼了。进攻的飞行员全神贯注地搜索着那些微小的地点，注视着攻击的目标。村子的四周冒着黑烟，村子里大路两旁有几所房子正在燃烧。

从飞机上看，这条公路虽然窄小，但清晰可见，那宛如小青虫一样蠕动着的正是波兰的部队。

空对地的进攻开始了！

轰炸机开始以一定的角度向地面俯冲，目标随着飞机的下降越来越大。那已经不再是蠕动的蚂蚁，而是车辆、人群和马匹。俯冲轰炸机对付骑兵，就像处于不同世纪的两军相交一样，地面上顿时一片混乱。骑兵们企图向辽阔的平原撤退，他们如受惊的蚂蚁躲避着巨人的脚掌。

德国轰炸机瞄准公路，在1,200米的高度，按下驾驶杆上的投弹按钮。容克飞机抖动了一下，炸弹离开机身直冲地面飞去。然后，飞机作了个转弯动作，接着又继续爬高。这是一种摆脱对空炮火的动作。往下看，只见炸弹正好落到公路两旁，黑色烟柱冲天而起。接着又一批俯冲轰炸机群扑向目标，有30多颗炸弹相继爆炸。机长们拼命地爬高，钻出了对空火力网，在高空为准备再次攻击重新集合。

第二个目标是维卢尼北门。德军发现一所房屋很像敌人的前线指挥所，周围全是士兵，部队组成一个大方块队形。这一次把作前导的三机组也集中到大队一起进行攻击。从1,200米高度开始下降，然后压坡度，继续向下俯冲到800米，投弹。浓烟烈火立即吞没了地面，掩盖了惨象。

炸弹像雨点般地飞向队形密集的波兰骑兵旅，打得该旅溃不成军，完全丧失了战斗力。残散的部队向东溃逃。直到傍晚，他们才在离遭遇空袭地点几公里外的一个地方汇集成几股小部队。也就在这天傍晚，德军占领了波兰国境线上的要地维卢尼。

这次作战，德国空军确实在支援地面作战中起到了决定性的作用。在开战的第一天取得

↑ 在炸弹的轰击下，波兰的工厂变成一片火海。

这样的战绩是很了不起的，这是在首先完成打击波兰空军任务之后的又一战果。

而在这一天，对波兰首都华沙的打击，也终于提上了日程。

华沙不仅是波兰全国的政治、军事中心，一个重要的交通枢纽，而且还是一个拥有好几家飞机和发动机工厂的飞机制造业中心。因此，要给波军以毁灭性的打击，就必须首先打击华沙。

上午，德国的飞机从东普鲁士州撒姆兰的波温登出击，袭击了华沙的奥肯切机场。地面的能见度虽然差得惊人，但还是有几颗炸弹命中了国营PZL工厂。这个工厂是波兰生产战斗机和轰炸机的基地。此后，为了等待好天气，德军待命了好长时间。第27轰炸航空团的出击时间一个小时又一个小时地拖延着。终于，在13时25分，柏林下达了出击命令。

17时30分，3个大队的飞机飞到华沙上空。这里紧张得连喘息的机会都没有。从东普鲁土飞来的第1飞行训练团刚刚在两三分钟前轰炸完华沙的奥肯切、科克拉夫和莫科托夫3个机场。而维尔纳·霍茨尔上尉的第1俯冲轰炸航空团1大队袭击了巴比索和拉茨两座无线电台，以便阻止暗语命令的传送。

在这里，波兰空军终于出来迎战，第二次世界大战中的首次空战在华沙上空展开。波兰"驱逐旅"指派担任华沙防空任务的帕韦利科夫斯基上尉率领两个战斗机中队，大约30架飞机出战。担任德国轰炸机护航任务的第1飞行训练团1大队的驱逐机立刻迎击。

负责指挥的施莱夫上尉发现在离他很远的下方有一架波兰战斗机正在盘旋上升。于是，他作了一个下滑动作向敌机攻击，但波兰战斗机巧妙地避开了。有一架德机好像发生了故障，正在低速脱离战场。波兰飞机立即把它咬住。然而，这架眼睁睁将成为牺牲品的飞机，却把尾后的波兰飞机引来交给了迅速赶来的战友。施莱夫的瞄准这架波兰飞机，机枪猛烈开火，终于击落了这架飞机。

这类诱饵战术用了多次。结果，用这种战术几分钟内就击落了5架敌机。以后，波兰飞机就不再上当了，而德机也不得不赶紧返航。

两天后的9月3日，在华沙上空又进行了一场空战。这次迎战的飞机大约也有30架。第一飞行训练团驱逐机大队又击落了5架波兰飞机，德方损失一架。后来，该大队共击落波兰飞机28架，在波兰战役中获得德国战斗机"特等功勋部队"的称号。

虽因天气不佳耽误了一些时间，但在开战的第一天，德国空军一大队共出动30次，其中17次袭击了波军空军地面设施，如机场、机库、修理厂等。此外，支援地面部队8次，袭击波军海军5次。在地面炸毁波兰飞机约30架，空中击落波兰飞机9架。德军损失14架飞机，大部分是被波军高射炮击中的。

德军在第一天突袭的打击力度远远超过了波兰人所能想像的程度。德国的轰炸机投下成千上万颗铝制和镁制燃烧弹，这种东西一旦击中地面目标即会燃起强烈的火焰。另一种具大规模杀伤力的则是亨克尔轰炸机携带的重达50公斤的高爆炸弹，这种多用途炸弹可以用来炸毁建筑物，还可以在炸断铁路的同时留下深深的弹坑。

德国的俯冲轰炸机在这次进攻中成为"会飞行的炮兵"，可以在进攻的坦克前面俯冲摧毁敌人的要塞，切断敌人的补给线。由战斗机护航的亨克尔和道尼尔飞机使波兰的陆军陷于半瘫痪状态，增援部队、补给和弹药往往还没有抵达前线即被消灭掉了。而由梅塞施密特110战斗机护航的轰炸机则摧毁了波兰的铁路系统，将近100万响应波兰政府的动员令而集结的士兵阻塞在铁路线上。

在波兰境内，无数的工厂、学校、商店、军营被炸毁，30多个城镇发生大火。空袭，使美丽的波兰瞬间变得百孔千疮，一片狼藉。无数人被炸死，更多的人流离失所，无家可归。

与德国人当初的想法并不一样，波兰空军没有在第一天即被完全打垮，而是尽其所能进行全力反击。保卫华沙的战斗机一直持续抵抗了3天，还有一些波兰的巡逻战斗机直接飞过了西里西亚和波希米亚－摩拉维亚去轰炸东普鲁士。但是9月3日以后，波兰空军面临着全面瓦解的结局，此后，德国的轰炸机开始没有任何阻碍地横扫整个波兰上空。

No.3 "北京行动"

1939年9月1日凌晨4时17分，停泊在但泽港的德国海军虽陈旧却仍有战斗力的"石勒苏益格－荷尔斯泰因"号战列舰，以主炮向波兰但泽湾畔的韦斯特普拉特军需库猛烈开火。

当剧烈的爆炸声把波兰守军从酣睡之中震醒时，德军特种攻击部队已经蜂拥而来。战火映红了海面，这比德国地面部队入侵波兰的行动提前了28分钟。此后一个多月里，隆隆的炮声一直持续着，硝烟弥漫在这片曾经宁静的海洋上。

德军海军选在但泽开战是早有预谋的。

第一次世界大战德国战败后，被迫割让大片土地。但泽是波兰北方的波罗的海出海口，1793年被普鲁士侵占，第一次世界大战后被划为自由市，组织自治政府，经济上处在波兰支配之下，宗主权也属于波兰。通往波罗的海的"波兰走廊"将原本连成一片的德国领土分成了两块，位于"走廊"之东的东普鲁士成了远离德国本土的"孤岛"。这激起了日耳曼民族主义分子的怨恨。因此，消灭波兰人，重新夺回德意志帝国的入海口，是纳粹志在必得的事。

1939年，德国军队开入布拉格。波希米西和摩拉维亚被宣布为德国的保护国，斯洛伐克也被置于德国的保护之下。同时，希特勒还允许匈牙利人侵、并吞东部的卢西尼亚。肢解了捷克斯洛伐克，德国随即要求波兰归还但泽并解决"波兰走廊"问题，要求波兰把但泽"归还"给德国，同时还要建造一条超级公路和一条双轨铁路经过"波兰走廊"，把德国同但泽及东普鲁士连接起来，遭到波兰的拒绝。这使得希特勒极为恼火，因而在制定打击波兰的"白色方案"时，希特勒即提出了"歼灭或者打垮波兰海军"的作战计划。

韦斯特普拉特是个位于但泽以北6公里的古老城堡，波兰人在那里有一处军事设施。

德国早在战前的若干天即在但泽打好了埋伏。

8月25日，德国海军"石勒苏益格－荷尔斯泰因"号老式战列舰以"纪念一战阵亡将士"为名，对但泽自由市进行"友好访问"。但是舰长克雷坎普上校心里很明白此行的真正使命。

在发自海军总司令雷德尔海军上将的指示上写道："在'白色方案'开始后，摧毁波兰海军，封锁波兰海岸，堵塞其港口，破坏波兰的海上航运；确保德国的海上安全。"德国海军东部战区司令、海军作战部长阿尔布雷赫特海军上将指示克雷坎普将其军舰停泊在但泽市北边郊区、韦斯特普拉特要塞附近的有利位置，等待开战时刻的到来。

或许读者不会相信，但波兰海军在"二战"爆发前夕的确做出了舰船集体逃亡的决定。

在战争爆发前夕，波兰和德国的海军力量对比十分悬殊。德国海军当时拥有2艘战列巡洋舰、2艘旧式战列舰、3艘袖珍战列舰、8艘巡洋舰、17艘驱逐舰、20艘鱼雷艇和57艘潜艇。而且在德国扼守波罗的海的出口、并拥有南岸绝大部分海岸线的情况下，波兰海军的舰船根本无法在与占压倒性优势的德国海军交战时幸存。为了保存实力，波兰海军部长斯维尔斯基海军上将准备在战争爆发的前夜，下令海军的主力舰船前往英国和法国避难。英国海军部代表劳伦斯海军上校也向波兰提出了前往英国基地的建议。波兰舰船的逃亡计划取名为"北京行动"。

就在战争爆发的前两天，1939年8月30日，波兰海军总司令约瑟夫·乌恩鲁格接到了华沙海军部发来的绝密电报：

开始北京行动。

当天凌晨2时30分，波兰海军的"暴风雪"号、"雷霆"号和"闪电"号驱逐舰秘密驶出格丁尼亚海军基地，前往海尔基地的碇泊处。当天黄昏，这三艘驱逐舰结伴而行，高速冲出波罗的海，当天午夜向波兰海军部发去电报："我们正在穿越卡特加特海峡"。德国的潜艇在波罗的海发现了这三艘驱逐舰，但是没有发动攻击——此时战争尚未爆发。这三艘驱逐舰在31日抵达苏格兰的利思海军基地。在此之前几天，波兰海军的一艘训练舰和一条帆船也启程前往英国避难。

波兰军方这样的做法本身是出于避免正面碰撞，保存实力的考虑，但这种做法却使得波兰海军的实力大打折扣，从战争一开始即处于劣势。

此时波兰驻扎在韦斯特普拉特要塞的是隶属于波兰第209步兵团的182名士兵，拥有1门75毫米炮，2门37毫米炮，4门81毫米迫击炮和22挺重机枪。与之相比，德国方面要远胜过波兰，他们至少有4门280毫米炮、10门150毫米炮和4门88毫米炮。

德国方面开火后，要塞的波兰守军同德军展开了激烈战斗。此后，又有18架德国轰炸机摧毁了波兰海空军基地普克，摧毁了基地内的设施和全部水上飞机。波军只有一架意制水上轰炸机逃脱，但在10天后也被德国空军击落。在德国空军的袭击下，格丁尼亚海军基地和海尔基地的所有舰只全部疏散到海上，只有老式炮舰"马祖尔"号和"努雷克"号留在格丁尼亚，用它们的5门75毫米炮支援但泽地区的波兰卫戍部队。

← 但泽的第一发炮弹，由德海军"石勒苏益格—荷尔斯泰因"号战列舰向波兰军队发出。

应该指出的是，当时的但泽是国际联盟管辖下的自由市，市内驻防人员少得可怜。为了攻占要塞，德国人除了"石勒苏益格–荷尔斯泰因"号战列舰上的280毫米和150毫米炮之外，还调来了210毫米榴弹炮、105毫米加农炮和空中支援。当时波军留给韦斯特普拉特要塞仅有的100多名波兰驻军的指示是：在进行12小时象征性的抵抗之后，可以选择体面地投降。但是波兰守军却借助要塞的巨石原木工事，进行了顽强抵抗。

在战斗中，他们多次击退了德国的地面进攻，1/3的战士受伤，16人阵亡。德国方面则付出了20倍于波兰人的代价，但是他们依然没有得手。这里的波兰驻军一直坚持到9月7日，即开战的第七天，那时继续抵抗已经变得毫无意义，指挥官苏卡尔斯基下令宣布投降。而韦斯特普拉特要塞在战后成了波兰的国家圣地，被后人瞻仰。

No.4 履带碾向波兰

就在德国海军发动攻击之后不久，德军地面部队便从北、西、西南三面发起了全线进攻。德军借着由海军和空军发起的打击，趁势以装甲部队和摩托化部队为前导，很快从几个主要地段突破了波军防线。

就在德国空军对波兰纵深机场和要地进行猛烈炮火攻击的掩护下，德国的地面部队迅速突破波军的防线，向波兰纵深推进。德军的3,800多辆坦克，在其他兵种配合下，势如破竹，锐不可当，以每天80~97公里的速度向波兰境内纵横驰骋。这是人类战争史上第一次机械化部队的大进军。

战前，按照希特勒的要求，德军统帅部计划以快速兵团和强大的空军实施突然袭击，闪电般摧毁波军防线，占领波兰西部和南部工业区，继而长驱直入波兰腹地，围歼各个孤立的波兰军团，力求在半个月内结束战争，然后回师增援可能遭到英法进攻的西线。

在波美拉尼亚和东普鲁士集结了由21个师编成的北方集团军群，由陆军一级上将博克指挥，下辖屈希勒中将第3集团军和克鲁格上将的第4集团军，共5个步兵军和1个装甲军。其任务是首先切断"波兰走廊"，彻底围歼集结在这里的波军集团，而后从东普鲁士南下，从背面攻击维斯瓦河上的波军，并从东北方向迂回包抄华沙。

在德国的西里西亚和捷克斯洛伐克境内展开由33个师编成的南方集团军群，由陆军一级上将伦德施泰特指挥，下辖布拉斯科维兹上将的第8集团军、赖歇瑙上将的第10集团军和利斯特上将的第14集团军，共8个步兵军和4个装甲军。其任务是首先歼灭西里西亚地区的波军集团，而后从西南方向迂回包抄华沙。

两个集团军群分别由第1航空队（司令官为A·凯塞林将军）和第4航空队（司令官为A·勒尔将军）实施支援。

在全长2,816公里长的波兰和德国国境线上，当装甲师隆隆驶向指定目标时，德国人的机关枪发出刺耳的嗒嗒声，和装甲机车运行时的轰鸣声混合在一起。与紧张的战争气氛相对

一 在波兰境内横行无忌的德军装甲部队。

应的，还有德国谈笑风生的士兵，他们不时停下来破坏障碍并协助当时帝国宣传队的摄影师推倒边界标识牌。

在北方，来自东普鲁士由屈希勒中将指挥的德国第3集团军，发动了两个方向的攻击，指派他的第1军和伍德里格军向南朝华沙方向猛攻，派他的第21军向西南"波兰走廊"底部方向猛攻。而由克鲁格上将指挥的第4集团军最先支持机械化作战，他的第19军由海因兹·古德里安中将指挥，这个集团军向东突击，从波麦腊尼亚进入"走廊"。

在这场大进军中，第19军团古德里安中将成功地实践和运用了坦克机动作战，他本人也成为尽人皆知的"闪电英雄"。古德里安当时是德国装甲兵第19军军长。在人类战争史上规模空前的机械化部队大进军中，古德里安成功地实践了他的装甲兵理论，率领第19装甲军取得了辉煌的胜利。第19装甲军隶属北路集团军群第4集团军，辖有1个装甲师、2个摩托化师和1个步兵师。它既是第4集团军的中路，又是集团军的攻击前锋。

古德里安的机械部队是一支极富战斗力的军队，由于上级在战术实施和后勤管理上都放权给古德里安，所以这支部队比其他部队表现出更强的战斗力。第19军不受步兵拖沓的供给影响，因此它可以像一支完全独立的机械化部队那样行动，这样的部队在战争史上还是第一支。对古德里安来说，这样的部队是保持德国入侵势头的"撒手锏"。

如空袭受到北方恶劣天气的影响一样，这一次，北方集团军群的入侵也受到了天气的阻碍，步兵所得到的炮兵和空中支援没有太大的效果，这多少给第一次在炮火下作战的德国部队带来了混乱。古德里安坐在坦克师部队的一辆装甲车上，这或许是一个装甲军指挥官唯一能够发挥作用的地方。军长在战场上能够使用装甲指挥车，亲临一线与战车一同行动，这是古德里安的一个首创，而更为先进的是，古德里安的战车上都备有无线电设备，这样，这位军长就可以随时与其手下的各个师保持密切的联系。

随着浓雾逐渐散去，德军加快了向波兰腹地推进的速度，开进了"波兰走廊"。

第一场恶战发生在曾贝堡以北、大克罗尼亚附近的地区，德国战车与当时波兰防线上的武装人员直接遭遇，当时波兰的战防炮直接命中了好几辆德国战车，德国的1名军官，1个见习官和8名士兵当场阵亡。

突进的第1边境警卫军在北端切断了"走廊"。埃伯哈德旅，这个由党卫队和当地自卫队组成的部队，迅速占领了但泽，除了城市北部的韦斯特普拉特要塞外。第4集团军穿越"走廊"，进入较宽的底部以便切断波兰人撤退的路线并同时与第3集团军会合。而这时的第3集团军则直接向南穿过"走廊"向华沙突击，在东普鲁士边界附近的马拉瓦遭遇到一些波兰最坚固的防御工事，这是装备有反坦克武器的混凝土工事。在这里，第3集团军没有严格执行古德里安的学说，他们没有绕过这个城市迂回解决，而是企图直接冲过去，在遭受到极大的损失后，被迫停止了攻击。

在南方，主要的进攻是由当时的第10集团军来完成的，他们首先向东南朝华沙方向挺进。在第10集团军的左翼，第8集团军向罗兹突击。在他们的右翼，则有第14集团军沿着维斯瓦河向克拉科夫推进。那里天气晴朗，德国的空军可以大展身手，这就给予地面部队以部分的支持，在那里的闪击战几乎是以教科书式的精确程度进行的。装甲部队所做的只是绕过敌人的要塞并且继续前进，然后空中轰炸机呼啸着从空中冲下来轰炸地面的守卫者，随后地面部队迅速对晕头转向的守卫者发起进攻，不给敌方留一丝松口气的时间。在许多情况下，甚至在德国的坦克尚未抵达波方阵地以前，波方的后方防御已经被彻底击溃。进攻的当天下午，第10集团军的部队已经深入波兰24公里。在他们后面，派来维持被占领地区的德方人员也是闪击式地突入，边界自卫队和警察部队马上恢复了对后方地区的控制。

到了9月2日早上，德军的第4集团军的先头坦克部队——德军的精锐、古德里安的第19军，汽油和弹药全部耗尽，这确实令身在前线的士兵和军官大惊失色。可就在与他们交战的波兰人发现这个惊人的秘密之前，德国的支援纵队从混乱中拼死赶到，使得德军的装甲战车再次启动。第4集团军在这时封住了"走廊"的底部，完全包围了波麦腊尼亚军团的两个师和波莫尔斯卡骑兵旅。

这些被包围的波兰骑兵试图突围，但是在德国人的坦克和装甲车的打击下，他们都失败了。所有的人以自杀性的方式飞驰向德军的坦克，以一种英雄式的行动书写了波兰骑兵的不朽传奇。

在马拉瓦受阻的第3军前线，肯普夫装甲师重新部署，并成功地从侧翼包抄到马拉瓦防线的南部，在此之前，德国第3集团军的先头部队遭到了莫德林军团的暂时阻拦。莫德林军团拥有强大的防御阵地，就是在这里，波兰军队连续抵抗了3天，直到从伍德里格军的部队突破了波兰军队在城东的环形防御圈。到了9月3日，波兰的莫德林军团不得不全线撤退，在他们身后，留下了1万多名波兰战俘。这时，负责其他地区军事行动的军队也被派给第3集团军，当该集团军向西进攻"波兰走廊"时，在维斯瓦河的一个城镇格罗坦兹遭遇到了波兰军队的猛烈袭击，在往北突进的过程中，德斯查河附近的一座大桥也被波兰军队拆毁。但是，德军很快就在工程兵搭建浮桥后，在维斯瓦河畔的梅威渡过了河。

太过迅速的推进对于德军来说并非完全是件好事，在部队军需补给上，在两线同时作战的防御上，德国面临着更大的压力。事实上，德国军方也认识到了这一点。战场局势的迅速

↑波兰骑兵的装备十分简陋。

改变要求德军采取新的战术，北方集团军的司令费多尔·冯·博克将军匆匆与陆军司令部的瓦尔特·冯·布劳希奇元帅进行商讨。他们最担心的就是如果装甲部队进展得太快，会使德国面临西线突发事件。但是经过一番思量后，布劳希奇还是批准派第4军团的第19军深入东波兰彻底消灭波军。

在南方，南方集团军在战争的头两三天内突破了波军的警戒线后，准备抢占胜利果实。原本在先头部队中间位置的第10集团军的机械化师，也开始绕过坚固的防守点和大批向华沙方向撤退的波兰步兵，全速前进。

在格·德·伦德施泰特将军的指挥下，德国南方的庞大集团军从西南越过波兰平原，以每天最多16公里的速度缓慢向华沙移动。第14军的主体向克拉科夫推进，此时它的由斯洛伐克部队扩编的第22军，穿过由精锐的波兰山地团把守的通道，从南面向克拉科夫进攻。

在中部，瓦尔特·冯·赖歇瑙中将指挥的第10军的第4装甲师的坦克，冲破波兰顽强的抵抗。在他们的北方，约翰内斯·勃拉斯科维兹中将的第8军的两个步兵军向罗兹推进。

让波兰高层指挥部门感到极为恐慌的是，德国坦克部队总能抢先在波兰溃败的军团之前推进，这使得波兰军方根本没有足够的时间来重新组织他们的部队进行有效的反击。实际上，在德军的追打之下，波兰开始处于惊慌和混乱的状态，根本没有时间搞清楚到底发生了什么事。斯图卡轰炸机在他们发起反攻前就炸散了他们的编队。此前，华沙波兰总司令部直接控制的7个军团的每一军团不受任何一级指挥干扰，现在在总司令部已经同战地军队失去了联系。

德军在突破波军防线后，以每天50~60公里的速度向波兰腹地突进。南路集团军群以赖歇瑙的第10集团军为中路主力，以利斯特的第14集团军为右翼，在左翼布拉斯科维兹的第8集团军掩护下，从西面和西南面向维斯瓦河中游挺进；北路集团军群以克鲁格的第4集团军为主力，向东直插"波兰走廊"，另以屈希勒的第3集团军从东普鲁士向南直扑华沙及华沙后方的布格河。

9月3日，德军推进至维斯瓦河一线，完成了对"波兰走廊"地区波军波莫瑞集团军的合围。在围歼波军的作战中，被围的波军显然还不了解坦克的性能，以为坦克的装甲不过是些用锡板做成的伪装物，是用来吓唬人的。于是波兰骑兵蜂拥而上，用他们手中的马刀和长矛向德军的坦克发起猛攻。德军见状大吃一惊，但很快就清醒过来，毫不留情地用坦克炮和机枪向波军扫射，用履带碾压波军。波兰骑士想象中的战场决斗成为一场实力悬殊的屠杀。

古德里安坐在装甲指挥车里，指挥部队用坦克炮轰击对方的阵地，用履带碾压对方的人员，冲撞破坏对方的车辆。一队又一队的坦克，在古德里安的指挥下，不停地突进波军的阵地，挺进波军的纵深，很快对"波兰走廊"构成合围。"波兰走廊"是德国通向华沙的交通要道，占领"波兰走廊"，华沙就失去了屏障，因而德军与波军在"波兰走廊"的战斗也异常激烈。

9月5日，德国第4集团军和第3集团军在格鲁琼茨地区会师，切断了"波兰走廊"。至此，"波兰走廊"战役结束。

第4章
CHAPTER FOUR

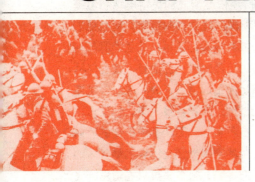

柔弱的反抗

★波兰军队在战略上抱着陈腐的军事理论和作战样式不放。波军总司令斯米格威－雷兹元帅甚至想守住波兰的全部领土，还想对东普鲁士当面采取进攻行动。于是，这种一切都想保护，分散自己兵力的做法带来的只能是失败。、

★9月12日，感到大事不好的波兰军队向东南发起了进攻，开始试图在德军未完成包围圈之前从那里冲出包围。结果，在突围的过程中，德军虽然丧失了一些地面部队，但是却在打击波兰的这次突围的过程中收紧了自己的包围圈。

No.1 波兰的危局

在希特勒侵吞奥地利和捷克斯洛伐克的过程中，波兰人隐约也感到了战争的威胁。1938年5月初，贝克用强硬的讲话回应了希特勒，波兰将不会向德国的霸权屈服。贝克的这番话说得过于精彩，因为他自以为有一个靠得住的许诺。

贝克一直致力于发展与英法的关系，借此来弥补本国同强邻苏德的紧张关系。在战前，法国答应战争爆发时将通过空中打击德国，3天后进行牵制性的地面进攻，并在15天内发动一场全面攻入德国的战争。英国虽无明确表示，但也提到皇家空军将进行轰炸，并有可能从地面派步兵通过黑海实施援助。而就当时的局势来说，法国人的话也明显地太过华丽，法国的情报机关过高地估计了德国在西部防线的力量，这也是一战后留下的影响，法国的最高指挥部决不想在没有充足准备的情况下对德国发动一场重大攻势，15天的时间显然不够。

在英国法国的含糊支持下，波兰的将军非常乐观地认为他们能够战胜德国。

但是，波兰虽然在军队人数上占有优势，其背后却存在着致命的缺陷。在战争理论上，波兰军方不重视参谋人员的作用；在设备上面，波兰的通信还依赖旧式的民用电话和电报网；波兰的800辆坦克还是陈旧的法国坦克型号或者是仿制英国的波兰自制坦克，而且他们并没有像德国那样把坦克组成坦克集群，而是依旧把坦克分散在步兵部队里；波兰的野战炮兵装备有优良的法国77毫米火炮的复制品，但是重型火炮此时已经过时了。而且，波兰军队缺乏足够的军事装备，国内的军火工厂的生产能力又不能满足当前的需要。波兰政府曾试图向英国政府贷款，以帮助波兰建立武器原料储备和武装其受过训练的预备役人员，但英方迟迟不予回答；与法国的谈判结果也同与英国的相仿。这样，波兰实际从英法手中得到的可以用于进行战备的资金实在是杯水车薪。而在制空权方面，波兰的空军曾经是世界上最优秀的空军，拥有最优秀的战斗机，而现在波兰的战斗机都已经陈旧不堪，很多飞机只能适用于飞行训练。

直到1939年3月，捷克斯洛伐克被德国吞并之时，面对纳粹德国咄咄逼人的扩张势头，波兰显然没有采取任何有效的措施，在很长的一段时间里，生怕刺激德国而一直缩手缩脚。当《苏德互不侵犯条约》签订时，似乎并没有给波兰带来多大影响，这两个强邻的结盟似乎与自己无关。可是接下来，当波兰政府得知此时的德国正在进行扩军备战时，才发觉局势远比他们预料的要糟得多。于是在1939年8月23日傍晚，波兰政府开始采取相应的动员措施。波兰的这次动员应该说是迅速的，到了次日，大约有2/3的波兰军队都动员起来。27日晚，波兰政府又决定实施充分动员。此后，因为德国在德波边界一直不断集结兵力，并发生了多次冲突，这使波兰政府决定于8月29日下午实行全民总动员。但英法两国对此表示异议，认为英德谈判仍在进行的时候，采取这一极端措施是"不合时宜的"，波兰的这种做法可能会被人视为好战。虑及英法的意见，波兰决定将总动员的时间推迟到31日零时，结果到战争爆发时，波兰还未完成总动员。

从1939年3月起，波兰即开始制订对付德国入侵的"西方计划"，规定波军应在掩护国

↑ 波兰军队的战斗机。

家要害地区的各条战线上以顽强的防御和预备队的反突击，遏制德军的进攻，使敌人遭到最大的损失，为英法军队取得在西线展开战事的时间。此后波军预定实施总反攻，并根据具体情况相机行动。

按照当时的动员计划，波军的总人数将达到150万，陆军人数应达到150万，拥有39个步兵师、3个山地步兵旅、11个骑兵旅、2个装甲摩托化旅、若干个专业部队和约80个民防大队。

波兰统帅总计划将现有的总兵力的70%用于作为屏护队的战略第一梯队，沿波兰同德国和捷克斯洛伐克接壤的边界全线展开。

在北边占领防线的是莫德林集团军（2个步兵师、2个骑兵旅，司令官是普谢德齐米尔斯基－克鲁科维奇将军），沿东普鲁士南部的边界部署，如遇敌有力突击，该军即向维斯瓦河和那雷夫河退却，并在这一地带设防固守。

在维什科夫以北有维什科夫集群（3个步兵师），负责加强莫德林集团军。

纳雷夫战役集群（2个步兵师和2个骑兵旅），则在苏瓦乌基进行防御，负责掩护莫德林集团军的右翼。

在"波兰走廊"的是波莫瑞集团军（5个步兵师、1个骑兵旅，司令官是博尔特诺夫斯基将军），全线沿"波兰走廊"展开，负责阻止来自波美拉尼亚的德军的进攻。

在波兹南省西部的是波兹南集团军（4个步兵师，2个骑兵旅，司令官是库特谢巴将军），其任务是防守法兰克福、波兹南方向，并威胁德国的北方集团军和南方集团军，如有可能，则对由波西里西亚来犯的德军实施突击。

罗兹集团军（4个步兵师、2个骑兵旅，司令官是鲁梅尔将军）担任罗兹和华沙方向的掩护。在琴斯托霍瓦、卡托维采、克拉科夫地域集结了克拉科夫集团军（7个步兵师、1个装甲摩托化旅、1个山地步兵旅、1个骑兵旅，司令官是希林格将军）。保卫南部边界的任务由喀尔巴阡集团军（2个步兵师、2个山地步兵旅和1个装甲摩托化旅，司令官是法布里奇将军）担任。

普鲁士集团军（8个步兵师、1个骑兵旅，司令官是多姆布－贝尔纳茨基将军）为第二梯队，配置在凯尔采、托马舒夫－马佐维茨基、拉多姆地域。

另外，在华沙、卢布林地域的维斯瓦河附近，波军统帅部有一支不大的预备队。但是东部同苏联接界的地区没有任何的防御。

海军的任务是确保对格丁尼亚海军基地和海尔半岛的防御，阻止敌登陆兵登陆，主要有3艘驱逐舰、5艘潜艇、1艘布雷舰、6艘扫雷舰、一些辅助船只，若干沿岸防御营和海军航空兵。

空军的任务是支援海军作战。每集团军配备1个陆军航空兵大队。统帅部还拥有歼击航空兵独立部队和轰炸航空兵独立部队。空军共有824架飞机，但只有407架可用于作战，其中有44架轰炸机，142架战斗机。波兰的飞机大多是过时的，其战斗性能远远不及德国飞机。

另外，值得一提的是，波兰军队在战略上抱着陈腐的军事理论和作战样式不放。波军总司令斯米格威－雷兹元帅甚至想守住波兰的全部领土，还想对东普鲁士当面采取进攻行动。于是，这种一切都想保护，分散自己兵力的做法带来的只能是失败。

对此，法国的参谋总长莫里斯·甘末林将军曾试图劝说波兰人应集中兵力在国家的中央部分建立一条防线，大致沿华沙前面的维斯瓦河设防。但是这个战略却被更看中政治的波兰领导人所拒绝，在他们看来，如果在交战的头几个小时波兰就让出人口密集的西部农业和工业地区给德国，那么波兰将会失去抵抗的意志。

而这一切的作战准备，都在德军第一天闪击战的打击下，受到了重创。

德军闪电式的进攻使波军完全陷入了被动挨打的境地，这是波兰人，也是全世界第一次领教"闪击战"的滋味。波兰的将军们或德国以外的任何人都没有预见到德国发动的战争是一场综合利用炮兵、步兵和空军的"闪击战"式的战争，再加上德国新的装甲坦克，用让人炫目的速度和优势兵力，实施快速打击和摧垮敌人阵线。波军统率部原以为战争会像以往那样缓慢地展开，德军会先以轻骑兵进行前卫活动，然后以重骑兵进行冲击，对德军大量使用坦克和航空兵的"闪击战"毫无准备。

英国军事理论家利德·哈特就此指出：

可以毫不夸张地说，他们（波军首脑）的思想落后了80年。

而波军统帅部又对自己的军事力量过于自信，并指望英法的援助，因此便把部队全部部署在德波边境，以为只要实施坚决的反击，就可以取得胜利。这种毫无进退伸缩弹性的部署，使波军在德军高速度大纵深的推进下，不是被歼灭就是被分割包围，成为留在德军后面的孤军，抵抗的结果自然是迅速土崩瓦解。

No.2 抵　抗

波兰政府在战争来临之前一直试图达到某种妥协，一直想通过谈判来解决问题，他们的言辞一直是很强硬的，而当战争真正来临的时候，他们却选择了逃跑。1939年9月1日，当希特勒的德军刚刚对波兰发起进攻，波兰总统就吓得离开了首都华沙。

9月4日，政府机关撤离了华沙，国家的机要文件和黄金储备也随之运出。

9月5日，政府全体工作人员撤出华沙，逃到了华沙东南的卢布林市。

9月9日，政府机关又从卢布林逃到了克列梅涅茨。

9月13日，再次逃跑到紧靠罗马尼亚边界的扎列希基。

9月16日，波兰政府越过边境，直接逃入了罗马尼亚。

其时，波兰军民还在进行艰苦的抵抗，也就是说，波兰的抵抗是在政治、军事指挥几乎全面瘫痪、全国最高政治领导实际上瓦解的情况下进行的。

事实上，在德波战争的第一阶段，即9月1日到9月7日，波兰的军队就受到了重创。

德军在波兰战局的第一阶段，取得了重大的进展，但在华沙以西合围并彻底消灭波兰军队的企图并没有完全实现。德国军队决定重新部署，并于9月9日以后，开始发起第二次的大举进攻。他们企图把在维斯瓦河以西坚守的波军全部歼灭，然后再由第14和第3集团军从南北两个方面实施深远突击，以求合围维斯瓦河以东或退守该地域的所有波兰守军。

在波兰方面，前几天德军的猛攻让波兰确实有些手足无措。波兰最高指挥部意识到波军在南、北两线都有全军覆没的危险，于是就于德军发起更大进攻前的9月5日，下达了向维斯瓦河总撤退的命令。但第二天，这一命令却又被改成进行新防御的对策。

这条新的防御线是从东北方向的纳雷夫河到维斯瓦河，最后到桑河。此时的波兰元帅不得不面对战争现实，此时的前线战场已经大败。他唯一的希望就是在波军被肆虐的坦克纵队和德国空军碾压击打成碎片之前，把尽可能多的军队撤退到相对安全的东部地区。这几天的战斗对波军最高指挥部来说，无疑是痛心疾首的。

于是，根据波军统帅部的命令，莫德林集团军和纳雷夫战役集群应撤过华沙以北和东北的维斯瓦河和纳雷夫河，以掩护从西部向维斯瓦河和桑河撤退的基本兵力的右翼。波兹南集团军和波莫瑞集团军的残部则奉命径直退到华沙，以掩护华沙西面的接近地。罗兹和普鲁士集团军的任务是向华沙以南的维斯瓦河撤退，克拉科夫和喀尔巴阡集团军的任务则是向桑河撤退。

此外，8日傍晚，华沙电台呼吁全民参战，保卫他们遭受侵犯的家园，电台号召人们对侵略者施以颜色，比如，指示居民向失去战斗力的德国坦克上浇汽油，烧这些坦克。"波兰人民同波兰战士并肩作战，设置路障，千方百计地粉碎德国的军事行动，进攻德国的军事阵地。"这种建议可以说无异于煽动手无寸铁的人民去送死。

9月6日起，德军的第14集团军向南攻陷了克拉科夫，9月9日，德陆军总司令部下令第22军突破波军在桑河一带的防线，以期最后与从东普鲁士向南进攻的古德里安的第19军会合。

这样一来，第22军和第19军就形成了钳形攻势，可以完成对华沙东面波军的共同包围。

当前线战斗席卷波兰边界地区时，只有库特谢巴将军指挥的波兹南集团军那时还尚未投入战斗。德国陆军总司令部的指挥官却决定绕开这支部队，转而迅速地插入波兰的其他地区。德军的这个企图被波兰军队的指挥人员看透，在了解了德军的这个意图以后，波兹南集团军指挥官库特谢巴将军向波军最高指挥部提出，让他的部队从南侧袭击正在东进的德第8集团军的请求。可是，库特谢巴将军的这一请求遭到了斯米格威-雷兹元帅的拒绝，这位元帅此时只想着如何在尽量少的时间里，在维斯瓦河后侧集结尽量多的军队。

所以，在这之后，波兹南集团军开始向东面的华沙方向撤退，在撤退过程中，波兹南集团军遭到了德国空军的打击，但没有遇到德国的地面部队。与此同时，波兰的另一个集团军波莫瑞集团军的余部也开始向华沙方向全力撤退，这两个主力军终于在位于波兹南和华沙中间的库特诺会师，库特诺市是一个重要的交通枢纽城市。

在集结刚刚完成时，库特谢巴将军再一次申请上级允许他指挥波兹南集团军和波莫瑞集团军向德第8集团军发起进攻。此时的波兹南集团军和波莫瑞集团军从整体上说还是一支数量可观的军队，而且编制也比较完整，由10支步兵师和20个骑兵旅组成。虽然波兰军队的任何进攻都会延缓自身的东撤，但倘若不出击，它的军队还会不断地受到比他们速度快得多的德国坦克的袭击，考虑到这一点，此时处于绝望境地的波军最高指挥部不得不做出决定。在他们看来，发动一次大规模的反攻可能会从总体上减缓德国南方集团军群先头部队的进军速度，从而给波兰的其他军队的集结和重整提供一个喘息的机会，以发起更大规模的反击。所以，再三考虑后，波军最高指挥部最终还是批准了库特谢巴将军的请求，同意他同时指挥波兹南军团和波莫瑞军团向德国的第8集团军发起进攻。

在这次反击之前，由波军发动的较大规模的反击，是由波兰的普鲁士军团完成的。但是那一次反突击不仅整个兵力有限（只有一个步兵师和一个骑兵旅），而且组织得也很糟糕。他们反突击的对象是德军第10集团军的第16摩托化军，但是，普鲁士集团军的指挥官却将本来就不强的兵力分散在两个相互隔绝的方向上行动，对实施反突击的部队也没有任何掩护和保障，同时，反突击行动在罗兹集团军的侧翼进行，却没有组织同罗兹集团军协同作战。结果反突击不仅未能带来预期的效果，反而使自己在退却中被德军完全消灭。

这时，德国方面原来负责保护第8集团军侧翼的军团，已经被加速前进的德军先头部队的主力远远地甩在了后面。当第8集团军靠近布祖腊河时，它的侧翼的保护部队主要是第30步兵师。该师部署在第8集团军前面32公里处，没有处在发动协同防御的有利位置。9月9日，在布祖腊河东南方向，波兰军队开始反击，这也是整个战役中波军唯一的一次主要进攻。

波兰的军队从华沙以西113公里的库特诺附近向南发起了进攻，攻入了德军第8集团军暴露的一翼。当打击来临时，本来被派来保卫侧翼的德国第30步兵师奋力行军以期进入指定位置，这使得步行的士兵和马拉的物资货车延伸了34公里。德国的第30步兵师向第8集团军的司令部报告说，该师已经遭到波兰军队的进攻，人员伤亡严重，正在被迫撤退。

↑深入波兰腹地的德军部队。

波兰军队的这次进攻，严重地威胁了南方集团军的作战计划。经过两天的鏖战，德军步兵第30师损失惨重，波兰军队俘获了1,500名德军，缴获了30门大炮，德军第8集团军的左翼掩护部队被击退几公里。如果波兰军队能够切断德国前进的路线，那么第10集团军将不得不掉过头来对付这种危险，波兰军队就会有更多的时间来加固华沙和维斯瓦的防线，此后如果德军想占领波兰东半部就不得不付出更加巨大的代价。

9月10日和9月11日，战斗一直在布祖腊激烈地进行着。波兰军队猛攻德第8集团军拉长了的战线，尽管在波兰军队的顽强抵抗下德军有后撤的迹象，但波兰军队也付出了巨大的代价。更重要的是，此时的波兰军队面临着缺乏食物、军火弹药以及其他军事供给的问题。

波兰军队在布祖腊的反击的确让第8集团军大为震惊，但并没有引起他们的恐慌，而是意图组织更有效的防御，德军司令部下令抵挡住波军的进攻。在南方集团军的司令部里，伦德施泰特和参谋总长曼施坦因认为波军的进攻并不是个大问题，相反，这次进攻恰好给德军提供了一次有利时机，让德军可以完成原来陆军司令部制定的摧毁维斯瓦河两岸波军的计划。到目前为止，在库特诺附近已经集结了大约17万的波兰军队，如果能够包围、遏制和摧毁这些部队，那就会一举消灭掉1/3多的波兰地面部队。换句话说，波兰人的进攻为德军提供了一次大规模消灭波兰军队有生力量的机会。

而德军目前所需要的就是一次有计划有目的的集结和一次有规模的围歼。为了对付波兰的这次反击，德国军队开始重新部署。对当时德国所有的军队进行大规模的高效的调动与部署，是对当时的德国军方是一次极大的挑战。到了9月11日，勃拉斯科维兹将军接到命令，开始由他来指挥这次军事行动。于是，他迅速从第8集团军右侧的第10集团军和从北方开来的第14集团军抽调兵力来武装自己，配合作战。这种调动完成之后，第8集团军的规模几乎在一夜之间增加了一倍，由一个司令官同时指挥着6个军。为了能够集中力量打击波兰的这次反击，德军暂时减缓了对波兰首都华沙的进攻，减轻了对部分波军的压力，同时，德军也减小了在维斯

瓦河地区的军事行动的规模。

　　一条新的德军防线建立起来了，第8集团军的工程兵和反坦克兵部队匆忙赶到，巩固了这条防线。与此同时，指挥南方集团军的伦德施泰特将军并不情愿放弃他已经在波兰首都前方占领的阵地，他想方设法使波兹南军团的进攻转化为他的便利。他命令里特·冯·勒布中将派他的第11军的两个师向北穿插切断"波美拉尼亚"军团同华沙的联系，将其驱赶到波苏拉河，并将它以及罗兹军团的幸存者包围起来。而第8集团军转向东北进行战斗。同一时间，第四集团军向南移动，以便形成包围波兰人的一个钢铁包围圈，这就是所谓的"库特诺口袋"。

　　9月12日，执行反突击的库特谢巴将军得到情报，罗兹集团军的残余部队正在向莫德林集团军的方向撤退，他们之间的军队已经没有会合的希望了。而更令库特谢巴将军感到头痛的是，据说当时的德军正在库特诺附近进行军事演习，这样一来，波兰的军队面临着即将被包围的威胁，而库特谢巴将军的军队也面临着即将被完全剿灭的危险。

　　也就是在这一天，感到大事不好的波兰军队向东南发起了进攻，开始试图在德军未完成包围圈之前从那里冲出包围。结果，在突围的过程中，德军虽然丧失了一些地面部队，但是却在打击波兰的这次突围的过程中收紧了自己的包围圈。

　　到了9月15日，波兰的军队的进攻已经毫无生气了。就在那一天，德国的第10集团军奉命向北推进，在华沙以西切断从库特诺地区逃往首都华沙的所有退路。到了9月16日，波兰军队又一次试图从东北方向突围，这一次，他们希望渡过维斯瓦河后到达莫德林，但是这一次的突围再次被德国人击退，而且大量的波兰军队的士兵在这次失败的突围中丧生。同时，这次战斗之后，德国第8集团军进一步缩小了他们的"库特诺口袋"，波军不得不在更小的地区内活动，这样，他们再也没有余地周旋来躲开德国空军的打击。

　　就在9月17日，波兰军队突围失败的第二天，德国空军暂时停止了对华沙的突袭，而是把兵力集中到对库特诺地区的进攻上。在这个地区，德国的空军总共投下了328吨的炸弹，被围困的波兰士兵伤亡惨重。当第10集团军彻底歼灭拉多姆的波兰军队时，波兰的波兹南集团军崩溃了，受到沉重打击的波兰防御部队开始瓦解，当天就有4万波兰军队的士兵被德军俘获，就连最后两支企图突围的波军队也被德国第10集团军全部歼灭。最后只有一小股波兰军队突出重围，而且大多也是依靠卡尼彼诺斯森林的天然屏障保护而逃走的。就这样，原本用来进行大规模战役的波兰军队被分化成一支支独立的小分队，最多也只能打游击战争了。德国军队总共俘虏了52万人，占当时波兰地面有效部队的1/3多，保卫波兰的野战部队已经溃不成军了。

　　虽然希特勒曾因为进军华沙的先头部队的速度太慢而不停地斥责部下，但是对于当时的德军指挥总部来说，布祖腊战役的胜利是里程碑式的，它的意义深远。

← 大量被俘的波兰士兵。

No.3 罗马尼亚桥头堡

就在波兰的前方军队还在"库特诺口袋"地区奋勇突围时，波兰后方的军队曾利用这个间隙来完成新的集结。波军最高指挥部采取了最后一项权宜之策，他们希望把波兰当时所有的军队全部撤退到波兰东南部去，进入波兰领土伸入到罗马尼亚和匈牙利之间的一个"舌头"地区，在那里组成"罗马尼亚桥头堡"，或许可以坚守到西方盟国支援的到来。尽管德国的第14集团军一直在沿喀尔巴阡山脉的北麓向东推进，以利活夫为中心的波兰东南部地区仍然作为建立新防线的最后一块地区。此外，该地区与罗马尼亚、匈牙利接壤，是重要的产油区。

这时，在北方战场上，莫德林集团军开始和纳雷夫军团同时撤退，而德国的第3集团军紧随其后。在第3集团军的东侧，古德里安的第19军在两支波兰军团的中间打开了一个缺口，纳雷夫军团随后发起了进攻，但是很快就被击败了，不得不撤退，同时大量人员伤亡。与此同时，德国的第19军的两个装甲师和两个坦克师都遇到了燃料和弹药的问题，这种巨大的战争损耗使德国的装甲车辆进退两难。此时，只有古德里安手下的那种小型装甲部队还保持着充足的火力和相当的机动性，能够继续推进。

古德里安最初的计划是向南推进，直接夺取谢德尔堡，但是由于德国陆军总司令部的司令官认为波军正在建立"罗马尼亚桥头堡"，所以古德里安不得不听从上级的指示，完成了从侧翼对波兰军队最后防线的包围。

9月14日，第10装甲师的先头部队到达布列斯特－利托夫斯克的边缘地区，这里是北方集团军在最东面的一个目标。9月15日，德军攻占了布列斯特－利托夫斯克。尽管那里的波兰守军建造了一个很有名的防御工事，即赛特德尔防御工事，曾击退了德国第10装甲师和第20摩托化步兵师的几次进攻，但他们还是没有能够阻拦住来势凶狠的德国军队。9月17日，当守卫在布列斯特－利托夫斯克的最后一批波兰军队企图突围的时候，德国步兵师有了歼灭敌人并占领赛特德尔防御工事的机会。而在接下来的时间里，德军的第3装甲师向南前进抵达弗沃达瓦，以期与北方集团军中前往东北方向的坦克先头部队会合。

尽管这两支从华沙东面夹住波兰军队的"大钳子"没有真正合拢，但是他们相隔只有几公里而已，完全可以通过电台保持联系，电台对德国的机械化部队在战争中取胜起到了十分重要的作用。波兰企图再次集结的意图不幸被德军发现，德国的空军立刻开始对波兰的行军纵队不断地加以打击，另外空军还对波兰的铁路进行了狂轰滥炸，大大破坏了波兰的交通，打乱了波军的计划，从而使波兰的计划无从实现。

到了9月16日，波军的大部分已经被歼灭，波兰西部和中部完全被德军占领，德军推进到维斯瓦河以东地区，德军已经达到了作战的主要目标。9月17日，波兰政府越过边界逃往罗马尼亚，同日，苏联红军入侵波兰，此后，德波战争进入了最后的阶段。

第5章
CHAPTER FIVE

静静"围观"的英法

★1939年9月8日，波兰驻巴黎的武官在报告中写道："到1939年9月7日10时止，西线实际上并无战事。法、德双方都没有相互射击。空军迄今也没有采取任何行动……我的估计是：法国人既不会作进一步的动员，也不会采取进一步的行动。"这就是当时的"静坐战争"。

★在炮兵和坦克数量上，法国也是远远超过德国的，其时德军在西线所部署的火炮不过300门，而法国有1,600门，是对方的5倍还要多。法国当时有2,000辆坦克，而那时德军的坦克都被抽调到波德前线去了。

No.1 最后的通牒

在德国入侵波兰的第一天，也就是1939年的9月1日，波兰政府即向英法政府求救。在1930年8月25日签署的《英波互助同盟条约》中规定：如果缔约国的一方受到一个欧洲大国的直接侵略，如果发生威胁缔约国独立的行动，而受到威胁的一方决心予以抵抗，或如有想以经济渗透等方式破坏缔结一方独立的图谋，另一方保证予以支持。如果缔约一方把对另一个欧洲国家的独立或中立的威胁作为宣战的理由，互助也将生效。

在这份条约中，所谓"一个欧洲大国"，即是指当时的德国了，这虽然未在条约里明言，但是在其秘密议定书中明确指明为德国。秘密议定书中同时指明，"如果发生威胁缔约国独立的行动，而受威胁的一方决心予以抵抗"这一条适用于但泽。

就在9月1日的清晨，美国驻华沙大使发回关于德国已经入侵波兰的消息，几个小时后，美国总统罗斯福同时又得到了伦敦决定履行他们对波兰保证的消息。于是，这位总统决心为争取和平或者说是争取尽量少的伤亡，向各国发了一份早就草拟好的呼吁文件。这份文件被发往已经卷入或者可能要卷入战争的德国、波兰、法国、英国和意大利等国的政府，在这份文件里，罗斯福总统希望这些国家作出保证，即他们的空军将决不轰炸平民百姓或者是不设防的城市。美国总统的这一和平建议得到了英国、法国、德国和波兰各国的回应，表示愿意接受总统的建议。只是有一点不同，波兰在他们的答复中告诉罗斯福总统，他的建议已经被德国飞机投下的炸弹炸得粉碎。

而更重要的事情是在这天上午的11时30分发生的，英国的内阁会议召开，这次会议的第一个议题是履行对波兰的保证；其次是对意大利所提议应该采取什么态度。

终于，在下午4点30分，英国政府做出了对于波兰的最后决定。这项决定是由英法两国最后商定的。柏林的英国大使亨德森接到了指示，于是他将一份警告递交给德国政府，警告内容为：除非德国政府给予令人满意的保证，证明它已停止一切侵略波兰的行动，并准备迅速从波兰领土上撤出它的军队，否则英国将毫不迟疑地履行它对波兰的义务。在给亨德森这份指示时，英国外长哈利法克斯说，大使的要求对方应立即给予答复，答复的性质将决定如何展开下一步行动，如果不能令人满意，回答将是"一个有时限的最后通牒或立即宣战"。不过目前这份照会应称之为一个警告，而不是一份最后通牒。

1939年9月3日上午9时英国发出一份时限为两小时的最后通牒，法国政府则是将最后通牒的送出时间定在3日中午12时，宽限时间为当日下午5时。

到了9月3日的清早，德国政府仍然没有任何反应，哈利法克斯于是在上午5时打电报给亨德森，指示他上午会见里宾特洛甫，以便把一份时限为两小时的最后通牒给他，如果不能见到他，就会见另一位德国政府的代表。于是，1939年9月3日上午9时，亨德森出现在里宾特洛甫的办公室，向施密特宣读了英国最后通牒的全部内容，其中有：

虽然要求立即答复本政府9月1日的警告已于24小时以前就已提出，但至今未答复，与此同时，德国却在加紧进攻波兰。鉴于此，在英国夏季时间今天上午11点以前，如果英王陛下政府尚未收到德国政府令人满意的保证，停止对新旧交替的一切侵略行动并把德国军队从波兰撤出，则从该时起，大不列颠与德国即处于战争状态。

考伦德不久即向里宾特洛甫递交了一份内容与英国相同的最后通牒，限时在下午5时答复。

可是在当日的11时以前德国没有给予英国相应的答复，于是在9月3日星期日的上午11时15分，英国首相向全国广播宣布，英国与德国进入战争状态。就在同一时刻，法国以书面形式通告德国的临时代办，他们两国现在已经进入战争状态。

英国与德国政府的最后一次接触是里宾特洛甫召见英国大使亨德森，并交给他一份很长的文件，文件的开头是这样的：

德意志第三帝国和德国人民拒绝收下或接受，更不用说履行，英国政府提出的最后通牒性质的要求。

在接下来的内容里，德国继续把发动战争的责任推到英国政府身上，文件最后称德国政府拒绝"召回它为保卫德意志帝国而集合起来的军队"。

就这样，英德、法德的关系彻底断绝了。

No.2 壁上观

尽管英法已经各自对德宣战，但是此时在德国的西线，依然出奇得平静。

当英法对德宣战后，希特勒迅速发布了针对英法的"第二号作战指令"，其原文如下：

第二号作战指令

（附：关于第二号作战指令第四条（X－命令）的说明）

国防军最高司令柏林

国防军统帅部／指挥参谋部／国防处一组1939年9月3日

1939年第175号绝密文件

只传达到军官

第二号作战指令

一、在英国政府宣战之后，英国海军部于1939年9月8日11时17分下达了开始采取敌对行动的命令。

法国已经宣布，从1939年9月3日17时起同德国处于战争状态。

二、目前，德国的战争目标，仍是快速而胜利地结束对波作战行动。将重要兵力从东线调往西线一事，仍须由我决定。

三、根据第一号指令制定的西线作战原则仍然有效。

在英国宣布开始采取敌对行动和法国宣布进入战争状态之后，可得出下述结论：

1.对英国：

海军

可以采取攻击行动。目前也可由潜艇根据捕获法进行经济战。应准备采取包括宣布危险区在内的激化措施。激化措施的付诸实施须经我批准。

用水雷封锁波罗的海通道，但不要侵犯中立国家的领海。

在北海为己方防御和进攻英国而事先制定的封锁措施，必须付诸实施。

空军

对军港中和公海（包括海峡）上的英国海军力量及其确凿无疑的运兵船只，可实施攻击行动。其前提条件是：英国对同类目标采取了相应的空中攻击措施，出现了特别有利的成功机会。这一规定也适用于海军航空兵部队的行动。

攻击英国本土和商船一事，须由我决定。

2.对法国：

陆军

在西线应让对方首开战端。抽调尚可动用的兵力加强西线陆军一事，由陆军总司令决定。

海军

只有在法国首先采取敌对行动之后，方可对它实施攻击。这种情况一旦出现，为对付英国而下达的命令，就同样可以用来对付法国。

空军

只有在法国首先攻击德国领土之后，方可对法国实施攻击。在这方面应遵循的原则是：应避免由于德国方面采取的措施而导致空中战争爆发。总之，空军在西线作战的出发点是：在打垮波兰之后，空军仍然有力量同西方列强进行决战。

四、国防军统帅部1939年8月25日下达的X－命令（指挥参谋部／国防处1939年第2100号文件，绝密），从1939年9月3日开始对整个国防军有效。

整个经济应转入战时轨道。

民事部门的进一步动员措施，由国防军统帅部根据帝国各最高当局的建议来制定。

（签字）阿道夫·希特勒

下面是关于第二号作战指令第四条（X－命令）的说明。

根据国防军统帅部／指挥参谋部／国防处1939年第2100号文件，即1939年8月25日下达的X－命令（决定进行局部动员，但力求避免宣布战争状态），国防军统帅部国防经济参谋部，在同一天向下属机构下达了一份文件（国防军统帅部／国防经济参谋部／军备处一科第

2058号文件，机密，受托人门德森－伯尔肯签字），文件的以下条款摘录自国防军统帅部的命令，传达到帝国各最高当局和国防军各军种，具有普遍的意义。这些条款是：

一、领袖兼帝国总理已下令对国防军主力部队进行秘密动员（X－方案）。根据领袖的命令，将对一部分党卫队常备预备役部队进行动员并将其编入陆军。

第1个X－日是1939年8月26日。

同一天，领袖已授权陆军总司令在"东线"和"西线"的陆军作战地区内行使行政权。在越过帝国东部边界之后，作战地区将随着部队的推进而向东扩展。

对斯洛伐克要执行特殊规定。

二、X－方案并不涉及到所有的民事部门。它只是要求将这样一些措施付诸实施，这些措施对保证国防军的动员和保持己方的工作能力来说是必需的，但迄今还没有被作为预先措施付诸实施。

三、所有行动和要求都必须以平时制定的法律为依据。根据1938年9月4日的帝国防御法，防御状态或战争状态不予宣布。

四、征召替补人员。

目前，所有需要人员的单位都必须设法依靠现有人员做好工作。

五、经济

所有措施都必须服务于这样一个目的：在最大限度地保护整个经济的情况下，使"经济和四年计划"全权代表与国防军统帅部之间确定的，企业集团中的重要经济企业的实际供货能力（生产能力）和食品经济，能达到X－方案规定的水平。

六、此命令只许摘要传达。

就在9月3日，法国对德宣战的不久，法军总司令甘末林将军致电波军总帅斯米格威－雷兹，告诉他请相信法国人的友谊，并通知元帅，他将于第二天在陆上开始对德的战斗行动。这一电报使苦苦作战的波兰人松了一口气，盟国的加入势必会大大缓解目前的紧张局势，但波兰人上了法国人的当。法国总司令除了拍了这样一份电报及以后其他几份电报外，并没有采取任何有效的实际措施。英、法两国的官员似乎都不吝给予苦战中的波兰人自己的同情，并慷慨地进行建议，但对于实际出兵进行地面或者空中有效打击的诺言，却迟迟未能履约。

1939年9月8日，波兰驻巴黎的武官在报告中写道："到1939年9月7日10时止，西线实际上并无战事。法、德双方都没有相互射击。空军迄今也没有采取任何行动……我的估计是：法国人既不会作进一步的动员，也不会采取进一步的行动。"这就是当时的"静坐战争"。

到了9月9日，在萨尔的法国第二集团军群的10个师在宽32公里的正面突击齐格菲防线的前地，总共向纵深推进了3~8公里不等，德军不战而撤到其主要重地，法国的这次推进无异于后世常说的"做秀"，仅是为了缓和当时舆论的压力而做出的象征性的"姿态"。仅以如此少的兵力进攻已经不能令人信服，更不用说进攻到中途即停止了。

这种停止进攻，当然不是某军队领导人的单独决断，而是一项政府和军方做出的决定，是在9月12日的阿布维尔举行的盟国最高军事会议的第一次会议上做出的。

而盟军对波兰政府隐瞒了此事。

与英法的这种表演相配合的是希特勒色厉内荏的宣传机器，在进行激烈的入侵波兰战争的同时，德国的宣传机器极力想让英法相信，德国在西部拥有坚固的防御工事作为屏障，英法最好不要企图对西线有所行动。而实际上的情况并非如此，西线的齐格菲防线当时尚未完全竣工，它的工事也决不可能抵挡法军的突袭或者抑制大规模的正面冲击。

在当时的形势下，英法军队的那近110个师本可以采取果断的行动对德国进行打击。在波德开战的第一天，在西线可以抵抗英法联军的只有德国C集团军群的31个师。9月3日英法对德宣战后，德国不得不调动若干步兵师来加强西线，而这种调动是极花费时间的。直到9月10日，德国的C集团军群才增加到43个步兵师，而在这其中，仅有近11个基本步兵师是算得上合格可以作战的，其他的多为机动的新编军队，就其训练和技术装备而言，根本不能与当时的运动战相配合，何况其中一部分还在开往集中地域的途中，而且既无坦克又无摩托化步兵团。

在盟军方面，特别是在法国方面，他们是占绝对的优势的。

在步兵上，法国在战争爆发以前进行了秘密的动员，并将组织的军队开往法德前线，到9月10日，法国已经在前线屯积了将近90个兵团。

在炮兵和坦克数量上，法国也是远远超过德国的，其时德军在西线所部署的火炮不过300门，而法国有1,600门，是对方的5倍还要多。法国当时有2,000辆坦克，而那时德军的坦克都被抽调到波德前线去了。

在空军方面法军也占有绝对的优势。英国那时约有1,500架作战飞机，其中有1,144架是轰炸机和战斗机，法国掌握的现代化作战飞机也不下1,400架，二者之和能达到近3,000架，而德军的指挥部此时将空军力量全部投入了对波兰的军事打击。可见，在1939年9月，盟军可以使用近3,000架现代化飞机来对付德国。可是尽管盟军方面在西部边境的兵力和武器上占有巨大的优势，他们对波兰这个国家的覆灭还是没有采取有效的措施。

可是，英法联军既放弃了打击德国的机会，又放弃了可以锻炼的机会，他们的军队躲在建好的工事和挖好的壕沟里静静地等待德国灭亡波兰的战争结果。他们的政府背叛了他们自己许下的诺言，也许是太过于害怕战争的缘故，但这仍然是一个悲剧，不仅是波兰、德国或者英法两国的，而是所有在即将开展的更大规模的战役中的人们和他们的国家的。

9月3日，就是在英法对德宣战后不久，远在大洋彼岸的美国总统罗斯福，就当时的欧洲战事发表了他个人著名的"炉边谈话"。他告诉他的人民说，直到那一天的清晨，他都还在幻想奇迹会出现，期待人们可以阻止这一场战争的爆发，但是就目前的事实而言，和平已经不可能了。

第6章
CHAPTER SIX

三国博弈

★波兰的陆军从一开始便陷入与德军飞机坦克的周旋中，其损失和伤亡程度不必细言。在整个波德战争的过程中，波兰的陆军几乎一直处于被动挨打的境地，地面部队中所有的坦克和装甲部队因其散落在步兵之中，未形成一定规模，因而也没有对德军产生较大的威胁。

★在苏波边境上，波兰军队只有25个边防营，这时已经被德国人打得团团转的波兰军队根本没有力气来承受自己背后的这一击。苏军到达利沃夫右侧，波军在该地建立任何形式的桥头阵地的可能性都被摧毁。

No.1 双色旗，永远飘扬

波兰空军在此次战争中并没有发挥太大的作用。一是由于遭到了德军的轰炸，损失惨重。二是由于波军在战争初期，力图保留空中力量，而未使用其空军对德军进行有规模的打击行动，而到战争的后期，即便是想进行这样的打击也多因战事吃紧或指挥不力，更因为德国空军强大的制空力而无法展开。

而波兰陆军从一开始便陷入与德军飞机坦克的周旋中，其损失和伤亡程度不必细言。在整个波德战争的过程中，波兰的陆军几乎一直处于被动挨打的境地，地面部队中所有的坦克和装甲部队因其散落在步兵之中，未形成一定规模，因而也没有对德军产生较大的威胁。

而波兰的海军，在这次战争过程中，却是让人刮目相看的。这主要是因为，波兰本具有一定规模的海军力量，另一方面，就德国而言，直到开战时，德国的海军力量也未像他们的空中或地面部队那样形成绝对的威慑。

尽管波兰海军水面舰艇在战争的最初阶段逃的逃，败的败，几乎已经损失殆尽，但是波兰潜艇仍然是一支十分有威慑力的战斗力量。在开战初期，波兰海军就把所有的潜艇全部派往海上。由于波兰潜艇对德国的巡洋舰和其他军舰构成严重威胁，德国海军下令巡洋舰退出东波罗的海。同时德国海军对波兰潜艇展开了严密的搜索和围剿。1939年０9月2日和7日，德国海军的反潜驱逐舰向"威尔克"号投掷了42枚深水炸弹，"威尔克"号的舰体受到了损伤。由于德国空军不断对海尔基地进行轰炸，"威尔克"号在那里修复的希望被破坏了。在这种状况下，波兰海军司令部命令它驶往英国或瑞典。艇长克拉夫齐克少校决定前往英国。9月15日，"威尔克"号向退守到海尔基地的波兰海军司令部发来了电报：

"已经驶过松德海峡。正在加速驶往英格兰。波兰永远不会灭亡！"

"九月"号潜艇也经受了德国飞机和军舰的多次攻击，15日向海军司令部报告：

"柴油机损坏。无法继续战斗。准备驶往斯德哥尔摩。"

燃油和给养消耗殆尽而又伤痕累累的"烈斯"号在9月18日也前往瑞典避难。

这样，仍在海上的波兰潜艇就只剩下了"奥兹尔"号一艘。它在战争爆发之后遭到过德军的攻击，受了轻微损伤。9月10日，艇长科洛茨科夫斯基突然生病，而且病况恶化得很快。同时艇上的空气压缩机也发生了故障。"奥兹尔"号潜艇于14日晚驶进了爱沙尼亚的塔林港，艇长被送进了当地医院。

接下来发生的事情很有戏剧意味。在把艇长送上岸之后，这艘潜艇本来要驶往外海躲避德国的围剿，但是爱沙尼亚政府拖延了潜艇的离港时间，理由是一艘德国商船刚刚离开塔林港，波兰潜艇必须在德国商船离开24小时之后才能出港。在德国的压力下，9月16日，爱沙尼亚开始解除"奥兹尔"号的武装。爱沙尼亚当局拿走了它的大炮尾栓、全部炮弹、10枚鱼雷，以及全部航海图。爱沙尼亚政府还准备拘留船员，但是艇上的波兰水兵在新艇长格鲁钦斯基少校的带领下，准备不惜一切代价继续战斗。

艇上官兵趁停电之机制服了两个爱沙尼亚警卫，砍断了系泊缆绳，然后毫无困难地驾驶潜艇驶离了码头。但是爱沙尼亚方面很快注意到波兰潜艇的消失，港口内的警备军舰和港外的炮台纷纷向"奥兹尔"号开火，"奥兹尔"号悄悄地滑进了港外30米深的海水中。但是艇上的海图全部被爱沙尼亚当局没收，航海官莫科尔斯基少校完全凭记忆绘出了两张波罗的海的海图。大炮已经不能使用，但是艇上还有6枚鱼雷，爱沙尼亚当局没有来得及卸下来。波兰水兵一边小心翼翼地驾驶潜艇向西驶去，一边寻找目标。10月8日晚上，奥兹尔号抵达松德海峡，然后穿过了赫尔辛堡和赫尔辛格之间的狭窄海峡，又穿越了卡特加特海峡。

到了10月12日，"奥兹尔"号潜艇驶入北海。14日，它用微弱的无线电信号同英国海军部取得了联系。皇家海军"勇武"号驱逐舰在福斯湾附近与"奥兹尔"号会合，并一同前往罗塞斯海军基地。在那里，经过修复之后，"奥兹尔"号潜艇参加了皇家海军第二潜艇战队。

而波兰的其他3艘驱逐舰于1939年9月1日抵达英国。在第二次世界大战全面爆发后，英国向波兰海军提供了巡洋舰、驱逐舰和护航驱逐舰等等。在斯维尔斯基上将的领导下，在伦敦成立了新的波兰海军，参加了围歼"俾斯麦"号、"沙恩霍斯特"号，以及大西洋护航、诺曼底登陆等著名战斗，击沉了轴心国的11艘水面舰艇、8艘潜艇和30多架飞机。

波兰的历史学家们回忆整个波兰海军的海上和陆上战役时写道：

……在1939年9月，波兰的海军将士们在波兰民族历史上，书写了光辉的一页。他们面临如此强大的敌人，没有盟友的援助，与其余的战友隔绝，除了勇敢之外别无优势，这一切都没有磨灭他们英勇不屈的斗志。强大而凶残的纳粹没有击倒他们。他们最后放下武器，并不是懦弱贪生，而完全是由于听从上级的命令。波兰海军的白红双色旗帜将永远飘扬在七大洋之上！

No.2 东部沦陷

在德波战争刚刚爆发之时，纳粹德国的领导人就催促苏联出兵波兰，因为在他们看来，苏联出兵将会加强德国的声威，使得英法两国更加不敢轻举妄动，从而使德国可以更加从容地消灭波兰，他们甚至希望苏联的出兵会使英法两国也向苏联宣战。果真如此，德苏关系可能会更深一层，纳粹德国的处境也将会大大改善。苏联准备出兵，但是要选择"适当的时机"。1939年9月5日，莫洛托夫在答复德国要求苏联从东方进攻波兰时表示"这一时机尚未到来"。到了9月8日，德军已经进抵到华沙城下。次日下午，莫洛托夫向德国人表示，苏联将在几天内采取行动。9月16日，苏联确定了出兵日期。

9月17日，当德国的第十九集团军攻陷布列斯克时，苏联的军队约60万人开进了波兰，按照苏联人的看法，波兰国家和政府已经不复存在，苏联已经不再受从前的《苏波互不侵犯条约》的束缚。为了解释当天的行动，苏联政府向波兰驻莫斯科大使递交了一份照会，在这份照会里说道：

↑行进在立陶宛街头的苏军部队。

波兰政府已经崩溃。

实际上波兰国家和政府已不复存在。因此，苏波之间缔结的条约巴归于无效。

苏联政府对居住在波兰境内的同胞——乌克兰人和白俄罗斯人的命运不能采取漠不关心的态度，这些同胞被抛弃，任人摆布而毫无保障。

鉴于这种局面，苏联政府命令红军总司令部所属部队越过国界，去把西乌克兰和西白俄罗斯居民的生命财产置于自己的保护之下。

实际上，整个波兰政府是在1939年9月17日傍晚离开本土的，而总司令部是在9月18日清晨，即苏联红军进入波兰24小时后才离开波兰的。

就在凌晨5时40分，由米·普·科瓦廖夫率领的白俄罗斯方面军和由谢·康·铁木辛哥率领的乌克兰方面军以7个集团军约40个师的兵力，由20多个步兵师、15个骑兵师和9个坦克旅组成，开进波兰境内。米·普·科瓦廖夫率领的白俄罗斯方面军的任务是占据从布列斯特

－利托夫斯克以北到立陶宛边界的波兰领土，而由谢·康·铁木辛哥率领的乌克兰方面军的任务是进入普里皮亚特河以南的波兰领土，其中利沃夫是它夺取的目标。在乌克兰方面军最南面的一支部队是第12军，这是一支机械化部队，它的任务是阻拦企图撤退到罗马尼亚和匈牙利安全地带的波兰军队。在越过长达1,000公里的苏波边境线进入波兰境内后，苏联的快速兵团在8个航空兵群的支援下，迅速地突破了波兰边境，当晚即占领了波列西耶地区。

驻守东部的波兰军队仅由国民自卫队、边防警备队和一小部分预备役骑兵组成，因为波兰从未想到过苏联会如此入侵，特别是在这个时候。起初，波兰的军队还以为苏联红军是来帮助他们的。在一处地方，波兰边防兵团的士兵们发现，在清晨大雾中有一队拉着士兵的马车。"别开枪！"红军战士喊，"我们是来帮你们打德国人的。"边防军战士糊涂了，竟在领头的俄国车上插上白旗——这样，苏联人便大摇大摆地通过了许多地方——未遭一枪一弹的还击。波兰东部便这样陷落了。但是随着苏联的红军向波兰内地的深入，有些苏联机械化先头部队在头两天就已经深入波兰境内100公里，形势也就趋于明朗化了：苏联人不是来帮波兰的！红军所到之处，波兰的军队即被俘虏，然后很快地被解除武装，如果波兰的军队稍有反抗，即会被苏联的军队镇压。

苏联红军的入侵无疑使当时已经面临绝境的波军最高指挥部雪上加霜，在苏波边境上，波兰军队只有25个边防营，这时已经被德国人打得团团转的波兰军队根本没有力气来承受自己背后的这一击。苏军到达利沃夫右侧，波军在该地建立任何形式的桥头阵地的可能性都被摧毁。

1939年9月18日，已经逃往罗马尼亚的波兰军队总司令斯米格威－雷兹元帅命令部队全部撤往罗马尼亚和匈牙利，而不要对苏联人进行抵抗，除非苏联人进攻或者企图解除波兰人的武装。这条命令确实下得过于暧昧，而且该命令也未能传到全部的波兰军队，一些部队由于未收到此命令，仍继续对苏联的红军进行抵抗，特别是在格罗德诺和科布林等地方，双方展开了激战。同时，苏军的先头部队与德国军队会合。两军商定，西进的苏军与西撤德军之间须保持25公里的距离。22日，苏军从西撤德军的手中接管了布列斯特要塞，迫使利沃夫守军投降，并占领了比亚韦斯托克，25日，苏军进至布格河、桑河一线。

苏联红军进入波兰东部的突然行动，给当时的德军带来了一些特殊的难题。根据当时苏联和德国签订的《苏德互不侵犯条约》的规定，苏德将沿纳雷夫河－维斯瓦河－桑河一线分治波兰，因此，苏联红军入侵波兰后，就告知当时激战正酣的德国军队，他们应该撤离到该线以西的地方。但是在这个时候，大多数德军还在该线以东忙着肃清剩下来的波兰部队，而且如果此时马上撤退，会使波兰军队有机会再次集结，并可能集体撤退到罗马尼亚或者匈牙利寻求避难。

苏联红军的突然进入所带来的另一个深层的问题，是致使两国的士兵很难区分敌友。在很多场合，德军的军队和苏联的军队是互相开火的，造成了双方人员不同程度的伤亡，当然这样的事件或因此造成的伤亡还是很少的。

这时对于驻守波兰南部的德军第14集团军来说，执行撤退决定可能会遇到一定的难度，因为该集团军肩负着阻止波兰军队大批涌往匈牙利和罗马尼亚的重任。9月10日，德军围攻了古城普热梅希尔，与此同时，第14集团军的大部正向利沃夫地区推进。9月12日，德军第一山地师抵达该市，但是他们遭遇到波军的顽强抵抗，德军因此不得不采取一项有限的包围行动。9月13日，德军发起了猛烈进攻，力图夺回这一关键阵地。9月14日，利沃夫被包围。9月20日，德军对利沃夫的包围仍在进行，此时，由伦德施泰特下令，命令第14集团军放弃利沃夫，将其交给苏联红军处理，并向西移动以做休整。然而，此时出乎德军意料的事情发生了，守卫利沃夫的波兰部队突然向德军投降了。

当德国第14集团军向西撤退时，遇到了向南行进的波兰军队，双方发生了几次交战，但大量的波兰军队此时开始绕开德国军队，撤退至安全地带。曾任波兰炮兵军官的斯维克茨基上校回忆说，当时有6万名波兰士兵抵达了匈牙利，另有3万人越过边境到了罗马尼亚，而在北方则还有15,000人的军队到达了波罗的海沿岸的立陶宛。

后来这些流亡的士兵大部分都去了法国，他们在那里又组建了一支新编的波兰军队，这些波兰军队在这期间尝够了战败和亡国的痛苦，而这种痛苦必将伴随他们度过漫长的流亡生涯。

在接下来的日子里，德军对剩下的未占领区的波兰军队发起了全力的进攻，而面对德军的强大攻势，波兰依旧固守不降，从库特诺战役中突出重围的波兰军队加强了对首都华沙的防卫。到9月15日，德国第10集团军和第3集团军分别从南方和北方包围了波兰首都华沙。

第7章
CHAPTER SEVEN

波兰，悲剧

★9月13日，波兰东北部的奥斯韦茨小要塞落入了德军的手中，同时，波兰的一个师被德国人包围，并且被切断了同其他波兰军队的一切联系，而不得不在奥斯特鲁夫－马佐维茨地域放下他们的武器。

★波兰流亡政府一面煞费苦心地表明它和过去决裂的立场，一面采取一切可能的措施以维护波兰共和国的主权和保护它的利益。为了这一目的，它正式抗议德国和苏联并吞波兰领土，也准备使波兰武装部队能在陆上、海上、空中参加对德作战。

No.1 首都沦陷

波德战争的进行，大致上有三个阶段。

在战争的第一个阶段，即1939年9月1日到8日。在这一阶段，德国军队对波兰进行闪电式的打击，而波军则力图阻击德国人的进攻，却因德军的猛烈进攻而未能完成。德军在波兰本土迅速推进，使得波兰的军队不得不开始撤退，并力图在自己国家的土地上摆脱异乡人的包围。

第二阶段则是从9月9日到16日。在这几天，波兰军队开始集结，并由当时的波兹南集团军等发起了反击，却被德军击退，并且德军在华沙以东方向封闭了对波军主力的包围圈，波兰的军政大员此时已经无力控制国内事态或军事行动的进程，而波兰政府竟不顾国家和人民的生死存亡，逃到了罗马尼亚。

战争进行到第三个阶段，是波兰在失去了国内政界和军界的有效指挥下，波兰军民自发进行的顽强抵抗，波兰的普通劳动者开始同德国法西斯侵略者的战斗。

在当时的波兰，守军所面临的景象是绝望的。他们不少人集中在东南遥远的所谓罗马尼亚桥头堡，没有人准备投降，除了他们的领导人。波兰政府是于9月17日逃往罗马尼亚的，而军队的领导人武装部队总司令斯米格威－雷兹在此之前既没通知他的政府也没告知他的军队，就逃离了波兰。

德军在沃维、维斯瓦河与布祖腊河等地域击败了波兰军队的反突击之后，剩下的即是对波兰首都华沙的围攻了。留在维斯瓦河以北的德第4集团军兵团继续向南进攻，从北面和西面合围了莫德林要塞，在北方集团军群主要突击方向行动的第3集团军已经在维斯瓦河以东进攻，并紧随古德里安的坦克军向前推进，后者在突破图霍拉荒野波军防御后，立即穿越东普鲁士，在第3集团军左侧进入战斗，对退却的波兰军队进行平行的追击。

9月9日，该集团军在沃姆扎地域渡过纳雷夫河，随后不可遏止地向南急进，并于9月11日渡过了纳雷夫河。再接下来，德第3集团军开始从东面迂回包围华沙，经谢德尔采向西进军，以便与其他部队形成合围华沙的形势，同时切断波兰军队沿维斯瓦河的退路。与此同时，古德里安则以最快的速度发动他的装甲部队向东南推进，德军的一支先遣队于9月14日突破了布列斯特堡垒防线，逼进了内城堡。但是，直到德军较大兵力赶到，一直都没有攻破内城堡，波兰的守军在此进行了顽强的抵抗，一直到9月17日，这种抵抗才被击败。同日，该军迂回布列斯特与继续向南进攻的其他部队到达了弗沃达瓦，与第10集团军的各先遣队建立了联系。

9月13日，波兰东北部的奥斯韦茨小要塞落入了德军的手中，同时，波兰的一个师被德军包围，并且被切断了同其他波兰军队的一切联系，而不得不在奥斯特鲁夫－马佐维茨地域放下他们的武器。

对于德国人来说，剩下来要做的工作只是从西面合围华沙了。德国的北方集团军的坦克部队，此时沿西布格河南下，攻占了布列斯特，同时南方集团军群的坦克部队在包围了利沃夫之后，继续向北挺进。

到9月15日，德国第10集团军和第3集团军分别从南方和北方包围了波兰，但是希特勒和德军统帅部都不想对防御坚固的华沙发动进攻，因为那势必将导致德军大量的人员伤亡。16日，在弗沃达瓦地区，南北方集团军群会师，从而完成了对波兰军队的外线合围，波兰军队的主力已经被团团围困在布格河、察河与维斯瓦河的三角地带。也就是在这一天，德国开始在波兰散发传单，要求波兰人投降，但是波兰人断然地拒绝了这一要求，于是德空军开始了对合围中的华沙城进行狂轰滥炸。

在没有政府人员、没有军队的情况下，保卫华沙的波兰军民，写下了波德战争中最悲壮的一页。

保卫华沙的战斗早在9月8日就已经开始，那时，德国的坦克冲到了首都的南郊，在那里，他们企图进入市中心，但是遭到了华沙保卫者的顽强抵抗。这次抵抗迫使德军的指挥部放弃了一举拿下波兰首都的计划，而不得不开始有步骤地准备。

9月10日，德国的坦克部队开始从东面迂回华沙，第3集团军的兵团则进至华沙市的北郊。波兰的守备军被包围，这时防守华沙的只有17个步兵营、10个轻炮连、6个重炮连、1个坦克营，要保卫华沙这样一座大城市，这点兵力是远远不够的。于是，华沙的居民们自愿拿起武器来支援自己的部队，波兰首都华沙将进行的是一场反对侵略战争的人民战争，劳动人民和真正的爱国者临时成立了"保卫华沙指挥部"，并立即发布第一号命令，号召全体军民坚持抗战。命令指出：我们坚守着阵地，除此之外，别的出路是没有的。成千上万的华沙人参加构筑街垒和设置反坦克障碍的行动。华沙成立了许多红十字会救护队、急救站和消防队。波兰的工人表现出良好的爱国素质，他们自9月5日就开始组织工人营，参加人数逾6,000人。9月12日，这些营又组成一个华沙工人志愿兵旅，在华沙保卫战中坚守在最艰险的地段战斗。

在德国空军集中兵力摧毁华沙市内的供水系统和发电站的同时，德第3、第10集团军也连续对该市进行了炮轰，德国军队企图利用侦察部队找出波兰军队的弱点，然后进行攻击，而波兰军队在前罗兹集团军指挥官鲁梅尔将军的指挥下，坚持英勇反击，致使在战斗的最初阶段，德军根本无法前进一步。华沙城里的弹药还算充足，市内被毁坏的地方被华沙军民改造成了很好的炮兵防御阵地，在这里，防御部队不仅包括常规军队的士兵，也包括一支由华沙市民组成的士气高昂的国民自卫队。

自从9月9日以来，鲁梅尔将军把全部精力全部心智都用在准备抵抗德军对首都的袭击上了。他激励城市居民与武装部队一起参加反对侵略者、保卫城市的战斗。所有的防御工事都已被加固；郊区的每座大楼都被围上沙袋，砌上水泥，围起带刺铁丝网；大楼的地下室有蜂窝般的地道，连接并沟通各个抵御据点；深深的防坦克战壕直穿华沙主要大街；街上设有用无轨电车、石头、砖头瓦块堆成的路障；公园和广场中重炮林立。

而这种努力多是徒劳的，正如勃拉斯科维兹后来报告的："使我们久经沙场的士兵震惊的是，这些'误入歧途'的人们对现代化武器的效力一无所知，在他们军队领导人的煽动下，将怎样为他们自己的首都的毁灭做出贡献。"

在战斗即将打响以前，希特勒曾把对首都的轰炸限于以俯冲轰炸机和高射炮袭击战略目标，城内100万居民和近200名外交官的存在，可能使他不得不有所克制，但是显而易见，他的时间表迫使他再也按捺不住了。到了16日下午3时，德国空军飞机在华沙上空撒下几吨的传单，要求城市居民在12小时之内从两条特定的道路上撤走，希特勒下令第二天将停止轰炸。可是华沙人民一直没能利用传单所提供的帮助。因为受到某种难以置信的监管，没有人能把这件事通知给德国的军事指挥官们。将近午夜时分，希特勒命令停止原计划中的轰炸。

17日中午，德国人从华沙广播电台监听到一条消息，要求他们接待一位打着停战白旗到他们阵线去的波兰军官，他的任务将是谈判释放居民和外交使团。希特勒立刻开始怀疑波兰守军司令在拖延时间。到了下午6时，德意志广播电台向波兰军队发出一项邀请，让他们派军官到德国前线参加下午10时开始的谈判。与此同时，凯特尔给布劳希奇打电报说，由于城市居民没能在最后期限到来前早一点离开城市，那项提议现在作废。任何参加谈判的波兰军官都将被告知，要向自己的司令提交一份最后通牒，要求首都在第二天上午8时无条件投降。根据请求，将为外交使团的撤离做好安排，但是市民不得离开。波兰城内于是又撒下了大致相同的传单。

到18日上午11时45分，德国前线还不见波兰军官的到来，希特勒就命令布劳希奇和戈林立即做从普拉加东郊攻打华沙的准备。就在9月22日，希特勒来到了第3集团军的司令部，在这里他视察了部署在华沙东部郊区的普拉加的炮兵部队，尽管希特勒因德军迟迟不能摧毁华沙而大为恼火，但他又反对从维斯瓦河东岸进攻华沙，以免激怒苏联军队。希特勒之所以做这样的决定，除了为减少德国军队的重大人员伤亡之外，还因为根据《苏德互不侵犯条约》的条款，这一地区应该属于苏联的管辖范围，鉴于这些原因，德军批准了一项进攻华沙西部的决定。这一决定将更有利于把华沙军民赶到波兰的东部去，从而使其成为苏联武装部队不得不面对的一个包袱。

进攻华沙的任务落到了刚消灭完"库特诺口袋"地区波军的德第8集团军身上。为了部署这一进攻，德军首先要保证任何人都无法突出重围，这样波军对食品的需求就会增加，时间一长，食物供应显然就会变得十分短缺。同时德军又会继续轰炸华沙的自来水过滤站和抽水站，这样就会毁坏城市的供水系统，如此一来，华沙的居民们就不得不直接饮用维斯瓦河中的水，他们很可能会染上伤寒、肠胃病等其他疾病。此外，德军还切断了华沙大部分发电站的电源，并烧毁了该市的面粉加工厂，对华沙军民来说，饥饿的幽灵正在降临。

自9月22日起，德空军开始对华沙进行更为猛烈和密集的突袭和炮击。到9月26日，有上千架德国飞机轰炸华沙，这是第二次世界大战中，希特勒纳粹分子采用的最野蛮的方法来轰炸大城市，而且不是用来轰炸军事目标，而是用来轰炸居民区。

尽管敌机和大炮的狂轰滥炸给这座城市造成了严重的损害，华沙的守军和居民仍继续抗击侵略者，但首都的保卫者在接下来的日子里不得不面对弹药、饮用水、粮食和药品等方面的缺乏的困难。

↑就投降问题，波兰军官与德军进行了交涉。

经过多日的激烈战斗之后，波兰军队要求停火休战，但这一要求遭到了德军的拒绝，因为他们要求波兰人全部无条件投降。此时，对于当时在城内的将军和他们的参谋来说，败局已经不可扭转了，为了不继续使平民百姓受苦，他们被迫接受了德军的条件。于是，9月27日下午2点，驻守在华沙的波军开始放下武器，举手投降。勃拉斯科维兹将军把攻占华沙的胜利归功于该市的防御者们，因为当时他们就要撤离华沙了。

根据波兰历史学家统计，在保卫华沙战斗期间，波兰军队的官兵有5,000人牺牲，约1.6万人受伤，居民约有2.5万人被打死，好几万人受伤，华沙卫戍部队在耗尽了它可用于防御的全部人力物力后，于9月28日被迫在投降书上签字。

华沙败降后，驻守在华沙北部的莫德林军团仍在顽强抵抗，于是德国调动进攻华沙时用的大炮重新布置，来对付莫德林防卫部队。9月27日，德军发动了一场渗透到波兰外部防线的全面进攻。由于莫德林集团军严重缺水，食品储备也越来越少，因此驻军指挥官汤米将军于9月28日要求休战。于是这2.4万名波兰守军也随之投降了。

德国的军队现在可以放心大胆地集中兵力攻打罗马尼亚桥头堡的残余波兰军队。几天之内，他们在那里杀死及俘虏了15万波兰人，其余的大约10万人躲避到罗马尼亚，但是在那里他们只有同乌克兰人交战后才能获得安全。

此外，除了少数几支分散的小规模部队仍在波兰的密林丛中进行游击战以外，还在坚持抵抗的地方就剩波罗的海沿岸了。在这里，还驻扎着几支拥有防御基地的波兰军队，尽管有关南方波军被摧毁的坏消息频频传来，但波罗的海沿岸的波兰军队却仍然极为顽强地战斗着。虽然军队的指挥官戴贝克上校成功地把大部分驻军撤离到奥克斯伏特的新据点，但是9月14日，德军还是夺取了波罗的海的主要港口格丁尼亚。9月16日和17日，德军空军发动了猛烈进攻，紧接着在9月18日和19日，德军又发起主攻，经过这场打击，波军被彻底击垮了。在此次战斗中，戴贝克上校在败军之际自杀殉国，而没有像其他人一样投降。

在剩下来的时间里，德国开始全力对付波兰的450名海军和民兵，他们寄身于一个11公里长的伸出到波罗的海的狭长地带，此处即是海尔要塞。在这里，海军少将指挥部下在狭长的半岛上布满地雷，并用岸炮掩护波兰人朝海的那一侧。9月21日，守军们打退了一次德军的进攻。3天后，德军"石勒苏益格－荷尔斯泰因"战舰加上它的姊妹舰"石勒苏"战舰用口径280毫米的大炮残酷地轰炸波兰人。到了第二天，德军又派出轰炸机轰炸铁路线。到了10月1日，海尔要塞也陷落了。而海尔要塞陷落后，还剩下几个抵抗的包围圈，最后一支有组织的波兰军队，是由库克率领的1.7万名守军，位于华沙东南121公里，在10月6日不得不投降。

No.2 大国的牺牲品

波兰原是一个欧洲强国，17世纪中叶开始走向衰败。俄、奥、普三国便趁机干涉波兰内政和瓜分波兰领土，俄、奥、普三国曾分别于1772年、1793年和1795年三次瓜分波兰。

而现在，华沙面临着第四次被瓜分的命运。

在华沙陷落之后，对于德国和苏联来说，即是如何对其进行瓜分的问题。而这次瓜分，实际上早就开始进行了。1939年8月23日在莫斯科签订的《德苏互不侵犯条约》附带有一个秘密附属议定书，记载了里宾特洛甫和他的东道主就德苏在东欧势力范围的分界线问题举行"绝密会谈"的结果。

议定书对于分属于波罗的海国家和波兰的地区万一发生"领土和政治变动"时作好了准备。在波罗的海国家方面，立陶宛的北方边界将是两个势力范围的分界线。

双方同意（据德国外交部长里宾特洛甫说，这是他主动提出的）维尔纽斯应被认为是立陶宛的一部分；虽然这片地方的界线没有划定，但在议定书的条文中，双方都承认"立陶宛在维尔纽斯地方的利益"。在波兰，分界线大致是沿着"纳雷夫河、维斯瓦河和桑河一线"。

据二次世界大战的一些学者的研究，这次首先提出瓜分波兰的，并非对它进行直接打击的德国人，而是从其背后突施冷箭的苏联人。

莫洛托夫暗示，苏联政府和斯大林本人已经放弃了原先允许一个残存的波兰存在的意图，现在想以皮萨河－纳雷夫河－维斯瓦河－桑河为界分割波兰。苏联政府希望立刻就这一问题进行谈判。

而到了1939年9月25日的晚上，斯大林即在克里姆林宫召见了这位德国大使，会见的时间很长。会见结束后，舒伦堡即向柏林报告了斯大林要他通报的几个问题：

第一，斯大林认为当时如果留下一个独立的残存的波兰国家是一个错误的选择。依他看来，最好的办法是从分界线以东的领土中，一直延伸到布格河为止的整个华沙省划归德国所有，而与此同时，作为交换，德国应放弃对立陶宛的领土要求。

第二，斯大林又提出，如果德国政府愿意的话，苏联将会立刻根据1939年8月23日达成的（秘密）议定书，开始着手解决波罗的海各国的问题，表示希望德国政府能在这一方面不要绊手绊脚，而是给予一定的支持。

第三，斯大林还特别强调了爱沙尼亚、拉脱维亚和立陶宛等问题的处理办法，不过，他没有提到即将提上议事日程的关于芬兰的问题。

当代西方的一些研究者在评述1939年波兰被瓜分时，并不知道8月23日有一个秘密议定书，也未曾注意到希特勒在他那本成为纳粹德国"圣经"的书中发表的对付苏联的长远计划。他们总认为，由于波兰有很大一部分领土，包括某些最有价值的财富，落入苏联人手中，因而纳粹一定大为不安和不满。事实上，根据战后公布的德国外交文件来看，德国政府与苏联政府达成交易后，主要关心的似乎倒是怕苏联人不去分他们的那份赃物，而使德国人处于尴尬的境地。德军开始进入波兰两天以后，里宾特洛甫就已开始催促苏联人在他们那一边进军了。

9月26日下午6点钟，里宾特洛甫特地乘飞机第二次飞抵莫斯科。这一次来到莫斯科，同上一次来到莫斯科一样，他并不感到轻松。上一次，他是为了说服苏联人在即将进行的德波战争中能够对德国持支持态度，而这次他来要做的，则是想办法使苏联人尽量少地从他们手中夺走德国人经过了一番苦战而获得的成果。

其实，对波兰进行瓜分的谈判在前一天就已经开始了，从当天晚上10点一直进行到第二天凌晨的1点钟，斯大林亲自参加了会议，并向德国人提到一个月前希特勒曾开给他的账单，而且斯大林提出了自己设想的两个方案。

第一个方案是：按照原先设定的沿皮萨河、纳雷夫河、维斯瓦河和桑河这四条河来划定波兰的分界线，立陶宛归德国所有。

第二个方案是：把立陶宛让给苏联，作为交换的条件，苏联则让德国取得更多的波兰领土，包括卢布林省和华沙以东的土地，这样一来，波兰的领土就基本上全归德国所有了。

斯大林暗示，残余的波兰国家的存在，将来可能在德苏两国之间产生摩擦，如果德国接受他的建议，苏联将"立刻根据8月23日的议定书解决波罗的海国家的问题，希望在这件事上德国政府慨然给予支持"。

而斯大林极力劝说由德国来选择第二套方案，因为如此一来，德国就将获得波兰的大部分领土，而苏联出兵波兰所受到的国际上的谴责则会降至很低，但苏联实际上得到的东西还是很多的。

就在9月29日凌晨5时，莫洛托夫和里宾特洛甫二人在条约上签了字。斯大林大喜。

由于斯大林曾把华沙地区和卢布林划给德国，以换得波罗的海的国家立陶宛，所以现在这条边界线沿着布格河远远地伸向东方，原来向布格河挺进的德国军队现在不得不又一次向东挺进，在三周之内三次跨过不利地形，这正如古德里安所说：

似乎关于这些外交上的谈判，根本就没有军人参加。

新的瓜分线的最南面一段和8月23日所划定的那条线是一样的，因此苏联政府保有了利沃夫的制糖和纺织工业，包括德罗霍贝什和博雷斯拉夫的油井，这一部分是两次大战期间波兰产油最多的地方。而由此苏联答应每年供应给德国万吨石油，以补偿瓜分中德国所遭到的小小的不公。

接下来，占领苏瓦乌基地区的苏联军队在第一个星期内撤出，就在接下来的10月14日，德国最高统帅部宣布，划归德国的全部领土已经由德国军队完全占领。10月14日，苏德双方签订了一份议定书，规定为划定地面界线而成立一个委员会，委员会马上就开始了他们的工作。分界工作在1940年2月底完成，分界线全长1,500公里，其中三分之二是沿着河流的。而其他未能以河流为界的地方，则统一用界桩明确标出一条分界地带。此后不久，据报纸报道，双方即在分界线的两边开始筑起了防御工事。

10月，在原来波兰的土地上，西乌克兰和西白俄罗斯先后成立了苏维埃政权，并且分别于11月1日和2日加入苏联的乌克兰加盟共和国和白俄罗斯加盟共和国。而这一切在苏联的宣传机器的操纵下，都是由当地居民经"自由选举"完成的。

波兰作为一个国家还存在于一个小小的由德苏划出的地区，它现在只是一个小小的管辖区，它的首都是克拉科夫。至此，波兰作为一个国家的任何独立活动都已经停止了。

No.3 流亡政府

1939年9月1日，德军迅速攻入波兰，德国空军对华沙狂轰滥炸后，波兰政府已无法再留在首都，到了9月的第一个周末，莫希齐茨基总统和他的阁僚们已迁到了卢布林。他们在那个城市只作了短暂的停留，后来又在普里皮亚特沼地中的卢茨克稍稍耽搁，于9月14日到达毗连罗马尼亚边界的扎列希基。9月17日早晨，总统听到红军越过俄波边界的消息，就决定离开波兰。17日晚上，他和那些仍然留在国内的部长们从库特越过国境到了罗马尼亚。

大多数派驻波兰的外交代表，包括英法大使，都跟着波兰政府在波兰转移，在总统离开波兰后几个小时以内，也都出了波兰国境。9月18日，波兰驻伦敦和巴黎的大使在一份正式指控苏联侵略的照会中，声言保留政府"呼吁盟国根据有效的条约而承担起义务"的权利。19日，英国政府就时局发表了一个官方声明，宣称"根据苏联政府提出的理由"，不能认为苏联的进攻"是有理的"。不论发生什么事情，都不能"丝毫改变政府的决心，在全国的全力支持下，去履行对波兰的义务，全力以赴，进行战争，直到达到目的为止"。9月20日，首相在下院重复了这一声明。同一天，法国政府作了不很明确的公开保证，表示继续支持波兰。

罗马尼亚政府立刻受到德国的强大压力，德国要它拘留波兰领导人，波兰的西方盟国则提出相反的建议，但毫无效果。9月20日，布加勒斯特宣布，将照德国的要求把斯米格莱－雷兹拘留在罗马尼亚，直到战争结束。同时罗马尼亚当局宣布，只有不是政府官员的平民难民才能获准离开罗马尼亚。莫希齐茨基进入罗马尼亚不到一个星期，就放弃了在法国重建政府的希望，并决定必须采取其他措施以保证维持波兰共和国的主权。

9月29日，在巴黎出版的波兰官方报纸《波兰箴言报》发布了一项命令，根据宪法，指定这时在巴黎的波兰参议院前任议长瓦迪斯瓦夫·拉奇基耶维奇为莫希齐茨基的继承人，并宣布莫希齐茨基自9月30日起辞职。9月30日，拉奇基耶维奇在巴黎的波兰大使馆宣誓就任波兰共和国总统，并立即任命了一个新政府。西科尔斯基将军同意担任总理。各部部长的人选，要使内阁能代表不同的政治见解和各阶层的人民。新政权立刻获得了波兰的西方盟国的正式承认，也获得了华盛顿的正式承认。美国国务卿10月2日宣布，美国政府打算同巴黎的波兰政府保持外交关系。10月底，波兰政府决定从巴黎迁到昂热，并宣布曾在华沙派驻外交使节的各国政府（当然除开德苏政府）都将派使节到昂热。

↑波兰军队总司令雷兹元帅（左）流亡在外。　↑希特勒亲赴华沙，对自己的军队进行检阅。

波兰流亡政府在成立后的最初几个星期内，公开地否认与战前在华沙实行的政策有关系。在10月和11月的第一个星期内，它发布了一系列命令，宣布凡因反对政府而被判刑的波兰政治领袖一律完全恢复名誉；宣布解除斯米格威－雷兹的波兰武装部队总司令兼军队总监的职务，任命西科尔斯基担任此职；宣布解散1935年9月选出的议会上下两院。11月底，拉奇基耶维奇对波兰人民广播，答应战后新波兰将尊重个人的自由和权利，实行社会改革。几个星期以后，政府公布了西科尔斯基1940年1月3日在内阁会议上作出的声明，宣称波兰战前的政权已遭到全国一致的谴责，它的劣迹无疑乃是波兰战败的主要原因之一。

波兰流亡政府一面这样煞费苦心地表明它和过去决裂的立场，一面采取一切可能的措施以维护波兰共和国的主权和保护它的利益。为了这一目的，它正式抗议德国和苏联并吞波兰领土，也准备使波兰武装部队能在陆上、海上、空中参加对德作战。

他们在发布命令指定拉奇基耶维奇为总统的那天（9月29日），就发表了第一个公开声明，声言保留波兰国家的权利。那天驻伯尔尼的波兰公使馆发表了一项声明，宣称波兰政府不承认占领波兰领土的国家采取完全不属行政需要的任何行动。9月30日，波兰公使又向所有与波兰有外交关系的各国政府递交了一份反对9月28日德苏边界协定的抗议书。10月间，波兰政府向国际联盟抗议德苏瓜分波兰的安排；向国际联盟及其成员国政府提出抗议，反对把维尔纽斯交给立陶宛；又向法国、英国和美国等政府抗议，反对根据1939年10月8日希特勒的命令，把波兰西部各省并入德国。当苏联在占领的土地上举行选举，以及在白俄罗斯和乌克兰的国民议会表决把这两个地区并入苏联时，波兰流亡政府又发表声明，声言保留波兰的权利。法英政府没有和波兰政府联合起来抗议1921年被波兰勒索去的土地回到苏联手中，但是它们同意支持波兰政府的主张，即1939年10月8日德国的命令不能取消波兰国家对其西部各省的权利。1940年4月17日，英、法和波兰政府在伦敦和巴黎发表宣言，呼吁"世界上有良心的人正式并公开地抗议德国政府及其代理人在波兰占领区的行为"，宣言除了指出他们对人和对财产犯下的罪行以外，强调德国违反1907年的第四次海牙国际公约，当战争还在德国和三个盟国间进行时，德国就把波兰共和国的领土并入了德帝国的版图。

在新政权成立之前，波兰已采取一些初步的步骤，在国外重建波兰军队。驻巴黎的波兰大使卢卡谢维奇9月25日发出命令，号召所有侨居法国或路过法国的适龄的波兰男公民服兵役。两个星期以后，住在比利时的波兰侨民即前往法国参军。在10月底前，侨居英国的波兰公民也纷纷应召去法国服兵役。西科尔斯基在10月初宣称，重建波兰军队是其政府的首要任务，他将要在加拿大安排一次征兵运动。1940年1月4日，西科尔斯基和达拉第就在法国重建波兰军队签订了一项协议。协议规定组织几个波兰师（包括炮兵和摩托部队），作为一支独立的军队，由西科尔斯基指挥，在盟军中享有一定的地位。2月中旬，又签订了一项法波补充协议，规定重建波兰空军。

同时，1939年11月25日，西科尔斯基在伦敦进行正式访问时，就波兰军舰与英国海军合作问题与英国政府缔结协定。三艘驱逐舰（波兰的小规模海军中最新式的军舰）在8月底战争开始以前奉派到英国海域；潜艇"奥泽尔"号冒险从塔林脱逃以后，于10月14日也到了英国。到1940年5月初，可使用的波兰海军人员超过了从波兰逃出的舰艇的人员编制，于是英国给了一艘驱逐舰供波兰军官和水兵使用。

1940年6月的第三个星期，法国濒于沦陷，波兰流亡政府从昂热迁到伦敦。拉奇基耶维奇总统于6月20日到达英国。他受到了国家元首的礼遇，到达时英女王前去迎接。根据西科尔斯基和丘吉尔达成的一项协议，英国将把数千名波兰士兵用英国军舰运至英国，使波兰军队能再次重建。这一次是在英国土地上重建军队，以继续投入对德战斗。

第8章
CHAPTER EIGHT

战后的余波

★在战争刚刚打响的时候，波兰在战略态势上也处于不利的境地。波兰虽说在人数上占有绝对的优势，但是德国军队的坦克飞机不仅质量优良，而且在数量上也大大超过了波兰军队。双方坦克数量的对比为3.5：1，而飞机数量的对比约为5：1。

★在德波战争结束后的6年里，波兰人民遭受了极大的痛苦，如果说对波兰的战争给德国的军队带来的是胜利的欢笑，那么这场战争对波兰人来说，则意味着人间地狱生活的开始。

No.1 痛定思痛

德波战争，德国的军队以其80万大军进攻波兰的100万大军，结果，一个拥有3,400万人口、近百万大军的国家在一个月的时间内就被打败了，而且就德国而言，竟然赢得如此轻松。

在整个德波战争中，波兰军队共死亡6万人，伤13.3万人，同时有69.4万人被俘，而德国军队方面，仅有1.1万人死亡，伤3万余人，另外还有3,400人失踪。这一系列数字不能不说是一个奇迹，听上去确实有点儿难以理解，而实际上，在德波战争尚未打响前，这一场战争的结局，即已由其领导者导演出来了。

波兰的败亡，首先是因为其失误的结盟政策。在第一次世界大战后，根据战后签订的《凡尔赛条约》，原来属于德国的一部分土地被划给了波兰，于是波兰在这片土地上建立了自己的"波兰走廊"，并且成为了波兰的出海口。这一项决定，不但分割了德国的领土而且更重要的是，这一作法把自古以来属于德国的汉萨同盟的港口但泽从德国那里分割出去，这使德国人怨恨不已。在当时的德国人看来，波兰人的行为是不可容忍的，波兰必须为此付出代价。

而奇怪的是，波兰人并不为此而担忧，他们对于纳粹德国一直没有什么戒心，而且自从纳粹政权在德国当政后，波兰外长贝克即对法西斯抱有同情。德国进军莱茵，侵占独立的奥地利和捷克的时候，贝克和波兰的统治集团一直作壁上观，以为与自己没有什么关系，甚至还参加了对捷克斯洛伐克的入侵。

在捷克被吞并之后，德国很快就将波兰作为自己的下一个目标，而波兰政府对此并不警醒，依然奉行片面的结盟政策，不断地与英法进行联系，满足于英法的一纸保证。而对于自己的另一强邻苏联，却采取愚不可及又顽固不化的态度，从而使得当时的三国谈判陷入绝境。于是，苏联同德国签订了《苏德互不侵犯条约》，这个条约的签订，大大孤立了波兰，而战争就这样不可避免了。波兰在此又失去了一个本来的朋友，而树立了一个新的敌人，波兰因同时仇视自己的两个强邻，而使自己陷入了可悲的战略孤立，从而给自己的国家种下了被瓜分的祸根。

而另一方面与这种麻痹大意相并行的，是波兰政府对于其自身的战备问题的态度。在德波战前，波兰拥有3,400万人口，这里面蕴藏着巨大的军事潜力，如果波兰能够在战前对其国内的人民力量加以充分的动员和合适的调配，并加以一定的组织，那么德波战争的进程可能就不会是现在这个样子了。但是由于波兰政府的领导人一直对当时用和平的方式来解决德国和波兰之间的问题抱有不切实际的幻想，所以导致其在战前总动员的问题上犯下了严重的错误。

正当德国的军队从1939年的6月即开始进行战略进攻部署的时候，波兰政府却担心会由于自己进行战备引起国际争端，从而将发动战争的责任引到自己身上，所以他们迟迟也没有动手。就这样，8月25日，德国的部队已经完成了全部用来进攻波兰的部署，波兰却是到了当年的8月23日才开始进行秘密的动员，到了8月26日才下令进行局部动员，而且由于英法的压力，波兰政府将其原定的进行总动员的时间推迟了24个小时，到了8月31日零时，他们才宣布进行这一措施。由于这一战略上的失误，波兰政府直到战争爆发前仍然未能完成其动员。此后，拥有强大制空权的德国空军不断地对波兰的城市和交通进行狂轰滥炸，特别是对波兰道路交通的毁坏，使得波兰集结起来的的人员根本没有办法得到合适的运输，这样波兰的动员实际上已经无法完成，这使得本来就在各个方面处于劣势的波兰政府的处境更加险恶。

在战争刚刚打响的时候，波兰在战略态势上也处于不利的境地。波兰虽说在人数上占有绝对的优势，但是德国军队的坦克飞机不仅质量优良，而且在数量上大大超过波兰军队。双方坦克数量的对比为3.5：1，而飞机数量的对比约为5：1。

在战争人员的数量上，德国当时投入波兰战场的兵力有54个师，其中有15个装甲和摩托化师、37个步兵师、1个山地师、1个骑兵师；而他们的对手波兰却只有49个师，其中有1个装甲摩托化旅、37个步兵师、11个骑兵师。德国军队配备有3,600辆战车、1929架飞机，而波兰只有750辆战车、900架飞机。另一方面，德国军队在训练水平上也普遍高于波兰军队，在武器装备上也大大优于波兰，而且德国军队在行进中对"闪击"思想的运用，使得当时德国为数有限的装甲机械化部队如虎添翼，德国的军事家找到了合理使用现代化兵器的方法，从而使兵力、兵器达到了比较完美的组合，可以使德国比较充分地发挥兵力、兵器的战斗作用。从地理条件上讲，波兰为平原地区，适合于装甲摩托化部队作战，这一点特别在波兰的雨季之前尤为明显；而波兰就其整个地理环境而言，处于德国的三面包围之中，这就更使得波兰无法对付德国的大规模入侵了。

波兰战败，另一个主要原因，也可以说是最关键的原因，是因为其军事观念的落后。波兰军方有很多领导人顽固坚持第一次世界大战时期的陈旧军事思想，对自己的军事力量过分自信，又不懂得"欲有所得必有所失"的军事方法。这主要是因为波兰的领导人不是将自己的政策方针建立在自己力量的基点上，而是将打赢这场战争的希望主要寄托在英法身上，希望英法能够在西线发动攻势，并以此作为自己制订作战计划和部署兵力的主要依据。显然，波兰是将自己国家的命运押在了英法盟军的军事援助上。

而在战争部署上，波兰当局不愿意放弃所谓的上西里西亚工业区、波兰西部的大部分的兵工厂和罗兹纺织工业区，因而采取了"掩护一切""寸土不让"的错误作法，因而在大战的部署上，波兰军队的防御正面竟长达1,800公里，其70%的兵力完全处于德国军队突击集团的合围之中。

在战争刚刚打响后，波兰就急切地呼吁英法履行他们的承诺，尽快在西线采取军事行动，英法虽然口头应允，实际上却一直按兵不动。只注重进攻、不注重防御的波兰军队，则将其部队全部集结在前方，其边境防御被德国军队突破后，便再也无法组织起有效的防御。因为从前方败下阵来的波兰部队缺乏机动能力，往往在他们尚未退至后方阵地之前，这些阵地早已为德国军队的机械化部队所占领。于是，过分依赖英法援助的波兰在得不到英法援助的情况下，在1个月多一点的时间里便惨遭败亡。

但如果追溯起来，波兰的经济实力落后是更深层次的原因。

战前的波兰是一个落后的农业国，农业产品占国家经济的60%以上，工业生产的产值只占32%，而在两次世界大战之间，经济发展速度缓慢，到了1938年，工业总产值仅及1913年的98%，若按人口平均计算，工业产量仅为英、法、德、意的五分之一；而农业几乎没有什么发展，以波兰的主要粮食作物为例，1938年产量仅略微超过1909年到1913年的生产水平；交通业也很落后，每万人平均拥有铁路里程仅为5.25公里，而其对手德国却有11.6公里。

面对当时的战争威胁，波兰政府也采取了一些应对措施，特别是制定了1936~1942年的武装力量现代化和发展的6年规划。这个计划规定扩大生产和掌握某几种型号武器的生产，并建立起武器弹药和作战物资的储备，而迫于当时国力，特别是经济实力的落后，这项计划的执行并没有达到它的预期效果。所以波兰虽说有将近25万受过训练的人员可以动员，但是因为缺乏必要的军事装备，在战争来临之时，他们却不能发挥应有的作用。

波兰这次战败，用历史事实再次告诉我们，落后就要挨打。当一个国家一旦面临战争威胁时，它就必须丢掉不切实际的幻想，动员国内一切可以动员的力量，根据敌我双方的实际情况制定出切实可靠的反侵略计划，并尽量争取国际力量的支持，以尽可能广泛地建立反侵略的统一战线。这样做的结果虽然不会阻止战争的爆发，却可以使自己处于比较主动的地位，为战争创造有利的条件。

一个国家要想独立于世界民族之林，就必须建立完善的国防系统，建立一支有足够力量的军队支持自己。在这之前应该把发展经济作为一件很重要的事情来对待，以期在发展经济的基础上，增强自己的综合国力，只有这样，才能为可能发生的反侵略战争打下坚实的基础。

No.2 屠 杀

在德波战争中，德国人和苏联人对波兰人沿袭已久的仇恨得到了淋漓尽致地发泄。按照《苏德互不侵犯条约》的规定："双方在各自领土内不得容许波兰人从事影响对方领土的活动。双方在各自领土内镇压任何类似活动，应通知对方采取合理措施解决之。"不久，他们即发现这一条款是非常有用的。

在参加对波兰战役的德国纳粹军队中，有一个特殊的建制，每个军团均设有特别行动队，每个军团还有一个由100名军官组成的特遣队。这些人均身穿武装党卫军制服，袖子上佩带着党卫队保安处的SD标志，这些特遣队都直接隶属于将军，他们的主要任务是与占领区的任何反对第三帝国或反对日耳曼的人战斗。换句话说，这个特遣队即是纳粹分子用来镇压敌对分子并推行其民族主义的武器。在种族问题上，希特勒曾给党卫军头子希姆莱的唯一命令是，全面地巩固德国种族的地位。

与隶属于军队的党卫军特遣队平行的，还有一个机构独立的"特别任务"特遣队，它由傲慢而残忍的党卫军尤多·冯·沃伊施将军指挥，他们在波兰为所欲为。大部分早期的对波兰人和犹太人的暴行都是沃伊施干的。他们制造恐怖气氛，借以达到阻止波兰人进行暴力行动的目的。于是，在侵略波兰的同时，纳粹法西斯即将开始它在波兰的大屠杀。

这是一个并行的过程，有战争的地方就有屠杀，有占领的地方即有血腥。

对于在波兰进行的"人种学上的灭绝"计划，希特勒在1942年1月30日作了这样的注释："我们在第一次履行真正的古代犹太人法律：以眼还眼，以牙还牙。"

而严格执行希特勒这一命令的任务落在了纳粹德国军队中令人谈虎色变的一个组织——党卫军的身上。

海因里希·希姆莱，这个党卫军的头子，一直想方设法采取措施妥为保管一份秘密文件，任何与此无关的人都无权阅读它。因为在这份长达6页的文件中，记录的是党卫队头子最讳莫如深的白日梦，记录的是使千百万人横遭劫难的狂热臆想，这就是希姆莱在1940年5月以《处理东方异族人的几点想法》为题，写给希特勒过目的一份文件。在这份文件中，希姆莱用他特有的率直而呆板的语言，提出了消灭东方各国人民，以利于德意志主宰民族的主张。

海德里希的追随者按事先准备好的名单，把波兰教师、医生、公务人员、教士、地主和商人驱赶在一起，被捕者被送进接收营。事实证明，这些接收营中有不少是灭绝工厂。布龙贝格附近米尔塔尔的托尔恩油脂厂、施图特霍夫的京尔道接收营、波森省第七要塞都已成为数以千计的波兰人的恐怖和死亡信号。在纳粹看来，任何一个波兰民族主义者都属于"过激分子"。一次又一次的打击使波兰的民族精英受到沉重损失。库尔姆——佩普林主教区的690名教士中，被捕者达2/3，214人被处死，其中包括佩普林大教堂的几乎所有教士会成员。勒德尔向柏林报告说："一大批天主教教士，由于持有众所周知的波兰激进立场而被消

→ 在希特勒的眼中，整个欧洲大陆都是填满他欲壑的肥肉。

灭。"一位历史学家统计，在德国人统治的最初几个月中，杀害的人数为几万人。海德里希在1939年9月27日宣称："被占领地区内留下来的波兰领导人物至多还有3%。"

另一方面，另一股力量也被组织起来，加入了屠杀波兰人的行列，这就是当地的德意志族人。他们被希姆莱等人派来的军官改组成德意志族人党卫队，接管了波兰德占区内德意志族人自卫团体的领导权。自卫团体执行辅助警察的任务，在西普鲁士（后来在卢布林地区也是如此）追捕波兰人，滥加杀害。

在德波战争结束后的6年里，波兰人民遭受了极大的痛苦，如果说对波兰的战争给德国的军队带来的是胜利的欢笑，那么这场战争对波兰人来说，则意味着人间地狱生活的开始。

No.3 将全世界推入地狱

结束了在华沙的侵略后，希特勒，这个侵略者的头领，却突然有了乞求和平的举动。

希特勒刚刚从前线返回，就开始了下一步的行动计划。他命令武装部队为实施"黄色方案"——攻打法国和低地国家做好准备，这一事实丝毫不损害他的和平攻势的真实性。无论他的最后决定是什么，都没有耽搁时间。

1939年9月26日，当德国军队在华沙发动猛烈攻击的时候，另一场大规模的和平攻势也在同时进行。就在这一天，希特勒会见了达勒鲁斯，在这次会谈中，希特勒提出了与英国和解的一些建议，希特勒对他说："假使英国人果真希望和平，他们能在两星期内得到而又不会丧失面子。"接着，他提出了和平的先决条件，那就是承认德国对波兰的占领，如果英国答应，那么，希特勒将承诺保证欧洲其他地区的现状，这包括保证英国、法国、芬兰、比利时和卢森堡。最后，希特勒告诉达勒鲁斯，英国可以获得和平，但是如果他们想要和平的话，就必须要赶快答应自己提出的条件。

而与希特勒同步的是德国的宣传机器，同一天，德国的各大报纸各大电台均大肆宣扬德国人想要和平。而在这和平的下面，希特勒也正在积极地准备下一次战争。这两者其实并不冲突，只要你不要把前者太当真。

就在9月27日，希特勒召集各军种的司令和参谋长召开会议。在这次会议中，希特勒的决定让各路指挥官和军官都大吃了一惊。他们为之不安的是，希特勒坚决主张，由于德国在武器装备和士兵方面的优势是暂时的，因此必须在1939年年底以前进攻法国，而且跟1914年一样，必须通过比利时境内，至少通过荷兰南端。希特勒解释说，他不相信比利时的忠实的中立立场，因为比利时单单沿着德比边界修筑工事，而且有迹象表明，比利时会允许大量聚集在其西部边境的法、英部队迅速入侵——说不定一项秘密的、会导致这种结局的军事协定在比利时和西方国家之间已经存在。这样，鲁尔这个德国军事工业中心就要消失，战争也就完蛋了。

10月9日，希特勒签署了所谓的"第六号作战指令"，在这个指令中，他要求德国军队作好对西线发动战争的准备。

国防军最高司令柏林
国防军统帅部／指挥参谋部／国防处1939年10月9日
1939年第172号绝密文件
只传达到军官

第六号作战指令

一、如果在最近能断定英国和在其领导下的法国不愿结束战争，那么我决心不久即采取主动的和进攻性的行动。

二、较长时间的等待，不仅会导致比利时的、也许还有荷兰的中立态度偏向西方列强；而且会使我们敌人的军事力量不断得到增强，使中立国家对德国的最终胜利失去信心；另外，也无助于促使意大利作为军事盟国站到我们一边。

三、因此，为了继续实施军事行动，我命令：

1.在西线的北翼，必须做好通过卢森堡、比利时和荷兰的领土实施进攻作战的准备。此次进攻，规模要尽可能大，并要尽早实施。

2.此次进攻作战的目的是：尽可能多地消灭法国陆军作战部队和站在法军一边作战的盟军；同时尽可能多地占领荷兰、比利时和法国北部的领土，以此作为对英国进行极有成功希望的空中战争和海上战争的基地，作为至关重要的鲁尔地区的广阔的前方保障地带。

3.进攻的时间，取决于装甲部队和摩托化部队的战斗准备以及届时出现的和预报的天气情况。战斗准备工作必须竭尽全力加速进行。

四、空军须防止法国和英国空军攻击我方陆军，并在必要时直接支援我方陆军向前推进。在这方面，至关重要的是，必须阻止英国和法国空军在比利时和荷兰建立基地，防止英军在比利时和荷兰登陆。

五、应竭尽全力进行海上战争，以便能在这次进攻作战中间接或直接地支援陆、空军的作战行动。

六、除做好按计划在西线发动进攻的准备之外，陆军和空军要时刻处于待命状态，并不断提高战备程度，以便能尽可能远地在比利时领土上迅速迎击向比利时开进的英、法军队，以便能占领荷兰西部海岸方向尽可能辽阔的地区。

七、准备工作必须加以伪装，以便给人一种印象：这仅仅是为对付英、法在法国与卢森堡和比利时的边界附近即将进行的兵力集结而采取的预防措施。

八、请诸位总司令先生根据此项指令尽快向我报告各自的详细计划，并通过国防军统帅部继续向我报告各项准备工作的状况。

（签字）阿道夫·希特勒

面对希特勒的和平攻势，在英法两国的首脑中，达拉第首先作了答复。9月22日，他在广播中拒绝了希特勒的建议并郑重地宣称，德国企图离间英国与法国的关系，离间法国人彼此之间的关系，这是决不能得逞的；同时他又郑重地赞扬了英国的备战努力。

9月28日，德国政府和苏联政府发表联合声明，宣称已"最终解决了波兰国家解体后所引起的问题"，并"从而为东欧的持久和平奠定了坚实的基础"。鉴于这种情况，两国政府共同表示相信，结束德国和两个西欧国家之间的战争状态，将真正地有利于各国人民。

10月3日，张伯伦在英国下院阐明，这一声明显然含有下述两点内容：

"暗示建议媾和，如果该建议遭到拒绝，结果就是几乎不加掩饰地进行威胁。

"没有任何威胁能迫使我国或法国背弃我们为之进行这场战斗的目标……德国现政府的任何空口保证我们都不能接受……如果……建议提出来，我们一定要根据我刚才讲的话对之进行审查和考验。"

10月4日，达拉第在巴黎国民议会外交委员会说了与前一天张伯伦同样意思的话。

10月6日，希特勒重复了他的和平建议，这次是在柏林的国会大厦。他重申，关于允许两次大战之间的波兰复国一事，他连听也不要听；尽管他在列举德国在东北欧的目标时，提到要建立一个新的"波兰国家，其组成和管理，既要防止它再度变成反德活动的温床，又要防止它再度成为反对德国和俄国的阴谋中心"。

10月12日，张伯伦经过与法国政府及各自治领政府磋商以后，在下院宣布断然拒绝希特勒的建议。张伯伦阐明，希特勒提议"建立他所谓的欧洲安全的稳定因素"，实际上就是要别人"承认他的征服"，并"承认他对被征服国家为所欲为的权利"，张伯伦声称："要英国接受任何这样的建议是办不到的。"

德国总理演说中的建议是含糊的、不明确的，而且也未含有改正对捷克斯洛伐克和波兰的错误做法的迹象……因此，其结果是清楚的。德国政府必须用明确的行动，并对他们打算履行的诺言作出有效的保证，来为他们希望和平的诚意提供令人信服的证据，否则我们一定把自己的责任进行到底。现在要由德国来作出抉择了。

很显然，英国和法国已经对希特勒掌权的政府不抱什么和平的期望了，要么，由德国人民来罢免他，要么，由英法两国来打倒他，因为英法相信，只要希特勒继续执政，战争的威胁就不会停止。

张伯伦的讲话让希特勒十分恼火，那天晚上，希特勒叫来了戈林、米尔契和乌德特，指示他们尽早恢复炸弹生产。"战争要继续下去！"

10月10日上午11时，希特勒召集起他的将领们开会。在这次会上，他首先向他们公布了在不久前刚刚发布的"第六号作战指令"，这的确让他的将领们吃了一惊。在会议的最后，希特勒公布了他打算在西线发动战役的时间表，他强调道：

"不能开始得太早。但是只要有可能，无论如何必须在今秋发动。"

一扇通向地狱的大门正向希特勒打开，而他正迫使整个世界和他一起卷进去。

02
BATTLE

第二篇 〉 闪击·法兰西

第1章
CHAPTER ONE

波兰之后的猎物

★拥有37个师（其中包括8个坦克师和2个摩托化师）的B集团军群应在北翼实施主要突击，占领布鲁塞尔以北和以南的地区，然后不失时机地向西进攻，迫使敌军从安特卫普向布鲁日和根特地区撤退。

★德国空军的任务是夺取制空权，破坏敌军的指挥，直接支援进攻的部队。在陆军进攻前20分钟内，航空队要以约1/3的兵力轰炸对方靠近前线的机场、指挥部、通信中心和交通枢纽。进攻开始时，全力支援地面部队，特别是主攻方向上的装甲部队的进攻。

No.1 窥伺已久的目标

1940年夏天，德军占领波兰之后，进攻目标迅速转向了西欧。其实，依照希特勒的既定方案，西欧早就在其进攻计划之中，只是需要选择更好的入侵时机和主攻方向而已。早在1939年11月，在希特勒的指令之下，陆军总司令部就匆忙制订了进攻西欧的"黄色方案"，后来由于各种原因，德军采取了"黄色方案"的修正方案——曼施坦因计划，他们于1940年2月24日颁发了此训令，并最终决定将于1940年5月10日进攻西欧的法、比、荷、卢四国，第二次世界大战将要拉开新的帷幕。

当时，由巴塞尔到德国卢森堡边界的正面长达400公里，而由那里到韦瑟尔西北的莱茵河还有250公里的长度。在这一拉得很长的正面上进行防御的是由德军冯·勒布上将指挥的西方集团军群，共辖8个基干师和25个后备师。无论从技术装备上看，还是从战斗训练上看，这个集团军群的战斗力都不是很充分的，它们甚至没有坦克兵团。德国的齐格菲防线远不如法国的马奇诺防线坚固，且有一部分尚在构筑之中，对于决心进攻的敌人而言，绝非不可逾越的天险。德军兵力的分布情况是这样的：由多尔曼上将指挥的第7集团军沿着巴塞尔到卡尔斯鲁厄这一段的莱茵河部署；由维茨莱本上将指挥的第1集团军占领了在莱茵河至卢森堡边界的西方壁垒；由伦德施泰特将军指挥的A战役集群，则部署在韦瑟尔以南、德国与各中立国之间的边界上。

波黑战争爆发后，法国于1939年9月3日宣战，但它的战略是非常消极的，只打算防守法德边境。法国军队开到了马奇诺防线上，同时在它后面部署了兵力不多的"掩护军"，但它们并不打算对德国开战。英国远征军则在10月份的第一个星期才到达两个师，另两个师更晚到达，它们到达时德波战争已结束，英国军队的这种援助后来被丘吉尔称之为"象征性的贡献"，这也是法国人不开始进攻行动的原因之一，但更可能的是，法国人害怕德国人巨大的空中优势，所以他们避免以任何积极行动去进行战争。

英法盟军想保持这种不战不和的消极状态，可是德国人不愿意了。征服波兰后，希特勒即敦促其高级将领们着手实施进攻法国的准备，因为按照希特勒的说法，德国进行这次大战的目的就是要"打垮西方强国的优越地位，使德意志民族获得发展空间"。

当德国入侵波兰的胜利已成定局之时，希特勒就把目光再次转向西欧。10月18日，他又制定了第7号作战指令，对德军进攻西欧前的作战方针作了补充规定。

此号指令允许陆军侦察小分队越过德法边境；空军的歼击机为战争提供空中掩护或攻击英国海军力量；海军攻击敌人有护航队护航的或闭灯行驶的客轮；海空军密切协同，利用每一个有利时机攻击英国的海军力量。如果英法联军向比利时开进，德军可以进攻卢森堡。

但是11月7日，比利时和荷兰这两个中立国发表了一个联合声明，表示愿意为维护和平而作出努力。这使希特勒处于一个尴尬的境地，他只好延缓了他的进攻计划。接着，他于11月20日发布了第8号作战指令：

一、为了使业已开始的展开行动能不断地继续进行，必须保持战备状态。只有如此，才有可能及时利用有利的天气形势。

　　国防军各军种须有这种准备，即如果命令在A日前一天的23时才到达各总司令部，进攻仍有可能停止实施。最迟在这一时间，代号为"但泽"（原为"莱茵河"，即实施进攻）或"奥格斯堡"（原为"易北河"，即停止进攻）的命令，将下达到各总司令部。

　　请陆军总司令和空军总司令在进攻日确定之后，立即将双方商定的进攻开始时间报告给国防军统帅部、国防处。

　　二、在未下达特别命令的情况下，一俟总攻开始，计划对荷兰采取的所有措施即可付诸实施，而不受以前发布的指令的限制。

　　事先不可无视荷兰国防军的态度。如不出现抵抗，可使这次进军具有和平占领的性质。

　　……

　　指令中还表示，根据敌情变化，要将作战的重点由B集团军群方向转向A集团军群方向，作战的程序在书面上全面展开了。只是天公不作美，天气一直十分糟糕，一再地延迟了作战计划的执行。

↑ "黄色方案"的始作俑者：德陆军总司令布劳希奇（左）和参谋总长哈尔德（中）。　　↑德军名将曼施坦因。

根据希特勒的第6、7号作战指令，德军陆军总司令部于1939年10月19日，出炉了进攻西欧的第一个作战计划，这一作战计划便是所谓的"黄色方案"。该方案规定，德军主要进攻兵力集中在其右翼，其任务是向比利时和法国北部实施主要突击，并占领英吉利海峡的沿岸港口。这一方案和第一次世界大战前著名的"施利芬计划"既有某些相似之处，也有所不同。"施利芬计划"的目的是在占领英吉利海峡各港后实施大规模迂回，使德国的右翼军队通过比利时和法国北部，越过塞纳河，在巴黎以南折向东方，以围歼法军主力，迅速摧毁法国的武装抵抗。而在1939年制订的进攻西欧的"黄色方案"，其目标则比较有限，主要企图是占领英吉利海峡沿岸地区和海军基地，以便切断法军与英军之间的联系，不断骚扰和封锁英国本土，以迫使英国求和。

依照"黄色方案"，德国陆军主力在北翼集结。

拥有37个师（其中包括8个坦克师和2个摩托化师）的B集团军群应在北翼实施主要突击，占领布鲁塞尔以北和以南的地区，然后不失时机地向西进攻，迫使敌军从安特卫普向布鲁日和根特地区撤退。

德军集团的左翼是A集团军群，拥有27个师，任务是从南面掩护主要方向的进攻，以其右翼在那慕尔以南渡过马斯河，然后向桑布尔河以西的方向扩大突破口。在南方，拥有25个师的C集团军群最初不参加进攻，它将在法国－卢森堡边界到瑞士一带建立防御正面。

德军原定于1939年11月12日进攻西欧，后因天气不好以及部队准备不足而一再推迟，并在1939年10月29日和1940年1月30日，对"黄色方案"进行了两次局部的修订。

在一些将领的消极作战情绪和糟糕的天气的影响下，希特勒只好一次又一次地延迟了作战时间，最终一直推迟到1940年5月10日。

在这一段时间里，进攻西欧的"黄色方案"也不断地改头换面，最终确立为进攻的方案是以曼施坦因的计划为主，人们通常将其称作"镰割"计划。

No.2 "镰割" 计划

1939年10月，曼施坦因被调任为准备进攻法国的A集团军群的参谋长。

曼施坦因在他提交的备忘录中指出，法国阵地的弱点位于马奇诺防线的西北端，即马奇诺工事和联军机动地段的接合部，则德军主攻方向也应选在这一地区，即德军中路的A集团军群方面。他主张，将B集团军群的装甲摩托化部队拨给中路的A集团军群，A集团军群应由两个军团增加到3个军团，并在右翼B集团军群的帮助下，奇袭阿登山区，从而迂回围歼英法联军主力。他之所以把突破口选在阿登山区，是因为该处地形险恶，英法联军绝对想不到德军会在此发动进攻，想不到会在这里使用致命的装甲武器，这样就可以一口气冲到索姆河下游，切断已经部署在比利时境内的联军补给线，完全消灭敌人在比利时的整个右翼兵力，并且为在法国境内赢得决定性胜利做好准备。这就是"二战"著名的"曼施坦因计划"。

"曼施坦因计划"中最大胆的一个设想，是让德军装甲摩托化部队通过茂密崎岖的阿登山区，绕过法国坚固设防的马奇诺防线，对英法联军进行迂回奇袭。

1940年1月份发生的另外一件事，也促使"曼施坦因计划"走向历史舞台。

1940年1月10日，命运又来干预德军的计划。德国空降部队司令施图登特将军指派第7空降师的空军少校赖因贝格从明斯特飞往科隆，赖因贝格随机携带着一份"黄色方案"，将与德军第2航空队讨论作战计划的若干细节。

由于当时天气严寒，又有大风，当飞越冰冻雪封的莱茵河时，飞机在低云层和大雾中迷失了方向，汽油也用尽了，被迫紧急着陆。赖因贝格错误地把飞机降落在比利时境内的居民点梅克林附近，当三个比利时士兵匆匆赶来调查时，发现他正企图焚烧公文包里的文件，士兵们马上冲上去扑灭了火焰，夺下了文件。这个事件致使德军的作战计划至少有相当一部分落入了比利时人手中，西方国家也以此得知了德国的西线作战计划。这就是所谓的"梅克林事件"。

同盟国没有好好利用落在手中的警告，英法政府的军事顾问们都认为这是一个骗局，他们制定了自己的战争计划，却没有意识到这一情况，即：如果缴获的文件上的计划是真的，那么德军最高统帅部十有八九会把进攻矛头指向别处。他们将不再执行原计划。

于是，在制订作战计划时，同盟国达成了如下的三点共识：

其一，德军不可能正面强攻坚固的法德边境上的马奇诺防线；

其二，从南格威到那慕尔之间的阿登山地森林是兵家一向认为限制大兵团运动的地区，尤其对于装甲部队；

其三，德军的进攻方案不可能超出"施利芬计划"的范围，很有可能还是沿着上次世界大战的老路，把进攻的重点放在右翼，首先突入荷兰、比利时直抵海岸，然后一路扫荡，经比利时平原侵入法国境内。

他们的一切战斗部署便是在这三点共识下展开的，法军在阿登山区只部署了一些战斗力较差的部队，而将防御的重点放在战线的北端，即德军的右翼。

这正是希特勒求之不得的，因为很快他也要改变他的作战方案了。

在元首的大力促成下，经过一定修正的"曼施坦因计划"昂然地走向了战争前台，而此时，这个计划的始作俑者曼施坦因正黯然地待在家中。

1940年2月24日，德国陆军总司令部下达了进攻西欧的作战命令，这个作战命令通常被称为"镰割"计划。新计划规定，德军应以一部兵力迅速攻占荷兰和比利时，将英法联军的主力吸引到这个方向；同时，以强大的装甲部队绕过马奇诺防线，出其不意地通过阿登山区，实施主要突击，在色当附近形成中央突破，进而直插索姆河口，在右翼的协同下，围歼被割裂的联军主力。

按照"曼施坦因计划"修改后的新西线作战计划——"镰割"计划，对德军的兵力作了如下调整：

1. 两个装甲军（古德里安的第19军和魏特夏率领的第14军）由一个新成立的装甲兵团来指挥，军团司令为克莱斯特将军。

2. 原属B集团军群的第2集团军改属A集团军群。当第16集团军向南包抄时，该集团军立即插入A集团军群的界内。

3. 北部的B集团军群，仍然留有3个集团军的兵力，足以完成其在比利时北部和荷兰境内的任务。

陆军总司令部要求各部队3月7日之前完成作战部署，并在调动过程中采取伪装措施，尽量给英法联军造成仍按原计划行动的错觉。这样，经过周密的部署，德军在西线的战争规模已然全面展开。在北部挪威战役行将结束的1940年5月，天气转暖的时候，德国人部署了世界上从来没有见过的强大兵力，整装待命，随时准备进攻西线。

德军沿德荷、德比、德卢和德法边界依次展开B、A、C三个集团军群，总兵力为141个师（其中包括10个装甲师、4个摩托化师）、2,445辆坦克、3,700架飞机，另有运输机600架，75毫米和75毫米以上的火炮7,378门。

兵力配置上分为B、A、C三个集团军群：右翼的B集团军群28个师（其中包括3个装甲师、1个摩托化师），由博克上将指挥，担任助攻任务，目的是进攻荷兰、比利时和卢森堡，以吸引英法联军的主力；中路的A集团军群64个师（其中包括7装甲师、3个摩托化师），由伦德施泰特上将指挥，担任中间突破阿登山区直冲英吉利海峡的任务；左翼的C集团军群17个师，由勒布上将指挥，其任务是佯攻马其诺防线，以牵制法军，使其不能北上增援并掩护突击集团的左翼。

为了使主攻方向上的突击力量及时得到加强，德国陆军司令部将51个师留作预备队，以便在适当时机增援到主攻方向上去。

德国空军的任务是夺取制空权，破坏敌军的指挥，直接支援进攻的部队。在陆军进攻前20分钟内，航空队要以约1/3的兵力轰炸对方靠近前线的机场、指挥部、通信中心和交通枢纽。进攻开始时，全力支援地面部队，特别是主攻方向上的装甲部队的进攻。

德国海军的任务是，直接或间接地支援陆军的进攻，在荷兰和比利时的沿海水域布雷，占领西弗里西亚群岛，并在北海、英吉利海峡进行破交战。

与英法联军相比，德军的有利条件是：有一个统一的指挥部，操持进攻的主动权；对侵略行动没有道德上的顾忌；特别的是他们有着使用新武器新战术的经验，他们知道如何更好地使用俯冲轰炸机和大量坦克。

第2章
CHAPTER ONE

短暂 "和平"

No.1 "奇怪的战争"

正当德国人紧锣密鼓地准备敲响一场新的大战的时候，以张伯伦为首的对德绥靖派则认为，对德国采取强硬行动会引起"普遍的欧洲战争"，英国在这场战争中，只会遇到"无法预料的灾难"而"不会赢得任何东西"，故而极力主张对德国的侵略扩张采取妥协、退让、姑息的绥靖政策。

为了推行绥靖政策，他一面在国内打击强硬派，一面多次亲自去德国，与希特勒秘密会谈。他甚至用牺牲捷克、波兰等小国的利益，来讨好法西斯，并一手发起签订了丑恶的"慕尼黑协定"。

而法国外交政策的主要目标只能是，尽量使战事远离法国边界，他们的一切努力都是围绕这个目标在运转。显然，在这样的情况下，他们只能制订出一种采取守势的战略。他们进行防御战的思想，集中体现在对马奇诺防线的构筑和使用上。躲在这条由20世纪20年代法国陆军部长马奇诺建议构筑的漫长防线后，法国人似乎已经不再惧怕战争再次席卷法兰西大地了。可是法国人没有意识到，这条坚固的防线带给他们的，其实是从物质到精神上的双重消极影响：巨额资金不是用于军队现代化，而是花在建造堡垒工事上；而人们思想上普遍认识到自己现在已经受到保护了，不怕侵略了。这种思想在后来的法国战局中起的消极作用是非常明显的。

1938年6月，希特勒宣布了进攻捷克斯洛伐克的最后决定。因为法、捷之间有同盟条约，而英、法之间又是军事联盟，所以两国政府都不由自主地紧张了起来。

9月29日凌晨1时，四国首脑在"慕尼黑协定"中宣布"原则上同意"为维护欧洲和平而将苏台德区并入德国的计划，肮脏的"慕尼黑协定"就这样出笼了。几个小时以后，捷克斯洛伐克政府被迫宣布接受"慕尼黑协定"，希特勒、张伯伦等人终于成功地"把一个小国献上了奴役的祭坛"。

1939年3月15日，也就是慕尼黑协定签订5个月之后，希特勒出兵占领了捷克斯洛伐克的残余部分。8月31日中午，希特勒作出最后决定，发出了消灭波兰的"白色方案"的第一号作战指令。9月1日拂晓4点45分，150多万德国军队大举越过波兰国境，分北、南、西三路进逼华沙。战火终于越烧

↑ 英国首相张伯伦（左）造访德国，幻想换取永远的和平。

越烈，法国告急。英国同样面临灾难，德国军队的步步进逼，希特勒不可遏止的侵略野心，彻底砸破了张伯伦的绥靖梦，也打碎了达拉第本来就软弱的骨头。

正当波兰人用"战马与坦克搏斗，骑兵的长枪与坦克的大炮对抗"时，英法却宣而不战，按兵不动，一副无动于衷的样子。一时欧洲的战场上出现了东线炮火连天，西线却静悄悄的景观。

这真是一场"奇怪的战争"，敌军近在咫尺，却没有任何命令要开枪射击。西线的形势颇具喜剧的味道，莱茵河两岸的德法士兵隔河相望，彼此都可以看得很清楚。士兵们在野战工事或炮兵掩体里乱七八糟地干着活，还不时停下来"欣赏"一番河对岸敌人的活动。德国人每天通过高音喇叭和巨幅标语来进行宣传，有时法国阵地也会升起一块粗布做的表示同意的标语牌。

在这条奇怪的战线上，有些地方，士兵们在河里洗澡；有些地方，士兵们在互通有无，秘密进行食品交换，法国葡萄酒和德国啤酒被不时交换以换换口味。为了使防线上成千上万的士兵不致太过无聊，法国政府给这所谓的前线设立了军队娱乐服务处，增拨了许多文娱器材，增加了酒类供给，还给士兵们送去了1万多个足球，巴黎歌舞明星们频繁地活跃在前线。此时的"马奇诺防线"，真的像一个标准的娱乐场了。

就这样，在德国人的炮口下，法军士兵看着电影，踢着球，唱着歌，慢悠悠地消磨着悠闲的战地时光。虽然法德两国对战争的理解有时会不同，但对于足球的理解显然是比较一致的，有时法国士兵踢球时的精彩表演还会得到河对岸德军士兵的大声喝采。法国士兵天天高唱着"我们要到齐格菲防线去晒衬衣"的流行歌曲，而严谨的德国人也比较配合，他们有时会幽默一下，冲着扩音器大声喊话："英国人是叫法国人打到最后一个人吧！"

德国宣传部长戈培尔指示德军，向真空地段那边的法军高声友好地问候，并与法国士兵进行兄弟般的交谈。宣传队用大喇叭广播新闻和消息，以证明德国与法国确实不是敌人。晚间，德军向马奇诺防线里的法军播送缠绵的法国歌曲，在节目结束前，广播员大致会说："晚安，亲爱的敌人，与你们一样，我们也不喜欢这场战争。谁该负责呢？不是你们，也不是我们。所以，我们为什么要互相射击呢？又一天结束了，我们大家又可睡上一晚甜觉了。"最后广播还播送出一首录制好的催眠曲。

为了涣散法国士兵们的士气，希特勒命令德国的宣传机构不遗余力地宣传，真正的矛头是对着英国来的。德军在法国战线上曾投下过百万个赭色的"秋叶"，上边印有戈培尔的名言："秋天，叶在落。我们也和叶子一样要落了。叶枯死了，这是上帝的安排。待来春，有谁会记起这枯叶，又有谁会记起倒下去的法国士兵呢，而生命在我们的墓地上犹存。"

就这样，直到1939年12月9日，战火点燃的3个月后，英法联军才有了第一次的伤亡——一个英国的巡逻班长被流弹击中而死。这才打破了西线无伤亡的"伟大"纪录。

与德军相比，西线的联军处于绝对优势，他们在西线发动攻势的条件很有利，但法军始终没有发动过认真的进攻。只是在9月7日至8日的夜晚，甘末林才虚张声势地动用了一下他的兵力，法军的进攻沿着萨尔布吕肯东南的"卡登布伦"突出部，在一条24公里长的战线上越过边界。他们以营为单位向前推进，没有遇到什么抵抗，没有激烈的战斗，只是有一些微小的接触。

法军在几天时间里小心地向前推进了大约8公里，并占领了萨尔布吕肯西南的一个小突出部文特森林，此外还有20多个空无一人的村庄。之后，法军连这小心的脚步都不敢往前迈了，甘末林将军命令他的部队停止前进，一旦德军进攻比利时，法军便会退回到马奇诺防线坚固的工事里去。

9月12日，甘末林发布秘密手令，命令部队放弃一切进攻的打算，实行战略收缩。9月30日他又密令，法国军队深夜撤离，前沿阵地只留少数掩护部队，10月4日全部撤离。

"奇怪的战争"是英法当局推行绥靖政策的恶果，是对波兰等小国利益的背叛。法国政府缺乏果敢的气魄，英国也没有真正想打仗的意图，从另一方面说，正是他们放纵了法西斯，让德军的力量和希特勒的野心不断地膨胀起来。

德军灭了波兰之后，铁骑迅速西向，战场硝烟滚滚。法国人搬起石头砸自己的脚，他们立刻要尝到自己一手种下的恶果了。

No.2 布雷达计划

法国人之所以不主动进攻德国，一方面是英法政府绥靖政策的影响，更重要的是，他们对自己的马奇诺防线抱着很大的信心。

马奇诺防线——这条曾被吹嘘为"固若金汤"的防线，是法国陆军部长马奇诺在任期间修筑的一条在法国东部边境的防御阵地体系。它于1929年开工，1940年全部完工，耗资2,000亿法郎，共有5,600个永久工事。马奇诺防线绵延于法国东部的全部国境线上，全长750余公里。防线内堡垒林立，地下筑有坚固工事，还有地下铁道、隧道公路和各种生活设施。

法国政界和军界一致认为有了这道防线，就可以高枕无忧了。直到1940年3月，盟军才嗅出一丝战争的气味，才确认了其之前制订的"D"计划。然而，比利时以中立为由不愿同英法公开接近，"D"计划还未开始实施，便遇到了困难。

在法军总参谋长和英、法盟军总司令甘末林主持下，盟军仓促制订了代号为"D"的作战计划，调集135个师、3,000辆坦克和1,300多架飞机，准备抗击入侵之敌。

在设定作战计划时，根据第一次世界大战的经验，盟军特别重视列日、那慕尔以北的比利时方向，因此，在英法联军向比利时机动的问题上，盟军提出了3个方案：

第一方案规定，英法联军前出到比利时东北部的阿尔贝特运河筑垒阵地。这一方案最有利于抗击德军入侵，但联军须征得比利时政府同意，在德军进攻西欧前就前出到该阵地。

第二方案（"E"计划）规定，英法联军在比军掩护下从边界向斯海尔德河地区推进一小段距离，以便在德军到来前有时间组织防守。但这样一来，包括首都布鲁塞尔在内的比利时大部国土都将沦落敌手。

第三个方案（"D"计划）是个折中方案，这个方案规定联军在安特卫普、迪尔河、那慕尔、色当一线组织防御。这一方案能保卫比利时大部分国土免遭德军侵占，并使比军主力有可能加入联军对德作战。

经反复比较，"D"计划于1939年11月17日，在盟国最高军事会议上获得通过。稍后，法国陆军总司令甘末林将军又对该计划进行了修订，要求法军左翼第7集团军进至安特卫普附近后，继续前出至荷兰境内的布雷达地域，以便在荷比两国军队间建立起绵亘的防御正面。总之，在德军向荷兰和比利时发起进攻时，英法联军应利用荷比两国军队迟滞德军的进攻，并在荷比两国军队的协同下，依托那里的防御阵地，粉碎德军的进攻。这个修订后的计划被称为"布雷达计划"。

可以看出，法军的作战计划仍然是十分保守的，他们把马奇诺防线当作克敌制胜的法宝，把保卫马奇诺防线放在优先的地位。因此，甘末林将军"布雷达计划"的重要执行者，指挥法军东北战线的乔治将军对这个计划颇有意见，他对这个计划几乎是完全不同意。

依照上述计划，英法联军在敦刻尔克至瑞士的法国东北边境展开3个集团军群。

其兵力部署是：法国和英国共有103个师，编为3个集团军群。第1集团军群辖法军第7、第1、第9、第2集团军和戈特将军率领的英国远征军，共51个师，由比约特将军指挥，部署在英吉利海峡至隆吉永一线，任务是增援比、荷军队，将德军阻滞在迪尔河一线；第2集团军群辖法军第3、第4和第5集团军，共25个师，由普雷特拉将军指挥，配置在隆吉永至阿格诺一线，坚守马奇诺防线；第3集团军群辖法军第8和第6集团军，共18个师，由贝松将军指挥，部署在阿格诺至瑞士边界，任务是坚守马奇诺防线南段。法军战略预备队为9个师。另外，法第10集团军配置在法国与意大利接壤的边境上。

另外，荷兰10个师、比利时23个师分别配置在本国东部国境线上，协助英法共同实施战略防御。

这条东北战线的总司令乔治将军，掌握17个师作为预备队，其中5个师预定用于加强向比利时机动的部队，12个师配置在第2和第3集团军群后面。除此之外，甘末林将军还亲自掌握着5个师。

空军的任务是支援陆军，独立进行空战，轰炸敌后军事和工业目标。海军的任务是保障海上交通线的安全，对德国进行经济封锁，并与空军协同作战。

总之，法国东北战线上共集中了联军的135个师。同时，联军还拥有坦克3,100辆、飞机2,372架、75毫米以上口径的大炮14,500余门。

这个阵势看起来够强大的，以双方战力对比，联军的战争前景至少不太糟糕，胜利的天平似乎又一次向法国人倾斜。

第3章
CHAPTER THREE

闪电，
划破欧洲

★到了11日，联军已经发现了德军正通过阿登山区，但不知道德军的确切兵力和进攻意图，他们仍然以为这一路德军是在佯攻，以吸引盟军。其实德军的意图恰恰相反。联军最高指挥部对这些情况反应迟钝，他们只是采取了"监视情况"的策略。

★面对法国的增兵要求，英国战时内阁一天开会数次，空军上将道丁认为，英国必须保留不少于25个战斗机中队，才能保卫英伦三岛。结果，英国内阁决定，在那个限度内，他们可以为战争冒一切风险，但是不管后果如何，决不能超过那个限度。

No.1 挥向欧洲的"镰割"

1940年5月10日，英国和法国还仍然是凡尔赛和约的胜利者，仍然是海上和陆上的霸主。而到5月17日，法国却已经是一个被打败的、束手无策的国家，而英国也濒于生死存亡的边缘。从理论上讲，当时的德军并无什么必胜把握，但是经过一番实践，德军的"镰割"计划获得了巨大胜利。1940年的春夏之交，严格地说来，德国人只花了一个星期，便打破了当时原有的世界秩序。

德国统帅部虽然很有信心，但是在发动战争之前，他们也着实忐忑不安过一阵。对于希特勒和最高统帅部的将领来说，决定何时袭击的主要因素是天气状况，因为德军的进攻主要依靠飞机的空中支持，由于天气的原因，希特勒多次在最后时刻把战争延迟，这对于他个人而言是非常不情愿的。

关于天气预测状况，除了德国空军首席气象学家之外，希特勒的爪牙们也四处努力，希望能为元首分担忧虑：戈林甚至在一个假内行身上花费了一笔钱，因为这个人声称他发明了一个能左右天气的电子机械，其实只不过是一个破收音机而已；哈尔德将军也想入非非地建议要贿赂希特勒的占卜者，好让他占出一个好兆头来。

天气预报具有决定性的意义。德国空军首席气象学家辛勤工作，负起决定何时进攻的重任。5月3日希特勒按气象学家的意见把"镰割"计划推迟一天，延到星期一。4日，又决定推迟到星期二。到5月5日星期日，预报说天气仍然变化无常，所以"镰割"计划又被延迟到8日星期三。此时希特勒已经非常不耐烦了，他认定这是不变的最后期限，并下令给大本营的工作人员印一个特别时间表。时间表表明，5月7日晚他的专列从柏林附近的一个小站发出，第二天到达汉堡，要去奥斯陆进行正式访问，现在正在途中。他对于战争的渴盼已经到了无法忍耐的地步了。

希特勒容忍不了因为天气而再度搁置计划。因为4月末，党卫军获取英、法首相之间的一次电话会谈抄本，表明他们也在计划军事行动。希特勒后来提到，这就是他担心联军开进荷兰和比利时的原因（实际上这两位首相商讨的是法国对苏联油田进行轰炸的问题）。可是空军气象学家5月7日同希特勒研究时毫不让步，认为很可能仍会出现晨雾，所以希特勒只得把"镰割"计划又推迟一日，但他警告戈林说，这次只允许再拖延一次。

1940年5月10日，天气开始转晴。前一天夜间，德国空军就已经开始在比利时和荷兰的海港布设水雷。此时，戈林对70个飞机场进行袭击，击毁了三四百架飞机，为希特勒赢得了两个星期内不遭到挑战的空中优势。不久，通讯员给他带来了振奋人心的消息，英国和法国的军队开始涌入比利时。

荷兰和比利时的情报部门都有可靠的军事情报来源，他们也知道战争在所难免。德军军官奥斯特曾在晚餐时告诉他的老友荷兰的武官说，希特勒已下了最后一道进攻命令。晚餐后，奥斯特在最高统帅部稍事停留，并获悉，此次不会在最后一分钟再次推迟，"那猪猡已去了西线"，他对荷兰武官说。荷兰武官首先将此情报转给了他的比利时同事，然后与海牙通话，用密码传达各处说："明日拂晓。严守！"

荷兰和比利时边境沿线都有大量德军行动及其他准备开战的迹象。在布鲁塞尔，比利时政府拖延片刻后，于5月9日23时15分发出全国戒严令，并将此决定告知他们的英法盟友。荷军则决定炸掉其前线桥梁以阻挡德军前进，但是由于通讯不便，许多荷兰前线尚不知晓这一情况。

清晨，希特勒在他的"鹰巢"外面，面对着冉冉升起的太阳。此时，德军正按照他的命令，在他前面40公里的地方，越过比利时边界长驱直入。从北海到马奇诺防线之间的280公里战线上，德军部队已突破了三个中立小国：荷兰、比利时、卢森堡的边境，粗暴地违反了德国人曾经信誓旦旦一再作出的保证。

在这紧要关头，英法盟国正走在政治权力交接的十字路口。在英国，张伯伦政府正处于崩溃边缘，国会议员们正在挑选张伯伦辞职后的新首相。在法国以达拉第为首的政府也是危机四伏，总理雷诺和法军总元帅甘末林差一点辞职。英国的危机以温斯顿·丘吉尔的当选而暂时化解，而在法国，雷诺得悉德军将要进攻的消息时，决定留任并要求不要撤换甘末林的职务——虽然他对这位统帅的军事能力不太信任，而未来几周内发生的事件也表明甘末林确实缺乏军事才能。

1940年5月10日，天刚破晓，成群的德军"施图卡"轰炸机突然对法国、荷兰、比利时和卢森堡的机场、铁路枢纽、重兵集结地区和城市进行猛烈的轰炸。当天5时30分，从北海到马奇诺防线之间的这条漫长战线上，德军地面部队向荷兰、比利时和卢森堡发起了大规模进攻，揭开了入侵西欧的序幕。

担任助攻和吸引英法军队主力的德军B集团军群，首先以空降部队对荷兰和比利时境内的重要桥梁及要塞设施实施了袭击，这突如其来的打击立即造成了荷、比军队的慌乱。紧接着，B集团军群的装甲部队趁乱发起了猛攻，由于伞兵部队已经占领了各要道，B集团军群的进展颇为顺利。

德军B集团军群对荷兰和比利时边境的突破，致使集结在法国北部的英法主力立即越过法比边境火速增援。此刻，希特勒正在地下指挥所里焦躁不安地等着前线的消息，当他听说英法主力已经出动时，兴奋地对周围人说："他们上当了，等着瞧吧，好戏还在后面"。

当博克的B集团军群吸引了英法主力时，勒布的C集团军群也摆开架势，他们对马奇诺防线进行的佯攻表演很成功，使得法国从南部撤回部队时一再犹豫不决。

No.2 战车的狂潮

位于比利时境内的阿登山脉，峰峦陡峭、森林密布，它的南面是坚固的马奇诺防线，一直延伸到莱茵河，直达瑞士，其北面则紧接宽阔的马斯河。法国人认为，阿登山脉是庞大的现代化军队无法通过的。在甘末林将军的"D"计划中，法国在这一地区主要采取守势。

在这一地区抵挡德军的是柯拉将军的第9集团军，它缺乏正规编制，大部分是劣质的预备师或要塞师，只有两个师是常备正规军，其装备和训练都低于法军的标准水平。这样，从色当到瓦兹河上的伊尔松，在一条长达80公里的战线上，没有永久性的防御工事，而且只有两个师是正规军队。正是法国人倚为天险的阿登山口成为了德军入侵法国的主要突破口。

5月10日凌晨，德国人的正面进攻也开始了。德军担任中路主攻的伦德施泰特的A集团军群，向卢森堡和比利时的阿登山区实施主要突击，仅30万人口的小国卢森堡当天不战而降。给伦德施泰特上将打头阵的是克莱斯特将军指挥的装甲兵团，该兵团下辖古德里安的第19装甲军、霍特的15装甲军和莱因哈特的第41装甲军。第15和第41装甲军仅各辖2个装甲师。其中以古德里安的第19装甲军战斗力最强，它作为克莱斯特装甲兵团的主力和先锋部队编有3个装甲师。古德里安本人虽然以德军第一坦克专家著称，但他火暴的脾气使他只能听命于较为谨慎的克莱斯特将军。

担任克莱斯特装甲兵团北翼护卫的有第7装甲师，其指挥官是当时名气尚且不太显著的隆美尔少将。虽然是步兵出身，但隆美尔对德军装甲部队在波兰战争中的表现印象深刻，于是他向希特勒请求并获准领导一个刚刚升级的轻武装师，在短短几个月时间里，隆美尔就掌握了领导装甲军队的复杂技巧。在接下来的战争中，他将从一批原有的装甲将军中声誉鹊起，从而名声大振。

德军的闪击战术首要的一点即是出其不意。克莱斯特将军对他的部队要求："不得休息，不得松懈"，"利用首战出奇制胜，务使敌人乱作一团"，"心中只记住一个目标：突破"。

1940年5月10日，德军大批装甲部队蜿蜒通过阿登山区，德军装甲师多达2,000多辆坦克和数千其他车辆，这么多车辆一时难以行动，便发生了军事史上的最大交通阻塞。德国人担心盟军会察觉德军正在通过阿登山区，他们用坦克设置了强大的保护屏障。可是，盟军的注意力被比利时方向吸引住了。在阿登山区，古德里安的第19装甲军只遇到了法国骑兵和比利时轻骑兵的轻微抵挡。

这样，德军装甲部队就像决堤之水，向马斯河汹涌而来。一群群德国坦克、装甲车、火炮、装甲运兵车、以及卡车运载着步兵部队奔袭而至，他们所拥有的力量和速度是以往战争中闻所未闻的。

到了11日，盟军已经发现了德军正通过阿登山区，但不知道德军的确切兵力和进攻意图，他们仍然以为这一路德军是在佯攻，以吸引盟军。其实德军的意图恰恰相反。盟军最高指挥部对这些情况反应迟钝，他们只是采取了"监视情况"的策略。

5月11日傍晚，德军的装甲部队已全线突破了盟军防线。在北线，隆美尔指挥的第7装甲师在比利时马尔什地区击溃法国第4骑兵师的装甲旅，于当天下午即前出至马斯河。在南线，古德里安的第19装甲军全速前进。

第19装甲军轻易突破盟军的松散抵抗，只用了两天时间便穿越阿登山脉110公里长的峡谷深入法境。

↑ 德军名将古德里安，出任第19装甲军指挥官。

5月12日下午，在从迪南到色当的130公里战线上，德军装甲部队均前出至马斯河沿线，比预定的时间提前了24小时。在狭窄的山地道路上，德军3天之内推进了近300公里，这是法国统帅部始料未及的。德军装甲部队的突然出现，使得法军在色当至那慕尔之间的马斯河防线，特别是法军第2集团军防守的色当地区面临严重威胁。

　　当天下午，古德里安的3个装甲师到达马斯河北岸，并攻下了法国著名要塞城市——色当。12日夜里，他们便开始了紧张的渡河准备。克莱斯特将军给古德里安下命令，命令他13日下午4时强渡马斯河，然后，"克莱斯特装甲军群将渡过马斯河并建立桥头阵地。"

　　德军之所以选择这里，是因为色当附近离阿登山区出口最近，防御最薄弱，马斯河在此北折，然后又南转，形成一个袋形突出部，河的北岸树丛密布，便于隐蔽进攻的准备和观察敌情。"德国人强渡马斯河是法国之战的关键。在以后5个星期中还有其他同样大胆的行动，但是没有哪一次能对事态发展产生过这样惊人的影响。"为此，古德里安把他的3个装甲师全部投入进去了，并且为了争取时间，不等摩托化部队到来就强渡马斯河。

　　5月13日上午11时，法军遭受开战以来最猛烈的一次轰炸。德军出动近400架轰炸机，分批次对马斯河南岸的法军阵地和炮兵群进行长达5个小时的狂轰滥炸，"施图卡"式俯冲轰炸机俯冲时拖长的警报声，炸弹呼啸着冲下来的爆炸声此起彼伏。

　　"施图卡"式俯冲式轰炸机对法军心理上的作用来得更重要。实际上，这些飞机在多山多灌木的马斯河西岸造成的伤亡相对较少，但是对于遭受这种轰炸的惊惶失措的法军而言，似乎每一架飞机都是冲着自己来的。一位法军军官这样形容他的士兵："他们唯一关心的是将头缩回以求活命。5个小时的噩梦足以让他们吓破胆，他们根本无力反击敌方步兵的进攻。"

　　下午4时，法军的第一个噩梦终于结束了，可是，第二个噩梦又来了。此时德军飞机返回基地，可是法军炮兵已被打哑，法国士兵的士气已经让德国人的轰炸机炸光了。此时，德军步兵粉墨登场，他们乘着充气筏，一鼓作气地杀上河岸的斜坡，法军几乎是没做任何抵抗就从弹药库之类的防守阵地撤退了，他们害怕自己被杀死或被俘虏。

　　法军防线开始崩溃。晚上8点之后，在离色当8公里的布尔森村，法国重炮兵连一片大乱，他们毁掉了大炮和弹药，逃往后方报警。而这时，只有几支德国步兵部队盘踞在马斯河西岸，所有的坦克和重武器还没有过河，但是对德军进攻的恐惧使法军乱成一团，他们提前就撤离阵地了。

　　当天午夜时分，古德里安的第1装甲师已经穿透法军阵地，突入相当纵深，并占领了战略要地——马菲高地，工程兵在河上架起浮桥，让坦克和炮兵过河。德军第19集团军第2装甲师和第10装甲师也在晚间全部渡过了马斯河，到了5月14日早晨，第19集团军已经安全建成一座桥头堡，德军迅速集结军队，以准备新的战斗。

　　古德里安的部队川流不息地经过桥上渡过马斯河，快到中午的时候，A集团军群总司令伦德施泰特上将，也亲自到此处察看实际的情况。

　　同一天，霍特的15装甲军属下的隆美尔第7装甲师，也在西面64公里远的南特附近渡过了马斯河。虽然他们遇到了一些困难，但是得到坦克和炮兵的增援之后，他们也建起了浮桥，顺利地让坦克军团过河。而莱茵哈特率领的第41装甲军也在稍北处的蒙特梅附近强渡了马斯河。14日下午，古德里安的装甲部队已全部渡过了马斯河。这样，截至14日，德国A集团军群的7个装甲师共1,800辆坦克均渡过了马斯河。

马斯河防线一失，通往巴黎和英吉利海峡的道路敞开了，在比利时境内作战的英法部队面临被包抄的危险，陈兵马奇诺防线的法国大军也将腹背受敌，英法这才感到形势严重。英国迅速增派10个战斗机中队与驻法英空军和法国空军一起实施反击。

14日下午，马斯河上空爆发了开战以来最激烈的空战。英军"布雷汉姆"轰炸机和法军最新式的"布雷盖"轰炸机在战斗机的掩护下，直扑马斯河而来，德军约5个联队的战斗机升空拦截，双方投入战斗的飞机各有500余架。从中午到天黑，登陆场上枪炮声连绵不绝，双方战斗机上下翻飞，相互追逐，不时有飞机中弹起火，拖着黑烟下坠。英法飞机胡乱投下的炸弹在河面上炸起一道道冲天的水柱，德军高射炮也不甘示弱，不断以猛烈火力射杀低空潜入的英法飞机。

德军密集的地空火力网令英法飞机成了扑火飞蛾，一批批闯来，又一批批被吞噬。大混战一直持续到夜幕降临，损失惨重的英法飞机悻悻败走，德军渡河浮桥大都完好无损。此战德军击落英法飞机数百架，其中仅德第2高炮团就包办了112架。英军派出的飞机损失了60%。《英国皇家空军史》称："再没有比这种自杀性的战斗造成的损失更令人痛心的了。"这一天被德国人称为"战斗机日"。在这以后，英法空军只敢在夜间升空活动，战区制空权被德国人牢牢控制住了。

盟军空军没能封闭住马斯河上的缺口，法国陆军也是一片混乱，他们进行了两次反突击，都因组织不力无功而返。

5月15日，德军截获了一个法军的命令，德军推断那应该就是法军统帅甘末林亲自下的手令，上面有这样一句话："德军战车的狂潮最后必须加以制止！"这个命令使古德里安等人的战斗信心更加坚定，必须倾尽全力地进攻，以使法国人没有还手之力。对于深入敌军腹地的德军坦克部队来说，这不是犹疑不决的时候，当然更不能够停止前进的步伐。

德军装甲集群长驱直入，其威力与速度是战争史上前所未见的。5月15日下午，古德里安在完成色当突破和强渡马斯河之后，马上决定执行后续任务，即向英吉利海峡推进。古德里安孤军冒进，暴露翼侧，这对于执行反突击任务的法国第24军第3装甲师和第3摩托化师而言，是个绝好的机会，如果法军能够抓住这一时机，从翼侧实施迅速而大胆的穿插，分割包围冒进之敌，有可能改变整个战争的进程。然而，法军指挥官没有捕捉这稍纵即逝的时机，在德军装甲部队挥师西进后，第21军军长弗拉维尼报请集团军司令亨齐格将军同意，下令取消反突击，而把第3装甲师分散部署在一条19公里长的战线上，企图封锁德军向西推进的每一条道路。这样做反而分散了兵力，让德军得以各个击破。

古德里安为了加快进攻速度，向先行过河的两个师下达命令：只准集中，不准分散。第1和第2坦克师接到命令后，全体改变方向向西推进，越过安德内斯运河，以突破法国防线为目的。

古德里安的第19装甲军的推进速度不但令联军措手不及，而且也令德军统帅部不安。克莱斯特考虑到：装甲部队过河后不能急于向法国纵深推进，要巩固桥头阵地，站稳脚跟，等后面的摩托化师跟上后再考虑推进，否则装甲部队和步兵前后脱节，刚刚到手的胜利会轻易丧失。何况古德里安的装甲军孤军冒进，缺少翼侧掩护，有被法军围歼之虞。因此，克莱斯特命令第1和第2坦克师应停止向西前进，他电告古德里安："严禁超越桥头阵地！"

倔强的古德里安对其上司的命令感到恼火，他不能阻止其坦克纵队向西挺进，他在电话里直截了当拒绝服从命令，他说："这道命令，我既不愿接受，也不能甘心接受，因为这无异是放弃奇袭，丧失一切初步战绩。"

古德里安向上司述说法军此时不会立即组织强有力的反击，德军坦克只有奋勇向前，才是真正没有危险的。在古德里安的坚持下，克莱斯特最后只好同意"准许再继续进军24小时，以扩大桥头堡"，同时叮嘱古德里安不要冲得"太猛"。

可是，古德里安却完全不理会这一套。他指挥3个装甲师开足马力。到了5月16日晚间，这个部队已向英吉利海峡方向推进了80多公里，将步兵远远地甩在后面。而且，古德里安与他的装甲师师长商定：各部队继续加速前进，直到用完最后一滴汽油。

盟军方面，当德军于5月10日发动总攻的时候，英法联军也按照他们针对德军而设定的"D"计划展开了防守。他们以为德军会向第一次世界大战一样会通过比利时中部来发动总攻，于是，第1集团军群主力便火速开赴荷兰的布雷达地区和比利时境内。

其实在当时，法军的侦察机也注意到德军坦克在阿登一带移动的情况，第9集团军的一个师长奥热罗也注意到了德军在马斯、色当的机械化部队的调动，可是，法军司令部对德国军队的意图还是捉摸不清，仍然认为：这是"德军另一攻势的次要方面，主要的攻势继续在比利时展开。"由于联军判断失误和部署失当，战争一开始，联军就陷入了十分不利的境地。

根据"D"计划，由比约特将军指挥的联军第1集团军群，在德军侵犯国境的时刻，应当向东推进，进入比利时。这一行动的目的是为了拦阻敌军并据守马斯河－卢万－安特卫普一线。在这道战线前面，沿马斯河和艾伯特运河，部署着比利时的主力部队。如果他们能顶住德军的第一次突击，第1集团军群就去接应他们。不过，看来更可能的是，比利时军队会马上被压回来，退到盟军的防线上。事实上，后来的情况正是这样。

联军首领认为，比利时的抵抗可以为英国和法国军队提供短暂的喘息机会，使他们能够布置新的阵地。除法国第9集团军的危急的阵线以外，这一点是做到了的。在战线极左翼即靠海的那一边，法国第7集团军应当占领那些控制着斯凯尔特河河口的海岛，而且，如果可能的话，还应当向布雷达推进，去援助荷兰人。

法国人以为在他们的南面，阿登山脉是不可逾越的壁垒，在阿登山区之南又有巩固的马奇诺防线一直伸展到莱茵河，再沿莱茵河伸展到瑞士。因此，似乎一切都取决于盟军北方各集团军，取决于他们由左侧比利时方面反击的速度和力度。一切事情都是这样非常详细地安排好了的，只要一声令下，远远超过100万人的联军便可向前猛进。5月10日晨5点30分，英国远征军的总司令戈特勋爵接到乔治将军的电报，命令他："戒备一、二和三"，这就是说，立即准备进入比利时。当天早晨6点45分，甘末林将军下令执行"D"计划，法国最高统帅部准备已久的计划立即付之实施。

No.3 溃败的英法联军

在德军的闪击战之下，短短几天之内，色当城失陷，马斯河沦亡。而且，德军正源源不断地通过那个缺口涌入法兰西大地，色当那条狭小裂缝很快扩展成为一道巨大缺口。

法国内部一时陷入一片无主的混乱中。英法联军感到局势的严重，开始准备向德军进行反攻。1940年5月14日，坏消息传到了伦敦，如果法兰西大地沦亡，那么英伦三岛将被孤立，英国人自然不愿意看到这一切。下午7时，新首相丘吉尔向内阁宣读了雷诺拍来的电报。电报说，德军已经从色当突破，法国人不能抵抗坦克和俯冲轰炸机的联合进攻，要求增援10个战斗机中队，以便重整战线。事实上，德军克莱斯特集团军群以其大量的轻重装甲部队，已经在法军与之直接接触的战线上完全击溃或歼灭了法军部队，以过去战争中从未有过的速度向前推进。几乎在两军交锋的所有阵地上，德军攻势之猛和火力之强都是无法抵挡的。

面对法国的增兵要求，英国战时内阁一天开会数次，空军上将道丁认为，英国必须保留不少于25个战斗机中队，才能保卫英伦三岛。结果，英国内阁决定，在那个限度内，他们可以为战争冒一切风险，但是不管后果如何，决不能超过那个限度。

英法的飞机被派去轰炸在马斯河上架设的浮桥，但在低空轰炸浮桥时，英国空军由于德国高射炮的炮击损失惨重。法国的装甲部队也向色当反攻过，但法军不是采用坦克和飞机配合的战术，同时，又一再受到德机轰炸，联系中断，前线部队总是处于盲目作战状态。

这一天，柯拉率领的法国第9集团军完全溃不成军，残部分别由在北方接替柯拉的法国第7集团军司令吉罗将军和正在南方组成的法国第6集团军司令部加以整编。法军的防线被突破了一个缺口，差不多有80公里长，通过这个缺口，敌军大量的装甲部队蜂拥而至。5月15日晚间，德军的装甲车已经到了利亚尔和蒙科尔内，这个地方离原来的战线已足足有96公里。法国第1集团军和英国远征军在各自的战线上都被突破了。德军的进攻和英军右翼的法军一个师的撤退，使英军不得不组成一个向南的侧翼防线。法国第7集团军退到斯凯尔特河以西，进入安特卫普的防线，并且被逐出了伐耳赫伦岛和南贝弗兰德岛。深入法兰西平原的德国军队，兵分两路：一路朝巴黎方向逼近，一路沿着宽阔平坦的公路向英吉利海峡推进。

狂胜之余的德军内部，也并非是没有一点问题。如英勇奋进的古德里安和他谨慎的上司克莱斯特，就一再发生冲突。15日晚的冲突，最终是以克莱斯特的稍稍让步而解决的，于

↑ 德军装甲部队在法国境内如入无人之境。

是，古德里安又赢得了24个小时的闪击时间。

速度一直是古德里安的看家法宝，克莱斯特叮嘱他不要冲得"太猛"，可他依然我行我素。他指挥手下的3个装甲师开足马力，到了16日晚间，他已向英吉利海峡方向推进了80多公里，将步兵远远地甩在了后面。到达马尔勒附近，其中第1装甲师已推进到瓦兹河沿岸的里布蒙，并将继续勇猛前行。

另一块阵地上，隆美尔的第7坦克师也是一马当先，隆美尔亲自站在坦克上督促部队前进。炮兵和坦克的猛烈射击使法军阵地沉默下来，坦克通过障碍物和铁丝网碾过了阵地。德军的坦克师一边前进，一边轰击路旁的可疑目标。沿途的许多建筑物被轰出火来，德军坦克经过的路途都成了一条火道，而附近的村庄则成了废墟。

其实古德里安的推进也并非是一路顺风的，除了前几天遇到法军的反突击外，17日这一天又遭到戴高乐上校指挥的第4装甲师的阻击。戴高乐指挥部队往北推进19公里，前出至蒙科尔内，在那里顽强地抗击敌人，迫使德军装甲部队放慢了推进脚步。

戴高乐的第4装甲师虽然没有从翼侧切断德军的联系，却让德军统帅部受到了震动。希特勒为他英勇的坦克部队忧心忡忡。5月17日中午，在最高统帅部举行的情况分析会议上，希特勒强调主要危险来自南面，他命令应加强南翼的掩护。参谋长哈尔德认为他是神经质地紧张，借口担心左翼，其实是希望坦克部队的进攻能够立即停下来。希特勒不希望因为冒进而丧失了目前的大好局面。

19日，德军陆军情报局未侦察到被他们认为已掉到北方陷阱里的75万同盟国士兵，希特勒又一次惊慌起来，在当天的几个钟头里，他一直认为这部分英国和法国部队终于南逃成功。直到5月20日，这一场主观臆造的危机才算结束。

陆军情报局进行了徒劳地争辩，认为法国目前只关心他们自己的安纳河和索姆河的防线，从无线电情报中，发现了在凡尔登西部有一个新的法国陆军司令部，空中侦察也证明，从法国的运输活动上看，法军很重视防御。

但是希特勒总是不相信，他驱车到伦德施泰特的A集团军群司令部，神经质地研究了地图。在返回自己的大本营时，他大肆渲染所谓来自南部的危险，并向身边的人散布了他的忧愁情绪。他进一步强调说，南翼不仅具有作战上的重要性，还具有政治和心理上的重要意义，现在，无论在什么情况下都不能有丝毫失误，因为这不仅会从军事上，而且还会从政治上极大地鼓舞敌人。

在他的积极干预下，A集团军群下达了命令，让先遣部队暂时停止行动。于是，克莱斯特再度命令古德里安暂停前进，好让较慢的步兵师赶上来，在法国穿过去之前，加强侧翼保护。但倔强的古德里安对这个命令依旧不予丝毫理睬。

5月17日上午7时，克莱斯特来到古德里安设在蒙科尔内附近的指挥所，训斥这位指挥官不服从命令，他要古德里安立即停止前进，而他本人马上飞回集团军群司令部进行工作汇报。

古德里安对上司的命令很生气，他认为此时正是应该一鼓作气，才能打垮盟军士气。气

↑入侵法国的〝开路先锋〞——德军装甲部队。

↑在法国山区行驶的德军装甲部队。

愤之下，他向上司提出辞职。克莱斯特听到古德里安的辞职请求，先是有些惊慌，后来又表示了同意，并且命令古德里安把职务交给一位资深的部将。但是，A集团军群总司令伦德施泰特不同意古德里安的辞呈，却也不赞成他原来的冒进措施。他采取了一个折中的方案，向古德里安下达了"继续进行战斗侦察，但军部必须停止原地不动，一边保持联系"的命令。

接到这个命令，古德里安如获至宝。他充分利用他的权力，对"战斗侦察"进行了灵活的理解，用他的整个第1和第2装甲师进行了"侦察"！他钻了个空子，现在，他的部队正在一路"侦察"着，全力朝英吉利海峡奔赴过去。

德军的进攻十分顺利，但希特勒却心中无底，他担心陆军要毁掉整个战役。

法比平原上，德军一支拥有7个坦克师的强大楔形队伍沿索姆河北岸向西疾驰，他们每昼夜行进20～40公里。德军行军速度太快了，以至于在路上遇到一股股溃散的法军士兵，都不愿耽搁时间下车去俘虏，而是仅用扩音器喊到："我们没有时间俘虏你们，你们要放下武器，离开道路，免得挡路。"英国一个炮兵连正在操场上进行开火演习时被俘，当时炮手们的手里只拿着空炮弹。德军的坦克碾过了"一战"时的著名战场，世易时移，这里曾经是他们的屈辱地，现在他们从这里找回了光荣，他们将是这块土地上的新主人了。

5月19日，古德里安的部队攻陷亚眠。次日，德国坦克穿过大火熊熊的索姆河口，在阿布维尔港附近抵达英吉利海峡。晚上8点，德第2装甲师的一个营开进海边小镇努瓦耶尔，坦克手们虽然疲惫却很高兴，因为他们可以眺望大海了。仅仅一天时间，他们就令人难以置信地前进了100公里。

这时的德军统帅部也没有料想到，在法国境内的战斗会进行得如此顺利。德军决策者放松了警觉，因此，一时不知怎样部署兵力才好。等到次日，他们才给坦克部队下令：由阿布维尔向北推进，以占领海峡的诸港为目标。

古德里安一接到命令，便立即决定：第10坦克师向敦刻尔克前进；第1坦克师向加莱前进；第2坦克师向布洛涅前进。古德里安深知，他所在的A集团军群构成的从色当到法国西海岸的进攻线，已经切断了法军从北部南逃的退路。而北面博克的B集团军群已攻占了荷兰及比利时东部，70万余英法联军主力的左翼实际上已处在德军的深远包围之中。眼下对方得以逃脱的唯一希望就在包括敦刻尔克在内的法国北部的几个海港了。因此，他一定要迅速占领这几个海港，以彻底切断对方的海上退路。他这样预言："我们浪费了两天时间。但我们将要在敦刻尔克把这两天补回来。"

眼前的一切都在朝德军有利的方向进行，英法联军的几十万大军，眼看就要被德军围困在敦刻尔克地区了。

第4章
CHAPTER FOUR

侵占中立国

★荷兰和比利时迅速作出反应，它们试图把抗议德军入侵的照会交给德国外交部，但遭到德国人的拒绝。荷兰女王威廉明娜当天发表声明说："对这一史无前例的背信弃义和破坏文明国家之间一切正当关系的行为提出愤怒抗议。"

★在夺取要塞的战斗中，德军空降突击队以突然的行动获得了巨大战果，打死打伤比军110余人，俘虏1,000余人，而德军仅付出亡6人、伤19人的代价。这个号称世界上最坚固的要塞，德军在30个小时内便攻下了。

No.1 荷兰失守

　　相比法国这道大餐，对于吃掉荷兰和比利时这样的餐前小吃，希特勒也丝毫不敢大意，事先他就进行了周密详细的计划。

　　首先，他召集大本营人员就"镰割"计划的细节进行最后一轮秘密讨论：大家都支持要夺取荷兰和比利时的桥梁、要塞，消灭各个据点的滑翔机和伞兵就要伪装成"荷兰警察"，要向荷兰女王提交一份要求该国不予抵抗的秘信，约德尔选派的无线电侦察小分队要直接向他报告攻夺桥梁及埃本·埃马尔要塞的军事行动。

　　其次，由于荷、比两国是中立国家，像历次入侵都要制造冠冕堂皇的理由一样，这一次，希特勒也找到了一个很好的"理由"。

　　1940年5月9日晚，德国人派出飞机对德国的一所大学城弗赖堡进行恐怖袭击，一所女子寄宿中学和一所医院被炸毁，死伤数百人。德军统帅部诬陷这次行动乃是荷兰和比利时所为，以此找到了向这两个中立小国进攻的借口，并于5月10日凌晨向两国同时发动进攻。

　　德军越过边界后，荷、比两国才收到内容相同的德国照会。照会指责两国违反中立法，声称德国政府不愿坐等英法的进攻，不能允许英法通过比利时和荷兰向德国采取军事活动。这真是强盗的逻辑！

　　荷兰和比利时迅速作出反应，它们试图把抗议德军入侵的照会交给德国外交部，但遭到德国人的拒绝。荷兰女王威廉明娜当天发表声明说："对这一史无前例的背信弃义和破坏文明国家之间一切正当关系的行为提出愤怒抗议。"

　　说起荷兰的防务，1937年荷兰的柯立恩首相访问英国会晤丘吉尔时，曾详细讲过荷兰洪水的惊人效力。他不无得意地说，他只需从恰特维尔的午餐桌上用电话传一道命令，就可以按一下电钮用无法抵挡的洪水挡住侵略者。其实，水战在古代的步战中或许有用，在现代战争中是起不到什么作用的。

　　德国人其实也考虑到荷兰这个低地国家的洪水防御。他们的对策是，主要采取空降部队奇袭广大的洪水防线后方，出奇制胜。

　　荷军总司令温克尔曼中将对德国空降部队突击"荷兰要塞"的威胁了如指掌，他不断提醒其部下注意防范。但荷军大多数军官对此并不重视，他们过于相信哥雷比－皮尔防线、洪水的威力和盟军实施支援的诺言。

　　5月10日凌晨，德军博克将军率领的B集团军群奉命入侵荷兰和比利时中部。尽管由于德军A集团军群主攻南部，博克的兵力已被削减，因而令其十分懊恼。但是，该军的战局对德军的全面胜利至关重要。德军此处有两个精锐的空降师——施图登特的第7空降师和斯庞尼克的第22空降师。这两个师将负责攻占荷兰内部的战略要点——桥梁、机场及政府大楼，并等候地面部队的到来。

　　在荷兰方面，德国人的首要目标是占领首都，俘虏女王和政府人员，这和一个月前进攻挪威的计划是一样的。荷兰政府已有所警觉，机敏地拒绝了希特勒特使基威茨少校谒见威廉明娜女王的要求。

　　凌晨3时30分，德军对荷兰的瓦尔港、海牙、阿姆斯特丹、希尔维萨姆等地实施航空火力准备。在轰炸海牙兵营时，由于德军未及时发出空袭警报，致使约800名荷兰士兵被炸死在床上。德军的航空火力准备不断，一直持续到运输机进入空降地区。

　　夺取海牙的任务主要由德军第22空降师执行。晨曦中，德军很难确定机场的位置，许多空降部队从飞机上一窝蜂般落下来之后，落地点与其既定目标相距甚远。随着德军运输机逼近机场，荷兰军才开始觉察，步兵从惊惶中醒来，立即开火，炮兵也赶来支援。两军短兵相接，竟日激战。德国空降部队孤立无援，荷军经过在海牙周围的一系列协同良好的反冲击之后，将主动权从德军手里抢了回来。

　　德军第22空降师师长斯庞尼克的座机被荷军的高炮击中，受了伤的运输机费了好大的劲，才降落在靠近森林的一块空地里。海牙周围到处是德军被迫降落的运输机和空降人员，大部分人员被分割在数个地方，进行独立战斗。天黑之前，斯庞尼克把各小股部队集合起来，约有数百人，在海牙郊外的奥弗赖斯希构筑了"刺猬阵地"，由于兵力太弱，无法向市区进攻，又没有任何控制住的简易机场，其攻占荷军统帅部的任务眼看无法完成。10日傍晚，无奈之下，斯庞尼克放弃了原来的计划，停止了对海牙的进攻，转而向鹿特丹北部挺进。

　　荷兰人虽然暂时赢得了这场恶战，保卫了首都和重要政府机关。但是，它的大量后备部队被德军部队牵制，不能调到其他迫切需要的地方去支援战争。

　　相对而言，德军第7空降师的运气则要好的多。着陆的空降部队攻占了鹿特丹南部的瓦尔港机场、马斯河上的莫尔迪克桥梁，以及多尔莱希特镇。而且，由轻武器装备的德军空降部队能够抵挡住荷兰军的反击，并守住这些要地。

　　第一天的战斗中，最大胆的军队调遣是夺取鹿特丹的威廉姆斯桥行动。当第一抹曙光微现时，德军的12架水上飞机载着150名步兵和战斗机械师，在鹿特丹港口中心区的马斯河上着陆，这些水上飞机驶向威廉姆斯桥，然后将这些部队投入橡皮艇中。德军夺取了大桥两头，但随即遭到荷兰军队的猛烈炮击。德军空降部队及时赶来救援，5月10日一整天，双方为争夺这个大桥进行了残酷的战斗，饱受重创的德军只是勉强守住了阵地。最后，从瓦尔港赶来的德军增援部队赶到，才保证了桥上力量的对垒优势向德方倾斜。

　　在夺取马斯河上主要桥梁——根纳桥之时，德军采用了狡猾的手段：5月10日拂晓，看守根纳桥的荷兰士兵看见一群身着荷兰警察制服的人（这些人其实是荷兰法西斯分子或会说荷兰话的德国人）正押送着一群德国"犯人"（身藏手榴弹和半自动枪）向大桥走来。接着双方发生混战，荷兰守军寡不敌众，被迫撤退，拱手让出根纳桥。德军装甲部队随后碾过了桥上的防线。

　　德军正面进攻的第18集团军，于5月11日突破了整个哥雷比-皮尔防线。当荷军企图往鹿特丹撤退时，发现德军已占领了构成主要水上障碍的那些桥梁，于是荷军的退却部队更是溃不成军。荷兰军被切成两段，德军赢得第一阶段战斗的胜利。

　　当德军驶向鹿特丹的同时，盟军吉罗将军率领的法国第7集团军的装甲先头部队正沿比利时海岸线前进，按指定援助计划进入荷兰。但当吉罗到达布雷达时，发现并无荷兰军队与其会合，因为荷军已北撤保卫遭德军空袭的鹿特丹，吉罗分散了兵力。在5月11日中午左右，法军在鹿特丹南部蒂尔堡附近遭遇德军第9装甲师的先头部队。法军对这么快就与敌军不期而遇感到吃惊。在德国空军袭击之下，法军后退并撤出鹿特丹，留下荷军与德军交锋。实际战斗仅仅进行了两天，甘末林曾大肆吹嘘的"布雷达方案"就这样流产了。

5月12日，德国装甲部队及党卫队与不堪重负的空降部队会合后，死守其毗邻鹿特丹南部的阵地。现在德军地面部队发动对荷兰第二阶段进攻的路线已清晰可见——即进攻荷兰腹地，包括主要城市如鹿特丹、海牙、阿姆斯特丹等。由于德军已完全控制了荷兰领空，第二阶段的行动就显得轻松多了。

5月12日晚，荷兰女王及内阁大臣接到荷军总司令温克尔曼的报告说：已没有任何希望顶住德军的进攻了。

5月13日，德军向海牙、鹿特丹等地发动强攻。威廉明娜女王和王室成员、政府大臣，登上英国皇家海军的驱逐舰逃往伦敦，在那里组织流亡政府，继续抵抗。临走时，女王授权温克尔曼将军作为全权代表在适当时机宣布投降。

此时，"荷兰要塞"鹿特丹仍然还在荷兰军民手里。荷兰人封锁了鹿特丹大桥的北端，德军的坦克无法通过。13日16时，德军开始敦促鹿特丹的荷军投降，经过一天的谈判，没有结果。

5月14日清晨，荷兰人的情况非常紧急，但还没有绝望，海牙附近德国强大的空降部队，不是被俘虏就是溃散到周围的村庄去了。德国人为荷兰的顽强抵抗感到大为震惊。焦躁不安的气氛笼罩着希特勒的大本营，约德尔的一位官员带着一辆无线电卡车，直接报告着前线的状况。

鹿特丹还未攻下来，希特勒急了。德军最高统帅部急于从荷兰撤出装甲师和支援部队，以便支援在南方——法国那里的更重要的战局。他们对于鹿特丹出现的胶着状态很不满意，想尽快解决荷兰问题。

5月14日凌晨，希特勒发出了他的第11号指令。在指令中，元首指出："在北翼，荷兰陆军的抵抗力比原来设想的要强些。政治上和军事上的原因，要求我们在短期内粉碎这些抵抗。陆军的任务是，以足够的兵力从南面迅速摧毁荷兰要塞，以配合对东面敌人防线的进攻。"为了达到尽快压迫荷兰人投降的目的，他命令从比利时前线的第6集团军调来一些空军大队，来帮助进攻"荷兰要塞"的德国部队。

希特勒还向空军元帅戈林下了一道特别命令，要求他出动德国轰炸机群，对鹿特丹实行"地毯式"轰炸，让荷兰人尝尝德国空军"铁拳"的厉害，这样它就会乖乖地投降。

德军在调兵遣将的同时，又施一计。5月14日上午，德国第39军的一个参谋军官，举着一面白旗，跨过鹿特丹桥，要求守军停止抵抗，向德军投降。他警告说，如不投降，就要遭到轰炸。谈判于是开始进行，一名荷兰军官到了离桥不远的德军司令部讨论详细条款，然后把德军条件带回来。就在这时，德军对鹿特丹实施了突然轰炸。

随着轰炸机令人恐怖的轰鸣声，炸弹如暴雨一般落了下来，爆炸声此起彼伏，鹿特丹上空不时涌起一团团浓烟。轰炸过后，鹿特丹的城市中心成了一片废墟。这次大轰炸，造成大约800名无辜居民死于非命，几千人受伤，七八万人无家可归。对于法西斯纳粹这种不讲信用、毫无道德的举动，蓄意的残暴行为，荷兰人是永远不会忘记的。

鹿特丹市军民被迫放下武器，接着就是荷兰武装部队的投降。5月14日黄昏，荷兰武装部队总司令温克尔曼通过广播命令他的部队停止抵抗。5月15日上午11时，总司令与纳粹签署了正式投降书。

从作战开始，到战争结束，仅仅5天时间，荷兰便落到了纳粹铁蹄之下。但是结束的只是战斗，此后5年，法西斯的恐怖统治就像黑夜一样笼罩着这个文明小国。

"荷兰要塞"的沦陷，荷兰人的迅速败亡，对盟国的战术家们的心理打击着实不小。当荷军彻底崩溃的消息传出后，盟军的士气又一次遭到挫伤。现在，德国的侵略重心调转了方向，瞄准了比利时。

No.2 埃本·埃马尔要塞的陷落

也是在1940年5月10日，德军开始进攻比利时，这个进攻是从鲁尔蒙特以南向安特卫普和从阿登向布鲁塞尔两个方向发起的。

第一次世界大战后，西欧各国为了防御德国的侵略，在与德国相邻的边境上都构筑了坚固的防线。在荷兰为哥雷比－皮尔防线，在法国为马奇诺防线，在比利时即为艾伯特运河防线。这三条防线自北而南，互相衔接，连绵数百公里。

比利时在战争爆发之前还未最后确定战争的打法，对于固守哪块阵地也还未作出抉择，这要根据德军进攻时的兵力再做调整，因为艾伯特运河防线掩护了整个比利时国土，所以军队重点配置在这一线。因此，比军22个师里有12个师扼守艾伯特运河。

由于艾伯特运河是为了防止德国经由比利时发动进攻而专门修建的筑垒运河，河岸陡峭，遍布防御工事，尤其还有运河边的埃本·埃马尔要塞扼守着运河，因而构成了被认为可与马奇诺防线相媲美的最可靠的反坦克防线。德军要进攻亚琛－马斯特里赫特－布鲁塞尔一线，就必须渡过这条运河。如果德军第6集团军在艾伯特运河受阻，那么德军的进攻就会在还没有发挥其锐气之前停滞下来。为此，德军决定首先于1940年5月10日空降突击埃本·埃马尔要塞，并夺取埃本·埃马尔要塞西北部的艾伯特运河上的3座桥梁：坎尼桥、弗罗恩哈芬桥、费尔德韦兹尔特桥。

埃本·埃马尔要塞地处荷兰与比利时国境的比利时一侧，位于马斯特里赫特城和维斯城之间。该要塞是艾伯特运河防线的一个重要组成部分，是马奇诺防线北面延伸部的强大筑垒和重要支撑点，同时也是比利时东部防御体系的核心。其炮兵火力可控制艾伯特运河和马斯河16公里之内的所有渡口。要塞建筑在一个花岗岩的小高地上，高地南北长900米，东西宽700米。它的东北和西北面几乎是垂直的断崖峭壁，高约40米，水势滔滔的艾伯特运河流经崖下；南面横隔着宽大的反坦克壕和7米高的防护墙。要塞的各个侧面都被所谓的"运河带"和"堑壕带"包围着，并筑有钢筋水泥碉堡，里面配有探照灯、60毫米反坦克炮和重机枪。要塞东面的马斯河与艾伯特运河平行，形成外围障碍。

埃本·埃马尔要塞实际上是一个精心设计建造的堡垒群。它是仿照马奇诺防线的错综复杂的防御工事构筑的。乍一看，每座堡垒仿佛都是零散分布在一块五角形的区域内，但实际上，它是一个把炮台、转动式装甲炮塔、高射炮阵地、反坦克炮阵地、重机枪阵地等巧妙地结合起来的防御体系，各部分之间由长达4.5公里的地下加固坑道和交通壕连接在一起。每件武器都经过精心地布设，以便使之发挥最大效力。要塞对任何方向都便于观察。通入要塞的每条坑道都可以阻止敌人的进攻。在要塞的上面没有暴露的石工痕迹，也没有暴露阵地的建筑物，到处长满了杂草。在要塞顶部有4座暗炮塔，用液压升降机供给弹药，并可随时缩入地下。为了迷惑敌人，比军还在要塞各处设置了假炮塔。要塞是在和平时期由一批专家设计，经过3年精心施工，于1935年竣工的。它在当时被列为欧洲最重要的防御阵地之一和世界上最坚固的要塞，并被形象地比喻为比利时东边的"大门"，艾伯特运河防线上的一把"锁"。

人们普遍认为该要塞固若金汤，坚不可摧。在这座现代化要塞的建造上，尽管比利时军队绞尽了脑汁，但因要塞主要是为了防御地面进攻，所以有一点他们没有考虑到，那就是敌人有可能来自空中，降落在炮台和装甲炮塔之间的空地上。

埃本·埃马尔要塞的防守部队共1,200人，由桥特兰德少校指挥，属第7步兵师。全部人员均可处于距地面25米以下的掩体内，并备有可供长期使用的饮水、食品以及大量弹药。要塞的武器配备齐全，沿着要塞的外缘，在壕沟和河旁，还有很多掩体和掩蔽壕，以及互相支援的火力发射阵地。对于一般的炮击，埃本·埃马尔要塞无疑是可以经得住的。

埃本·埃马尔要塞西北侧艾伯特运河上的坎尼桥、弗罗恩哈芬桥和费尔德韦兹尔特桥，是由东向西越过运河的必经之途。每座桥梁由1个班防守，包括1名军官和12名士兵。各桥配备有反坦克炮1门和机枪等其他轻武器。为防万一，桥墩上还安放了炸药，随时都可以对桥梁实施破坏。平时这3座桥的守备分队属埃本·埃马尔要塞指挥，在要塞炮兵火力的控制之内。而且增援部队相距不远，一旦桥头吃紧可及时到达。即使桥梁失陷，埃本·埃马尔要塞的大炮也能制止对方的前进，使对方不管夺取哪座桥，都得付出巨大的代价。

1940年5月10日4时30分，41架容克－52飞机拖着DS－230型滑翔机从科隆的厄斯特哈姆和布兹韦勒哈尔机场起飞，战争史上一次极其大胆的作战行动就这样开始了。跑道上，滑翔机被拖曳着向前滑行，很快起落架的震动声消失了，眨眼之间滑翔机便一架一架地飞越机场围墙，跟着容克－52飞机不断爬升。

尽管天色还是一片漆黑，并且拖曳着沉重的滑翔机，但运输机都没出什么问题。这些飞机在科隆南部的绿色地带上空的集合点汇齐后，开始向西沿着一直延伸到国境线的"灯火走廊"飞行。飞机下面是埃弗伦附近的十字路口，在那里可以清楚地看到第一个灯标，接着，依次又看见一个又一个灯标。所以尽管是在漆黑的夜色中飞行，飞机仍能保持正确的航向。这些灯标将一直引导飞机飞到亚琛附近的预定"分手点"。41架滑翔机上的突击队员们都倚在横贯中央的大梁上，时而热得出汗，时而又冷得发抖。

10日凌晨3时10分，埃本·埃马尔要塞指挥官桥特兰德少校接到第7步兵师司令部"要严加戒备"的电话，他立即命令部队进入临战状态。监视哨不时地从装甲碉堡中向外观察，严密地监视着漆黑的四周。两个小时平安地过去了，天色开始微微发亮。突然，从荷兰国境的马斯特里赫特方向传来了激烈的炮声。在埃本·埃马尔要塞的碉堡中，比利时炮手已做好高炮的战斗准备，他们以为是德国轰炸机要来袭击这里，可是侧耳细听了老半天，也没有听见飞机发动机的声音。

而就在这时，德军滑翔机利用微明的天色悄悄地从侧后进入，降落下来。夺取要塞表面阵地的突击分队的9架滑翔机，一架接一架地在长满杂草的要塞顶部的预定地点滑行着陆，由于带有减速装置，着陆后只滑行了20米。比利时的哨兵看着这群幽灵似的"巨鸟"突然降落在他们跟前，个个被惊得目瞪口呆，竟没有及时发出警报。德军突击队员和驾驶员从滑翔机上冲下来，并按预定计划立即开始突击。在带着大量炸药的工兵带领下，他们径直向爆破目标冲去，为了掩护进攻，有几个人投了发烟手榴弹。

顷刻之间，第一声爆炸响彻了整个要塞——这是比军绝大部分守卫部队所听到的唯一警报。紧接着，德军突击队员们使用手榴弹和炸药包，连续快速地逐个对炮塔、碉堡、坑道口进行破坏，用冲锋枪进行扫射。一门门要塞火炮被摧毁，一些比利时士兵战战兢兢地举起了双手。突击队经短促战斗，不到10分钟就摧毁和破坏了要塞顶上的所有火炮和军事设施，并控制了要塞的表面阵地。看不见外面情况而又被巨大爆炸声搞得晕头转向的比利时守军慌做一团，一筹莫展，只能猜想上面所发生的事情。这时要塞顶部的作战活动其实已经完成，只待突击队的工兵为打通坑道网洞口而进行的有组织爆破了。

夺取3座桥梁的突击分队的滑翔机均按计划分别在桥的西端着陆，从哨所背后出其不意地向桥梁猛扑过去。费尔德韦兹尔特桥和弗罗恩哈芬桥的守卫部队还没有来得及做出反应，德军便迅速、完整地占领了这两座桥，而坎尼桥在德军袭击时已被炸毁。德军突击队攻取桥梁的战斗，得到德军高炮营的88毫米大炮以及俯冲轰炸机的有力支援。

当夺取埃本·埃马尔要塞的德空降兵还在进行突击的时候，大批德国"施图卡"式俯冲轰炸机就已到达，它们对通往要塞的道路进行了轰炸和扫射，封锁了通向要塞的所有通路，使其断绝了外援。比军的桥特兰德少校发现要塞顶部已被德军占领，他一方面组织反冲击，一方面要求要塞附近的炮兵进行火力支援，向这里轰击。邻近的碉堡立刻作出反应，火炮开始射击。但是"施图卡"式俯冲轰炸机很快就发现了这些火炮的炮口火焰，便集中全力，迅速摧毁了这些炮兵掩体和火炮。天亮以后，比利时第1军的1个野战炮兵营开到了埃本·埃马尔要塞附近，准备炮击要塞上的德军，但由于没有高射炮兵，这个野战炮兵营还未来得及进入射击阵地，其大炮就被德军的俯冲轰炸机轻而易举地全部炸毁了。

上午7时，德军突击队第2梯队到达，300名伞兵成功地空降到要塞顶上，德军突击力量得到增强。在这些伞兵空降的同时，德军还在阿尔贝特运河西部40公里纵深的广大地区投下了假伞兵。这些假伞兵是穿着德国军服的草人，伞具绑在它们的身上，为了模拟枪声，还在假伞兵身上安装了自动点火炸药。这些假伞兵确实起到了扰乱比利时军队的作用，他们只得又腾出一批力量去迎击这些出现在背后的"新敌人"。

桥特兰德少校在要塞里曾组织了几次反冲击，企图把德军从要塞上边赶走，但都没有成功，于是他只好把力量仅限于阻止德军空降兵打进来。要塞尽管失去了大部分火炮，但并没有陷落。因为要塞四周的地下防御体系和运河堑壕连在一起，德军无法从上面接近。这样，德军空降兵也只能控制表面阵地，双方一时间处于相持状态。

从上午8时起，比军第1榴弹炮兵团开到埃本·埃马尔要塞北面，在要塞外向要塞顶部的德空降兵进行火力袭击，但在"施图卡"式俯冲轰炸机的攻击下，炮兵团的袭击未能奏效就败了回去。随后，比军第7师又组织了1个步兵营向要塞推进，准备反击，但这支部队也被德军发现，"施图卡"式俯冲轰炸机立即转回来对该营进行轰炸扫射，使其无法接近要塞。

5月10日全天，德军都在埃本·埃马尔要塞进行"拔钉子"战斗，有的战斗小组甚至从高达40米的断崖上把炸药吊下去爆破。时间一小时一小时地过去了，收缩在要塞内部的比军痛苦地忍受着德军的折磨。

德军第6集团军在德军空降突击的同时，从正面向比利时发动了进攻。由于空降兵控制了埃本·埃马尔要塞外部，使要塞的枪炮不能发挥火力去阻止德军的前进，德军正面进攻部队顺利地突破了比军前沿防线，渡过马斯河，于当天黄昏抵达艾伯特运河东岸，并接替了夺取桥梁的突击队。夜幕降临后，德军派出1个由50人组成的工兵组用橡皮船偷偷渡过被水淹没的地区，摧毁了暗炮台和剩下的另外几座暗堡。11日凌晨，该工兵营顺利通过了运河，登上要塞，然后在空降兵的协助下，对钢筋混凝土的地下工事、坑道等进行连续爆破。整个11日上午，埃本·埃马尔要塞一直在爆破的震撼之下抖动，同时德军工兵手持喷火器和自动武器向要塞纵深推进，中午时分，比利时守军派出了谈判代表，桥特兰德少校请求投降，埃本·埃马尔要塞陷落。

在夺取要塞的战斗中，德军空降突击队以突然的行动获得了巨大战果，打死打伤比军110余人，俘虏1,000余人，而德军仅付出亡6人、伤19人的代价。这个号称世界上最坚固的要塞，被德军在30个小时内攻卜了。

埃本·埃马尔要塞的陷落，从军事意义上说，预示着联军从阿尔贝特运河至马斯河的防线全面瓦解。这样，德军第6集团军就可以顺利地开进比利时内地，更好地控制整个战局。

从心理上说，这次战斗笼罩着一种神秘的气氛。这么强大的要塞为何会轻易地失守？这一问题令许多盟军迷惑不解。特别是法国人开始怀疑其至关重要的马奇诺防线是否真的攻不破？希特勒的得力宣传部长戈培尔更不愿放过这么一个好机会，他高效地开动他的宣传机器大肆渲染，说什么埃本·埃马尔要塞是被德军最新式的"秘密武器"攻克的，搞得满城风雨、神秘莫测。

德军空降突击埃本·埃马尔要塞，是战争史上第一次使用拖曳滑翔机作战的大胆尝试。埃本·埃马尔要塞的陷落，使德军突破了艾伯特运河的防线，为地面部队打开了通向比利时心脏布鲁塞尔的大门。

↑纳粹士兵在布鲁塞尔市政府的大楼上。　↑奔赴前线迎敌的法军坦克。

↑正在向德军投降的布鲁塞尔市市长。

No.3 比利时沦陷

在攻克这个堡垒之后，德军赖歇瑙将军指挥的第6集团军继续向前推进，霍普纳将军的第16装甲军向埃本·埃马尔以西展开进攻。随后，防守艾伯特运河的比利时各师开始向西全面撤退。德军绕过用巨大的壕沟防卫的列日要塞向前猛扑。

5月12日，比军沿马斯河阵地向后撤退，防守他们的第二条防线：安特卫普——那慕尔防线。

盟军虽然惶恐不安，但是依然按部就班地执行了原定的"D"计划，法军第1集团军群开进了比利时。由于"假战争"之后数月期间毫无动静，盟军上阵战斗都有一种轻松的感觉。他们虽然能够按照原计划行动，可是对突发事件的反应似乎是迟钝的。

5月13日，法军第1集团军的先头装甲部队同德军第16装甲军在日昂布鲁遭遇，展开了第二次世界大战首次大规模坦克战。

此时，在比利时东南方向的阿登山区，德军A集团军群已在德比边境粉碎了比利时边防部队的抵抗，并渡过马斯河，攻入不设防地带。英法联军的将领们如梦初醒，他们这时才意识到，对于德军主攻方向的判断完全错了，德军的主攻方向在色当。更可怕的是，德军强渡马斯河后如果迅速向索姆河口推进，就随时可能从南面包围位于比利时的英法联军。

5月15日上午，荷军投降的消息传到比利时。为避免英法联军主力被德军围歼，下午5时，联军总司令甘末林命令英法联军从比利时迅速后退。5月16日，英法联军开始撤离比利时。在此情况下，比军只好放弃安特卫普－那慕尔防线，仓促退守到后方没有构筑工事的阵地上。

比利时后方的阵地是不堪一击的。比军仓促组成的新防线迅速又被德军突破，5月17日，德军占领比利时首都布鲁塞尔。

此后，比军并没有立即就放下武器，而是且战且退，企图通过梯次防御，为英法联军新任总司令魏刚将军实施其从法国北部和比利时南部南北夹击的反攻计划创造条件。然而，在德军的强大攻势下，魏刚的计划难以实现，比军陷入山穷水尽的困境。它们顺着德军前进的步伐一步步往后退缩。

比利时军队没有空军掩护，严重缺乏弹药和食物，而且由于国内200万人的难民流，使军事行动受到很大阻碍，军队和难民纠缠在一起，无法进行有效的调动和突击。

5月16日，比军情况已经十分危急，比利时国王利奥波德要求英军反击德军侧翼，以减轻比军的压力。而此时，英国远征军正准备向敦刻尔克撤退，戈特勋爵无法满足比利时的要求。在这山穷水尽的时刻，英法联军指挥魏刚将军又告诉比利时，目前无法给予比利时"新的有效援助"。

比利时人感到他们已被其盟友完全抛弃了。

当大臣们来劝说利奥波德国王"一旦军队被迫停止战斗时随政府一起流亡国外"，国王执拗地拒绝了。他希望他的盟友认识到，他将被迫投降以防止比利时全面崩溃。

当比军给魏刚将军发的最后一封电报"我们的防线像一条被拉断的弓弦，正在溃散"没有收到回音时，利奥波德国王就开始着手打听投降的条件了。

希特勒对比利时人投降条件的回答是："要求无条件投降。"

5月17日的比利时，四周的天地是黑暗的，再也看不到任何可以扭转局面的希望。利奥波德国王再没有什么迟疑，他决定向德军投降。次日凌晨，利奥波德国王不听内阁大臣的劝告，命令比军放下武器，向德军无条件投降。

比利时人的投降对盟军来说犹如晴天霹雳。盟军北线出现了一个从伊普雷到大海之间的宽32公里的通行无阻的大缺口，通过这个缺口，德国人的坦克疯狂地朝海边扑来。

比利时人的失败其实是其多年来奉行中立政策的结果。而对于法兰西战役来说，虽然比利时不是决定性战场，但是由于它牵制了盟军主力，使德军在中线作战中能顺利侵入法国本土，所以它对整个战役的结局其实是起着很关键性的作用。

比利时的投降，使英法联军陷入了更为困难的境地。

第5章
CHAPTER FIVE

敦刻尔克
大撤退

★23日，英军撤退到他们在冬季沿法比边境构筑的防线上。而在12天以前，他们曾那么斗志旺盛地从这道防线冲向前去。这一天，英国远征军只发了一半的口粮。从许多方面得到的有关法国无能的印象，促使丘吉尔向雷诺提出抗议。

★德军的作战行动尽量缩小了对联军的包围圈，同时保持了德军在索姆河各渡口的畅通。希特勒觉得消灭联军的最后时刻来到了，为指导他的部队，希特勒又签署了第13号指令，明确下一步及灭亡整个法国的目标。

No.1 "魏刚计划"

慕尼黑协定之后，英国内阁中，张伯伦的绥靖政策连遭破产，灾难接踵而来。而主战的丘吉尔则犹如巨大风浪中的一支帆船，仍在奋力拼搏。

1940年5月7日，张伯伦政府辞职。下午6时，主战的丘吉尔受命组织战时新的内阁。在英国面临民族和国家存亡的危急关头，始终坚持反对绥靖主义、主张坚决抵抗希特勒的丘吉尔终于取代张伯伦成为英国首相，这标志着绥靖政策的彻底破产，标志着英国走上了毫不妥协的反法西斯道路。

然而此时的法国，情况却不那么乐观。1940年的夏天，法军士兵已经没有什么士气了，他们除了不停后退，已是毫无作为了。而他们的总司令甘末林也立刻要交出兵权、黯然下台了。

德军的疯狂进攻使法国上层集团惊惶失措，法国总理雷诺于1940年5月18日进行了政府改组。早在两天前，他就把法国驻西班牙大使、已经83岁的贝当元帅召回了巴黎，贝当被任命为法兰西共和国的副总理，同时，雷诺把达拉第调去主管外交，而由他自己接任国防兼陆军部长。

19日晚7时，雷诺又任命刚从近东回来的魏刚接替甘末林将军。5月20日，甘末林向魏刚移交了指挥权。在此前一天，即19日早晨，他还发出了他在任的最后一道命令，即"第12号秘密手令"。该命令旨在使比利时的英法联军向南突击，穿过兵力薄弱的德军装甲部队，与南边的法军会师。与此同时，在索姆地区新建的部队向北推进，协助北线的联军向南突围；如果可能的话，就切断德军向英吉利海峡方向急驰的装甲纵队。

甘末林将军这道用铅笔草拟的命令，完全忽视了德军坦克总队的速度。应该来说，它还是比较正确的。但是新上任的总司令魏刚对国内战局并不了解，他需要重新了解情况，作出判断，然后才能下定决心。而就在他下这一判断的几天里，法军反攻的最后一丝机会就给浪费了。

5月20日中午，德军第1装甲师占领索姆河下游的亚眠。晚上，第2装甲师前出至索姆河口的阿布维尔。古德里安装甲军和莱茵哈特装甲军的先头部队推进速度很快，与后面德军装甲部队的距离差不多有160公里。而且，德军的步兵也没有及时跟上来，德军装甲部队的侧后方完全暴露出来，形势非常有利于英法联军实施南北夹击。

20日晚，魏刚与法国陆军参谋长杜芒克将军和东北战线总司令乔治将军，一起讨论挽救北线联军的措施和尔后的作战计划，制定了一个与甘末林的"第12号秘密手令"内容大致相同的"魏刚计划"。

5月22日，英法盟军首脑在万森召开盟国最高会议。魏刚向大家讲述他的作战计划。他认为，北方各集团军的后方应交给比利时军掩护，由比军掩护他们向东，如果必要的话，掩护他们向北进攻。同时，一个拥有自阿尔萨斯、马奇诺防线、非洲和其他各个地区调来的18到20个师组成的新的法国集团军，在弗雷尔将军统率下，将沿索姆河建立一道战线。他们的左翼要通过亚眠向前推进到阿拉斯，这样，尽他们的最大的努力，同北方各集团军会师，必须使敌人的装甲部队经常受到压力。

魏刚的新计划同撤销了的甘末林将军的"第12号秘密手令"并无根本区别。北方各集团军采取攻势向南进军，如果可能的话，他们将和弗雷尔将军指挥的新成立的法国集团军群向北的推进相呼应，就能够粉碎德国装甲部队的进攻。只是等到这个命令重新下达，盟军前后已经浪费了3天的时间。统帅决定的一再延迟，使得英法联军坐失良机，陷入重围，蒙受巨大损失。

在统一作战方面，盟军的指挥棒几乎完全失灵了。英国远征军总司令戈特勋爵，甚至曾一连4天没有接到任何命令。

由于最高统帅部迟迟没有下达任何作战命令，战事的演变已经使敌人取得了支配权。17日，戈特已经开始指挥军队转到卢约尔古－阿尔勒防线，驻防阿拉斯，并不断加强其南部侧翼的兵力。法国第7集团军，除在伐耳赫伦岛战役遭受重创的第16军以外，已经全部向南转移，与法军第1集团军会合，他们曾横断德军的后路，但并没有发生严重的骚乱。20日，戈特通知法军，建议在5月21日用2个师和1个装甲旅从阿拉斯向南进攻，对其两侧实施反冲击。当时，比约特也同意从法国第1集团军抽调两个师配合英军行动。

但是，实际上英国人直到21日中午，才用1个步兵团2个坦克营在阿拉斯以南实施反冲击。初始，反冲击进展顺利，一度使德军第4集团军陷入十分困难的境地。不过，到了傍晚由于德军集中使用了大量俯冲轰炸机和歼击机并把高射炮用来消灭地面目标，终于消除了险情。而法国人本应和英国人同时采取行动的，但由于法国的两个师来不及占领出发阵地，而未能行动。第2天，英国人在阿拉斯地域费了九牛二虎之力才守住了自己的阵地，而法国人却一直没有转入进攻。

↑法军总司令魏刚。

在协同作战方面，比利时的军队显得更为执拗，比军不愿按"魏刚计划"的要求从埃斯科特撤到伊塞河，以保护联军向南反击。利奥波德国王担心，英军向南反击后会丢下比军。所以他只准备将比军撤至利斯河支流，而不再向伊塞河撤退。这样，就在英比军接合部留出一段空间，那里无人设防，而德军正好可以从这里浩浩荡荡地冲了过去，北线英法联军的处境岌岌可危。

英军方面，戈特不但对战争进程越来越焦虑，而且对法国和比利时的同事也越来越不信任了。他认为，"既然他的右翼已被敌人包围，左翼又受到威胁，唯一合理的决定应是朝着海岸撤退。"英军每天所需的2,000吨弹药及补给品全得经加莱和敦刻尔克等港口运来，但这些港口正在严重地遭受敌人空袭，面临着被全面包围的危险。在这种形势下，戈特决定于22日晚把英国远征军撤出阿拉斯地区。

23日，英军撤退到他们在冬季沿法比边境构筑的防线上。而在12天以前，他们曾那么斗志旺盛地从这道防线冲向前去。这一天，英国远征军只发了一半的口粮。从许多方面得到的有关法国无能的印象，促使丘吉尔向雷诺提出抗议。

但法军现在已没有足够的力量单独发起反击了。由于比军缺乏配合和英军没有信心，加之法军行动迟缓，"魏刚计划"尚未开始认真执行，就已经化成泡影了。

联军败势已成，只有一味地防守了。5月25日，魏刚将军在军事委员会会议上阐述了一个防御计划，即沿索姆河、安纳河修筑防御工事，以防德军南下，从而保护法国首都巴黎和中部地区。

根据这个方案，魏刚调集了2个法国集团军群共49个师的兵力，在从英吉利海峡到马奇诺防线北端的400公里的正面布防。第3集团军群（含2个英国师）担负海岸至纳沙泰尔的防御，第4集团军群防守纳沙泰尔至马奇诺防线一段。这道横亘法国北部的防线由魏刚提出并主持构筑，所以被称为"魏刚防线"。"魏刚防线"构筑仓促，很不牢固。

5月23日上午至24日，古德里安的装甲部队先后占领了布洛涅和加莱。24日下午，古德里安的第19装甲军已到达格拉夫林，离敦刻尔克还有16公里了，而在其右翼的莱因哈特的第41装甲军，也已到达艾尔－圣奥梅尔－格拉夫林运河一线。两支装甲劲旅只需再努把力，就可直取敦刻尔克，而后继的几十个步兵师也正源源不断地跟进。古德里安等人踌躇满志，决心率领他们的装甲部队再打一个围歼战，将英法军队的数十万人马彻底消灭在滨海地区。

历史又一次很快证明了，一味防守注定了只能是失败。

No.2 一道错误的命令

可怕的德国坦克军，突破了色当防线后就很少或者根本没有遇到任何抵抗。德军的坦克在田野的开阔地里驰骋纵横、自由来往。在机械化运输的协助和补给下，每天推进的速度达到了30～40公里。沿途经过几十个城市和几百个村庄，如入无人之境。

德军军官们从坦克打开的炮塔伸出头来张望，得意洋洋地向沿途的居民挥手示意。成群结队的法国战俘跟在他们旁边走着，失魂落魄的样子，有许多人还带着枪，这些武器不时被德国人收起来，放在坦克的履带下面被压毁。

由于德军行进速度飞快，盟军的一些后退部队有时会糊里糊涂地加入德国人的行列，但很快也成了俘虏。

德军装甲车辆和机械化部队不断通过这些公路前进，到1940年5月20日这一天，德国装甲部队的先头部队已抵达了海滨。20日下午，古德里安的装甲兵部队已全部赶至英吉利海峡的阿布维尔，顺利完成战前所接受的战略任务。德军装甲兵部队的神速推进，得益于古德里安倡行的以装甲兵部队单独深入为战略渗透的理论。古德里安不仅打乱了法军指挥的时刻表，同时也打乱了德军进攻的时刻表。

前线一旦被突破，法国陆军似乎就像一只戳破的气球那样全部瘫痪了。

到了5月20日，德国装甲部队的主攻方向已令人惊骇地清楚无疑了：他们果真是在调头转向西北方的大海。当他们穿过大火熊熊的阿布维尔向前疾驰时，北部军队——包括英国远征军——的交通线无可挽回地被切断了。情况每时每刻都在急剧变化，盟军所有的撤退路线都被难民堵塞了。

而当古德里安的装甲兵部队于5月20日，全部抵达法国阿布维尔附近的大西洋海岸时，希特勒根本就没有料到德军的攻势是如此迅捷而顺利。直到一天以后，希特勒才理清思绪，命令古德里安所部继续向北推进，占领英吉利海峡诸港口。

5月21日，一路畅通的德军坦克部队在阿拉斯附近受到了小小挫折，这也将神经一贯紧张的纳粹元首惊出一身冷汗。

这天，克卢格将军的第4集团军快速向前进攻。当天下午，其下辖的第16军团集群已抵达阿拉斯以南地区，此时阿拉斯被法军和英军坚守着。第16军必须或者向西北面的波尼斯进攻，或者向北面的贝顿进攻。为此，必须夺取斯卡佩河的一些渡口，而进一步向北进攻则是第4集团军其他部队的任务。

此时的盟军也预先为进行反击作了准备。

其实盟军根本不清楚德军在阿拉斯南边的兵力情况。德军包括隆美尔的第7装甲师和武装党卫军的"骷髅"机械化师，并有第5装甲师掩护，英军进攻时，隆美尔正带领其部队在阿拉斯侧翼展开行动。英军组织兵力速度缓慢，直到21日下午坦克才上路，该行军包括两队——一队坦克营，一队步兵营，它们以法军第3机械化师作右翼，沿东南方向朝阿拉斯驶来，几乎与此同时他们遭遇了隆美尔的第7装甲师。

右方的英国军队突然袭击德军，隆隆前进而又强大的英军坦克一到，德军的许多党卫军部队仓皇逃窜。英军进攻时，隆美尔和其参谋正在部队中间前进，他以平稳的声音下命令，将一切可以作战的武器都派上了用场，其中包括88毫米的高射炮。

这种高射炮火少量配置在火炮阵地，高射炮平射，对准了"隆隆"逼近的英军坦克，随着一声怒吼，奇迹出现了！竟一举摧毁了英国人的一辆坦克，德军士兵禁不住欢呼起来。

在左翼，英军部队进展则大一些，攻占了数个村庄并越过了德军阵地。其一先头部队甚至抵达了科赫河上的万古赫——此次进攻的最终目标，但由于缺乏后援以及德国空军的干预，而被迫撤退。

此次战争，英军前进了16公里，摧毁了大量德军坦克、枪支和运输车辆，活捉了400多名俘虏。但是像前几次与盟军装甲部队交战时一样，德军88毫米的反坦克炮极其有效地打退了英军坦克，事实上，它们是装甲师中唯一能够穿透英军"马克"Ⅱ型坦克外面装甲的大炮。这次战斗，使88毫米高射炮在以后被称为"坦克杀手"而出名，并且被专门用来对付装甲军。

这天战斗结束时，英军只剩26辆"马克"Ⅰ型和两辆"马克"Ⅱ型还能用，英军的进攻结束了。

但是，德军的行动从此之后也趋于谨慎。伦德施泰特承认战役中只有此次进攻真正给他造成忧虑，陆军司令部的注意力从让古德里安冲击英吉利海峡转移到阿拉斯一带的防守上，这当然就给了盟军宝贵的时间，最终使盟军能够选择在敦刻尔克撤退。

希特勒对阿拉斯出现的情况有些担心，5月22日，他派副官施蒙特上校打电话给A集团军群，询问作战的发展情况。A集团军群的作战参谋说：尽管5月21日实施突袭的敌军曾在一两处地方击退了第7装甲师，但总的形势现在已经恢复。

英军进攻阿拉斯的重要性并不在于其实际行动——因为用数字术语来说这只是一次突袭——而在于它对德军心理上产生的作用。这可以从隆美尔的电报中看出来："15点30分至19点数百辆坦克及其掩护的步兵进行了一场非常激烈的战斗。"实际上，隆美尔把数量不多的英军估计为5个师。

希特勒对局势更为担忧，他把凯特尔派往阿拉斯重新部署军队。凯特尔在与A集团军群参谋长的讨论中，重申了元首的要求，尽快由步兵师代替在索姆河上的机械化师，克莱斯特集团军的装甲师应解除掩护翼侧和在亚眠和阿布维尔之间进行防御作战的任务，应被派往前方。

在希特勒看来，只有机械化部队才能以必要的速度作为先头部队迅速向北进攻。为此，这些部队一定要解除掩护后方翼侧的任务，他们的任务应是增援和接替前方装甲部队。为使这种调解成为可能，各步兵师要以强行军向西运动。元首的这些指示和A集团军群的将领们的看法不谋而合，相应的命令随即下达。

德军由第5和第7坦克师为先导，率领两个步兵师向阿拉斯的两侧进攻，此时只有一小股英国警卫部队仍然坚守着这座城镇，并击退了德军第11摩托化旅从三面向它发起的数次进攻。

英军驻扎在阿拉斯周围的特种部队处于被包围的危险之中，5月22日傍晚时分，被迫撤退到运河一线以北和东北方向。到现在，阿拉斯两侧都被德军装甲部队包抄，已不能再作为向南发动进攻的起点了。

晚上10点，英军指挥官通知总司令部说，除非他的军队在夜间撤出阿拉斯，否则便无法撤退了。随后英军的撤出使它北翼的法国第1集团军处于一个行动更受限制的突出部，战略回旋的余地更小了。

德军进攻的北翼，B集团军群虽然遇到英军顽强的抵抗，但也成功地在大约6公里的正面上渡过了斯凯尔特河。

德军的作战行动尽量缩小了对盟军的包围圈，同时保持了德军在索姆河各渡口的畅通。希特勒觉得消灭盟军的最后时刻来到了，为指导他的部队，元首又签署了第13号指令，明确下一步及灭亡整个法国的目标。

一接到指令，古德里安便立即决定：第10坦克师向敦刻尔克前进；第1坦克师向加莱前进；第2坦克师向布洛涅前进。古德里安深知，他所在的A集团军群构成的从色当到法国西海岸的进攻线，已经切断了法军从北部南逃的退路。而北面博克的B集团军群已攻占了荷兰及比利时东部，70万余英法联军主力的左翼实际上已处在德军的深远包围之中。眼下对方得以逃脱的唯一希望就在包括敦刻尔克在内的法国北部的几个海港了。因此，他一定要迅速占领这几个海港，以彻底切断对方的海上退路。

德军第1装甲师奉命向东开进，到5月23日晚，该师先锋部队已抵达格拉夫林南面的阿河，在那里遭遇法军的坚决抵抗而停步。当古德里安准备第二天进攻时，德军一些高级指挥官又产生了新的疑虑。伦德施泰特对在"装甲通道"南面的法军感到不安，而且他还没从阿拉斯之战的惊恐中缓过来。23日晚，他命令克莱斯特停止行军，并重新部署装甲部队，准备击退法军可能从南面发起的进攻。

5月23日上午至24日，古德里安的装甲部队先后占领了布洛涅和加莱。24日下午，古德里安的第19装甲军已到达格拉夫林，离敦刻尔克还有16公里了，而在其右翼的莱因哈特的第41装甲军，也已到达艾尔－圣奥梅尔－格拉夫林运河一线。两支装甲劲旅只须再加把劲，就可直取敦刻尔克，而后继的几十个步兵师也正源源不断地跟进。古德里安等人踌躇满志，决心率领他们的装甲部队再打一个围歼战，将英法军队的数十万人马彻底消灭在滨海地区。

5月26日，古德里安曾向他的部队发表了一个文告："我曾经要求你们48个小时不睡觉，你们却一连17天都没有好好的睡过。我强迫你们冒险前进，两翼后方都是充满了威胁，你们却从不畏惧迟疑。"他的说法也许能够解释德军的速度为什么那么快。

到现在，德国人完全打破了盟军从陆上突围的希望，他们唯一的出路，只有通过现在仍在盟军手里的敦刻尔克，动用海军力量，由敦刻尔克从海上撤退。

德国装甲部队已经可以遥望到敦刻尔克了，并且在格拉夫林和圣奥梅尔之间摆好阵势。德军士兵士气高涨，准备对它的敌人来一次更沉重的打击。只要元首一声令下，千军万马便会扑向海边那个港口。

在这一关键的时刻，德国的元首又发挥了重要的作用，他在此时下了一个奇怪的命令，使得战局在当时产生了微妙的变化，并且影响深远。

5月24日12点30分，元首大本营用电话向集团军和陆军指挥官们下达"停止前进"的命令，这道命令是在伦德施泰特和戈林的怂恿之下，不顾布劳希奇和哈尔德的激烈反对，由纳粹元首坚持发出的：

德军装甲师团停止在距敦刻尔克中等射程的距离。只准许进行侦察和防卫性的行动。

随后又发来命令：

德军装甲部撤至阿尔贝特运河以远的地方待命。

英法联军得到了一个意外的喘息机会！

这一"停止前进"的命令是德军1940年在西线战役中所犯的唯一重大错误。如果德军坦克放手前进，联军要么被困，要么被迫投降，将永远损失掉英军20万最精锐的部队，而这些部队在以后的战争中起到了非同寻常的作用，它们影响了"二战"的整个战局。

联军利用这一转瞬即逝的喘息机会，得以实施从海上撤退的"发电机"计划，从5月26日到6月4日，从敦刻尔克先后撤出32.4万人，其中包括法军8.5万人，这些军队成为日后反攻欧洲大陆的主力。

古德里安在战后写道：

假使最高统帅部没有突然制止第19装甲军的前进，那么敦刻尔克早就已经攻克，而且胜利的成果也远非现在的可以比拟，假使当时我们能够俘虏到英国远征军的全部兵力，那么未来的战局发展恐怕也很难预言了。无论如何，像这样一个大规模的军事胜利，也可以使外交家多了一个讨价还价的机会。不幸得很，这个大好机会却给希特勒个人的神经质弄糟了并彻底失掉了。他以后所发表的理由，说因为看到佛兰德平原地区是河川纵横，所以才命令我的装甲军不要冒险前进——这实在是不成其为理由。

No.2 奇迹般的撤退

1940年5月25日，英国远征军司令戈特擅自决定取消已商定的"魏刚计划"，本来他应该派部队占领一屏障要地以抵抗德军从东南的进攻。戈特这么做等于决定放弃法国北部和比利时的战役。这是个重要的决定，它将令英国的盟友自生自灭。

当天，戈特向战时内阁发出了一封措词强硬的电报：如果不想使英国远征军全军覆没，现在唯一要做的事就是利用还在我们手中的敦刻尔克港，将远征军撤离法国。

当晚6时57分，丘吉尔命令拉姆奇中将开始实施"发电机"计划，并特别说明被困于敦刻尔克的法国官兵同样应分享撤退的机会。"发电机"行动计划就是从敦刻尔克撤离英法军队的密码暗号。

通往敦刻尔克的航线总共有3条。航程最短的是"Z"航线，仅需2个半小时，但它位于德国大炮射程之内，不能起用；第二条是较短的"X"航线，但它几乎被英国的布雷区全部封锁，要扫清这些路障至少需一周时间，那么唯一能够选择的就只有"Y"航线了。"Y"航线由奥斯德港出发，绕过克温特的水雷浮标向西南折行，最后到达敦刻尔克港，"Y"航线全长120公里，全程近6个小时，较易航行，水雷较少，这条航线可以躲避德军大炮的射击，但暴露在德军轰炸机下的时间却无疑被延长了。

当晚，第一批救援船浩浩荡荡驶向敦刻尔克港。考虑到德国空军没有把敦刻尔克当作主要攻击目标，英国空军没有为船队提供空中护航。

德军方面，5月25日晚，戈林在空军司令部召开作战会议，对敦刻尔克的空中作战做最后部署。

戈林对计划中仅使用5个航空团的兵力十分不满，他要求把德国西部和驻守荷兰的第2航空队的兵力也全部用上，实施一场庞大的轰炸计划。

5月27日清晨，夜幕还没有收起，万籁俱寂。执行第一波轰炸任务的两个轰炸航空团和两个歼击航空团从德国西部直飞敦刻尔克，目标是轰炸敦刻尔克港口和主要码头。途中，他们没有遇到任何英法飞机的阻拦。

当德军施瓦茨上校率领他的俯冲轰炸机团首先抵达敦刻尔克上空时，天空已经发亮，通往港口的道路上挤满了各种各样的车辆和惊慌的人群。随着施瓦茨一声令下，一架架俯冲轰炸机猛地扑向毫无防备的英法士兵。刹那间，炸弹像雨点般倾泻在挤满士兵的码头和堤道上，地面上火光冲天，血肉横飞，大海里不时掀起数米高的巨浪，将码头边上的人流无情卷入海中。

紧接着，像乌云一般的又一个黑压压的机群铺天盖日，蜂拥而至。它们忽而向下俯冲，进行低空轰炸；忽而投下威力巨大的高爆弹又急速爬高——这种惊险的垂直俯冲起到了咄咄逼人的恐怖效果，很多缺乏经验的英法士兵似乎感到每一次俯冲都好像是对着自己胸膛开火，以致呆呆地站在空旷的海岸上，居然忘记了卧倒躲避。

由于敦刻尔克第一次遭到这样猛烈的轰炸，地面上的人群乱成一团。英军指挥官大叫着，命令士兵跳入战壕，利用各种轻重武器对空还击。混战中，一架德机被击中，拖着浓烟栽进海里，顿时，码头上发出一片欢呼。士兵们似乎到此时才反应过来：生与死的交锋又一次摆在了眼前。

接到报告后的英国空军立即出动了两个中队的喷火式战斗机和飓风式战斗机。但当英国飞机赶到敦刻尔克上空时，德机早已消失得无影无踪。英机漫无目标地在敦刻尔克上空盘旋，企图拦截住德军的某个轰炸机群，但直到油料耗尽也未见到一架飞机的影子，只得飞回本土加油。

然而，就在英国战斗机离开敦刻尔克几分钟以后，德国进行轰炸的第二波机群出现了。它们杀气腾腾，如入无人之境，肆无忌惮地对毫无保护的英军舰船进行密集的轰炸。紧靠码头的几艘大型运输船几乎同时起火，并开始慢慢下沉，船上的士兵无望的纷纷跳入漂满死尸的水中。一些小船企图驶离岸边，但德机对它们也丝毫不放，落在船边的炸弹将一艘艘小船掀翻，撤退工作陷入了一片混乱，被迫暂时停止。为了躲避轰炸，已经开到海上的运兵船采取忽左忽右的做"之"字形航行，高速驶过弹雨如注，恶浪滔天的海面。军舰上的大炮一刻不停地开火，猛烈回击。

大约一小时以后，英军比·希金上校率领两个中队的40余架"飓风"战斗机再次越过海岸，飞向敦刻尔克。英机刚刚到达敦刻尔克上空，便发现了远处正在逼近的德军又一波次的轰炸机群，几乎同时，担任护航的德军战斗机也发现了英国机群。顷刻之间，一场空中恶战开始了，一架架战机盘旋翻滚，追逐混战，发动机尖锐的啸叫声此伏彼起，充耳不绝。只见英军一架"飓风式"战斗机紧紧咬住一架德国轰炸机不放，突然传来"轰"的一声，仓皇逃遁的德机不幸与另一架德机相撞，漫天飞舞的飞机残骸碎片落入茫茫大海之中。

英国皇家空军誓死作战，惊恐的德军轰炸机仓皇投下炸弹，掉头就逃。这次轰炸，德军没有达到预定效果，大部分炸弹丢到海里或沙滩上。但英军为此也付出了沉重的代价，11架旋风式战斗机被击落。

德军的轰炸几乎持续了一整天，总共投下了1.5万枚高爆炸弹和3万枚燃烧弹。当夜色降临，德机的轰炸停止了的时候，敦刻尔克地面依然是火光一片、浓烟滚滚。这一天，英军只有7,669人被输送回国，大约有40余艘船只被击沉；德军损失了23架飞机，比10天以来德军损失的飞机总数还要多。

5月28日上午，德军派出的两个轰炸机大队由于敦刻尔克上空能见度极低，只好带弹返回。

此时，盟军的撤退正在紧张地进行。他们运用了一切可以动用的船只，甚至驱逐舰也改成了运兵船。除了利用仅剩的几处码头外，海滩也被充分利用起来。他们用绳索牵着渡过海峡的小船，让等候在海滩的士兵乘小船渡到海上的大船旁边。岸上的士兵被分成50人一组，每组由1名军官和1名海员指挥。每当有救援船靠岸，他们便一组组地被带到海边，涉过没踝、没膝、齐腰、齐胸的海水，小心避开不断漂到身边的同伴的尸首，艰难地爬上小船。

等着上船的士兵富有纪律性，他们为撤离已战斗了3个星期，一直在退却，经常失去指挥，孤立无援，他们缺少睡眠，忍饥挨渴，然而他们一直保持队形，直至开到海滩，仍服从指挥。这些疲惫的士兵步履蹒跚地跨过海滩走向小船；大批的人马冒着轰炸和扫射涉入水中，前面的人水深及肩，他们的头刚好在扑向岸边的波浪之上，从岸上摆渡到大船去的小船因载人过多而歪歪扭扭地倾斜着……

敦刻尔克上空又响起了轰炸机发出的隆隆声。新集中起来的几支高炮部队开始漫无目的地对空射击，士兵纷纷跳进附近的战壕。然而，投下的炸弹几乎没有造成什么伤害，不是投进了距岸滩很远的海里，就是投在无人的空旷地，偶尔有几颗落在士兵聚集的沙滩，柔软的沙子也像坐垫似的把大部分爆炸力吸收掉了，哪怕是炸弹就在身旁爆炸，也不过是溅起一脸泥沙而已。

29日早上，撤退行动的总指挥拉姆奇海军中将收到来自本土的电报：29日之前共有6.5万人安全返回。

还不到1个小时，德军3个大队的"施图卡"式大型轰炸机编队便赶到了。一架架德机像饥恶的老鹰一样扑向地面的"猎物"，仿佛要夺回这几天的损失。这次德机只把大型运输船只作为主要轰炸对象。一架俯冲轰炸机追上已经驶离港口的"奥洛国王"号大型渡船，从高空直插下去，在机身就要触到船上的烟囱时迅速打开弹仓，炸弹几乎全部落在了甲板上，在一声声震耳欲聋的爆炸声中，"奥洛国王"号很快便沉入了水中。距岸50米远的另一艘英国先进的驱逐舰也未能逃此噩运，两架德机同时向它俯冲下来，舰炮还来不及瞄准，几枚炸弹就已经命中了舰后的动力仓，锅炉开始爆炸，紧接着又一架德机袭来将其击沉。海上的运输船已经完全失去队形，乱作一团，许多船只起火，抛锚在海上。

当天下午5点27分，新赶来的德军第2航空队两个轰炸机团又对英国船队进行了猛烈的轰炸。

这天下午，英国海军损失驱逐舰 3 艘，遭受重创 7 艘，还有 5 艘大型渡船被击毁。当晚，拉姆奇将军不得不把 8 艘最现代化的驱逐舰撤出战斗，因为这些战舰直接关系到即将来临的抗击德国入侵的战斗成败，他不能拿它们来冒险。尽管遭受到如此大的损失，这一天英军仍然从港口撤走了3.35万人，从海滩撤走了1.4万人，其中包括近 1 万名法军。

30日，戈特勋爵的参谋人员与拉姆齐会商后通知戈特说，6月1日白天是可望守住东部外围阵地的最后时间。因此，应采取非常的紧急措施，尽可能保证撤退那时还留在海岸上的大约不到4,000人的英国后卫部队。

后来发现这个数目的兵力不足以防御最后的掩护阵地，于是决定将英军的防御地区保持到6月1日与2日之间的午夜，同时在完全平等的基础上撤退法军和英军。

从1940年5月31日到6月1日，敦刻尔克的大撤退达到了最后的高潮，两天来，从敦刻尔克已平安地运走了13.2万人。其中将近1/3是在猛烈的空袭和炮火下用小船从海滩上撤出的。

6月1日拂晓，英吉利海峡上荡起了阵阵微风，吹散了水面上的晨雾，圆盘似的旭日贴着海面冉冉升起，风平浪静的海面上泛起了粼粼波光。

首批担任警戒任务的28架"飓风式"战斗机从英国南部起飞了。它们穿过英吉利海峡，向着预定的敦刻尔克以西30公里的巡逻空域飞去。当机群刚刚抵达敦刻尔克上空时，领航飞机便发现了正在逼近的德国机群，飞行员们赶忙提高飞行高度，直扑德机。但当他们临近敌机时却被德机强大的阵容惊呆了：德机组成了上、中、下三层的立体编队，下面是40余架轰炸机，中间是担任近距离支援任务的战斗机，最高一层是进行高空支援的战斗机。

"飓风"飞机钻入了高空云层，试图躲过敌人强大的掩护机群，然后从背后进行攻击，但为时已晚，敌机显然已经发现了他们的动机，大批敌战斗机急冲下来，死死咬住了他们。英机不得已只好将编队一分为二，一部分直扑敌轰炸机群，另一部分向敌战斗机猛扑过去。

这是一场德军占绝对优势的空中肉搏战。

突然，一架德轰炸机首先被英机击中，拖着浓烟滚滚的尾巴掉了下去。德机见状立即将其余的轰炸机排成圆形防阵，互相掩护尾翼，以消除英机从背后攻击的威胁。英机见状只好迅速拔高，企图从高空打开突破口。

此时的高空更是弹雨穿梭，杀声一片。英一架"飓风"战斗机从背后向另一架德战斗机发起了攻击，德机向左一拐，巧妙地避开了"飓风"式飞机的火力，子弹从它的右侧擦过，使英机扑了个空。可就在这时，另一架斜插过来的德机却躲闪不及，被击中坠落。

德机一看形势不好，赶紧变换战术。只见一架德战斗机急速向下滑行，看起来好像要逃离战场。另一架英机立即追了上来将它咬住。正当这架德机眼看要成为战利品的时候，突然从高空射来一束急促的子弹将这架尾追的英机击落。这种德军创造出来的"诱饵战术"使英机频频上当，仅仅几分钟就有3架英国飞机被击落。

战斗进行得相当残酷，英国飞行员以顽强的毅力与数倍于己的德机周旋着。不久，第2批从英国起飞的两个中队的战斗机也加入了空战。敦刻尔克西部的天空充满了战斗的喧嚣声，弹片、硝烟、火光在空中弥漫着，本是晴朗的天空此时却看不到一丝蔚蓝。

这一仗英国空军终于以顽强的行动打退了德军，击毁击伤德机21架，打乱了德军的空袭计划，狂傲的德意志帝国空军第一次尝到了英国空军的厉害。

然而德军并没有死心，他们派出了更加强大的战斗机群，为轰炸提供空中掩护。6月1日上午，英、德在敦刻尔克的空中交战几乎从未间断，规模在不断扩大。英国空军几乎出动了一切可以动用的飞机——飓风式飞机，喷火式飞机，装有炮塔的双座无畏式飞机，甚至赫德森轰炸机、双翼箭鱼式鱼雷轰炸机及笨重的安森侦察机都从英国起飞，参加空战。但是尽管如此，仍然未能完全阻止住蜂群一样涌来的德机的进攻，一些德轰炸机躲过了英机的拦截，飞到敦刻尔克港上空大肆轰炸。

下午，狡猾的德国人改变了战术，他们利用大编队英国轰炸机离开加油的机会，发动主要攻击。他们以部分战斗机牵制住警戒的小股英机，轰炸机则迅速飞抵敦刻尔克上空，从较高的高度对地面进行袭击，投弹后则迅速返回。

这一天英军有31艘舰船被击沉，11艘遭受重创，是为时9天的撤退中损失最惨重的一天。

6月2日以后，撤退完全改在夜间进行，德国空军对此无可奈何，随即转移了空袭目标，开始对巴黎等地进行大规模空袭，对敦刻尔克的攻击又重新交给了地面部队。但此举已为时过晚，被围英法联军已大部撤回英国。

最后，在6月4日下午2点23分，英国海军部在法国同意之下，宣布"发电机"作战计划现已完成。

6月4日，英军终于实现了从敦刻尔克撤出33.8万余人的奇迹。其中有英国远征军21.5万人，法军12.3万人。为此，盟军被击沉了243艘各种船只，还损失了1,200门火炮、1,250门高射炮和反坦克炮、6,400支反坦克枪、1.1万挺机枪和7.5万辆摩托车。负责最后掩护的数千名英军和4万名法军被俘，他们在德国的俘虏营里度过了艰难的岁月。

在空军方面，英国虽然付出了损失110余架飞机的惨痛代价，但德国空军损失更大，它不但损失了150余架飞机，而且未能阻止住登船行动，使盟军为尔后的战争保存了巨大的有生力量。

由于英法人民群众的支持和士兵的努力奋战，敦刻尔克撤退得以成功。从某种意义上说，人们称这次撤退为"敦刻尔克奇迹"也不为过。

大海暂时阻挡了德军的追击。希特勒转头南下，深入法国腹地，准备进攻巴黎。

第6章
CHAPTER SIX

法兰西的眼泪

★博克将军指挥的B集团军群占据了从海岸沿索姆河、瓦兹河到安纳河一线的阵地，准备从索姆河地区向南进攻，占领勒阿弗尔和塞纳河边的鲁昂。克莱斯特的坦克集群也由博克将军指挥，该坦克集群的任务是在巴黎以东进攻并占据马恩河的渡口。

★意大利于6月20日又发动了新攻势。然而法军的阿尔卑斯阵地被证明是不易攻陷的，意军向尼斯的主力攻击停顿在芒通的郊外。虽然法军在东南边境上的战斗保住了它的荣誉，然而德国却从南面抄了后路，从而使他们不能再进行战斗。

No.1 "红色" 笼罩法国

当英法盟军从敦刻尔克撤退之后，希特勒的进攻矛头就直指巴黎了，法国战争的最后阶段开始了。

当敦刻尔克撤退还未开始，更早一些时候，1940年5月20日，希特勒已和布劳希奇、哈尔德商议法国战役第二阶段的行动纲领，代号是"红色方案"。依照这个方案，德军将从索姆河和安纳河朝塞纳河下游和瑞士边境迅猛南进。

"红色方案"预定分三个阶段实施进攻：

第一阶段，在海峡和瓦兹河之间向塞纳河下游推进，直指巴黎，旨在以右翼的少量部队配合和掩护晚些时候开始的主要作战行动。

第二阶段，陆军主力发动进攻。强大的装甲部队和摩托化部队经兰斯两侧向东南方向实施突击，打垮位于巴黎－梅斯－贝耳福三角地区的法国陆军主力，摧毁马奇诺防线。

第三阶段，及时支援这一方向的主要作战行动，方案是实施辅助作战行动，在圣阿沃尔德和萨尔布吕肯之间敌防守力量最薄弱的地段突破马奇诺防线，以较弱的兵力向南锡－吕内维尔方向实施突击。

为了乘德军强大攻势的余威一举占领法国，德军一面向敦刻尔克进攻，一面按照"红色方案"的要求调整兵力部署。

博克将军指挥的B集团军群占据了从海岸沿索姆河、瓦兹河到安纳河一线的阵地，准备从索姆河地区向南进攻，占领勒阿弗尔和塞纳河边的鲁昂。克莱斯特的坦克集群也由博克将军指挥，该坦克集群的任务是在巴黎以东进攻并占据马恩河的渡口。

伦德施泰特将军指挥的A集团军群，占据了沿安纳河东至卢森堡边界的正面，准备在兰斯两侧向巴勒杜克—圣迪济埃总方向实施突击。为了加强伦德施泰特的部队，组建了由古德里安将军指挥的坦克集群，该坦克集群准备在朗格勒高原的方向上作战，向马奇诺防线的后方迂回。

由勒布将军指挥的C集团军群，占据齐格菲防线和莱茵河一带的阵地，时刻准备突破马奇诺防线。

除了仍须继续对英国本土实施作战外，空军的任务是：当陆军在兰斯方向的主要作战行动开始后，空军除应保持空中优势之外，还应直接支援地面进攻，击溃新出现的敌军集团，阻止敌人转移兵力，尤其应掩护进攻战线的西翼。

为了一举挥师南下，彻底击败法国。德军集结了140个师（旅），其中有11个坦克师和2个摩托化旅。

可见，希特勒用于进攻法国腹地的兵力，是十分强大的。那么，盟军方面呢？

由于战争的第一阶段，德军在比利时和法国北部实施的毁灭性突击，使比利时全军覆没，法军30个师、英军9个师也不复存在。这些都使得联军元气大伤。

法国在战争的开始阶段，损失就已经非常大，即使把其后备部队从意大利边境撤回也

↑ 德军坦克部队行进在法国境内。

　　丝毫无济于事。法军新任司令魏刚拼凑了49个师加上英国的2个师，编成了3个集团军群，在索姆河和安纳河一线构筑了东西长度480公里的"魏刚防线"，同时以17个师驻守马奇诺防线。他将两条防线连在一起，企图挽回败局，阻止德军南下。

　　更糟糕的是，法军的这些部队严重缺乏坦克、大炮和高射炮。空军方面，法国空军早在战争早期就损失惨重，而德国空军则训练有素，指挥得当，相比之下，法国空军根本不能提供什么有效的援助。

　　从双方的兵力对比来看，兵力悬殊相当大，法军在缺少反坦克武器和没有制空权的情况下，要守住从索姆河口到马奇诺防线这条400公里长仓促构筑的防线，遏制住强大德军的进攻，是极其困难的。

"魏刚防线"抛弃了色当战役以来就认为应在前线防守的一贯做法，而选择了"刺猬"防御方案，即在每个防线上设立一个个的被称为"刺猬"的点，每个"刺猬"都有强有力的防御功能。在每个"刺猬"背后，都有一个灵活机动的后备部队，它们被用来对付德军的渗透，然而，由于缺乏足够的机械化部队，它们无法应付德军坦克师的强大攻势。因此，一旦防线有一处被刺穿，那么德军就很容易下手了。

此外，德国人还拥有决定性的优势：在古德里安猛扑向海边，迫使英法联军大撤退，和"装甲通道"形成后不久，德军就在索姆河和艾纳河畔夺取了几个桥头堡，他们将以这些桥头堡作为跳板，把法军对他们的所有抵抗都扼杀在摇篮里。当最后的战斗开始时，这些预先占领优越位置的德国军队就像一把锐利的刺刀直指法国的心脏地带。

1940年6月3日，德国空军向法国机场和后方实施了猛烈轰击。

6月4日，即在敦刻尔克陷落当天，魏刚将军向法军发布命令："固守索姆河防线至6月15日，届时我的预备队即可进入阵地。"

6月5日，德军最高统帅开始实施吞并法国的"红色方案"。希特勒发表了告军人书，煽动部属加紧侵占巴黎，狂吹这是"历史上最大的一次战役"。当天早晨5时，随着希特勒的一声令下，德军转锋南向，沿阿布维尔到莱茵河上游一线，在整个600多公里宽的横贯法国南部的战线上，发动了强大的攻势。

其实，"红色方案"刚开始执行时并不很顺利。B集团军群在6月5日发动进攻，然而A集团军群等到9日才缓缓行动。这一次，法军表现出前所未有的决心和坚强的意志，他们的气势根本有别于数周之前。德军坦克师非但没有突破这些桥头堡，反而由于受到法军的猛烈强攻而受阻。一位德国士兵这样写道："在那些已被毁的村庄里，法国人坚持抗战到最后一人。当我们的步兵打到他们身后32公里处，那些'刺猬'仍在浴血奋战。"所有沿"魏刚防线"的法军英勇杀敌，誓死奋战。当法军用那些在"一战"中就曾用过的武器来抵抗德军的坦克时，德国步兵已在法国防线上就位了。

当日拂晓，博克的B集团军群率先在右翼发起全线进攻，同一天，隆美尔的第7装甲师抢先渡过索姆河。德军利用第一梯队的各坦克集群，开始向法国腹地迅速发展进攻。

这一日，战场上空上千架德国轰炸机盘旋俯冲，地面上200多辆德国坦克横冲直撞，100多个德国师如同一群疯狂的野兽张牙舞爪猛扑过来。尽管法军统帅部浸透了失败主义的情绪，但是法国士兵最初还是坚守住了阵地，在法军的顽强抵抗下，德军有4个装甲师没能楔入法军阵地。然而，德军霍特装甲军的两个装甲师却在阿布维尔取得重大进展，经过一昼夜的进攻，不仅突破了法军在这一地区的防御，而且向前推进了10公里。

6月6日，战况空前激烈。在索姆河中部，法军顽强抵抗，德军进攻受阻，在西部，霍特装甲军继续向前推进，第4集团军利用所属装甲军的战果，迅速扩大突破口，并击退了英国远征军第1装甲师的阻击，把法军第10集团军分割成两半，将其左翼紧逼到海边，迫使其右翼向塞纳河一带撤退。

法国政府未能组织对德军的抵抗，拒绝了法国共产党中央委员会6月6日的建议，即动员群众回击侵略者，改变战争性质，使其变为争取法国自由与独立的人民战争。雷诺政府的这个决定，使得法国无可救药地走向了亡国的道路。

6月7日，隆美尔师将防守阿布维尔－亚眠一线的法国第10集团军拦腰斩断，其他德军各师得以从这个缺口向前拥入。"魏刚防线"开始全面崩溃，魏刚曾企图沿安纳河一线组织新的防线，现在已是完全不可能了。

6月8日，隆美尔师进抵塞纳河畔。同时，德军在香槟境内，空降大批伞兵，骚扰法军后方。双方力量更加众寡悬殊，法军不断后退。

在B集团军群发起进攻后，德军左翼的伦德施泰特A集团军群也于6月9日在艾纳河发起渡河攻势，当晚，古德里安装甲兵团的第1装甲师强渡艾纳河，6月10日，古德里安兵团击败法军装甲部队，突破了法第6集团军的右翼。此后，古德里安挥军南下，一路长驱直入，似入无人之境。

6月17日，古德里安装甲兵团进抵瑞士边境城镇潘塔里尔，切断了马奇诺防线内法军逃往瑞士的退路。自强渡艾纳河以来，古德里安装甲兵团在10天中长驱400多公里，俘虏法军25万之多，创造了战争史上的奇观。

6月10日，隆美尔又转身北向，一口气冲了80公里远，以海岸线为目标，当晚就到达目的地，切断了正向海岸撤退的法军第9军和英军第51师（苏格兰高地师）的退路。同日，德法两军在距巴黎仅50多公里处展开了一场厮杀。德军在全线投入了200万兵力，战况之激烈为开战以来所未有，法军已是最后挣扎了。经过激战，德军强渡塞纳河，占领了巴黎近郊一些防御阵地，法军全面后撤，防线已是整个崩溃。

6月11日，德军占领了兰斯，迫使法军退守马恩河南岸。在德军占领鲁昂后，法军第9军和英军第51师的退路被切断，它们指望从海上撤退。11日至12日夜间，大雾弥漫，船只不能从圣伐勒里撤退军队，12日晨，德军进抵南面的海崖，海滩直接处于德军炮火之下。城里出现了白旗，法国第9军和英军第51师的残部被迫投降。此仗，仅有英军1,350人和法军930人逃脱了，8,000英军和4,000法军落入了隆美尔指挥的第7坦克师之手。

No.2 不设防城市

正当法国摇摇欲坠之际，意大利又在法国后面捅了一刀。

1940年6月10日，墨索里尼在罗马威尼斯宫从他的阳台上向组织好了的群众宣称，意大利与英国已处于交战状态。对法国政府，意大利也送达了同样的照会。

意大利立即进攻阿尔卑斯阵地的法国军队，英国也随即对意大利宣战。当时，法国只能集结3个师的军队以及另外相当于3个师多一点的要塞部队，抵御意大利西部集团军从阿尔卑斯山山口和里维埃拉沿岸发动的进攻。意大利集团军在乌姆贝托亲王指挥之下，共有22个师，32.5万人，约3,000门火炮和3,000余门迫击炮。此外，德国强大的装甲部队，迅速地沿罗纳谷而下，马上就要横断法国的后方。

虽然如此，意大利人还是遭到了法军的顽强抵抗，甚至在新阵线的每一点上都被法国的阿尔卑斯部队牵制住，就是在巴黎已经陷落、里昂也落入德军之手以后，意军还无法取得什么进展。意大利以32个师的兵力进攻法国南部，法国守军只有6个师，但即使这样，作战不力的意军前进的速度也只能以英尺计。

意大利于6月20日又发动了新攻势。然而法军的阿尔卑斯阵地被证明是不易攻陷的，意军向尼斯的主力攻击停顿在芒通的郊外。虽然法军在东南边境上的战斗保住了它的荣誉，然而德国却从南面抄了后路，从而使他们不能再进行战斗。

至此，贝当、魏刚的投降决心已经定了，匆匆宣布巴黎为不设防城市。

在6月初的这几天里，法国政府和最高统帅部始终没有决定是否在巴黎城内进行抵抗，它们考虑更多的是把政府迁出巴黎，以免成为敌人的俘虏。所以直到6月9日，是否在巴黎抵抗的问题仍悬而不决。

为摆出一副保卫巴黎的姿态，6月8日，法军集结了大约1万名士兵，配备200门反坦克炮和数百挺机枪，驻守在通向首都交通要道上新修的400个地堡内。还增加了30辆坦克，并设置了长达数公里的反坦克障碍物和壕沟。6月9日魏刚命令部队沿"巴黎城防工事"建立一道防线，由巴黎卫戍司令赫林指挥新编的"巴黎集团军"防守。

但是战争情形是紧迫的。6月11日，巴黎市内已经听到隆隆炮声了，德军距离巴黎只有40公里了。巴黎人心惶惶，议员、大银行家、商人等达官贵人正在准备逃亡国外。法国政府各机关也纷纷焚毁档案，相继撤退，难民不绝于途。魏刚、贝当之徒把当时的军事形势说得一团漆黑，竭力鼓吹败局已定，再抵抗是"无谓的冒险主义""继续作战会引起革命"，他们力主停战，放弃巴黎，并于当天宣布巴黎为"不设防城市"。

6月12日，在西南，德军在巴黎近郊防御阵地的西段强渡塞纳河，从韦尔农附近直扑埃夫勒，然后又进逼德勒，在东面，德军在马恩河地区以南进抵蒙米赖。这样，巴黎处在德军东西两面的夹击之中。当日晚，法军未经战斗就放弃了巴黎以北的防御。

13日，法军护城部队撤至巴黎以南的朗布依埃-儒维西一线，将巴黎拱手让给德军。当天下午5时10分，德军先头部队抵达巴黎北郊。随后，德军B集团军群所属部队包围了巴黎。

6月14日，法国政府再次迁徙，这一次从图尔迁往波尔多。巴黎城防司令不战而交出巴黎，严令镇压人民反抗，并向群众宣布：凡从事抵抗者格杀勿论。

也许，抵抗确实只会引发可怕的破坏和大量的伤亡，但放弃首都无疑是对法国人民心理上的沉重打击。当听到政府要放弃保卫首都的命令时，法国作家莫鲁瓦这样说道："就在那一刻，我知道一切都完了，法国失去了巴黎，成了一个无头的躯体，我们战败了。"

德国大军以第9军为前锋，一枪未放便进入了巴黎。负责进攻首都的B集团军群总司令博克也兴冲冲地赶到巴黎，很有兴致地在协和广场上举行了第9师的临时阅兵式，后又赶到迷人的香榭丽舍大道检阅了第8师和第24师的部队，德国士兵微笑着迈着正步通过了凯旋门。

此时，法国政府大厦的上空和埃菲尔铁塔的顶端高高飘扬起了第三帝国的"卐"字旗。

第7章
CHAPTER SEVEN

三色旗倒下

★巴黎的陷落，对法国人的军心和民心产生了巨大的影响，许多法国人都为自己祖国的前途和命运担忧。但是，也有不少法国人仍然对战争前景抱以很大希望，他们寄希望于"马奇诺防线"。

★在法国存亡的危急时刻，法国内阁产生了严重的分歧。以总理雷诺为首的，包括戴高乐将军在内的一些人员是主战派，他们呼吁继续战斗；而以魏刚、贝当为首的相当一部分人属于投降派，他们主张立刻投降。

No.1 突破马奇诺

巴黎的陷落，对法国人的军心和民心产生了巨大的反响，许多法国人都为自己祖国的前途和命运担忧。但是，也有不少法国人仍然对战争前景抱以很大希望，他们寄希望于"马奇诺防线"。

马奇诺防线绵延于法国东部的全部国境线上，自卢森堡附近的隆维起，经提翁维尔、维桑布尔，再循莱茵河西岸南下，经斯特拉斯堡，到瑞士边境的贝尔福，全长750余公里。防线内堡垒林立，地下筑有坚固工事，还有地下铁道，隧道公路和各种生活设施。各火力据点相互配合，组成绵密的火力封锁通道，并设置有各种防步兵和防坦克障碍物。在主要作战方向上，还筑有堡垒据点，堡内大部分配有75厘米炮数门，机关枪10余挺，各种火器皆安置在可以旋转的钢塔内，可以左右旋转，侧射据点之内的死角。据点上面筑有钢筋水泥掩体，厚达3米，据点四周筑有外壕，据点内部架设铁栅，以防步兵强攻，各据点之间有地下走廊相通，可以相互支援。据点内还附设有完善的卫生设备、外科手术室和输血室等，地下室内还有大型现代化防毒措施。

就当时而言，马奇诺防线可谓世界上工事构筑最完善、障碍设置最完备、火力配系最严密的防线之一。法国政界和军界一致认为有了这道防线，就可以高枕无忧了。

然而，这些只不过是法国人美好的一厢情愿。德国人从来就没有把马奇诺防线看得那么神乎其神。

当步兵开进巴黎前后，德军坦克师在战场上节节进逼，一鼓作气拿下了马奇诺防线。

1940年6月13日，德军开始对马奇诺防线发起总攻击。从比利时的阿尔隆一带突入法境的德军几乎毫无阻碍。当晚，德军从左翼向凡尔登进袭，得手后直向马奇诺防线的背后迂回，力图形成对马奇诺防线的分割包围。

法军的抵抗毫无组织，德军坦克兵团迅速向法国腹地推进。14日，就在德军占领巴黎的当天，德军A集团军群的左翼已进至到马奇诺防线的侧背，"因为这条无用的防线，毕竟还存在着数十万没有投降或被消灭的法国军队"。希特勒要求伦德施泰特与C集团军群合作，彻底消灭那里的法国部队。根据希特勒下达的15号作战指令，一直在马奇诺防线当面执行吸引法军注意力任务的C集团军群，立即选择马奇诺防线守军的薄弱处，即阿尔萨斯和格林两筑垒地域的接合部发起进攻。A、C两集团军群前后夹击，通力合作。

德国第1集团军选择法军防御最弱的地区，在萨尔布吕肯地区向马奇诺防线正面发动了攻势。当天强渡湖沼区小河未成。次日，德军在重炮和俯冲轰炸机的掩护下以猛烈的火力侧射、压制高地堡垒，同时施放烟幕掩护各部队攻击，入暮时分，法军防守的主要高地堡垒全部陷落。经过两天战斗，德军占领了萨尔布吕肯地区前面全部堡垒，突破了主要防线。

古德里安坦克集群进抵广阔战役纵深后，向南面的朗格高原推进，从西面迂回向马奇诺防线开进。现在该坦克集群由A集团军群划归C集团军群，在向东北展开后，开始向厄比纳尔、贝尔福方向推进。这样，马奇诺防线处于前后夹击当中。

古德里安实施纵深迂回，一举切断了阿尔萨斯和洛林两地法军的联系。6月15日，古德里安装甲部队占领了法国古老的要塞朗格勒，第二天，占领格雷，6月17日，占领贝尔松。随后，德国坦克逼近蓬塔尔利埃附近的瑞士边界。

就在古德里安完成他的包围圈时，克莱斯特的坦克部队正插入法国中部，它进抵特鲁瓦西北面的塞纳河并继续向里昂方向开进，这支德军于6月16日到达第戎，把正在向克莱蒙菲朗和里昂进军的法国部队切成两截。

6月15日晨，法国北部边境的马奇诺防线已被突破，法军节节退却。同日，法国东部边境的马奇诺防线被突破，南下德军挺进到科尔马尔，追上正在退却的法军，使其不得脱身。另一路南下德军进抵贝尔福，东向与科尔马尔的德军会合。

在三天的战斗中，德军在马奇诺防线正面不断扩大突破口，把马奇诺防线切成两段。德军自西面、西北面绕到马奇诺防线的背后，与正面突破东部防线的德军相会合，把来不及向南撤退的法国几十万大军，包围在铁圈内，紧接着，马奇诺防线中第二个最强大的防区——阿尔萨斯筑堤地带也被包围。

6月17日，C集团军群进至马恩河至莱茵运河一线上，A集团军群从侧后推进至瑞士边界，法军第2、第3集团军群被围。50万法国守军被合围在阿尔萨斯和格林南部，已呈强弩之势。对于这些法军，德军正如瓮中捉鳖般容易了。

经过7天战斗，到了19日，整个马奇诺防线全部被德军攻占。50万法国守军如釜底游鱼，大部分都投降了，只有极少数的部队逃入瑞士境内。这12,000名法国人和6,000名波兰人被围在贝尔福以东，他们在圣于桑地域越过瑞士边境后也遭到了德军的扣留。

至此，马奇诺防线不可战胜的神话彻底破灭了。

No.2 抵抗与投降

现在，法国人能做的只有两件事：或者投降；或者抢救他们的部队以保存力量，如用船将部队送到法国在北非的殖民地，进行修整，以待将来卷土重来。

在法国存亡的危急时刻，法国内阁产生了严重的分歧。以总理雷诺为首的，包括戴高乐将军在内的一些人员是主战派，他们呼吁继续战斗；而以魏刚、贝当为首的相当一部分人属于投降派，他们主张立刻投降。

从1940年6月15日起，法国政府迁到波尔多，与此同时，远在英国的丘吉尔提出建立一个"法英联盟"的方案，希望能够刺激人心，扭转法国政府的对德投降倾向，以激励他们坚定到北非的法属殖民地继续战斗的决心。

6月16日，雷诺将此方案提交内阁会议讨论。这是雷诺内阁举行的最后一次内阁会议。

以贝当元帅为首的一帮失败主义者甚至拒绝对方案加以审查，他们提出了种种强烈的指责，说它是"到最后一分钟才拿出来的计划"，是"突然袭击"，是"一个把法国沦为保护

↑ 6月18日，通过贝当的声音，法国投降了。

国或者夺取它的殖民地的计划"。他们说，这会把法国的地位贬为英国的一个自治省，还有些人埋怨说，连平等的身份也没给予法国人，因为法国人只能取得英帝国的公民身份，而不是大不列颠的公民，但是英国人却可以做法国的公民。

除此之外，投降派还提出了许多其他论点。魏刚几乎没有多费唇舌便说服了贝当，他认为英国已经完了，法国的最高军事当局说"不出三个星期，英国就会像一只小鸡似的被人拧住它的脖子"；而照贝当看来，同英国联盟无异"同死尸结成一体"；伊巴纳加雷在上次大战时曾是那样坚强，现在却大叫大嚷说："还是作纳粹的一个行省好些。我们至少明了那是怎么一回事。"魏刚的一个亲密朋友、参议员雷贝尔宣称，这个计划意味着法国的彻底的灭亡，总之分明是让法国隶属于英国。

这对于坚持战斗的法国总理来说，是一个对他本人的致命打击，这标志着他在内阁的影响和威望已经完结。其后内阁的一切讨论便转到停战和探询德国的条件上去了。

在法国军队中，有一个坚决主张抵抗德国侵略的人，他就是夏尔·戴高乐将军。就在6

月17日，贝当内阁执政，酝酿投降的次日，就发生了戴高乐逃亡英国的插曲。

逃离法国的第二天，在英国首相丘吉尔的支持下，6月18日下午，戴高乐将军在英国广播电台发表了《告法国人民书》，他向法国人民和全世界庄严宣布：

"法国的事业没有失败，……法国并非孤军奋战！它不是单枪匹马！它不是四处无援！法国的抵抗火焰决不应该熄灭，也决不会熄灭……"

戴高乐将军要求希望自由的法国官兵们和他联系，他高扬"自由法国"的旗帜，以顽强的毅力开始拯救法国的斗争。

6月18日，贝当政府下令各部队不战而放弃所有20,000人口以上的城市。不仅禁止军队在各城市内，而且在城郊也不准进行抵抗和破坏。

与此同时，希特勒仍命令德军继续进攻，追击败退的法军，并占领法国各最重要的城市和战略要地。德军奉命对战败敌人继续施加压力——名誉上夺取瑟堡和布列斯特，实际上占领阿尔萨斯，特别是斯特拉斯堡，另一快速部队则从英吉利海峡向南推进，在奥尔良和纳韦尔之间强渡卢瓦尔河。

德军正朝着完全控制法国的方向急速发展。

6月19日，法军第10集团军停止抵抗，德军顺利占领法国的海军基地布雷斯特、圣纳泽尔、南特和拉罗谢尔。

德军C集团军群的部队在"红色方案"行动的最后阶段，也抓紧时间积极进攻。贝当政府停战的消息打消了法军继续抵抗的念头，他们认为，抵抗已经无效，于是纷纷放下武器。德军得以顺利进军。

到了6月20日，只有马奇诺防线若干地段上的守备部队和孚日山区的独立总队仍在抗击德军。当天，德军出动大批飞机轰炸法国临时政府所在地波尔多。

与此同时，贝当政府在积极配合希特勒的行动。他们担心有人在海外建立流亡政府，以控制殖民地和法国舰队，便策划了一场地地道道的欺骗、恫吓和威胁的运动，阻挠那些可能成为流亡政府首领的人到国外去。

在一般的威胁起不到作用的情况下，贝当政府制造了"马西利亚"号事件，把政府的人员一分为二，一部分迁往北非，总统、两院议长、内阁副总理随同前往，其余人员则留在法国本土。最后，在6月21日乘"马西利亚"号客船前往北非的只是30名两院议员，其中包括内政部长曼德尔，他们抵达卡萨布兰卡时，曼德尔曾打算组织一个流亡政府继续抗战，但他们被贝当政府以种种罪名软禁在船上，然后统统被押回了法国。不仅如此，贝当政府还派人恫吓想迁往北非而没有走成的勒布伦总统。6月17日，飞往英国的戴高乐也接到贝当政府的通知，要他立刻回国，不得延误。当然，聪明的戴高乐是不会答应的。

6月19日清晨，贝当政府终于等到它梦寐以求的时刻。在解决完他认为该解决的事情之后，希特勒通知法国："准备一俟得知法国代表团人员名单，就宣布停止敌对行动的条件。"

贝当早就迫不及待了。他当天上午就指定了法国停战谈判的全权代表，代表团团长是法国第4集团军群司令亨齐格将军，成员有前法国驻波兰大使诺埃尔、海军副参谋长勒吕克海军准将、空军参谋长贝热雷将军，以及前驻罗马武官帕里佐将军。

于是1940年6月，在阳光明媚的法兰西大地上，德国和法国就要在一个他们曾经都很熟悉的地方，签订他们新的一次停战协定了。

1940年6月21日，对法国人而言，那是一个充满羞辱的夏日。1940年6月22日下午6时50分，凯特尔和亨齐格分别在德法停战条款上签字。

按照停战协定规定，法国军队全部解除武装并把武器交给德国，法国被肢解为两部分，法国北部约占全国3/5的富庶工业区由德军占领，法国负担德国占领军的全部费用。其他非占领区表面上由贝当傀儡政府统治，实际上整个法国完全被置于德国人的统治之下。法国从此陷入了亡国的深渊。

1940年7月1日，贝当政府从波尔多迁至维希城。贝当这位第一次世界大战时的老英雄，从此充当起德国的傀儡。

占领区的全部经济潜力都归法西斯德国使用。占领当局除对法国进行直接掠夺外，还采取各种方法让德国资本渗入法国经济，进行全方面的掠夺。在德国人的指挥下，他们和贝当政府的副总理、海军上将达尔朗，订立了契约，原材料和机械源源不断地往德国运去了，并且在法国的工厂中，派德国人监督。

现在，达尔朗和贝当已经在江山依旧的法国领土上，建立起来一个"新秩序"———一种灾难与耻辱的秩序。由于这两位上将住在法国南部的小城市维希，故而这个政府也被称为"维希政府"。这两人都常常声称：法国工业今日尚得存在者，完全有赖于德国。但是他们不敢说出来，就是这些希特勒的定货，完全是由法国人民支付。法国每天必须向盘踞巴黎的纳粹支付4万万法郎，一年合算起来，就是1,460万万法郎，德国人便以这种款项的一部分，去购买法国工业的制造品。除此之外，法国人还要支付"战争损坏清除工作费"等，法国傀儡政府根本无法弥补，结果造成过度的通货膨胀。

贝当希望在国内建立独裁制度后能同法西斯德国建立更密切的接触，维希政府出版过一本小册了，那里边写道："1940年5～6月间的失败是制度的崩溃……法国应有新制度，就像每次大变革之后那样，我们当然愿意建立一种同我们的胜利者的现行制度相似的制度。"法国战败后，国内那些把贝当当作旗帜和盾牌的法西斯分子开始公开向共和制度进攻，这股势力的头子是素以反动观点著称的政客赖伐尔。

随着战争岁月的推移，维希政府变得越发无能、越发专横了。法国人民在失败的情况下，最初都把希望寄托在贝当元帅身上，把他作为未来艰难岁月中能引导他们、保护他们免受德国人之害的父辈人物，他们对他深信不疑、绝对爱戴，但是他们的领袖显然没有给他的人民提供足够的回报。

随着盟军在北非的登陆，法国舰队于1942年11月27日被消灭，维希政权堕落到无以复加的程度。

从5月10日至6月17日，号称欧洲军事强国的法国，就这样在5周时间内被完全打败了。

↑ 贝当元帅与希特勒。

曼施坦因的构想经过古德里安和隆美尔等人的行动后，最终变成了一个堪称世界军事史上的杰作。希特勒灭亡法国的"镰割"计划有了一个很漂亮的结果。

No.3 反 思

人们会问："是谁打败了法国？"那么，就让历史老人来作答吧！

此战，法军死亡8.4万人，伤12万人，被俘154.7万人；英军损失6.8万人。德军死亡和失踪约4.5万人，受伤11.1万多人。德国在此战中取得的胜利证明，法英两国虽然拥有雄厚的军事和经济潜力，但无力抵抗德军的强大进攻。法国的迅速败降，是许多因素促成的结果。从当时的军事力量对比来看，以法军为主力的盟军，无论在军队的数量上及武器配备方面都比德军略占优势。但是，他们却输了，而且输得干干净净。

法国战败的教训是深刻的，究其原因，主要有以下几点：

首先，军事上指导思想是错误的：可谓一着不慎，满盘皆输。

盟军固守第一次世界大战中法军胜利的经验，依旧认为防御是胜利的前提和基本条件，

↑法国需要一支强大的装甲师，这是戴高乐一直主张的。

迷恋于阵地防御战。由于法国在"一战"中依靠筑垒阵地打消耗战最后取胜，所以，法国军界领导人认为：阵地战在未来的战争中将被更加广泛地应用。

在此思想指导下，法军制定了以防守为主的消耗战略，即筑垒固守，坐待敌人削弱并耗尽其物质技术资源之后，伺机转入进攻，取得胜利。为此，法国不惜巨资，花了9年时间，在法、德边境上修建了长达700多公里的马奇诺防线，用以阻隔敌人。这不仅导致了法军的军事训练以防御为主，并将大量训练有素的兵力用于防守阵地，而且在法军中产生了这样一种观念：只要有坚固的阵地存在，法国便可以万无一失了。

这种思想导致了法军麻痹轻敌，斗志消沉，组织涣散，军备松懈，在敌人的进攻面前缺乏机动灵活，无所作为。

果然，当1940年5月10日德军展开进攻时，法军尚未进入战备状态，许多军官还在休假，其中包括许多高级将领。5月12日，当德军一个坦克师穿越阿登山区向前挺进时，法军最高统帅部还不相信这是真的；在一位坦克专家亲自乘飞机前往现场证实情况后，法军军官还嘲笑他没有见过坦克；当德军向法境长驱直入时，驻守马奇诺防线的重兵集团躲在工事里不知所措，甚至当德军突破"魏刚防线"直取巴黎时，他们仍按兵不动，静候挨打，直到德军快速迂回到防线侧后对其形成夹击之势时，才仓皇迎敌，结果遭到围歼，马奇诺防线也完好无损地落入敌手。可见，陶醉于一时的胜利，沉迷于消极防守战略，是使法军吃大亏的根本因素。

其次，军事思想十分保守，无视科技的发展和进步给现代战争带来的新变化、新特点，忽略了坦克机械化部队在现代化战争中的作用。

第一次世界大战中，由于法德双方都无法突破对方的防线，造成法德战场长期相持。所以，如何突破对方防线的问题开始为军事学家所重视。英国军事思想家富勒和利德·哈特提出了坦克机械化步兵和飞机联合作战的原理。因而，利用坦克装甲部队快速作战以突破对方阵地，逐渐为欧洲一些国家所重视。

德国早在20世纪二三十年代就重视研究和探讨这一理论，希特勒上台后，更加强了这方面的工作，他曾说："坦克部队和空军不仅作为进攻手段，而且也作为防御手段，其技术之高是其他力量望尘莫及的。"因而，德国非常重视坦克机械化部队和空军的建设。而法国军事领导人则抱着一战胜利的经验不放，骄傲自满，只迷信过去，不研究现在，更不去考虑将来。法国人认识不到坦克军队的作用，只是单纯地致力于阵地构筑和步兵的建设。

虽然法国的埃斯蒂安将军曾竭力鼓吹建立装甲师，戴高乐也曾大声疾呼："决不能坐视未来的敌人装备制胜的武器，而法国始终没有。"但他们的意见却得不到应有的尊重。法国军界领导人始终认为："在战斗中，步兵是至高无上的。"而坦克是一种笨重的工具，只能作为步兵的辅助力量使用。这就使得法军在战场上缺乏机动和速度，缺乏突击力量而处处被动。

可见，在军事理论方面，法军基本上没有跳出一战的圈子，而其对手德国却处于当时世界领先地位。为此，哈特说："法军领导层的军事思想落后了20年。"从这方面讲，法国的失败早在交手前就注定了。

中国有句古话：运筹帷幄之中，决胜千里之外。战争不仅仅是士兵在战斗中的对抗，也是军事统帅在智慧上的较量。如果说法军军事理论的落后使自己在战争中陷于被动的话，那么，法军统帅的无能、指挥失策则为德军入侵的成功，大开了方便之门。

盟军缺乏强大的战略预备队，贻误战机，丧失了很好的反攻机会。他们无法进行有力的反击，以阻止突入的德军向纵深推进。法国的一位将军认为，这往往"使敌人能实施深远的突破，陷我军于宽大的合围并使我军数以万计的人被俘"。

其三，法军过分依赖英法军事同盟，缺乏独立防务。

为了制止德国的侵略，在法国的一再努力下，1939年3月，英法结成了军事同盟，但在同盟中，法国处于从属地位。而且，由于种种原因，英国对同盟持消极态度，一直没有认真履行过盟国的义务。而法国却对这样一个同盟寄予过高的希望，甚至放弃了独立自主的原则，将法国的安危寄托于英国的支持与提供保证之上。连前法国总理达拉第也埋怨道："法国将军总是把法国行动的可能性与盟国活动的可能性混为一谈。"结果在关键时刻，法国被抛弃，陷入被动、孤立的局面。最后，连英军司令戈特也不得不承认："在法国急需英国援助的紧要关头，我们的远征军却撤出了战场。"

其四，追根溯源，还是绥靖政策铸成大错，使得法国人自食其果。

对德国法西斯的侵略扩张，法国一味躲避退让，甚至牺牲中小盟国的利益去安抚德国，以求自身的安全。甚至想坐山观虎斗，结果却搬起石头砸了自己的脚。

法国的达拉第和英国的张伯伦，都是绥靖路线的著名人物，达拉第绥靖路线深深影响着法国的军队和战备。总司令甘末林，与达拉第的思想非常一致，都主张以防御为主，极力避战。雷诺对此持有异议，他说过"一个主张守势的将军，必将大遭失败"，但当他想撤换甘末林时，达拉第以辞职相威胁，最后，只好不了了之。

正是这条绥靖路线使法国坐视德国的法西斯力量日益壮大而终于不可收拾，自己却迷信马奇诺防线，迟迟不作迎战的准备，一旦被迫迎战，就显得极其被动，物质上、精神上处处准备不足。

而执政的法国右翼力量也促成了法国的灭亡，他们宁可自己投降，也不愿看见革命爆发。更可笑的是，贝当在宣布投降时，竟不认为自己背叛了祖国，而是很自豪地"以这个国家多年来所渴望的救星自居的。"

总之，法国1940年的悲剧决非偶然，它的迅速瓦解有多方面的原因。但是，最重要的是，它显示了法德之间军事素质方面的差距，暴露了法国军事理论的落后与法军统帅的腐败无能，证明了落后就要挨打，腐败将导致国家灭亡。这是"二战"法国败降的悲剧留给世人的主要教训。

第8章
CHAPTER EIGHT

戴高乐的呼声

★1940年6月17日早晨9时，波尔多机场上一片混乱，人们正在为英国特使斯皮尔斯送行，忽然从人群中闪出一位身材高大的法国将军，还没有等人们反应过来，便径直登上了引擎已经启动、正在准备腾空而起的英国飞机。这位将军便是戴高乐。

★"自由法国"总部设在泰晤士河畔的一座大厦里。戴高乐将军筹建了法国民族委员会和武装力量，在简陋的办公室里他接待从各地来的关心"自由法国"的人们。

143

No.1 法国英雄戴高乐

法国真的完了吗？法兰西独立自由的精神真的完了吗？

不！这里先讲一个小故事吧。当法国贝当政府逃到南方波尔多，还没有签字投降的时候，有一天傍晚，在一家咖啡馆里，前任总理赖伐尔还在对四座高谈阔论"大局"。他说："我一向主张法国应和希特勒与墨索里尼合作。"他向听众担保，如果政府听他的话，法国一定是个和平快乐的国家。

这时，一位身穿黑礼服的年老绅士打断了他的话问道："你是总理大人赖伐尔先生吗？"赖伐尔还未及回答，这位老先生伸出手来，对准赖伐尔的脸上就是一记响亮的耳光！在众人哗然纷乱之中，老先生不见了。事后听说，这位老先生的儿子是一个飞行员，在对德国的战争中已经殉国了。一个绅士尚且如此，具有斗争传统的法国人民当然不会甘心屈服了。

在法国军队当中，有个刚刚被任命为国防部次长的人，名叫夏尔·戴高乐。他在第一次世界大战中是个上尉，在凡尔登战役中，他身负重伤，被关在德国俘虏营中，战后才回国。第二次世界大战爆发后，他针对德国闪电战袭击波兰的教训，一再提出以机械化部队对抗机械化进攻的建议，但是都被当时法国陆军的元老们一一否定了。他是个坚决主张抵抗德国侵略的人，可是在当时的法国政府中，他是孤立的。

1940年6月17日早晨9时，波尔多机场上一片混乱，人们正在为英国特使斯皮尔斯送行，忽然从人群中闪出一位身材高大的法国将军，还没有等人们反应过来，便径直登上了引擎已经启动、正在准备腾空而起的英国飞机。这位将军便是戴高乐。

丘吉尔后来描述过戴高乐从法国脱险的经过，并评论道："戴高乐在这架小小的飞机里载着法国的光荣离去了。"

当天下午，戴高乐飞抵伦敦，开始组建法国的抵抗运动。针对贝当政府的停战求和，戴高乐于18日夜间发表广播讲话。那是一个历史性的时刻，从那以后，特别在法国，人们把戴高乐称为"6·18英雄"。

"6·18英雄"说：

事情已经定局了吗？希望已经没有了吗？失败已经确定了吗？没有！

法国并不孤立。它不是单枪匹马！在它的后面有一个庞大的帝国。它可以和不列颠帝国联合起来，不列颠帝国控制着海洋并在继续作战。法国可以像英国那样，充分利用美国巨大的工业资源。

我是戴高乐将军，我现在在伦敦。我向目前正在英国领土上和将来可能来到英国领土上的持有武器或没有武器的法国官兵发出号召，向目前正在英国领土上和将来可能来到英国领土上的一切军火工厂的工程师和技术人员发出号召，请你们和我联系。

他庄严地宣布"法国的事业没有失败……无论发生什么情况，法兰西抵抗的火焰决不应该熄灭，也决不会熄灭。"

那天，丘吉尔也发表了十分著名的讲演，"略举了我们毫不动摇地继续作战的决心所依据的确实理由"。他说：

"不论法国或法国政府或另外的法国政府将来如何演变，我们在这个岛上和英帝国范围里都将永远保持我们对法国人民同舟共济的感情……如果我们的奋斗换来了最后的胜利，他们也将分享胜利的果实——是的，所有的人都将重获自由。

我们决不降低我们的正当要求；我们寸步不让……捷克人、波兰人、挪威人、荷兰人、比利时人已经把他们的事业和我们的事业联合在一起了。他们都将复兴他们的家园。"

在结束他的讲话时，丘吉尔说：

"魏刚将军所说的'法兰西之战'，现在已宣告结束。我预计'不列颠之战'就要开始了……因此，让我们勇敢地承担我们的责任，我们要这样勇敢地承担，以便在英帝国和它的联邦存在一千年之后，人们也可以说："这是他们最光辉的时刻。'"

他们两人的讲演一度使反法西斯的英法听众热血沸腾。

在1940年6月18日发表广播讲话之后，戴高乐就开始着手他拯救祖国的努力。当天他打电话给波尔多，表示愿意继续进行已经开始的关于美国战争物资的使用、德国俘虏的处理以及迁往北非的运输等问题的谈判，但回答他的是一个召他马上回去的电文。6月20日他写信给魏刚，叫他来领导抵抗运动，但魏刚已投降并给自己安上了一个"国防部长"的头衔，这封信于是被退回来，并在上面附了一个签条，打上了"如果退役的戴高乐上校想和魏刚将军通信，他必须通过正式的途径"的话。戴高乐随后向殖民地总督们发出呼吁，然而没有一个总督作出反响。那些高级人物基于等级观念和法统思想，有理由保持沉默。

接二连三的挫败使戴高乐深深明白，没有武装就没有法国的未来。他说："没有宝剑就没有法国，建立一个战斗部队比什么都重要。"

戴高乐不但着手组建忠于他个人又忠于他心目中的那个法国的运动，而且开始创立一个新法国的雏形。他在伦敦设立了法国抵抗运动中心，并打出了法国国旗。6月29日，有200多名步、炮兵向戴高乐将军报到，从敦刻尔克撤退的200多人投入"自由法国"的运动……到了这个月的最后一天，海军中将米塞利埃，也来到伦敦，支持戴高乐将军，这对戴高乐是个很大的鼓舞。

7月13日，戴高乐大胆宣称："法国同胞们！请认准这一点，你们还有一个战斗的队伍存在。"7月14日法国国庆日，戴高乐在伦敦公众赞许的目光下，检阅了他的第一支队伍，随后，他率领这支队伍在福煦元帅的像前献了红、白、蓝三色花圈。同时，宣布"自由法国"投入战斗，并以"洛林十字"作为它的标志。

7月21日，首批自由法国飞行员参加了对鲁尔区的轰炸，并发表了有关这次空袭的消息。到了7月末，自由法国的现役部队发展到了7,000人。8月24日，他们荣幸地接受了英王乔治六世的检阅。这7,000人的队伍，就是戴高乐的剑，他相信，剑身淬火后，将会变得尖利无比。

英王检阅，这是承认的一种形式。其实，英国早就以一种对戴高乐更为有用的方式承认了自由法国。1940年8月7日，英国与自由法国达成了一项正式协议，这一协议通常被称为丘吉尔——戴高乐协议。这项协议是戴高乐努力建立的那个大厦的基石。

维希政府早已和英国断交了，丘吉尔实际上已经承认了戴高乐的初具雏形的政权。英国人民，从王室成员到普通百姓，一直向自由法国人士表示友好情谊。当伦敦的报纸报道维希政府判处戴高乐死刑并且没收其财产时，马上就有大量的金银财宝不具名地留在了戴高乐居住的卡尔顿花园，还有十几个不知名的寡妇把她们的结婚戒指也寄来了，她们贡献了她们的黄金，来为戴高乐的解放事业服务。

戴高乐怀着钦佩的心情，描述了英国在普遍预感到德国将会入侵时所呈现的蓬勃气氛，而这种气氛在1940年战前的法国是看不到的。戴高乐说："看到每一个英国人似乎都把救亡图存视为己任，的确令人称羡不已。"

英国皇家空军的年轻飞行员也在准备迎击德国人的进攻，英国人在四处修建防空洞。1940年8月的一天，丘吉尔在契克斯会见戴高乐时向空中挥动着紧握的双拳喊道："他们永远不来了吗？"在随后的讨论中，丘吉尔说，戴高乐现在可以明白他当时为什么不让英国战斗机留在法国了吧。但戴高乐在这一点上也丝毫不让步，他反唇相讥道：如果英国战斗机留在法国，法国也许可以打下去，并继续在地中海作战。然而丘吉尔却着眼于更长远的目标，他当时的想法是，一旦德国人开始轰炸英国城市，美国就会受到震动从而放弃中立，支援法国。

若干年后，戴高乐重提这些事时，冷静地写道：丘吉尔先生和我都不偏不倚地从这一系列毁灭西方的事件中，得出一个平凡的然而是最后的结论：到头来不列颠是一个岛国，法国是大陆的一角，而美国则是另一个世界。

No.2 新的开始

"事情已经定局了吗？希望已经没有了吗？失败已经确定了吗？没有！"

戴高乐的声音震撼着3,000万法国人民的心灵。在他的旗帜下，集中了来自各方的法国自由战士，在战败德国法西斯的斗争中作出了重要贡献。

人们从四面八方投入戴高乐"自由法国"的运动。有的从法国绕道西班牙逃到英国，有的从北非经直布罗陀海峡投奔而来。集中在白城的2,000名敦刻尔克伤员中，有200名决定投靠"自由法国"。一个从地中海东部地区陆军中分拨出来驻守塞浦路斯的殖民地营，也聚集到自由法国的旗帜之下。6月底，有一个渔船队把不列塔尼沿岸塞纳岛上所有身强力壮的男人都运到了科尼什海岸。

"自由法国"总部设在泰晤士河畔的一座大厦里。戴高乐将军筹建了法国民族委员会和武装力量，在简陋的办公室里他接待从各地来的关心"自由法国"的人们。

1940年8月，戴高乐将军率领一支英、法联合舰队向法国进攻，不幸失败，但戴高乐将军并不屈服，他以顽强的精神继续战斗。

之后，为了长远计议，戴高乐将军又在非洲建立了一个可靠的作战基地和精干的行政机构，并出版了"自由法国"的报纸。他派出代表团，深入法属西非和赤道非洲，成功地使这些地区加入了"自由法国"。9月，法属大洋洲和印度支那宣布支持戴高乐。10月，戴高乐在布拉柴维尔成立了"保卫帝国委员会"。到了1940年年底，他已经控制了约1,200万人口的地区。

"自由法国"的军队成立伊始，便加入了反法西斯战争的行列，并且取得了可喜的胜利。

1941年9月24日，戴高乐为了进一步加强反法西斯的战斗力，正式成立了民族委员会，领导"自由法国"。"自由法国"的行政机构——"法兰西民族委员会"成立，戴高乐自任

↓ 正在检阅"自由法国"军队的戴高乐。

主席。该机构随即得到英、苏等国的承认，"自由法国"的影响进一步扩大。

戴高乐在发展"自由法国"的同时，还注重同国内的各抵抗组织建立联系，表示全力支持国内的抵抗运动。这样，国内抵抗运动也就成为"自由法国"的强大支柱。

随着抵抗运动的壮大，戴高乐于1942年7月13日将"自由法国"改为"战斗法国"。

1943年1月22日，戴高乐和英国、美国的领导人在卡萨布兰卡举行了会谈。这次会谈对于戴高乐的事业而言，相当重要。事过若干年后，罗斯福政策的主要执行者罗伯特·墨菲写道，他认为戴高乐在卡萨布兰卡会议上赢得了"未宣告的胜利"，他把这个胜利看作"戴高乐的计划向前迈进的一大步，这个计划将保证法国最大可能地分享盟国所取得的胜利果实，包括全面恢复法兰西帝国"。

那一次，离开卡萨布兰卡之前，戴高乐草拟了一个简短的公告，他没有让盟国知道内容，最后的定稿是这样的：

我们会见了。我们会谈了。我们注意到了我们所要达到的目标是完全一致的，这个目标就是彻底打败敌人，从而赢得法国的解放和人类自由的胜利。

与所有盟友并肩作战的全体法国人在战争中团结一致，将会达到这个目标。

1943年是第二次世界大战出现根本转折的一年。对"战斗法国"来说，同样取得了可歌可泣的战绩。在盟军实施"火炬"计划期间，法军始终参加战斗，为结束在北非的战争作出了应有的贡献。1943年9月8日，意大利投降。9日，科西嘉岛暴发起义，戴高乐立即派遣6,000多人的军队进行支援，经过20多天的血战，于10月4日解放科西嘉全岛。

1943年5月，共产党等16个政党团体在法国国内共同组建了全国抵抗运动委员会，戴高乐派往国内的代表让·穆旦担任第一届主席。到1944年3月，法国国内各抵抗组织的武装力量联合为统一的内地军，戴高乐将军的将士们对德军进行着英勇的战斗。

1944年6月，苏联红军解放了波兰，盟军从诺曼底登陆后向法国挺进。6月3日，法国临时政府克服重重困难，终于在阿尔及利亚正式成立。戴高乐宣布他将以临时政府首脑的身份重返法国。此时，戴高乐已拥有一支38万人的地面部队、500架飞机、32万吨的海军舰队，完全有能力配合盟军光复被法西斯德国占领达4年之久的祖国。

1944年6月6日，盟军实施"霸王"作战计划，盟军在法国北部的诺曼底地区开始登陆，开辟了反法西斯的在欧洲的第二战场，从此法西斯德国腹背受敌。随后，戴高乐领导的法国军队也投入了战斗。

在盟军登陆的同时，1944年8月19日，巴黎爆发武装起义。8月20日，戴高乐将军率领"自由法国"的部队随同盟军向巴黎挺进。他的军队受到了法国人民热烈的欢迎。戴高乐将军和千百万法国人民一起奋起战斗，武装起义解放了巴黎。他们配合同盟军作战，立下了不可磨灭的功勋。8月30日，戴高乐宣布法兰西共和国临时政府开始在巴黎施政。

1945年5月，德国投降，戴高乐以法国临时政府的名义，和盟军一起接受德国投降。法国解放了，法国的政权重新回到了法国人的手里。

是的，法国的事业没有结束，这才刚刚开始呢！

03

BATTLE

第三篇 > **闪击·苏维埃**

第1章
CHAPTER ONE

出笼，
巴巴罗萨

★斯大林感觉到问题的严峻，在同英法的接触中，他发现了资本主义强国对苏联的敌视和对社会主义制度的蔑视，还有对工人阶级领导的共产主义运动的隐隐的恐惧。他发现，欧洲正孕育着建立广泛的反苏联盟的危险。德国在一步步东进，英法看来还不准备遏制德国。

★希特勒对于斯大林的印象是：这个家伙和我一样，会使用欺诈的手段，会在对自己有利时背弃任何条约，说不定苏联什么时候就会主动发起进攻。事实上自从《苏德互不侵犯条约》签订以后，希特勒就越来越感觉到背后的芒刺。

No.1 一纸和约

1939年的欧洲，正是英法两个大国对法西斯德国实行绥靖政策的时候。英法都看到了希特勒的危险，又不敢与之争锋，1938年9月的"慕尼黑协定"，英法靠出卖别国的丑陋行为，为自己赢得了建立在沙堆上的和平大厦，并努力地想将希特勒这股祸水东引，最好让法西斯和苏维埃这两大"恶人"先拼个你死我活，互相削弱，他们就可从中渔利。而希特勒正在为实现自己在欧洲和全世界的野心蓝图作最后的准备。经历过俄国革命之后艰难的反侵略战争的斯大林明白，即使是社会主义国家，想在这个时代生存下去，也不能将自己独立于帝国主义列强之外，不能将整个资本主义世界当成自己的敌人，不然将陷入可怕的孤立。必须在帝国主义列强的夹缝中寻找自己的外交空间和国家利益，必须寻找盟友。

斯大林首先将目光对准力量强大的英法同盟。1939年4月，在莫斯科开始了英法俄三国的谈判，苏联的目的是建立一个军事互助合作协定，以便在未来一旦欧洲开战时，能得到一些支持。然而英法代表团却态度傲慢并无诚意，谈判不断被拖延，一直谈到8月份，竟然还毫无结果。斯大林发现，英法其实不是真想拉苏联这个盟友，那样会过早和德国树敌，他们只想利用与苏联谈判的机会来多少牵制一下德国。

斯大林感觉到问题的严峻，在同英法的接触中，他发现了资本主义强国对苏联的敌视和对社会主义制度的蔑视，还有对工人阶级领导的共产主义运动的隐隐的恐惧。他发现，欧洲孕育着建立广泛的反苏联盟的危险。德国在一步步东进，英法看来还不准备遏制德国。

"英法不行，就只能试着接触危险的希特勒了。其实接触希特勒并不比与英法签订条约更危险，因为英国法国和希特勒一样，会在关键的时候不讲信誉。重要的是我们必须让希特勒感觉到，我们是安全的，至少跟英法比起来我们更安全，只要让他先从西欧开始战争，就能给我们争取一到两年的时间。"

就在这个时候，机会来了，柏林的代表来到了莫斯科，并带来了希特勒的"问候"。

1939年8月，希特勒正在为闪击波兰做着最后的准备，这时唯一让他感到没有把握的就是背后强大的苏联，他搞不清苏联的实力，更摸不清苏联的态度。而就在这时，德国驻莫斯科的大使舒伦堡给他发来了苏联与英法的合作谈判陷入僵局，并且斯大林开始失去耐心的消息。希特勒敏锐的政治嗅觉立刻告诉他，这是一个天赐良机！他可以借此机会把苏联暂时争取过来，稳定住自己的后方。希特勒立刻要求舒伦堡，向苏联转达他的友好信号，并建议派外交部长里宾特洛甫立刻前往莫斯科签订互不侵犯友好条约。此时距离希特勒预定的对波兰发动闪击的时间只有一个星期了，必须迅速在谈判桌上稳住苏联。焦急的希特勒在8月20日亲自致电斯大林，表示要立即开始谈判。

斯大林反复地思考了与英法的谈判和与德国的接触，他明白，是该站队的时候了，如果站错了队，可能会把苏联提前卷入战火。

斯大林和希特勒同样急不可耐地希望立刻签订条约。于是在里宾特洛甫23日来到莫斯科的当天，双方就签署了《苏德互不侵犯条约》。

↑1939年8月，斯大林与德国外长里宾特洛甫在莫斯科进行了会晤。

《苏德互不侵犯条约》规定：

(1) 缔约国双方相约，避免单独地与其他国家联合，以任何暴力侵略或攻击行为加于对方。

(2) 倘第三国以类似战争之行动，加诸缔约国之一方时，他方即不得对该第三国予以任何援助。

(3) 两缔约国政府今后应就彼此有关之各项问题，保持密切接触，并交换情报。

(4) 缔约国之一方，对于直接或间接以反对对方为目的之任何集团，均不得参加。

(5) 缔约双方，在某种问题或其他问题上发生分歧或抵触时，不论性质如何，均采取和平方式、友好精神交换意见，于必要时，或组织仲裁委员会，以谋解决。

(6) 本约有效期限定为10年，倘未经缔约国之一方于期满一年以前通告废止，应自动延长5年。

(7) 本约应迅速予以批准，批准文件，在柏林交换，但本约签字后，立即生效，本约用苏德两国文字各缮一份。

然而就在签署这个条约的同时，苏德双方又签署了一个瓜分势力范围的"秘密协定"，其中规定：双方势力以波罗的海沿岸地区的立陶宛北部边界、波兰的那累夫河、维斯瓦河为分界线；在东南欧方面，苏联关心它在比萨拉比亚地区的利益，德方宣布它对该地区在政治上完全没有利害关系。这条协定简直就是两个列强在坐分别的主权国家的领地，它充分暴露了条约双方的意图，两个国家都想在未来的战争中捞上一把，但又互相顾忌，因此提前划分好地盘。尽管存在这个极不光彩的"秘密协定"，但是客观地说，这个条约还是有其积极作用的，它确实为苏联争取了宝贵的战争准备时间。

历史证明了斯大林的判断基本上是正确的。1939年到1940年，希特勒用闪电般的速度摧垮了波兰，荷兰、比利时、卢森堡等国也在纳粹的刀锋前像麦子一样纷纷倒下。而拥有300万军队、与德军势均力敌的法国竟然在30天之内就彻底崩溃了，只剩下了英国依靠海峡天险据守本土。而苏联在《苏德互不侵犯条约》特别是"秘密协定"的掩护下在东欧窃取了大量土地。唯一超出斯大林意料的就是德国竟然如此迅速地扫平了欧洲，它会不会也同样迅速地扫荡英伦三岛呢？还是英国迫于压力与之媾和？总之留给苏联准备战争的时间不多了。斯大林知道，《苏德互不侵犯条约》早晚有一天会被希特勒团起来丢进废纸篓的。战争只可能被暂时推迟，却无法避免。

希特勒的目光始终没有离开过苏联，对于《苏德互不侵犯条约》，他说："这是同我们必须掐死的魔鬼订立的条约。"他常对部下讲："条约只有在其符合目的时才会得到履行。"他企盼有朝一日将条约撕碎，然后挥戈东进，统率一支钢铁大军踏平共产主义苏联。东征是他一生最美丽的梦想，就像当年的亚历山大大帝和拿破仑那样（当然结果不能像他们）。

No.2 "巴巴罗萨"计划确定

1940年10月8日，可以说是希特勒开战以来最为郁闷的一天，在柏林，他无奈地下达了无限期推迟"海狮"计划的命令。丘吉尔政府的顽强抵抗已经伤了希特勒的心，更让他感到难堪的是在执行"海狮"计划时，他的海军和空军在与英国皇家海军和空军的对抗中丝毫没有占得上风，反而是一系列的海空胜利包括对柏林的不断空袭鼓舞了英国人本已低落的士气。这并不奇怪，英国海军的兵力几乎是德国海军的三倍，而在美国的帮助下，英国空军的装备质量也超过了德国空军。在完全没有制空权和制海权的条件下发起渡海登陆作战，简直就是让大量的士兵去送死。希特勒隐隐地感觉到，那道浅浅的海峡，对他来说却变得越来越宽了。

英国强大的空军实在是他的心头之患。而苏联一直是希特勒心目中不共戴天的死敌。社会主义苏联是德国在意识形态上无法容忍的异类，消灭红色苏维埃是希特勒全盘计划中或早或晚的一步棋。1917年的俄国十月革命之后，苏维埃就成了整个欧洲帝国主义列强的眼中钉、肉中刺。希特勒一旦对苏联开战，这场战争会具有整个欧洲讨伐危险的布尔什维克的战略意义，就好像是第二次十字军东征。1940年6月初，希特勒就曾向德军A集团军群总司令伦德施泰特吐露了自己的心声："我真正的伟大使命，是同布尔什维主义算账。"

希特勒对于斯大林的印象是：这个家伙和我一样，会使用欺诈的手段，会在对自己有利时背弃任何条约，说不定苏联什么时候就会主动发起进攻。事实上自从《苏德互不侵犯条约》签订以后，希特勒就越来越感觉到背后的芒刺。当希特勒指挥德军在法国大地上挥戈猛进的时候，苏联却悄悄地在他的背后用和他如出一辙的手段开始了扩张。1940年6月12日，莫斯科向波罗的海国家立陶宛发布一项最后通牒，四天之后，又向爱沙尼亚和拉脱维亚发出了同样的最后通牒，并向罗马尼亚边境派兵。在巨大威慑下，三个国家举手投降。仅仅半个月内，苏联兵不血刃地吞并了波罗的海三国以及罗马尼亚的两个省，直接威胁到了希特勒的石油命脉。苏联甚至对罗马尼亚的北布科维纳提出领土要求，这使希特勒大为恼火，因为这个地区是奥地利王国的旧土，而且密集地居住着日耳曼人。希特勒对此专门回顾了1939年签订的《苏德互不侵犯条约》文本，却吃惊地在"秘密协定"中发现了一条重大的漏洞。上面明文写着："考虑东南方时，苏联一方强调它对比萨拉比亚的兴趣，德国一方宣布它对这些地区完全没有政治兴趣。"其中"地区"一词竟然使用了复数形式，这就使得苏联对罗马尼亚的吞并行为完全不受条约的限制。并且大量情报表明，丘吉尔正在极力拉拢苏联参战，斯大林有可能与丘吉尔结成同盟，而从背后直接进攻德国本土。那样的话，德军将在毫无准备的情况下，被动地陷入两线作战的最不利局面。

希特勒的顾虑还不止这些，最重要的是苏联实际上掌握着他的经济命脉。由于战争的规模不断扩大，德国对原料的依赖越来越大，其中相当大一部分如橡胶、石油、铜、铂、锌、石棉、黄麻和钨等原料只有苏联能够供应，而苏联直到当时还根据签订的条约进行供应。如果对英战争没完没了地打下去，而美国的军事实力会像希特勒估计的那样，从1943年起充分显示出来，那么德国就要在原料供应上彻底依赖苏联。这时一旦苏联变卦，就等于对德国釜底抽薪。这样的前景是希特勒无法忍受的。而一旦打败苏联，德国则可以放心地从苏联攫取原料和农产品：乌克兰的小麦，顿巴斯的煤炭和矿石，科拉半岛的镍，高加索的石油，白俄罗斯的木材。德国与反法西斯国家相比，战争潜力上绝对处于下风，随着战争的拖延，美苏两国迟早也会参战，德国将无法抗衡美英苏三大国两个方向上的联合进攻，不如先集中兵力，以闪击的方法速战速决地解决掉苏联，就能彻底稳固自己的背后，并且获得极大的资源优势。

希特勒还有一个如意算盘，就是迅速解决苏联能为日本消除隐患，可以大大地支援日本。支援日本就等于牵制了美国，使之无法轻易分兵与德对抗，同时将英国逼上孤立无援的绝路，强迫英国放弃对德国的抵抗，转而与德国合作。如果这个想法实现了，那么对苏作战就不是两线用兵的险招，而是一箭双雕的妙手。

唯一让希特勒犹豫的就是苏联对于他来说实在是太神秘了，德军最高统帅部无从了解苏联坦克和飞机的数量。德国情报部门的报告所提供的数字只是猜测而不是判断，因为这些数字没有确凿的事实为依据。关于苏军平时拥有的或者战时可能组建的陆军师的数目，也没有任何可靠的情报资料。情报部门只是以苏联人口和估计的工业潜力为依据，采取草率而粗略的方法判断敌情的。德军情报部门对苏军最高统帅部和苏军的主要将领几乎毫无所知。金策尔主管的情报部门于1941年1月1日出版了一本关于苏联武装部队的手册。德国的这份官方秘密手册很说明问题，它暴露了德国情报部门工作上有很大的缺陷。它坦率地承认，苏军战斗序列方面的情报几乎是空白，敌人究竟有多少个方面军（集团军群）和集团军，也没有确凿的事实能够说清。这份手册没有详细介绍苏军的编制装备，只是泛泛地说一个集团军可能由一个司令部，数个步兵军，集团军属重型炮兵、航空兵与后勤保障部队组成。据推测，给集团军配属骑兵部队或摩托化部队也是可能的。再进一步说，苏联巨大的国土上到底潜藏着多大的战争潜力，苏联军民究竟会表现出多大程度的抵抗，希特勒都无从知晓。但是希特勒却可以找到一个最好的参照物，那就是1939年的苏芬战争。在那场力量对比完全一边倒的战争中，苏军战斗力表现得却异常低劣。为了对付仅350万人口，一共只有15个步兵师、60辆坦克的芬兰，苏联动用了50个师、上百万军队、11,000多门大炮、3,000辆坦克和3,000架飞机，却耗

时4个多月，伤亡了26万人，是芬兰军队伤亡数量的三倍还多。这和德军在欧洲的横扫千军势如破竹简直就是鲜明的对比。希特勒想到这些不禁颇感得意，苏联其实是愚昧落后和外强中干的，苏联军队的武器装备远远落后于德军，斯大林的"大清洗"造成了高级军事将领的严重匮乏，军队指挥能力低下。因此，希特勒乐观地作出判断：一旦战争打响"在指挥、物资和部队诸方面，我们将登上有目共睹的颠峰，而俄国人会陷入明显的低谷……俄军将一触即溃。"并且德军一旦入侵，苏联政局必将发生动荡，苏联社会主义很可能就此迅速瓦解。"我们只要踢开屋子的大门，整个腐朽的屋子就会立刻倒塌。"

希特勒的决心一旦下定，就不会轻易改变。他知道这将是一场赌博，但他更相信，最后赌赢的一定是他。

1940年8月5日，马尔克斯拿出了第一个方案《东线作战方案》。9月15日，洛斯堡中校完成名为"弗里茨"的作战报告。10月29日，保罗斯在马尔克斯和"弗里茨"两个方案的基础上完成了代号为"奥托"的作战计划草案，哈尔德认为这个方案已足够成熟，于是将它呈报给了希特勒。

看到了约德尔呈来的"弗里茨"和哈尔德的"奥托"，希特勒觉得这两个方案都很成熟，而且彼此相差不远。只是在战争的主要突击方向上，二者的意见都和希特勒的最初想法不同。两个计划都从军事战略的角度出发，认为攻克莫斯科是战争的主要目的。然而希特勒却从他的主要需求出发，认为乌克兰和北部的波罗的海沿岸才是真正的战略要点。因此他在原则上同意"奥托"计划同时，提出了：南北两翼"必须快速而且强大""莫斯科不是很重要"等修改意见。

经过几次争论和修订后，12月5日进行的例行秘密会议上，希特勒和陆军的布劳希奇及哈尔德，最高统帅部的凯特尔和约德尔对计划中行动的每一步骤和战术细节进行了归纳，进攻苏联的计划最终确定了下来。希特勒在一定程度上接纳了布劳希奇元帅关于主要突击方向为莫斯科的建议，但是在计划中还是体现了两种意见的分歧。随着对整个计划的了解逐渐深入，希特勒对它的态度慢慢由怀疑转为信赖，最终醉心于这样一个伟大的，历史上绝无仅有、无与伦比的庞大战略行动。他将这个计划最终定名为"巴巴罗萨"。

12月18日，在柏林东南的佐森，德国陆军司令部的地下作战室里，希特勒将他的将军们召集在一起，宣布他的21号训令，也就是"巴巴罗萨"计划。

21号训令全文如下：

领袖兼国防军最高司令领袖大本营国防军统帅部/国防军指挥参谋部/国防处一组1940年12月18日1940年第33408号绝密文件只传达到军官

德国国防军必须准备在对英国的战争结束之前即以一次快速的远征将苏俄击败（"巴巴萨"方案）。为此，陆军必须动用一切可供使用的部队，但有一个条件，就是必须保卫已被占领的地区免遭突然袭击。对空军来说，重要的是，应抽出强大兵力支援东方战局中的陆军，以期加快地面作战的进程和尽可能减少敌空袭对德国东部地区造成危害。集中兵力兵器于东线的限制条件是：由我方控制的整个作战地区和军备工业区必须得到充分的保护，不可停止对英国特别是对其补给线的攻击行动。在东方战局期间，海军仍以英国为主要作战对象。我军将根据情况在对苏俄作战开始之前8个星期命令军队开始集结。准备工作，将需较长时间；如果尚未开始，那么现在就必须着手进行，并且务必在1941年5月15日以前完成。但是，切切不可暴露进攻企图。三军总司令部的准备工作必须着眼于以下各点：

1. 总企图：装甲部队应果敢作战，楔入敌深远纵深，歼灭部署在俄国西部地区的俄国陆军主力，阻止其有作战能力的部队撤至俄国纵深地区。然后，务必快速追击以形成这样一条战线：俄国空军从该线出发将不再能攻击德意志帝国的领土。作战的最终目标是，大致在伏尔加河——阿尔汉格尔斯克一线，建立一道针对俄国亚洲部分的防线。这样，以后若有必要，可由空军来摧毁俄国残存的乌拉尔工业区。在此作战过程中；务必使俄国波罗的海舰队迅速丧失其基地。从而也丧失其战斗力。作战一开始就必须对俄国空军进行强有力的打击，阻止其有效地参战。

2. 可能的盟国及其任务：一、在我作战之两翼，可望罗马尼亚和芬兰积极参加对苏俄的战争。当上述两国参战时，以何种形式将其军队置于德国指挥之下，国防军统帅部将在适当的时间进行磋商并作出决定。二、罗马尼亚的任务是：至少在进攻开始阶段，以战斗力强的部队支援德军南翼的进攻；牵制非德军作战方向上的敌人；此外，在后方地区遂行支援勤务。三、芬兰应掩护由挪威调来的德军北方集团（第21集群一部）实施展开，并与其协同作战。此外，还担负攻克汉科的任务。四、至迟自作战开始时起，瑞典的铁路和公路有可能供德军北方集团开进之用。

3. 作战的实施：一、陆军：在被普里皮亚特沼泽地分隔成的南、北两个战区中，应将主力用于北部。在这里计划投入两个集团军群。在这两个集团军群中，南部集团军群——在整个战线的中央的任务是，以特别强大的装甲兵团和摩托化兵团，从华沙周围及其北部地区实施突击，粉碎白俄罗斯境内的敌军……在南方，提前攻占在国防经济方面占有重要地位的顿涅茨盆地，在北方，迅速进抵莫斯科。攻占该城，意味着政治和经济上的一个决定性的胜利，此外，还意味着苏俄丧失了最重要的铁路枢纽。二、空军：任务是，尽可能削弱和排除俄国空军的作用，支援主要方向上的陆军特别是中央集团军群的作战行动和南方集团军群主要翼侧的作战行动。对于俄国的铁路，应视其对作战的重要程度或者予以切断，或者果断使用伞降和机降部队占领其附近最重要的目标（比如渡口）……

4. 各位总司令先生根据本指令而下达的所有命令必须基调一致，即现在的措施是为防备俄国改变其目前对我态度而采取的预防性措施。参加早期准备工作的军官的人数应尽可能少，其他有关人员则尽可能晚些时间参加，而且每个人的活动应仅限于其工作所需要的范围。否则，就有暴露我们准备活动（其实施时间还根本没有确定）的危险，从而在政治和军事上产生极为严重的后果。我等候诸位总司令先生报告你们根据这一指令制订的具体计划。国防军各军种应将各自的准备工作计划（包括时间安排）通过国防军统帅部向我报告。

阿道夫·希特勒

第2章
CHAPTER TWO

突如其来，
隐秘无声

★这可称得上是世界军事史上最大的一次"明修栈道，暗度陈仓"的欺骗行动。在几个月中，德军将152个师，3,000多辆坦克的兵力调集到前线并完成战役展开，也就是调动了全国70%的步兵和90%的装甲部队，而没有引起敌人的警惕，真是一次成功的"瞒天过海"。

★经过一番检查，发现飞机上有已经被撕毁的苏联西部地区的飞行图，还有侦察照相机和被曝光的胶卷！显然它不是误入苏联领空，而是来执行侦察任务的，意外地出现故障迫降，匆忙中毁掉了地图和胶卷。

No.1 后知后觉

1940年11月12日，苏联外交人民委员莫洛托夫访问柏林。希特勒对于武力进攻苏联的决心早就已经下定，他的陆军参谋部和国防军统帅部的参谋们早在两个月前就开始着手制订具体的行动计划。这次邀请苏联代表团来柏林谈判，完全是一次作秀，是一场给对方看的欺诈表演。

莫洛托夫到达柏林之后的两天，可以说是听尽了各种各样的恭维话，享受了一切隆重的款待。然而随之而来的谈判却让这位外交老手看出了一些破绽。莫洛托夫知道，他此行的目的其实也不仅是谈判，更主要的是探测希特勒对苏联的态度，判断他会不会，会在何时对苏联用兵。

莫洛托夫明确地表达了苏联的立场：《三国条约》中欧洲和亚洲的新秩序意味着什么，在这个新秩序中要苏联扮演什么角色？这些问题，在柏林会谈和德国外交部长预计的莫斯科之行中必须加以讨论。而且，关于苏联在巴尔干和黑海的利益，关于保加利亚、罗马尼亚和土耳其，也有些问题需要澄清。如果苏联政府能够获得关于以上各项问题的解释，它也许更容易对元首的问题提出更明确的答复。苏联对欧洲的新秩序表示关心，特别是对这种新秩序的进度和形式表示关心，它也想了解所谓大东亚圈的范围。

莫洛托夫对希特勒有相当的了解，这是一个阴险狡猾的人，他可以郑重其事地给你一连串的假相，也可以用十二分的真诚口气，对你胡扯上一大通。连他的部下都把他看成一个演员，他的一言一语、一颦一笑都可能是事先设计好的表演，别奢望能在和他打交道时摸到一点漏洞，因为那很可能是他给你下好的圈套。但莫洛托夫深知希特勒是一个贪婪的人，他不会眼看着英国这块即将到口的"肥肉"又从嘴边溜掉，更不会大方地跟苏联谈瓜分胜利果实，这一定是希特勒的稳军之计！也就是说，可能他还不想将与苏联的关系搞僵，他进攻苏联的机会还未成熟，甚至他还要利用苏联来牵制英国和美国。"很可能是这样的！"经过一路的冥思苦想和矛盾斗争，他终于有了一个比较说得过去的结论，或者说他不得不下出这样一个结论。但他已经说服了自己，他已经准备好了充足的理由，来向斯大林表达他的观点。

于是，回到莫斯科后，莫洛托夫向斯大林做出汇报，斯大林理清了他的思路后，立刻作出决定："从今天起，边境地区的部队调动和向边境地区的部队调动，一律要经过我的批准。"

为了调动执行"巴巴罗萨"所必须的部队，德军在1940年就开始采取了隐蔽的转移行动。希特勒深知，要完成"巴巴罗萨"计划所要求的隐蔽性和突然性，就必须在外界不知不觉的情况下，将庞大的部队集结到攻击出发地。直到进攻日一个月前，即1941年5月22日，东线只有70个步兵师、1个骑兵师和3个坦克师。到6月22日（进攻日）前，就已变成了81个步兵师、1个骑兵师、17个坦克师、15个摩托化师、9个警察师和警卫师。在接近地还有担任统帅部预备队德22个步兵师、2个坦克师、2个摩托化师和1个警察师。同时调集的3个航空队共有轰炸机1,300多架。希特勒命令调动部队必须使用和平时期的民用列车时刻表，并且伪装成普通货车，调到前线的部队全部保持无线电静默。抵近边境之后，部队就必须不紧不慢地行进，有时白天隐蔽在树林里，晚上行军。

即使这样，要完全隐蔽东线的增兵行动还是很难的，希特勒采用"明修栈道，暗度陈仓"的方法来掩盖战略机动，为一些不得不暴露的军事行动制造借口。希特勒大造准备进攻英国的声势，特别制订了两份对英作战计划：一份代号为"鱼叉"，该计划声称，对英国的行动将在1941年8月开始。另外一份是代号"鲨鱼"的计划。德国调集了400多架轰炸机，不断对英国本土进行轰炸，给人的感觉是德军的空军主力正在全力以赴进攻英国。德国空军的主要指挥员也频频在布鲁塞尔的德国空军司令部里露面，故意给敌人造成假相。

↑ 1940年11月12日，应邀在德国进行访问的苏联外交人民委员莫洛托夫（前右）。

英国对德国的大规模空袭也被希特勒用来作为掩护进攻苏联的借口。1940年8月，德军最高统帅部下达了代号"东方建设"的命令，目标是在英国空袭范围以外的临近苏联的东部地区建立德军修整补充的后方基地。借此机会大量组建和训练新部队。为了便于部队的机动，德军扩建了东部的铁路网，改进通信联络设施，建设兵站。至1941年夏天，德国完成了东部地区铁路干线的修复工作，使其通行能力提高到每昼夜对开600次列车。新建了从德国中部到东普鲁士、波兰和奥地利的公路干线，在罗马尼亚境内筑路修桥。这些措施按照德国的宣传，仿佛是为在东线修整的部队能快速投入西线作战而采取的，其实则正好相反，是为了将仍然滞留在西线和德国的主力部队能在进攻开始前短时间内运抵对苏前线，并在战争开始后不断运送给养和辎重。德军在德国和波兰境内新建和改建了机场350个、降落场210个，在罗马尼亚和匈牙利境内也修建了一些机场。这些大举动的战备措施为将来德军的机动以及战争的深入、战线的推进、后勤的保障做好了准备。难怪希特勒在1941年夏天开战前骄傲地对部下宣称："与苏军相比，我们的准备工作要充分得多。"

1941年5月以后，部队大规模地开赴东线并进入战前的集结地。5月25日至6月22日期间，就有75个师被派往波兰，如此大规模的调动不可能完全瞒过德国和苏联的老百姓，于是德国开始制造混淆视听的舆论，为部队调动制造合乎情理的借口。例如给一些部队下达的命令是保卫边境，而另一些命令是到后方修整，以及在波兰进行针对英国的空降登陆训练。为了掩饰德军部队的调动行动，德军最高统帅部宣传部和外国谍报组共同负责计划并指导对外界的欺骗。宣传处的任务是引导德国公众舆论，使其相信德军最高统帅部准备进攻英国。宣传处使用各种大众媒体和人际传播方式散布大量精心设计的假消息。

这可称得上是世界军事史上最大的一次"明修栈道，暗度陈仓"的欺骗行动。在几个月中，德军将152个师，3,000多辆坦克的兵力调集到前线并完成战役展开，也就是调动了全国70%的步兵和90%的装甲部队，而没有引起敌人的警惕，真是一次成功的"瞒天过海"。

No.2 燃眉之危

1939年4月15日，在苏联边境的罗夫诺民用机场，一架小型飞机突然出现在上空。飞机绕了几个弯，逐渐降低了高度，黑色的机翼上分明地涂着法西斯十字标志。机场的苏联工作人员却丝毫没有感到奇怪，因为这种事情经常发生！

在苏德签订互不侵犯条约之后，苏联边境许多军区的防卫工作疏忽到了令人吃惊的程度，各军区领导人几乎没有战争迫近的危机意识，部队完全处于平时作训状态。一些空军部队因为军用机场生活条件差，就将飞机全都停驻在附近的民用机场上。密集的战斗机就裸露在民用机场毫无遮蔽的停机坪和跑道上。更严重的是，由于有规定不得向进入领空的德国飞机开火，渐渐地空军对入侵的德国军机已经麻木了，不但毫不防范，甚至经常默许德国飞机降落在停满了苏联战机的民用机场上。因此今天这架小飞机的突然出现没有引起任何人的惊讶。

德国飞机将机头对准跑道，看来是准备降落了。机场指挥台丝毫没有办法阻止它。附近空军的一位少校中队长早就恨透了这些随意入侵祖国领空，还大摇大摆地降落在苏军机场上的德国飞机，多少次他都想在空中开炮把他们揍下来，可是违反命令的后果是很严重的。他看到飞机停稳了，立刻迎上前去，想用俄语骂骂这帮该死的德国人，管他们听得懂听不懂，骂人总不违反命令吧！

两个飞行员从机舱里爬了出来，他们显得有点紧张。少校带着几个人迎了上去开始说俄语，可这两个人完全听不懂，只是用德语重复着"发动机""熄火"什么的，看来他们是因

↑希特勒的胃口之大，远远超出了斯大林的预估。

为故障才迫降在这里的。"去看看他们的发动机！"少校命令一位机械师。两个德国人一见机械师走向他们的飞机，立刻变得神色慌张，其中一个跑过去拦阻，用德语说："我们自己修！"少校感到这其中恐怕有问题，他仔细打量这架飞机，突然发现机身下面有一个照相用窗口，这不是一架普通的战斗机，而是一架改装的侦察机！它来这里会不会有什么特殊的任务？少校立刻下令："逮捕他们两个！看押起来！给我仔细检查这架飞机！"

　　经过一番检查，发现飞机上有已经被撕毁的苏联西部地区的飞行图，还有侦察照相机和被曝光的胶卷！显然它不是误入苏联领空，而是来执行侦察任务的，意外地出现故障迫降，匆忙中毁掉了地图和胶卷。少校感到问题的严重性，立刻将这些情况汇报了上级。

情况被一级级地汇报上去，几天了却没有任何消息。最后命令终于到了，却只是重申了斯大林的命令："不得射击在苏联上空飞行的德国飞机！"并且要求："立即释放驾驶员，派专人把德国士兵和飞机护送到国境，直接交还德国。"而在此前后，苏联发现了200余起德国飞机侵犯苏联领空的事件，但均未作出积极反应。

虽然德国采取了各种方式隐蔽它调兵东线的行动和各种进攻苏联的军事准备，但是150个步兵师300万部队的调动和集结不可能完全消踪匿迹，特别是后期的进攻前的战略展开，是无论如何也难以掩盖的。希特勒的欺骗手段再高明，也还是有大量的情报被苏联获得。然而斯大林对这些情报的判断却是难以想像地固执。

1939年3月20日，美国向在华盛顿的苏联大使提供了一份秘密报告：希特勒将在5月份进攻苏联；

4月下旬，在驻德国的美国大使馆举办的聚会上，一位德国空军军官直接面告苏联大使馆一秘：德国的空军和陆军主力部队已经调往东线；

5月15日，苏联情报员理查·佐尔格在日本东京向莫斯科报告：德军将在6月20日前后对苏联发动不宣而战的突袭；

5月底，基辅特别军区情报处处长邦达列夫报告德国的新型坦克不断开往苏联边境的重要地区，德国针对苏联的军事准备最近显得更为紧张；

5月底，两个奥地利共产党员跑到苏联，描述了德军在进行大规模战争准备的情形；

6月，美国驻苏联大使亲手将一份文件交给苏联外交人民委员莫洛托夫，警告德国将在两星期内进攻苏联；

6月，中共打入德国驻华大使馆的间谍截获了德国将进攻苏联的秘密情报，中共电报斯大林：德国将在6月下旬进攻苏联。

像这样的情报几乎是数不胜数，实际上几乎整个欧洲都在谈论，希特勒将对苏联用兵，各国政府都相信，希特勒在东线集结重兵，绝对是意在东犯。可是只有斯大林一个人不这样认为。他固执地坚信德国不敢冒两线作战的风险，也固执地坚信莫洛托夫从柏林带来的虚假的信号：德国不会在结束对英作战之前进攻苏联。

在1941年战争开始前最后的时间里，斯大林近乎偏执地坚持着一个追求：防止战争。为了达到这一目的，其他的一切都被退到次要地位，甚至为战略防御而进行的必要军事准备。这位领袖之所以固执，是源于他的自信，他不能承认自己曾犯过任何错误，不能推翻自己曾做过的任何判断。这种固执麻痹了他的大脑，而由于他在苏联的集权专制，使得他一个人大脑的麻痹，也就等同于整个苏联大脑的麻痹。就这样，苏联一再错过为战争打响进行必要准备的时机。而国内进行的一切战争准备都是以斯大林的判断——战争可能会在1942年春天之后开始——而进行的。

1940年8月，在最高苏维埃第七次会议上，斯大林就提出"要加强内外一切阵地"，并号召全国人民竭尽全力"保证本国国防威力和经济实力进一步更加迅速地发展"。为达到尽快加强经济实力储备重要战略物资的目的，苏联要求广大妇女参加工业劳动，并延长了劳动时间，这样就大大扩充了劳动力。到1940年，苏联的铁、煤、石油的产量都大大超过德国，钢产量与德国相近。应该说经过多年的社会主义改造和建设，代表战争潜力的工农业基础，苏联已经超过了德国。同时苏联也在不断地增加军费，1933至1937年，苏联国防开支平均只占整个国家预算支出的12.7%，1938年到1940年这一数字提高到了26.4%，1941年的计划中更是提高到了43.3%。军费中很大部分用于军事装备的研制生产，1941年夏天，军用飞机年产能力已经比德国高了50%，但是由于时间太短，新型飞机的装备数量还很少，远远达不到与德国作战的需要。而陆上作战中最为重要的武器——坦克的研制，应该说苏联的科技研发水平不次于德国。1939年到1940年研制出的新式中型坦克T－34和重型坦克KV都具有良好的性能，大大优于德军装备的3号坦克，与同期德军研制的4号坦克和"虎"式坦克相比也毫不落后。但是投入批量生产实在是太晚了，到1941年上半年，只生产出KB坦克639辆，T－34坦克1,225辆，而部队使用的主力坦克依然是苏芬战争中已被证明有严重缺陷的T－26与T－28，以及落后的BT系列坦克。

在1940年铁木辛哥元帅担任国防人民委员之后，鉴于1939年苏芬战争中的教训，苏联部队进行了大规模的改编和改装，特别是进行机械化部队的改装，1941年春天，决定组建20个机械化军，但是由于武器装备生产跟不上，所以直到开战也未改装完毕，很多机械化旅只有几辆坦克，完全没法进行真正的机械化作战。苏军战时的编制是每个师14,483人，但是由于对战争开始时间的估计错误，很多师仍保持着平时的不满员编制，只有7,000～8,000人，甚至很多部队做不到每个战士都有枪，重型武器更是严重不足。在这种情况下，斯大林却将未来战争的模式判断为苏联主动向德国发动进攻，主要的战争是在异国的土地上进行的。所以苏军主力野战部队进行的有限的演习和战法研究也都是准备在国境之外作战，而对于国土防御战的准备更显不足。

应该说斯大林和苏联政府对反侵略战争做了大量的准备，但是在判断开展时间和作战样式上却出现了错误，一方面使很多打算做的工作没有完成，一方面很多准备工作事倍功半，这就给德军入侵后苏军的作战埋下了阴影。麦克阿瑟有句名言："准备是成功与胜利的关键！"在战争准备方面，掌握主动权的希特勒领先了一大步。

No.3 即将爆发的危机

希特勒将进攻的日期定为1941年6月22日，公告于20日秘密印发给部队。但是这一公告的内容一定大大超过了普通士兵的理解力。这是自1939年战争开始以来，解释得最为详尽的德国外交政策，在排版很密的四页公告中，有几行字是值得注意的。在这几行字中，希特勒甚至声称，德国人民从未对俄国居民心怀恶意。"但是20年来莫斯科的犹太布尔什维克统治者不仅竭力使德国而且使整个欧洲燃起战火。"希特勒说，他从来没有像克里姆林宫用颠覆的手段试图使欧洲的其他部分转而信仰共产主义那样，也试图把纳粹思想输入俄国。希特勒过于简单地欺骗士兵们，甚至有点冷嘲热讽的口气："我的士兵们，你们自己知道，几周之前，在我们东部边境上还没有一个装甲师和机械化师。"这个具有历史意义的公告是这样结束的：

东方前线的士兵们，此刻，世界上从未见过的如此规模的兵力集结已经完成。与芬兰的部队联合在一起，我们的同志正和纳尔维克的战胜者（狄特尔）驻守在北方的北冰洋海岸上。德国士兵在挪威的征服者（福肯霍斯特）的指挥下，芬兰的自由英雄们在他们自己的元帅（曼纳兴）的指挥下，正在保卫芬兰。在东方前线驻守着你们，在罗马尼亚，在普鲁特河两岸和沿着多瑙河直到黑海的海滩，是团结在罗马尼亚国家元首安东奈斯库手下的德国和罗马尼亚的部队。现在，这条亘古以来最大的前沿阵地开始向前推进，不是为了给永远结束这场伟大战争提供手段，或者为了保卫那些目前参战的国家，而是为了拯救我们整个欧洲的文明。

德国的士兵们！这样一来，你们就进入了一场严峻而有特殊要求的战斗——因为目前欧洲的命运、德意志帝国的未来、我们民族的存亡都落在你们的肩上。

愿上帝在这场斗争中保佑我们大家！

进攻之前紧张的最后一天，只剩下不到12小时了。外交部打来电话，报告了令人不安的消息，苏联大使杰卡诺索夫再次紧急要求会见里宾特洛甫。但他却找不到这位外交部长了。杰卡诺索夫被搪塞过去，说里宾特洛甫离开了柏林，到晚上才回来，等他回来再约定会见时间。事实上，里宾特洛甫就在总理府，他曾几次拜访了希特勒。希特勒在口授国内公告和给墨索里尼、霍尔蒂以及芬兰总统雷斯托·雷蒂的信。

下午，德国海军的一位使馆武官乘火车到达帝国首都，此人于19日晚离开莫斯科（他应召回国是对苏联突然从柏林召回他们的武官而作出的反应），他绘声绘色地描述了莫斯科外交界里突然发生的恐慌。然而，在乘火车经过波兰回国的时候，他见到的军事活动比前四个月里任何时候都少，当然也比最近他在波罗的海国家看到的少得多。他和他的助手都遇上了由穿蓝制服的苏联国家政治保安部的士兵押送的封闭起来的囚车——在从东波兰往外遣送波兰的"不良分子"。此时，舒伦堡大使还留在莫斯科。里宾特洛甫给他发电报，让他毁掉大使馆的密码簿和无线电设备，并安排马上会见莫洛托夫，会见时他要宣读一份长长的东拉西扯的讲稿，其结束语是："……因而，元首已命令德军尽一切力量以武力手段勇敢地面对这种威胁。"

9时30分，杰卡诺索夫得到允许去会见里宾特洛甫的国务秘书。他只是递交了一份对德国屡次侵犯苏联领空的正式抗议照会。同时莫洛托夫也向舒伦堡递交了一份同样的抗议照会，照会听起来如此可笑，以致电报在凌晨传到希特勒的总理府时，一经宣读就使得全场哄堂大笑。"一系列的征兆使我们看出德国政府对苏联政府不满意……"莫洛托夫这样发起牢骚。就在一小时以后，300多万德国士兵沿着从北冰洋到黑海的前线，由3,000辆坦克和近2,000架飞机作后盾攻打了苏联，这是不折不扣的突然袭击。

第3章
CHAPTER THREE

苏联卷入
战争漩涡

★3时30分，西部军区参谋长克利莫夫斯基赫打来电话报告，德军飞机空袭了白俄罗斯的城市。3分钟后，基辅军区参谋长普尔卡耶夫将军电报报告，德军飞机空袭了乌克兰的城市。3时40分，波罗的海沿岸军区司令员库兹涅佐夫将军报告，敌机空袭考纳斯和其他城市。

★总参谋长朱可夫大将和被任命为方面军军事委员会委员的赫鲁晓夫来到捷尔波诺尔。在组织军队指挥方面素以具体、明确见长的朱可夫赞同方面军首长的决定，并建议马上下达准备反突击的命令。

No.1 不是制止，而是歼灭

1941年6月21日凌晨2时50分，莫斯科克里姆林宫。一位机要秘书神色慌张地走斯大林的卧室，他刚刚收到一份关系重大的紧急密电，要立刻交给斯大林。穿过宽大而漫长的走廊，在红色地毯的尽头，秘书看到了斯大林的贴身警卫官。"斯大林同志睡了吗？我有紧急的电报，从西部特别军区发来的。"

"我看如果不是非打扰他不可，还是等一两个小时吧。他今天收到了很多紧急的文件，一直没有休息。可能情绪不太好。这阵也许刚刚睡着。""可是这份密电是西部军区参谋长发来的！"

"几乎每个军区的参谋长都给他发来了密电，这几天。都说是紧急的情况。"

秘书有点着急了："让我进去看一眼吧，如果他睡着了我就等一会。"

"有什么情况吗？"房间里突然传来斯大林那略带沙哑却十分响亮的声音。"科尔波诺同志有份电报交给您！"卫士连忙回答。斯大林说："请他进来！"

科尔波诺急忙低头走了进去。斯大林并没有睡，他坐在外间屋的躺椅里，翻阅着白天送来的一堆文件。"什么情况，安德列·安德列耶维奇？""西部特别军区参谋长克里莫夫斯基赫急电！2时40分发来的。"然后不等斯大林要求，他就开始念电文：

速交，送总参谋长

第一，6月20日在奥古斯图夫方向德国飞机侵犯我国边境：17时41分有6架飞机，17时43分有9架飞机，17时45分有10架飞机……根据边境部队的材料，这些飞机携带了炸弹。

第二，根据第3集团军司令员的报告，沿奥古斯图夫、谢伊纳路旁的边境，铁丝网白天还在，傍晚时被拆除。在这一地区的森林里，似乎可以听到地面发动机的轰鸣声。边防军加强了值勤……

"电报！"斯大林接过电报又看了看，"您可以回去了，安德列·安德列耶维奇。"秘书愣了一下，但还是转身出去了。

类似这样的情报，这几天斯大林收到不止一份了。他也在犹豫，这些情况到底意味着什么？难道是德国在准备进攻？是不是叫铁木辛哥和朱可夫他们来讨论一下，或是把这些情报通告他们？如果让那两个人了解到现在自己手中掌握的所有报告，他们毫无疑问会建议立刻采取积极的军事行动，甚至要求主动出击。他想起两个星期前，朱可夫对自己提出的那个计划，他说希特勒正在进行进攻前的最后准备，与其等对方准备好扑过来，不如我们抢先偷袭他们，对方的进攻部队必然难以招架，还拿出一个十分大胆的方案。朱可夫的办法是不行的，斯大林想，但是不是考虑给部队下达准备命令？等一等，他提醒自己千万不能被表面现象所迷惑。谨慎是斯大林多年来政治舞台致胜的法宝，不论是在十月革命中，列宁去世后的斗争中，还是在"大清洗"时期，他的谨慎都使他无数次看破了假相，最终抓住了正确的机会。但是这一次，他的谨慎却适得其反。在与希特勒的斗智当中，斯大林错误地估计了对手。他相信，这不会是进攻的前奏，希特勒真的会撕毁互不侵犯和约来进攻我们吗？合理的解释是，这是希特勒为挑拨我们所采取的诡计，用边境小规模的军事活动来刺激我们的神经，一旦我们反应过激，他就可以找到借口说我们违反了和约，然后再对我们开战。斯大林决定不能上当，要在合适的时候进行我们的军事准备，而又不能刺激希特勒。现在还不到大规模调动部队、命令部队进入前线，或者宣布战备、严厉打击希特勒的军事骚扰的时候。他将文件放在椅子上，慢慢走到里屋，决定在天亮前小睡一会儿。

6月21日下午4时，正在捷尔波诺尔组建新的军区司令部的基辅特别军区参谋长普尔卡耶夫将军突然收到一份报告，有一位德军的投诚者在昨晚偷偷地越过了边境，来到了苏军边防小队的驻地，说有重要的情报要报告，他说德军将在22日凌晨对苏联边防部队发动进攻。部队将这一情况逐级地报告了上来。等普尔卡耶夫将军了解到这一情况时，已经是下午了。

参谋长叫来他的座车，命令以最快的速度开向边防小队的驻地。

这个德国第3装甲军摩托化步兵旅2营的司务长，罗兰·施罗特向普尔卡耶夫将军讲了他们部队这些天来的行动，讲了他们最后的调动，复述了希特勒的宣告内容。为了让将军相信，他还说了他的入党时间、地点和介绍人，讲了他的组织被破坏的情况。普尔卡耶夫仔细思考了一会，这位司务长汇报的德军的行动与他们掌握的零散的情报是吻合的，而且他说的情况也解答了普尔卡耶夫心中对德军意图的疑惑。真的是这样的话，就必须采取最果断的行动，时间太紧迫了。

6月21日晚10时，莫斯科苏军总参谋部。参谋长朱可夫大将正在反复研究这两天收到前线各军区的报告，这些报告越来越清晰地反映出德军在边境的敌意：不断地入侵苏联领空，不断地调动坦克部队，不断地抓到德军的特务。这些情况也许单独看来都是很普通的边境摩擦，但是如果把它们综合起来，就很容易让人闻到战争硝烟的味道。（其实还有很多斯大林掌握的材料，朱可夫并不知道。如果能看到这些情报，也许他就能作出迅速的判断。）朱可夫清楚地知道，斯大林将这些情报定义为德军的挑衅行为，这也不是没有道理的。希特勒的确太狡猾了，如果你用常理推断他，就往往会上他的当。即使是这样，朱可夫仍建议斯大林采取更加主动的态势，积极进行战争准备。两个星期前，朱可夫曾制订了一个大胆的计划呈报给斯大林，既然希特勒早晚会打过来，不如趁他准备进攻的时候在全线调集主力突然杀过去，倒有可能取得出其不意的奇效。这个计划遭到斯大林的断然拒绝。朱可夫又建议给部队下达战斗警报，命令主力部队进入前沿阵地展开防御，但仍然被斯大林否定。

就在这时，通讯员跑来报告：基辅军区打来电话，说是有紧急的事情报告。朱可夫连忙接通了电话。那边传来的声音非常熟悉，是他在基辅军区工作时的老战友，现任基辅军区参谋长普尔卡耶夫将军。他以肯定的语气向朱可夫汇报了德国投诚者的情报听后，朱可夫立刻前往克里姆林宫。

但斯大林仍然认为现在下达防御命令还太早，也许问题还可以得以和平解决。命令要简短，指出袭击可能从德军的挑衅行动开始。边境部队要不受任何挑衅的影响，以免问题复杂化。

6月22日零时20分，捷尔诺波尔的基辅特别军区司令部。司令员基尔波诺斯将军和参谋长普尔卡耶夫将军正在焦急地等待莫斯科返回的消息。普尔卡耶夫将军早就做好了下达各种命令的准备，他将设想好的所有部队调动和动员情况都拟好了草稿。自从见到那个投诚的司务长，他就一直在思考这件事。到了晚上8时左右，又接到一个报告，前线又有一个德军士兵潜过边境，来向苏军投诚并通报了消息，与那个司务长施罗特的汇报一样，德军的进攻将在凌晨展开。司令员和参谋长立刻向总参谋部汇报了这一情况，但是也没有得到反馈。

6月22日3时，波兰境内布格河西岸，德军南方集群第3装甲军摩托化步兵旅2营的进攻阵地。

几十辆坦克一字排开，褪去炮衣的炮口在微弱的星光下，放出幽蓝色的光。坦克纵队的后面，是半轮半履带的装甲输送车，车顶上的机枪挂上了长长的子弹带，。

灰蓝色的3号坦克里死一般的寂静，士兵们的心跳随着秒针的晃动而加剧："3分钟、还剩3分钟就要开始了！"

"炮弹上膛！"装填手哈特立刻用最熟练的动作，装好了第一发炮弹。哈特暗想，不知几分钟后，它将落在谁的头上呢？是营房中熟睡的士兵，还是喷吐着火舌的地堡火力点，或是巨大的苏军坦克？哈特悄悄地挽了挽自己的袖子，眼睛紧紧地盯着车长，等待着车长一声令下，坦克飞速地冲出阵位，哈特的第一场战斗就要拉开序幕了。

倒计时两分钟。哈特在等待。营长在等待。同一时间，从里海尽头到黑海沿岸1,500公里战线上的300万德国士兵都在等待。

倒计时1分钟！坦克驾驶员已经将油门加大，坦克开始轰鸣，车后排气管冒出缕缕黑烟。

3时15分，"开火！"整个战线上，上万门火炮同时怒吼。2营背后的炮群也准时开始了火力准备射击。士兵们抬起头，看到了壮丽的奇景，几百条细细的火龙从背后很远的地方铺天盖地地飞速卷来，立刻映亮了黑色的天空，飞速地掠过他们头顶。紧接着，呼啸声仿佛是从耳边滑过，然后在前方的远处，响起闷雷般的声音。他们感到，脚下的土地在颤抖，仿佛整个地球都在颤动。炮火准备过去了，炮兵火力开始延伸。坦克出击！

2营的坦克一辆辆箭一样地冲出阵位，扑向预定的目标。仅仅5分钟，它们就闪电般地越过边境，坦克炮火立刻将残存的岗哨夷为平地。10分钟后到达了苏联边防军的营地，这里已经被炮火摧毁，坦克上的机枪手一个个地射击着苏军士兵。又过了30分钟，坦克纵队几乎是毫无阻碍地到达了预定抢占的第一个目标——河上的一座桥梁，几乎没有任何抵抗就消灭了守军，攻占了桥梁。紧接着，一辆辆装甲输送车、卡车、摩托车运载着德军士兵扑向乌克兰的纵深，像一条黑色的河流冲垮堤岸，涌进了红色的大地。

6月22日凌晨3时，乌克兰小镇布罗德附近。当巴格拉米扬上校回到纵队先头，正准备发出"前进"信号时，布罗德上空突然传来了轰隆轰隆的响声，大家都抬头注视着天空。

在这里有一个机场，那里配置着歼击机和强击机。不知为什么飞行员要这么早开始自己的飞行日……

可是传来了一声声爆炸巨响，大地都在脚下颤动。有人嚷起来：

"看哪！看哪！大火！……"

布罗德后面升起了团团浓烟。老练的汽车司机看出是油库着火了。大家都在惊慌中呆住了。一个想法油然而生："难道战争爆发了吗？"

当上校看见机翼涂有黑色"卐"的飞机后，最后的疑团消散了。大约有几十架德军的俯冲轰炸机在布罗德机场的上空肆虐。这些飞机投完了炸弹，正在他们头顶上转弯。有3架敌轰炸机离开编队向车队冲来。人们迅速散开，卧在路边沟里，只有几个司机顽强地驾驶着自己的汽车。法西斯飞机两次超低空掠过纵队，并用机枪进行扫射，打了一阵就爬升飞走了。空袭过后，上校查明总共有两人受伤，便吩咐对他们进行必要的救护，继续上路。

没有任何疑问了，战火已经烧到国土！现在边界上出了什么事呢？这个想法令上校心绪不宁。当时甚至大部分掩护兵团也还分散在距国界线很远的地方，而第二梯队则还距它250～300公里。能顶住敌人吗？假如顶不住，第二梯队的全部动员就要受到破坏，它们进入交战时仍将处于现在这种有生力量和技术装备严重缺额的状况。

所有这一切，只有到捷尔波诺尔才能了解到。

6月22日3时10分，捷尔波诺尔基辅特别军区临时指挥部附近。天边刚刚出现一点点鱼肚白，4个农民打扮的人突然出现在高粱地里。他们不拿农具，每人都背着不小的箱子，像是旅行，可又不走大路。这几个人在庄稼地里钻行，很快接近了指挥部，几个人看了看周围的动静，低下头来围拢在一起。接着就用德语低声对话。

原来这几个人不是早起下地的乌克兰农民，而是德军派出的特务破袭小组。他们的任务是在总攻时间到来之后，迅速破坏苏军指挥部的通信联络。像这样的化装小组在各条战线上派出了几十个，分别负责破坏苏军的通讯和指挥，炸毁重要的军事目标，甚至暗杀苏军高级指挥员。

↓飞行在苏联上空的德军飞机。

派来捷尔波诺尔的这个小组十几天前秘密潜伏溜进了苏联边境，他们的任务本来是破坏弹药库和铁路干线，但是在几天的潜伏观察中，细心的组长劳伦德尼中尉意外地发现，在捷尔波诺尔郊外竟然有一个地方无线电信号特别活跃，而且这些天来不断有军用车辆出入。通过秘密访问和侦察，他们认定，这里至少是一个集团军的司令部，甚至有可能是更高级别的指挥部，于是上尉决定，临时改变计划，将这个指挥部作为破袭的主要目标。他还不知道，他瞄上的是一条多么大的鱼。

捷尔波诺尔正在建立的基辅特别军区指挥部中，电话铃声响作一团，各个地方、各个部队都报告各自的情况，司令员接到的报告表明，许多机场遭到了德国轰炸机群的空袭，多数飞机来不及起飞就被炸毁在跑道上，一些城市的重要目标：发电站、工厂等也遭到空袭。前线一些哨所报告德军装甲部队大举入侵，但是多数边防站立刻就失去了联系。基尔波诺斯将军已经急得扯开了上衣的纽扣。"快和各个集团军联系，我要他们的情况，我要下达命令！"

但是很多集团军的电话完全要不通，一些部队的通信线路已经遭到了破坏。司令员越来越着急，在这种危机下，司令部如果失去了对部队的联系，该如何掌握全局？

基尔波诺斯将军站在军用地图前，注视着那片边境。突然，所有的灯都灭了，指挥所陷入了一团漆黑。

"怎么回事？"

"报告将军，全部停电了。可能是设备故障。"

"立刻检查！"司令员心想，如果真的是设备故障还好说，如果是德军有意的破坏……那就说明德军这次行动的胃口绝对不小，都破袭到军区司令部这儿来了。

紧接着，所有的电话也都被切断了。司令立刻意识到，德军的特务已经到了他的司令部。他立刻大声叫道："警卫营长，立刻组织人搜索司令部附近地域，加强各个地段的防范，小心敌人放冷枪！"

劳伦德尼中尉指挥他的小组成功地切断了司令部的电源，炸坏了变压器，还切断了电话总线，他相信，要全部修好这些设备，至少需要一两个小时的时间，而在这段时间内，这个指挥部就成了瞎子、聋子和哑巴，这也许能为大部队的攻击带来巨大的优势。中尉有些佩服自己的"壮举"，他突然对属下三个人说："我们现在撤退并且隐蔽起来简直是易如反掌。但是我想如果这里真是个指挥部，就一定会有些大人物出入，我们不如埋伏在门口的路边，等待有人出来时，趁机打上几枪，说不定能击毙个将军什么的。"

可能是被破袭行动的异常顺利冲昏了头脑，几个人都同意了中尉的建议。小组立刻扔掉了破袭器材，准备好枪支，选择在大路边距离门口200米左右的地方埋伏了下来。

等待了大约半个小时左右，突然一道亮光闪过，几部吉普车从大门内驶出来。

克里斯中士悄悄凑过来，趴在劳伦德尼中尉耳边说："中尉，下不下手？"

中尉小声说："人太多，不能动。"

没想到几辆车驶过他们面前，就在路边停住了，车上跳下十几个苏军战士，都拿着冲锋枪，他们开始对路两边的草丛和树林进行搜索，其中一组人正向中尉他们潜伏的地方走来。

中尉连忙小声命令：“快撤。”

可他们4个刚刚站起来，每人的身后就多了一支冷森森的枪管。接着就是俄语：“不许动，举起手来！”

6月22日3时30分，莫斯科苏军总参谋部。朱可夫将军已经料到战争开始了。他在20分钟前接到黑海舰队司令奥克佳布里斯基海军上将的电话，向他报告有大量来历不明的飞机正在向海岸接近。朱可夫命令他下达用舰队火力阻截敌机的命令。毫无疑问，德国人的空袭开始了，而这正是大规模地面进攻的前奏。朱可夫回忆着刚刚下发到各个军区的命令，他希望各军区的司令能从中读到他的意思，而不要因“挑衅”“不受干扰”这些用词而误会。一切只有看前方的了。朱可夫知道，不论进行多么积极的准备，以短短几个小时的时间来应付德军可能是策划了几个月甚至一年的突然袭击肯定是不够的，战争的初期将会是非常的被动。

一切灾难果然都来了！

3时30分，西部军区参谋长克利莫夫斯基赫打来电话报告，德军飞机空袭了白俄罗斯的城市。3分钟后，基辅军区参谋长普尔卡耶夫将军电报报告，德军飞机空袭了乌克兰的城市。3时40分，波罗的海沿岸军区司令员库兹涅佐夫将军报告，敌机空袭考纳斯和其他城市。

朱可夫和铁木辛哥元帅简单交换了一下意见，决定立刻电话告知斯大林。

朱可夫打电话到克里姆林宫，电话要通了，却没有人接。朱可夫一遍一遍不停地要，终于听到一位保卫部值班将军带着睡意的声音问：“你是哪里？”

“总参谋长朱可夫。请你立即去请斯大林同志来接电话！”

“什么？现在？斯大林同志正在睡觉。”对方惊讶地说。

“请立即去，德国人轰炸我们的城市了！”一阵沉默。最后耳机里听到：“请等一等。”

电话那头，克里姆林宫。斯大林在办公室的沙发上铺好了被褥，躺了一会，但并没有睡着。突然有人小声地敲门。敲门声令他心惊肉跳，因为很少有人敢在这个时候将斯大林叫醒，除非是发生了极其严重的事。难道他真的失算了？

斯大林裹紧睡衣走了出来。值班将军报告说：“朱可夫大将有急事找您。”

斯大林心中猛地“咯噔”一下。他走到电话机旁，轻轻提起听筒。

“喂……”

朱可夫扼要地报告了德军飞机空袭基辅、明斯克、塞瓦斯托波尔、维尔纽斯以及其他城市的情况。报告之后，朱可夫没有听到斯大林的回答。

“斯大林同志，您明白我的意思吗？”

沉默。

“斯大林同志，您明白我的意思吗？”

斯大林在电话里发出了急促的呼吸声，他什么也没说。令他目瞪口呆、难以想象的重担毫无准备地落在了他的肩上。朱可夫的声音他一点也听不见了。违背他的意愿、意志和信心，希特勒下决心开战了。

斯大林默不作声。话筒那边又传来了朱可夫催命般的声音：

"斯大林同志，您明白我的意思吗？"

　　他终于明白了，人间的神灵也是会犯错误的，可这个错误的代价太大了，也许足以颠覆这个神灵的地位。

　　斯大林定了定神，问道："国防人民委员在哪里？"

　　"在同基辅军区通电话。"

　　斯大林说："你和铁木辛哥到克里姆林宫来一趟。告诉波斯克列贝舍夫一声，让他召集全体政治局委员。"

　　早晨4时30分，克里姆林宫。朱可夫和铁木辛哥到达斯大林的办公室，全体政治委员已经到齐。

　　斯大林脸色苍白，坐在桌旁，手里握着装满了烟草的烟斗，但并没有点燃。他说："应该立即给德国使馆打个电话。"

　　使馆答复，大使冯·舒伦堡勋爵要求接见，他带来了紧急通知。于是由莫洛托夫代表政府接见大使。

　　过了不久，莫洛托夫匆匆走进办公室，环顾了一下屋中坐的政治局常委们，用沙哑的嗓音挤出一句话："德国政府已经向我国宣战。"

　　莫洛托夫看了一眼手中的纸片，补充道："形式上有一个标准的借口：纳粹德国决定预先防止俄国人正在准备的进攻……"

　　斯大林颓然坐在椅子上，沉思起来，气氛又变得沉重而且凝滞。

　　斯大林看了一眼莫洛托夫，显露出坚毅的神情。"我们有时间……"这也算是一个有先见之明的人……斯大林心头的不安越来越强烈。他感到，自己被厚颜无耻地欺骗了。也许，这是他多年来第一次感到不知所措和信心不足。"领袖"已经习惯于事态按照他的意志发展。他不想让这些战友看出他的软弱，大家都在等待他的看法和吩咐。

　　过了一会，铁木辛哥元帅打破了沉默：

　　"斯大林同志，您允许报告一下局势吗？"

　　"好吧。"

　　第一副总参谋长瓦杜丁走进办公室，他简明扼要地报告了一下局势，其中没有多少新消息：在猛烈的炮轰和空袭之后，德军的大部队在西北方面和西面的许多地区侵入了苏联领土。许多边防小队在第一次战斗中就遇到了庞大的德国战争机器，他们牺牲了，但没有放弃阵地。敌人的空军在不断地轰炸各个机场。由于很多地方和部队都失去了通信联系，总参谋部也没办法掌握更多其他的具体材料。报告结束了，办公室又陷入了可怕的沉默。

　　一阵长时间的沉寂之后，朱可夫首先发言，他建议立即用各边境军区所有兵力猛烈还击入侵之敌，制止其继续前进。

　　"不是制止，而是歼灭。"铁木辛哥补充道。

　　斯大林无力地说："下命令吧。"

No.2 回荡在莫斯科上空的公报

1941年6月22日7时15分，根据当时非常片面的情报得出的判断，斯大林和朱可夫、铁木辛哥筹划好了发给部队的第二号命令。铁木辛哥以总军事委员会的名义发布了这一命令：

1941年6月22日凌晨4时，德军航空兵毫无理由地袭击了我国界沿线的机场和城市，对其进行了轰炸。同时，德军在各地开始炮击，并越过我国国界。

鉴于德国方面空前厚颜无耻地进犯苏联，我命令：

1. 军队调集全部兵力兵器向敌军发动猛攻，并将其消灭在侵犯苏联国界的地域。未接到特别号令，地面军队不得越过边界。

2. 侦察航空兵和战斗航空兵察明敌航空兵集中地点和敌地面军队部署。轰炸航空兵实施猛烈突击消灭敌机场上的飞机，轰炸其地面军队基本集团。航空兵对德国领土的突击纵深为100～150公里。要轰炸柯尼斯堡和梅梅尔。未接到特别指示不得对芬兰和罗马尼亚领土进行空袭。

而此时，实际上在三个方向的战线上，边境线已经被德军全面突破，航空兵损失飞机1,200余架，其中有800多架都是被炸毁在跑道上的。而苏军许多师是在德军轰炸和炮击以后才紧急动员起来，一些部队尚未到达指定地域，就在途中遭遇了德军坦克群，被迫在行进中投入战斗。由于通信设施遭到德军的破坏，各军区和各集团军没能迅速接到命令，而且接到命令的部队也无法按照命令去执行。苏军在德军的突然袭击下，陷入一片混乱。在这种态势下，第二号命令根本就没法得到执行。许多下达的命令，只是给匆促迎战的主力部队增添了混乱而已。

22日上午9时，朱可夫与铁木辛哥乘车以最大速度驶往克里姆林宫，向斯大林汇报苏联最高苏维埃主席团关于实行全国动员和成立统帅部的命令草稿以及其他一些问题。

斯大林又把实行动员的命令草稿看了一遍，对总参提出的动员范围作了某些压缩，然后把命令交给波斯克列贝舍夫送最高苏维埃主席团批准。命令宣布，对1905年至1918年出生的有服兵役义务的人实行动员，并在苏联的欧洲部分实行军事管制。

6月22日21时15分，第3号命令下发给了各个军区和部队。电报开头是情况判断，它正确地指出，敌人正向弗拉基米尔－沃伦斯基和拉泽胡夫，即向第5集团军中央和左翼实施主要突击。但是对战争第一天的总结过于乐观了。电报指出：敌人仅仅在这些方向以很大的损失为代价取得了很小的战果。而在苏德和苏罗边界的其他地段，进攻者的冲击都被打退了，他们遭到了很大损失。要求"西北及西方面军应采取集中突击的方法包围并歼灭敌苏瓦乌基集团，至24日黄昏占领苏瓦乌基地区。"对西南方面军的命令是："坚守苏匈边界，以第5、6

集团军、至少5个机械化军和方面军全部航空兵向卢布林总方向实施集中突击，合围并消灭在弗拉基米尔－沃伦斯基至克雷斯特诺波尔正面进攻的敌军集团，6月24日日终前攻占卢布林地域……"斯大林命令："在从波罗的海直至与匈牙利接壤的国境线上，我允许越过国境线以及不受国境线限制的行动。"一句话中3次出现"国境线"，这样罗嗦、别扭的措辞显示出了他的慌乱和焦躁。只要分析一下当时的客观形势就会发现，这是一条根本不切合实际的、武断的命令，如果说它发生过一点作用的话，那就只能说是使苏联混乱的民心得到了些许的安慰。接到命令的军区和集团军司令员们不仅几乎完全不知道敌人在哪里，有多少兵力，同时对于自己麾下的部队处在一种什么样的状态，甚至于它们是否还存在都完全毫无把握。由于通信设施的破坏，许多命令根本无法传达下去，而传达的命令很多也因为情况的急遽变化而无法贯彻。

依据第3号命令，苏军摆出的这种反击态势，恰恰正中希特勒的下怀。早在"巴巴罗萨"计划的雏形——"弗里茨"计划中，冯·洛斯堡就对苏军受到进攻前后可能作出的反应做出三种判断：

第一，在德军开始展开时主动出击；第二，在两翼坚守波罗的海和黑海沿岸阵地的同时，在中央边界附近的展开地域迎击德军进攻；第三，主动撤至纵深地带，而后对战线拉长和补给困难的德军实施反击。并且认为第二种可能性对德军最为有利，可以使德军中央集团军主力合围出击的苏军主力，以求大规模歼敌，然后迅速向纵深挺进。第三种对德军最为不利，虽然初期进军阻力不大，但是苏联保护了部队主力，使得德军必须在苏联领土纵深处，补给困难的情况下展开主力决战。而斯大林的第3号命令恰恰采取的就是类似洛斯堡第二种判断的行动，这正是希特勒最希望看到的情况。

下达这种无法完成的命令，带给部队的直接影响就是造成指挥的混乱和朝令夕改。司令部不断发出新的命令，其中很多根本无法执行，很多命令在尚未执行时，又被撤销或改变，有时互相矛盾，简直像是自己抽自己的嘴巴。

6月22日晚，捷尔波诺尔，西南方面军司令部。作战处长巴格拉米扬上校收到了总统帅部发来的对德军进行反击的命令。

统帅部以错误的判断为根据，规定了6月23日和24日的任务。对西南方面军的命令是："坚守苏匈边界，以第5、6集团军、至少5个机械化军和方面军全部航空兵向卢布林总方向实施集中突击，合围和消灭在弗拉基米尔——沃伦斯基至克雷斯特诺波尔正面进攻的敌军集团，6月24日日终前攻占卢布林地域……"

这时，总参谋长朱可夫大将和被任命为方面军军事委员会委员的赫鲁晓夫来到捷尔波诺尔。在组织军队指挥方面素以具体、明确见长的朱可夫赞同方面军首长的决定，并建议马上下达准备反突击的命令。

22日中午12时整，通过广播，莫洛托夫那略显沙哑但很厚重的嗓音开始在莫斯科的广场和街头，在工厂的车间，在学校的操场，在每一座居民楼里面回荡：

今天早晨4时，德国军队未向苏联政府提出任何口实，未经宣战就对我国发动了进攻，在许多地方侵入了我国国境，派出飞机轰炸了我们的城市，我国人民面对凶恶的敌人的进攻已经不是第一次了。我们的人民用卫国战争回敬了拿破仑的进攻并使他遭到失败。现在我们面对这凶恶的法西斯分子发动的反对我国的新的进军，红军和全体人民一定要把保卫祖国，保卫幸福，保卫自由的胜利的卫国战争进行到底。我们的事业是正义的，敌人必败，胜利一定属于我们。

莫斯科的人们惊讶地听到了这一公报。他们还想像不到，300万德国军队像饥饿的狼群一样正在向他们猛扑过来，希特勒已经下定了彻底消灭他们的决心。他们也不知道，很多俄罗斯的优秀儿女还没来得及拿起枪，就被德军的战火吞噬了生命。但是他们知道，自己的生活会发生一些变化，自己要准备好，随时为了祖国而献出生命，或是献出自己的亲人、孩子。

苏联作家科斯莫杰米扬斯卡娅在《卓娅和舒拉的故事》一书中，这样描写那一天后方苏联人民的处境：

……我们知道：战争是死亡，它要卷去千万人的生命。我们知道，战争是破坏、灾祸和苦难。可是在那过去已久的第一天，我们就没想像到战争给我们带来的一切灾害。我们还不知道什么是空袭，什么是防空壕，什么是防空洞，可是很快地就需要我们自己做这些东西了。我们还没听见过炸弹的哨音和爆炸。我们还不知道，由于空气的波动，窗上的玻璃会被震得粉碎，锁闭着的门扇会脱框飞起。我们还不知道什么是撤退，什么是挤满了孩子的列车。而敌人则从飞机上无情地、有计划地射击这些列车。我们还没听说过关于敌人彻底地焚烧农村，破坏城镇的事。我们还不了解那绞架、酷刑、万人坑……掩埋数万妇女、患病的老人、在母亲怀抱中的婴儿的坑。我们还不知道有把受尽侮辱的人，成千上万活活烧死的火炉。我们还不知道有用人发织成的'麻布'和用人皮制的书皮……我们还不了解很多事。我们习惯了尊重人性，爱护儿童，把他们看作未来的希望。我们还不知道外形无异于人的野兽会把吃奶的孩子投到火里。我们不知道这个战争要延续多少时间……

第4章
CHAPTER FOUR

驰骋的
装甲部队

★维拉河在芬克斯城附近的公路大桥完整无恙地落在了德军手中，铁路桥也只是受到了轻微的炸伤，略加修复便可使用。通过大桥涌入芬克斯城内和维拉河的另一侧的德军，正在与苏军展开激战。

★当各边防总队和筑垒地域守备部队在德军重兵合围中进行众寡悬殊的战斗时，驻在边界附近的苏军各师正竭力赶往预定地区，他们不顾进攻的敌人拥有好几倍的数量优势，不断对德军实施反冲击。

No.1 露出狰狞的爪牙

　　1941年6月22日白天，在德军北方集团军群的进攻方向上，一支装甲部队不顾一切地拼命向前冲杀，将己方的主力部队都远远甩在了身后。遇到苏军的抵抗也不过多地缠斗，只是迅速地击溃苏军，然后继续前插。坦克纵队在苏联的公路上行进，卷起满天的沙尘。一辆装甲车钻出尘雾，从纵队的后面赶到前面。车上坐的就是这支部队的指挥官，德军第56装甲军军长，"二战"中战功最卓著的德军将领之一——曼施坦因。

　　6月21日13时，曼施坦因在军部接到命令，6月22日凌晨3时作好攻击前的各项准备，4时开始攻击，对苏战争的骰子已经掷下了。总攻一开始，勒布元帅率领德军北方集团军，分别从各个方向向前疾速推进。第56装甲军的集中地在米美尔河以北的森林中，克卢格分配给曼施坦因的空间极为有限，所以曼施坦因只能命令第8装甲师和第290步兵师向苏军边界阵地实施主要突击，而第3摩托化步兵师则暂时留在米美尔河以南。

　　继飞机轰炸和猛烈的炮火准备之后，曼施坦因命令部队发起冲击，最初只遇到了轻微抵抗。但不久就为苏军构筑良好的碉堡群所阻挡，残存的反坦克火力迟滞了德军的装甲部队。直到中午12时，第8装甲师才在米美尔河以北通过了碉堡封锁线。

　　正当曼施坦因的坦克集群准备冲出丛林地带，夺取公路直插向纵深时，几个通信兵突然跑到他的指挥车前。

　　"报告军长，前面树林里发现了好几具我军士兵的尸体。"

　　曼施坦因感到很奇怪，这里并没有发生战斗，难道是他的先头部队遭到了敌人的伏击？他立刻派军部参谋去查看一下是哪支部队的士兵。参谋人员查看了这些士兵身上佩带的番号，然后向他们的军长报告说，从尸体上的番号来看，他们是一支德军边境巡逻队，在战斗开始时被苏军俘获，全体人员都被杀死，尸体被残酷地肢解，景象非常令人恐怖。曼施坦因默默无语地走过去看了一下，命令士兵掩埋了这些同胞。

　　怒火开始在曼施坦因胸中燃起：我们没有执行"政治委员"命令，就是因为恪守军人的道德，可是这些苏军竟然以这种手段对待我们的士兵。他越想越气愤，命令部队加速前进。

　　在路上，他又遇到一些刚刚从前线运回来的德国伤兵。这些伤兵忿忿不平地向曼施坦因报告说，他们遇到举手"投降"的苏军士兵，可等到德军士兵满心欢喜地前去受降时，这些苏军"投降"的士兵就会突然开枪。还有一些苏军的伤兵会倒在地上装死，等德军走过之后，从背后向他们开枪。

　　曼施坦因发觉，这场战争的残酷已经超出了他的想像，这不像在波兰或是在法国，那里的抵抗显得那样软弱无力而且缺乏决心，而这些苏军士兵，他们仿佛不知死为何物，一心想的就是打击德军。曼施坦因从来没有怀疑过他将取得胜利，只是这一次，他发现胜利的代价将是空前巨大的。

　　他找来了第8装甲师的布南登堡将军，命令他加快速度，务必乘苏军缓过劲来之前拿下艾罗果拉渡口，最迟不得超过6月22日（也就是攻击发起的第一天）日落之前。在这段时间内，军部将跟随第8装甲师在一起行进。

曼施坦因的要求虽然很难办到——甚至可以说过分，但是德军第8装甲师在布南登堡将军的指挥下，还是完成了这一任务。这个师在突破苏军的边界阵地和清除了防御纵深的零星抵抗之后，终于在6月22日的黄昏时分，用一支搜索兵力占领了艾罗果拉渡口。曼施坦因不敢稍息，又命令徒步行军的第290步兵师加快速度，紧跟在第8装甲师之后。第3摩托化步兵师在中午时分也开始渡过了米美尔河，进入苏联国境。

曼施坦因黄昏时分到达了渡口，夕阳的余晖洒在奔流的河水上，他看着一辆辆坦克轰鸣着通过完好无损的大桥，不禁长长地舒了一口气。

要想达到奇袭的效果还应继续冒险，这符合曼施坦因的一贯作风。他坚信普鲁士弗里德里希大帝的训诫："进攻愈猛烈，伤亡愈小"。于是他命令第56装甲军所属各师不顾左翼的第18集团军和右翼的第16集团军，不要怕侧翼被攻击的危险，一鼓作气地冲到目的地——维拉河渡口。

曼施坦因的运气不错，他所选定的路线恰好是苏军防御比较薄弱的一段。当第56装甲军深入苏联境内170公里抵达维尔柯米尔兹的时候，曼施坦因左翼的第41装甲军在沙莱地区为苏军的坚固阵地所阻；右翼第16军还在为争夺柯弗罗镇而苦斗。而第56装甲军此时已经迈上了宽敞的公路。这里距离第一阶段的目标——维拉河渡口上的芬克斯大桥约有130公里的距离。

正当第56装甲军在曼施坦因指挥下兴冲冲地往前赶路的时候，以小心谨慎著称的第4装甲兵团司令克卢格上将开始担心他们，因为他们不仅超过两翼的德军太多，而且把国境线上的苏联军队也甩在了后面。第56装甲军不仅在前面可能遇到苏军预备队的反攻，而且在背后很容易被甩在后面的苏军切断其后勤补给线。克卢格电话告知曼施坦因，要注意与两翼部队的协同，避免孤军深入。

然而深谙装甲兵战法的曼施坦因决定不让幸运之神溜走，因此没有理会克卢格的忠告，命令部队继续快速前进。他采取了一个让强者更强的办法，这样可以淋漓尽致地发挥德军坦克部队的机动速度——自己亲自率领两个机械化师，由机动性最好的第8装甲师走最好走的公路，机动性稍次一点的第3摩托化步兵师走公路以南的小路，第290步兵师紧随其后，这个师虽然使出了最大的劲，但已经赶不上前两个机械化程度高的师。这样也好，这个拖后的步兵师保证了第56装甲军后方的安全。

6月26日，守卫在维拉河渡口大桥的苏军士兵，突然发现远处的公路上驶来一列不太长的车队，车上装满了士兵，从着装上看是苏军士兵，车辆上也涂着苏军的标志，哨兵拦住了车队询问，车上的人自称是从前线撤退回来的苏军伤兵，有几个人还亮出了缠满绷带的胳膊。于是哨兵挥手放行，谁知这些车在驶过大桥的时候，"伤兵"突然从车上跳了下来，用枪逼住苏军士兵，把惊得目瞪口呆的苏军守卫分队缴了械，然后脱下了身上的苏军服装，扯下了身上的绷带。苏军士兵这才发现，原来这是一队化了装的德军士兵。

原来这正是曼施坦因所用的一计。为了达到出其不意的效果，使苏军来不及炸毁渡口

↑ 德军士兵穿梭在一个被战争摧毁的村庄中。

桥梁，在河对岸组织起有效的防御，曼施坦因不顾国际公法，让他的士兵利用缴获的苏军车辆，装扮成苏军后撤的部队，瞒天过海，骗过苏联守卫大桥的部队，完整地攻占了维拉河的桥梁。装扮成苏军士兵的，正是德军第8装甲师的前卫部队。这件事不久就传到了元首那里，希特勒大为欣赏。其他部队也借鉴这种方法组建了一些伪装部队，成为了战争初期德军著名的"影子部队"。

从进攻开始到拿下维拉河渡口其中的一座大桥，第56装甲军在曼施坦因的率领下，一路上击毁了苏军约70辆坦克和许多火炮，这个数字相当于整个第56装甲军坦克数的一半。

这样，到了6月26日，沿公路疾进的第8装甲师最先抵达了芬克斯城外。上午8时，曼施坦因在该师的师部中接到了一个报告，得知该师的先遣部队使用"影子部队"成功，兵不血刃地夺获了苏军驻守的两座大桥中的一座。另一座也通过战斗夺到手，苏军完全料不到德军来得如此之快，守军派出工兵企图炸毁桥梁，但引爆炸药的士兵在距离导火索几米远的地方被德军消灭了。

维拉河在芬克斯城附近的公路大桥完整无恙地落在了德军手中，铁路桥也只是受到了轻微的炸伤，略加修复便可使用。通过大桥涌入芬克斯城内和维拉河的另一侧的德军，正在与苏军展开激战。

6月27日，曼施坦因又接到了另一份捷报：第3摩托化步兵师攻克了维拉河上游的另一个渡口。至此，第56装甲军的任务圆满地完成了。从作战地图上的距离来算，芬克斯城附近的渡口距离第56装甲军攻击发起的阵地，差不多有320公里的距离，在路上不断遇到苏军阻击的情况下，用去了整整4天零5个小时的时间，这与事先对南哈特将军的许诺相差无几。

攻克芬克斯城后，曼施坦因率领军部驱车进城，看到城中一片火光，苏军在撤出该城时，实行了"焦土政策"，将大半个城放火焚毁了。曼施坦因认为，夺取芬克斯城后应该继续向纵深切入，打乱苏军组织部队反击的企图。照他看来，当德军突然在敌人深远后方出现时，一定会使苏军发生相当的混乱。他们很明显是想倾全力把我们赶过河去，并且到处搜罗兵力来参加攻击。所以我们挺进得越快，他们就越难有机会调集优势兵力有系统地对抗我们。如果我们笔直向普斯科夫挺进——当然同时仍应确保维拉河渡口的安全——而同时装甲集团军又用另一个装甲军紧随在我们后面，通过芬克斯前进，于是最可能的就是，敌人还是会用手头一切可以使用的兵力向我们发动零星的反攻，至少就现阶段而言，他们无法打一次正式的会战。至于那些留在维拉河以南的敌军残余兵力，就可以留交后续的步兵部队加以扫荡。不用说，当一个单独的装甲军——甚至整个装甲集团军——冒险深入苏联腹地时，当然是越深入就越危险。反而言之，一支在敌后作战的坦克部队，其安全程度大致依赖于持续运动的能力。一旦它停止不动，马上就会从四面八方受到敌军预备队的攻击。然而第4装甲兵团司令克卢格上将却严禁曼施坦因径直高速前进，必须原地等待两翼的部队到位，以免孤军深入。曼施坦因只能命令部队原地驻扎，拓宽芬克斯周围桥头阵地并保持渡口畅通，等候第41装甲军和第16集团军左翼的前进。而这一等就是5天。就这样，迅速击溃苏军主力并夺取列宁格勒的最好机会，在曼施坦因的眼皮低下慢慢地溜走了。

No.2 用生命阻拦侵略者

战争一开始，首先遭到德军猛烈突击的就是苏军边防小队和尚未完成工事构筑的筑垒地域少量守备部队。各边防小队和筑垒地域永备发射点立即变成了一个个四面受敌的小孤岛。他们被团团围住，进行着力量悬殊的战斗。然而，这些分队的指挥员在武器装备和人数都与对方悬殊甚大的情况下英勇地履行了自己的职责：他们没有一个人在占绝对优势之敌的猛攻下放弃自己的阵地。

由苏尔任科中校指挥的第98边防总队的战士们表现了惊人的坚定性。该总队第9边防小队在古谢夫中尉率领下，曾几次转入反冲击，未从边界后退一步。约600名德军官兵在该边防小队阵地及与其相邻的筑垒地域各发射点阵地的接近地葬送了性命。

然而，其中一些被围困的边防勇士马上就要面临弹尽粮绝的危险。第5集团军先行赶到的部队试图向边防部队靠拢，但未成功。另一个边防小队的处境还要困难。敌人第一次突然的炮兵急袭射击使该边防小队遭受了不可弥补的损失：所有建筑物瞬间就被炸毁，许多边防战士牺牲在倒塌的房屋下。幸存的战士们在政治指导员博边科率领下迅速占领防御，打击敌人。在南面弗拉基米尔－沃伦斯基地域，由贝奇科夫斯基少校指挥的第90边防总队边防战士在德军主要突击方向奋勇作战。该总队由洛帕京中尉指挥的第13边防小队的边防战士表现了最大的坚定性，他们坚守在该边防小队被毁房屋的地下室里，继续进行战斗。随后赶来营救的步兵第87师部队不知何时才能赶到。

按最乐观的估计，边防军最多能支持2天。但实际上，许多边防小队战斗的时间要长得多。洛帕京的边防小队竟奋战了11个昼夜！英雄们打到了最后一息，全部牺牲在房屋的废墟下，却没有一个人放下武器。

由塔鲁京中校指挥的佩列梅什利边防总队边防战士奋勇作战，在涅恰耶夫中尉的边防小队地段，靠近佩列梅什利处有一座桑河大桥，德军为夺取这座桥派出了一支经过特种训练的支队。该支队化装成苏军抵抗德军。突至桥上并夺取了它，但苏军的边防战士实施坚决反冲击，又夺回了这座大桥。德军又改变方针对苏军实施疯狂的火炮和迫击炮射击，企图在炮火掩护下强行徒涉桑河，从两翼迂回突击边防战士。在力量悬殊的战斗中，苏军的人数很快就变得越来越少了。最后只剩下涅恰耶夫中尉一个人，他在法西斯分子接近自己后拉响了最后一颗手榴弹。

苏联边界上的发射点及其数量很少但却百折不挠的守军，是德军重兵东进的第一个障碍。他们刚踏上苏联领土就发现，要实现希特勒统帅部精心制订的闪击战计划绝非是轻而易举的。这些热爱歌唱的苏联人像守卫母亲一样守卫着他们的祖国，这片广袤的土地远不像希特勒和他的元帅们最初想像得那么容易征服。

当各边防总队和筑垒地域守备部队在德军重兵合围中进行众寡悬殊的战斗时，驻在边界附近的苏军各师正竭力赶往预定地区，他们不顾进攻的敌人拥有好几倍的数量优势，不断对德军实施反冲击。

在第5集团军地带，步兵第45、62、87师各两个团（这些师的第3团因进行营地建设来不及赶到交战地点）和步兵第124师全部，于6月22日午后首先进入战斗。各部队接警报后紧急集合，只带少量弹药（辎重已装载，但滞留在常驻地仓库旁），直接从行军状态投入反冲击。德军用密集的火力阻挡他们，但却未能迫使他们后退。

那些驻守在边境地区纵深的兵团进至各自地区之前，还要走相当远的距离。他们以苏联人特有的那种组织性和坚韧不拔精神开赴边界。德军的航空兵不间断地对他们进行突击，在他们行军的路线上留下斑斑血迹。

第5集团军地带由乌斯季卢格到克雷斯诺波尔75公里宽的地段，是德军实施主要突击的地段，实际上也是决定整个边境交战命运的所在。战争第一日这里仅有步兵第87、124师，其余兵力距离还很远。而对这两个兵团实施猛攻的德军，却是得到航空兵强大支援的将近8个步兵师和3～4个坦克师。

总的兵力对比对苏方也很不利。在德军主要突击的方向，西南方面军的整个集团（3个步兵师和2个机械化军——机械化第15、22军）没有严整的战役布势，且分散在很大的纵深，共有约10万人和2,000门火炮和迫击炮。在其正面，德军第6集团军和坦克第1集群共有近30万官兵和约5,500门火炮和迫击炮，并且早已预先展开并做好了准备。这就是说，德军在这里的总优势是：有生力量多两倍，炮兵多一倍多。另外，他们还掌握了制空权。

在德军主要突击方向，苏联机械化第9、19军配置在距边界250～300公里处。虽然苏军全部4个机械化军的坦克总数不比德军少，但基本上是陈旧的教练战斗坦克。当时技术上最先进的KB和T－34型新坦克，在上述4个军中总共只有163辆。而德军则有700辆新式坦克。

战争就在这样悬殊的力量对比下展开。

苏联方面军空军司令员和他的司令部当时正在组织对航空兵部队的指挥。但这并不容易，德军早在战争开始的头几小时，就以突然的空中突击给苏军飞机造成了沉重打击，并且破坏了苏军空军司令部与各机场的通信联络。各航空兵师长只能各负其责地行动。战场上空可以看到苏军一些飞机小编队，虽然数量很少，却勇猛地冲向德军战机，竭尽全力战斗。

直到傍晚，普图欣将军才在极困难条件下恢复了对各航空兵部队的指挥，并转入有组织的行动。就在当天，苏联飞行员击落了46架德军飞机。在战争的头几小时，飞行英雄伊万诺夫中尉在乌克兰的边境城市罗夫诺上空对敌机实施了空中撞击。飞行员谢尔久茨基击落了2架德军飞机。轰炸航空兵第86团大队长英雄飞行员茹科夫大尉单独与德军3架歼击机战斗，击落了其中1架，但他自己也被击落了。他跳伞后吃力地回到自己的机场，人们刚给他包扎好伤口，他又飞去执行战斗任务了。盖博大尉率几架飞机组成的编队对德军18架轰炸机实施攻击，迫其溃逃。不久，他为掩护在战斗中被击伤的一架飞机，驾驶自己的A—16飞机对两架"梅塞施米特"实施攻击，救出了自己的同志。

尽管苏联人在天空和地面为保卫自己的祖国而英勇地作战，但是双方力量悬殊还是太大了，人的力量毕竟是有限的，无数苏军战士的生命只是延缓了希特勒飞机坦克进军苏联腹地的步伐。

No.3 钢铁对钢铁

在南线战场上，德军面对的是苏联兵力最充实的西南方面军。要保证在战役初期就歼灭苏军主力，就必须高速穿插到苏军背后，阻止苏军主力收缩到第聂伯东岸组织防御。伦德施泰特元帅麾下的第1装甲集群在开战后就向基辅方向和第聂伯河的下游高速突击，通过迂回包围，阻止苏军退过第聂伯河。

哈特所在的德军南方集群第3装甲军摩托化步兵旅，就担任高速突击的侧翼掩护任务。开战后第一天，他们就开到杜布诺地区，向卢茨克、罗夫诺地域搜索前进。而他们还不知道，这一地域恰恰部署着苏军的坦克集群主力。

40余辆坦克的方阵在平原上推进，摩托化步兵紧随其后。坦克营出发一天来还没有碰到过有力的抵抗，只是帮助步兵消灭一些苏军的火力点和碉堡，一辆敌人坦克还没遇到，没有战斗损伤，只有2辆坦克因为机械故障退出序列。101号指挥车内，营长正在向整个行进的方阵不断下达各种命令，他的心里已经全然没有了开战前的那种紧张。虽然没有找到失踪的施罗特，但是开战时苏军的状况表明他们并没有充足的准备。头一天的战斗除了顺利还是顺利，屈指一算，他的坦克营至少消灭了苏军20多个地堡和火力点，击毁的苏军火炮也有十几门。看来突袭行动是出奇制胜了。但是他也知道，越深入苏联纵深，坦克面临的危险就越大。苏军步兵的反坦克武器可能会让他们防不胜防，苏联的坦克对他来说还是神秘的敌手，而敌人埋设的反坦克地雷则最为可怕，可能你还见不到敌人的面就已经被炸上了天。营长为小心起见，调来了一些步兵输送车行进在坦克方阵的两翼，以免视野不佳的坦克受到苏军的伏击。但是半履带的装甲输送车越野能力远远不如他的3号坦克，所以经常被落在后面，此刻它们就不知被甩到哪里去了。

营长正在思索，突然听到前卫车传来的呼叫："敌坦克，2点方向，3,000米！"

终于来了！营长大声喊："数量？"

"数量不明！"

苏军的坦克埋伏在前方偏右的树林里，看到德军的坦克方阵接近，从阵地扑了出来。几发炮弹已经落在了前卫坦克的右侧。

"1中队转向迎敌，2中队向东突进，包抄敌人侧翼！"中队长的命令简单有力。

哈特所在的203号车属于2中队，中队长按照营长的命令，率队迅速转向，绕了一个弧线，袭击敌人的侧后方。这时1中队已经和敌人交火了。接近后营长发现，敌军的坦克只有5、6辆，其中几辆是BT坦克，其余的是BA－10装甲车。

BT坦克是1931年苏联仿造美国T－3"克里斯蒂"轮履坦克制成的双炮塔快速坦克，它们的装甲薄弱，设计落后。BA－10装甲车是1936年苏联开发的6轮重装甲车，拥有45毫米火炮，车身侧面的附加轮胎有助于在起伏较大的地面平稳行驶。但装甲最厚仅10毫米所以无法抗衡德军3号坦克的50毫米榴弹。

苏军坦克连发数炮都没能命中，1中队的3号坦克还击了，50毫米坦克炮快速射击，可能

↑苏军装备的BT型坦克。

是炮手们第一次遇到苏军坦克有些紧张，第一轮齐射也没能命中苏军的坦克，只是在对手身边掀起了硝烟和厚厚的尘土。但是这些尘土却严重地阻碍了苏军坦克的视线，使他们根本就没发现还有几辆坦克在向他们的侧后包抄。

德军的3号坦克显出了火炮射速高的优势，抢在苏军前面进行了第二轮齐射。这次有了准星，立刻掀掉了一辆BT坦克的炮塔。另外一辆履带被打断，停下来成了固定的靶子。苏联坦克的炮弹也倾泻到了3号坦克头上，105号车中弹起了火，107号则一不小心陷进了一个弹坑里出不来了。

就在这时，2中队的10辆坦克突然出现在了苏军坦克的侧后方。坦克的装甲一般是正面最厚，侧后方则是软肋，而且正在与1中队对射的苏联坦克没有办法转过头来。2中队的打击成为了毁灭性的。

"炮塔1点方向！目标敌装甲车，穿甲弹准备！距离800！"耳机中传来车长沙哑的喊声，在初次遇敌的一瞬间，列兵哈特似乎嗅到了战争的气息。开火了，哈特完成了他的装弹任务，立刻将眼睛对准观察窗口。外面一阵浓烟，50毫米钨芯穿甲弹轻而易举地将笨重的BA－10装甲车掀翻，另外几辆也纷纷起火。第二轮齐射过后，所有的苏军坦克都不动了。

第一批俘虏从哈特的舱门旁缓缓走过。作为先锋的第2中队没有片刻的休息，其余各队指挥官简单地核对了路线和手表后，扔下损坏的坦克再度前进。

天渐渐黑了，部队停止了前进，准备筑营过夜。

第二天，哈特所在的摩托化步兵师遭遇到了苏军坦克集群主力，40辆3号坦克面对的是70余辆苏军各式坦克。但是苏军没有集中优势兵力包围2营的坦克群，而是采用凶猛的攻击波形式展开正面进攻。在几轮对射过后，火炮射速和防护力明显占优的3号坦克摧毁了对方10余辆坦克，打退了苏军第一轮冲击波，但是1中队也损失重大，至少4辆坦克失去了战斗力。德军坦克营长的指挥车101号被苏军辨认了出来，几辆坦克对准它猛轰，结果将101号掀翻了个，营长也阵亡了。

2中队的中队长立刻接过了指挥权，下达命令说：损失较严重的1、2中队顶住苏军坦克的正面冲击，而3、4中队从两侧包抄侧翼，争取用优势兵力打击对方的死穴。这是一个田忌赛马的战术，但是担任敢死队的1、2中队将有全军覆没的危险。

1、2中队剩下的十几辆坦克雁翅排开，用火力阻击苏军的坦克冲击波。"警惕！"车长利索地关上了舱门。哈特将收发机转到接收档，然后把整个脸贴在了机枪座旁的观察口上，这个小小的窗口就是坦克兵哈特的全部世界。正前方五花八门的苏联坦克鱼贯冲出，BT、T－26、T－34、"巨人"KV－2，还有倾斜装甲的中型坦克，苏军以数量上的绝对优势开始了强大的冲击！

几轮齐射后，1、2中队的坦克已经冲入了苏军坦克方阵的中间，现在是一团混战，各自寻找各自的目标射击，临近的坦克只能勉强做一些掩护。2中队长盼望着包抄侧翼的3、4中队赶快出现。可是不幸的是，3中队误入了苏军的反坦克步兵阵地，遭到反坦克枪和手雷的一通攻击，3辆坦克失去了动力，而且整个中队被拖住了。4中队的意图被苏军所发现，遭到了苏军坦克的阻击。1、2中队只剩下10辆坦克了，而且完全陷入了苏军坦克的重围之中。

203坦克内部的空气几乎达到了燃点。车长单调的嘶叫、炮手迟缓的喘息、炮尾开闭的金属回音和炮舱发出的刺耳啸叫合奏着战斗的协奏曲，战斗变得越来越激烈！

很快BT和T－26已化为一堆堆废铁，但KV坦克和新型T－34坦克却反弹了所有攻击！"这里是老虎1（代号）！各战斗员停止射击，全小队侧面迂回！"车长硬着头皮想要冒一次险。

苏军新型坦克横冲直撞以极快的速度发炮，这是个经验丰富的老手，指挥车201号首先变成了一团火球，接着202号车的炮塔也被整个掀飞，但浓烟遮蔽了苏军的视线——机会！在203号车车长的指挥下，3辆3号坦克冲过苏军新型坦克的正面，绕到侧后方同时开火，终于打断了它的履带。哈特不知道，早在一星期前第3装甲军就已经历了同样噩梦，这就是苏军新型的T－34坦克。是苏军最新型的中型坦克，其火力、防护、机动性完全压倒3号坦克，只是装备的数量太少了，不足对德军坦克部队构成严重的威胁。情况仍然紧急，203号车已经临时接过指挥权，但是剩下的几辆坦克已经完全和苏军坦克搅在一起，几乎是无从指挥了。渐渐地，车长发现苏军的火力变弱了，他还不知道，苏军坦克的弹药贮备严重不足，经过一场血战，剩下的坦克有的已经没有弹药了，多的也不过十来发炮弹，被迫只能采用抵近射击的方法节省弹药。车长看到苏军火力有了漏洞，立刻命令剩下的3号坦克重点围歼仍能开火的苏军坦克。就在这时3、4中队终于包抄到位了，一阵猛烈的轰击从苏军背后袭来，立刻有几辆BT－26变成了火球。又经过一阵鏖战，2营这边仍有火力的3号坦克也不足10辆了，而苏军多数的BT－26已经报销了，只剩下几辆庞然大物KV－2仍在横冲直撞。

"集中火力，先打前方第一辆！"203车长下达命令。立刻就有好几发炮弹落在了"行走茅房"巨大的壳子上，但它们实在难以撼动KV坦克那猛犸象般的身躯。轮到"行走茅房"开火了，又一辆3号坦克被152毫米的炮弹炸翻了个儿。车长想派出敢死队抵近后射击，可就在这时那辆KV－2却陷在潮湿的草地里动弹不得——它太重了！

"瞄准它的发动机打！"车长命令。于是又是一阵齐射，终于将KV－2解决掉了。很快，所有的苏军坦克都动不了了。这阵拼杀真让人透不过气来！车长命令驶进前面的树林修整一下。203步履蹒跚地开了过去，撞倒一棵大树，几乎是一头栽进了树林。哈特转过头去和驾驶员说："伙计，以后我们是指挥车了吧。"但他却忘记了关上车际无线电通话器！没想到这里藏着一辆刚刚因为机械故障退出战斗的T－34，潜伏猎手通过同一波段锁定了203号的位置。

一发76.2毫米BP－205R穿甲弹准确地从驾驶员观察窗打了进来，哈特敏捷地撞开车侧逃生口。他刚爬到草地上打了一个滚，203号车已经在巨响中化为乌有。

1941年6月25日，开战刚刚第3天，列兵哈特，203号车的唯一幸存者，加入了摩托化步兵的行列。

第5章
CHAPTER FIVE

明斯克之痛

★在外人看来，巴甫洛夫可以算是近几年来苏联红军中冉冉升起的一颗新星。巴甫洛夫是苏军最早的两个坦克团之一的团长，而朱可夫是另一个团长。他参加了西班牙内战，在那里戴上了苏联英雄金星勋章。

★朱可夫马上给克里姆林宫打电话，向斯大林汇报了西方面军的情况，并表达了他对前线指挥的忧虑。斯大林已经忍不住怒火了，他对朱可夫说："立刻致电西方面军，取消巴甫洛夫的指挥权，让他立刻回来接受审查！"

No.1 柔弱的领导者

1941年1月，白俄罗斯首府明斯克郊外，广袤无垠的原野上覆盖着皑皑白雪。突然远方响起了巨大的轰鸣声，一队队的坦克撕碎了雪原的宁静，苏军的坦克方阵排列整齐地驶过大地，留下一道道棕色的轮迹。坦克方阵后面是声势同样浩大的骑兵方阵，一列列高头大马上，端坐着身披长长的黑色斗篷的骑兵，斗篷迎风飘起，露出腰间挎着的战刀。马鼻子呼出白色的热气，雪花在马蹄下掀起白色的浪花。再后面是卡车运输的步兵方阵，战士们头戴皮帽子，身穿军大衣，但红红的脸上透着王牌部队特有的威风和骄傲。就在这时，一列车队从方阵的右侧通过，最前面是一辆装甲车，车上一位将军把身子从舱口中伸出来，向部队频频挥手。

这就是苏联红军西部特别军区总司令巴甫洛夫大将。他正在检阅他麾下最精锐的部队——第10集团军。这支部队和西部特别军区挑选出来的另外几支部队，一起刚刚参加了总参谋部组织的大规模的军事演习。

在外人看来，巴甫洛夫可以算是近几年来苏联红军中冉冉升起的一颗新星。巴甫洛夫是苏军最早的两个坦克团之一的团长，而朱可夫是另一个团长。他参加了西班牙内战，在那里戴上了苏联英雄金星勋章。回国后担任苏军汽车坦克装甲兵总监。与朱可夫一起晋升大将，一起担任重要军区司令员，朱可夫在基辅特别军区，巴甫洛夫在西部特别军区。他的每一步升迁都显得那么顺利而且顺理成章。但是这些荣誉却掩盖不了一个可怕的事实，这位巴甫洛夫将军完全不是朱可夫那样的身经百战的军事天才、指挥高手。

那他何以爬上西部特别军区总司令这样显赫的高位呢？这还是要归因于斯大林的"大清洗"造成的苏军高层指挥官的真空，为了弥补空缺，许多将领被破格提拔，其中当然不乏朱可夫这样的军事天才，但是也有巴甫洛夫这种挂着军事家面具的政客。他作为专家为苏军建设提出建议，错误地接受了西班牙内战的经验，认为坦克部队无力单独进行战斗，只能支援步兵（其实这只是Ｔ－26那样的轻型坦克防护力太差的结果，他却以此否定了所有坦克），导致苏联将早已组建的机械化军解散，到1940年，斯大林意识到德军装甲兵闪击战法的强大威力时才又重组机械化军，但那时已经晚了。

这次演习中，他无时无刻不在显示着自己在军事上的浅薄无知。他没有围绕明斯克部署部队，而是将红军主力配置在距离边境不远的比亚维斯托克突出部地带，同时没有留出足够的战略预备队。扮演蓝军统帅的朱可夫大将清楚地看到了这一严重问题，因此提前调动部队，悄悄靠近红军主力，演习一开始立刻两路急进合围了比亚维斯托克突出部的红军主力。而红军又没有足够的部队用于解围或是在纵深再次决战，结果明斯克的城门对蓝军大开。

虽然巴甫洛夫是一个庸才，但是如果他能够虚心地向朱可夫请教一下，或是认真地听一听副总参谋长梅列茨科夫的意见，改变西方面军配置的错误状况，他也不会在仅仅半年之后背上历史的罪人这个沉重的十字架。然而遗憾的是，无端自大的巴甫洛夫没有听从任何意见。半年过去了，他的主力部队仍坚持演习时的布防方案。而且西部特别军区的空军全集中在少数几个机场，成为敌人的好靶子。直到战争开始，巴甫洛夫没有采取任何有效的改进措施。

No.2 西方面军之殇

比亚威斯托克突出部，是位于白俄罗斯首都明斯克以西，凸向波兰的弧形地域，南北宽约百里。巴甫洛夫将13集团军留下作为战略预备队，把他的另外3个集团军（第3、第4和第10集团军）三足鼎立地部署在突出部的北、西、南三个方向上，北边是库兹涅佐夫指挥的第2集团军，中间是戈卢别夫指挥的第10集团军，南边侧翼是科罗布科指挥的第4集团军。看上去这个部署可以互相支援，而且突出部前沿筑垒坚固、工事纵横、重兵防守应该是易守难攻的。然而主力部队部署在这里，就距离边界太近了，几乎全部军队都在比亚威斯托克大突出部内，这种部署，既不是进攻性的，也不是防御性的，很容易被德军从两翼迅速合围，3个集团军并肩排列在德军张开的大口中，只要上下一合牙，巴甫洛夫的绝大部分部队将被吃掉。

而巴甫洛夫的对手，冯·博克元帅恰恰是一个在战场上嗅觉异常灵敏的指挥官。他看到这种有利态势，决定让德军中央集团军群兵分两路突向纵深：一路在北面从东普鲁士的苏伐乌基地区出发；另一路从布勒斯特——里托夫斯克地区出发，沿着普里皮亚特沼泽地的北部边缘向前推进。这两路德军的任务是像铁钳一样深入苏军深远的后方，并在苏联境内纵深250公里处，即白俄罗斯首府明斯克收拢钳口。向前推进的步兵师一部分跟随装甲集群到明斯克，以防被围之敌逃窜，一部分在比亚威斯托克突出部的北面和南面分两路向前挺进，进到距离较近的包围圈，目标是在比亚威斯托克——明斯克大道上离苏德边境100公里的地点。计划被围之敌将被装入两个口袋，一个套着另一个。德军准备在消灭两个口袋中的苏军之后继续向奥尔沙路桥挺进，直取斯摩棱斯克。

战争一开始，德军的坦克集群就按照既定的方向急速挺进。而苏联总参谋部的朱可夫大将，也立刻意识到西方面军的危险，他打电话到西方面军司令部，但是却没有能够找到巴甫洛夫司令。不久之后，朱可夫被调往西南方面军司令部，斯大林也一直没有找到巴甫洛夫，统帅部对于西方面军的情况几乎是一无所知。

原来战斗一打响，这位没经过大仗的司令员就被过度的兴奋烧乱了他的神经。他认为此刻最需要的就是和他的部队在一起，于是他一头扎进了13集团军的司令部。可是这样一来，整个方面军就失去了指挥，等于放弃了全局的指挥权。

战争的第一天，博克的中央集团军就将苏军的3万人重重包围了起来。西方面军于次日对德军反突击，但由于所调用的反突击兵团分散在各地，准备时间仓促，又缺乏必要的通信器材，未能对德军形成集中突击，反突击部队损失严重，燃料、弹药消耗殆尽，被迫放弃格罗德诺，撤往新格鲁多克，从而在西北方面军和西方面军之间出现了一个大缺口。之后，西方面军再次对德军实施了仓促的反突击，但由于缺乏必要的物资供应，反突击集团无法进行有效的作战。反突击不仅仍未获得成功，反而被德军第2装甲集群分割为几部分，被迫且战且退。一些坦克由于油料耗尽而没能撤回，落到了德军手里。到战争第4日为止，德军坦克兵团在西方面军两翼已深入苏联领土达200公里，配置在比亚威斯托克突出部的西方面军主力正在掉入敌人的口袋。

同时，这一铁臂合围还得到了德国最大的航空队的支持。由凯塞林指挥的拥有近千架飞机的第2航空队，负责将白俄罗斯地区的所有苏军飞机清理干净，并对口袋内外苏军的任何地面活动进行持续而猛烈的轰炸。这样的钳形合围，双层口袋和空中打击的联合攻击下，3个苏联精锐集团军将难逃厄运。

呆在13集团军司令部的巴甫洛夫大将完全被德军迅猛的阵势吓住了，他得不到前线足够的情报，不知道自己的集团军状况如何，更不知道德军在采取什么行动。

6月23日晚，他给第10集团军下达了这样一条命令：

第10集团军司令员：

机械化军为何不进攻？谁的过错？立即行动起来，不要惊慌失措，而要指挥。应当有组织地打击敌人，而不是无指挥地乱跑。您应当知道每个师的位置，何时采取何种行动及其结果……

巴甫洛夫

试想第10集团军的司令员收到这样一条语无伦次的命令该作何反应？

1941年6月24日，德军的坦克集群正在分兵绕过比亚威斯托克突出部，此时如果下达命令，将3个集团军立刻撤出危险地带也许还来得及。但是巴甫洛夫大将却认为敌军的坦克集群孤军深入，补给线拉长，这正是还击的时机。也许是前3天西方面军遭受的失败太惨重了，巴甫洛夫相信自己将很难承担这次失败的罪责。懦弱的他又一次在危机时刻失去了清醒的理性。他想，只有大胆进攻，孤注一掷地挽回败局，才能弥补自己已经犯下的巨大过失。此时的司令员满脑子都是如何挽回自己的过错，惟独想不起来应该对部下西方面军的几十万将士的性命负责，想不起来为守卫白俄罗斯，守卫莫斯科的门户负责。巴甫洛夫头一次如此坚决地作出决定，然而这个决定却使西方面军走向覆灭。他命令把所有的集团军的和方面军的预备队前调，以图解除德军正面步兵师对比亚威斯托克突出部的威胁。然而这样一来就在明斯克地区留下了一块真空地带，使得德军穿插合围的任务更加容易完成。巴甫洛夫的这条命令等于将更多的部队送进了德军的口袋，同时把口袋的系绳交给了德军。

↑指挥德中央集团军入侵苏联的罪魁——冯·博克元帅。

被斯大林派往西方面军任统帅部代表的沙波什尼科夫元帅发现了西方面军的危险局势，在6月25日向苏军统帅部报告了这一情况，请求从比亚威斯托克突出部撤向旧筑垒地域一线。据此，斯大林命令西方面军迅速将第3、第10集团军东撤到利达、斯洛尼姆、平斯克一线。

等到战争开始的第4天，巴甫洛夫大将接到了统帅部后撤的命令，他也终于从零星的情报中找到一点头绪。他混乱的头脑开始了第一次清醒的思维，他明白了，敌军的快速兵团2、3天后就能从西北和西南两个方向逼近明斯克。在比亚威斯托克突出部作战的第3和第10集团军处境非常艰难。现在的问题不是如何反击敌军了，而是怎样才能避免迫在眉睫的全军覆没的危险。

巴甫洛夫越想越觉得害怕，一阵阵冷汗渗透了他的衣服。他看了看军事地图，明斯克的背后几乎是一马平川，德军可以长驱直入地直取斯摩棱斯克，甚至莫斯科。如果几十万军队在比亚威斯托克——明斯克地带被合围，莫斯科就会失去地理上和军事力量上的屏障。不行，必须将部队撤回来，保存这几个集团军的力量，固守明斯克。巴甫洛夫仔细研究了一下情报，他发现在敌人的包围圈明斯克方向上还留有一条50~60公里宽的走廊。这也许是个机会。巴甫洛夫下定了决心，他立刻签署命令：

第13、第10、第3及第4集团军司令员：

今天，即6月25~26日夜间，不晚于21点开始退却，各部应做好准备，以坦克为前卫，骑兵及强大的反坦克防御部队为后卫。

这次行军应在强有力的后卫掩护下，昼夜兼程疾进。在辽阔的战线上甩掉敌人……应在一昼夜间一举跃出60公里以上……允许各部队充分征用当地工具并征集任何数量的马拉大车……

西方面军司令员巴甫洛夫大将

应该说这条命令还是清楚而果断的，除了仍带着一点巴甫洛夫特色的婆婆妈妈。可以说，一个平庸的头脑终于因为清醒而产生了一点智慧的火花。然而这一切已经太晚了。他此前的错误已经完全葬送了各个部队执行这个命令的能力。部队已经没有燃料和运输工具了，它们在战斗的最初几天里被敌人夺走或是被摧毁。各兵团凌乱的退却是在德军握有制空权，快速兵团迅速迂回运动的极其困难的条件下进行的。

刻薄的命运之神没有给巴甫洛夫一个挽救自己、挽救西方面军的机会。下达了这个坚决果断的命令后，巴甫洛夫就失去了对比亚威斯托克几个集团军的指挥。

28日，博克的铁钳攻势已经打到明斯克城下，苏军兵力不足的部队进行了一番激烈抵抗后，只能放弃城池。白俄罗斯的首都失陷了，这是开战以来苏联丢掉的第一座重要的城市。29日，德军完成了对苏军的50余万人在比亚威斯托克——明斯克地带的战略包围，并以每天40~50公里的速度大踏步地向苏联国土的纵深挺进。

放弃明斯克的消息传到了统帅部，斯大林的心情跌落到了几天以来的最低谷。他明白等

待明斯克人民的将是多么悲惨的命运，他更担心明斯克一失，斯摩棱斯克——莫斯科方向都会失去屏障。此刻，他还不知道西方面军的几十万大军已经落到了冯·博克的巨口之中了。29日，斯大林两次亲自来到国防人民委员部，对铁木辛哥和朱可夫表示，他对西方面军的战略形势强烈不满。他说："几个最精锐的集团军，却不能阻挡德军占领明斯克，真不明白巴甫洛夫他们是怎么指挥的！"朱可夫轻声却很有力地回答："很明显巴甫洛夫已经失去了对集团军的指挥。我们的集团军的命运，恐怕也不比明斯克强。"

晚上，回到克里姆林宫，斯大林看了看表，德国无线电广播的前线新闻就要开始了。开战后斯大林养成一个习惯，每天都要听一听德国电台播报新闻，实际上很多前线的最新情况，他都得不到方面军的报告，而是从德国电台里听来的。

"冯·博克元帅的快速兵团已经夺取白俄罗斯首都明斯克，被占城市状况良好，市民的生活正常而平静……在明斯克以西地域，我军合围了俄国第3、第4、第10等集团军等共50余万部队，并将在空军部队的配合下很快完成歼灭……"

什么！斯大林几乎跳了起来，3个集团军被合围了？这是真的还是假的？难道这些部队都没有撤出比亚威斯托克突出部？这怎么可能？但是斯大林转念一想，德军的广播确实是对现在局势的最好解释：如果西方面军的主力集团军没有被合围，为什么会那么轻易地放弃明斯克？既然冯·博克的快速兵团已经攻占了明斯克，那比亚威斯托克的部队就已经在敌人腹地了，如果他们没有被合围，还有战斗力，为什么不在背后打击德军的快速兵团？看来真的是被合围了。这个巴甫洛夫，为什么不执行25日下达的3个集团军后撤的命令？

斯大林越想越生气，他立刻给铁木辛哥打电话：

"我听到德军的广播，说我们的3个方面军在明斯克以西被合围了，说有50万人！"

铁木辛哥并没有感到意外，因为这正符合他和朱可夫已经作出的分析。他说："有可能是这样，根据我们的零星消息，至少第3、第10集团军还有很多部队没能撤出比亚威斯托克地带。正在撤退部队的情况可能也很糟，一些部队遭到德军装甲集群的阻击。"

斯大林大声说："那您就立刻联系巴甫洛夫，问问他情况到底怎么样，为什么不执行25日就已经下达的集团军后撤的命令！就这些。"

铁木辛哥放下电话，看了看身边的朱可夫，说："他生气了，要我们立刻联系巴甫洛夫，看来要追究责任。"

朱可夫叹了口气："他还感到意外呢，其实这是必然的。失去机动力的部队不被合围还能怎么办？"

铁木辛哥说："必须加紧执行26日确定的在斯摩棱斯克——莫斯科建立梯次防御的方案，德军推进得太快了，在这个方向上，我们的兵力出现了大缺口，我担心斯摩棱斯克……"元帅沉默了几秒钟，但立刻想起来眼下要办的事情，"您来联系巴甫洛夫吧，问问他在干什么。"

寻找这位"神龙见首不见尾"的司令员，可颇让朱可夫费了一番力气。电话电报都用上了，方面军司令部、13集团军司令部一个接一个地找。此时的朱可夫突然想起半年前的那次演习，冯·博克使用的策略和自己当时击溃巴甫洛夫部队的战法如出一辙！半年来，巴甫洛夫没有对错误的部队设防作出一点改变。朱可夫暗暗责怪自己，那之后没多久他就担任了总参谋长，为什么没有督促巴甫洛夫改进部队配置呢？

到了30日中午，朱可夫终于找到了巴甫洛夫，他通过"博多"式电报机同巴甫洛夫进行了交谈。

之后，朱可夫马上给克里姆林宫打电话，向斯大林汇报了西方面军的情况，并表达了他对前线指挥的忧虑。斯大林已经忍不住怒火了，他对朱可夫说："立刻致电西方面军，取消巴甫洛夫的指挥权，让他立刻回来接受审查！"

两天后，巴甫洛夫回到了莫斯科，直接到国防人民委员部向铁木辛哥元帅报到。巴甫洛夫被带到莫斯科近郊的一所监狱，还是先前那位胖胖的中将对他进行审问。

一个星期以后，焦躁不安的巴甫洛夫等来了斯大林对他作出的"判决"——死刑。

巴甫洛夫并没有害怕，因为他已经在心里无数遍为自己的错误作了深深的忏悔。可他继续看他的判决，突然震惊地发现，判处他的罪名是叛国罪！巴甫洛夫几乎疯了，他大声叫着："我没有叛国，我是忠于苏维埃的！"他对中将提出，要求见斯大林。但是太晚了，他再也没有机会为自己这个"莫须有"的叛国罪辩护了。在斯大林看来，反正巴甫洛夫都是一死，判处叛国罪更容易让人民将前线失利的愤怒转嫁给这个败军之将，也更容易激起其他苏军指战员的斗志。

巴甫洛夫被处决了，西方面军的参谋长和另外几位高级领导也都被冠以叛国罪或渎职罪而处决。同一时期，斯大林下令逮捕交军事法庭审判并追究责任的还有：

第6步兵军军长，阿列克谢耶夫少将；第56集团军参谋长，阿鲁沙尼扬少将；国防人民委员部，伊万诺夫中将；伏龙芝军事学院战术教研室主任，库兹明少将；第18集团军参谋长，列昂诺维奇少将；总参谋部军事学院系主任，梅列克夫少将；第4坦克师师长，波塔图尔切夫少将；第27集团军参谋长，罗曼诺夫少将；第30步兵军军长，谢利瓦诺夫中将；列宁格勒方面军副参谋长谢马什科少将；红军军事交通局局长，特鲁别茨科伊中将；第15步兵师师长，齐鲁尼科夫少将等。

这些人究竟是真的有罪，还是仅仅为一个更具大的历史过错充当替罪羊呢？也许历史会给每一个对得起自己良心的人一个公道，但是更大的可能是，很多历史的真相已经被永久地埋葬了。

巴甫洛夫大将的死，给当时的红军将领们以极大刺激：必须以生命的代价为战士们的生命负责！从积极的角度讲，这是一支强心针，也是一支清醒剂。

第6章
CHAPTER SIX

新激战，
斯摩棱斯克

★很快苏军就开始组织反击，差不多有20个师的兵力猛烈地插向古德里安第2装甲兵团的右翼，同时被围困在莫吉内夫阿尔夏的部队也开始突围。苏军希望能将德军的步兵驱赶回第聂伯河右岸，从而孤立占领斯摩棱斯克的摩托化步兵师和前卫的装甲师。

★炮兵连全部壮烈牺牲了，失去了炮手协同作战的步兵却毫不气馁。在1944年获得"苏联英雄"称号的红军战士德罗比亚兹科和另一名步兵战士迎着德军的坦克匍匐过去，用他们手中仅剩的武器——燃烧瓶，点燃了德军3辆坦克。

No.1 不可阻挡的古德里安

1941年7月16日，在第聂伯河岸边，从阿尔夏通向斯摩棱斯克的公路上，几辆德军的吉普车正在行进。第3辆车中坐着一位赫赫有名的人物，他不但令二战中的对手们头疼不已，而且作为军事学上的一代宗师至今仍被人们研究。他就是当时德国第2装甲兵团的司令官，后来担任德军陆军参谋长，历史上被称为德国装甲兵之父、闪击战理论创立者的德国陆军一级上将——海因茨·威廉·古德里安。

1939年，古德里安作为第19装甲军军长参加了波兰战役，在这次闪击作战中，德军装甲兵部队与空军部队联合作战的理论第一次受到了实战的检验，装甲兵部队大显其能。51岁的陆军二级上将古德里安被希特勒亲自授予"骑士铁十字勋章"，并于宴会中被安排在元首右边的座位。希特勒对于装甲兵部队的作用和古德里安为此所做出的贡献，给予了充分的肯定。此后古德里安在法国战场上又一次生动地展示了其装甲兵闪击战法和个人的军事天才。希特勒也深为古德里安的成就所叹服，在制订"巴巴罗萨"计划时，心中就将古德里安设想为一枚非常重要的棋子。

为了达成对苏联的闪击效果，德军组建了4个装甲兵团；古德里安担任第2装甲兵团司令官，他和霍斯上将的第3装甲兵团一同归中央集团军群节制。第2装甲兵团的兵力配备情况是：第24装甲军下辖有第3、第4装甲师，第10摩托化步兵师，第1骑兵师；第46装甲军下辖有第10装甲师，党卫军祖国步兵师，大德意志步兵团；第47装甲军下辖有第17、第18装甲师，第29摩托化步兵师。古德里安的第2装甲兵团和霍斯的第3装甲兵团的任务是，像铁钳的左右两臂一样伸向敌军纵深的后方，并在苏联境内纵深400公里处，即白俄罗斯首府明斯克实施合围行动。希特勒赋予古德里安的是最为艰巨的任务：在进攻的首日从布勒斯特——里托夫斯克的两边渡过布格河；在突破苏军防御阵地后尽快扩大战果，直扑罗斯拉弗尔——艾尔雅——斯摩棱斯克地区。目的是要阻止苏军重新收集残部，再构成一条新的防线，从而为整个对苏作战奠定一个具有决定性意义的基础。

6月22日，德军开始进攻后，古德里安指挥自己的装甲兵部队渡过布格河，突破苏军前线的防线，如入无人之境地沿着通往明斯克的公路奔驰。27日，古德里安的部队抵达明斯克，实现了他向希特勒所作出的承诺。7月8日，德军中央集团军群司令官冯·博克元帅宣布："对明斯克的两路夹击已告成功。"其具体战果为：击毙苏军数万人，俘获近29万人；俘获和击毁坦克2,500多辆、火炮1,500多门、飞机250多架、机动车辆数千辆。估计共消灭苏军22个步兵师和相当于7个坦克师、6个机械化旅的兵力。古德里安和霍斯的两个装甲兵团的大纵深快速突破，为中央集团军群的成功合围立下了首功；因此，古德里安获得了一个"飞毛腿海因茨"的绰号。

古德里安的下一个目标是斯摩棱斯克，这是一把打开莫斯科大门的钥匙，这里是"曾经成为拿破仑军队通往莫斯科道路上的可怕的障碍的俄罗斯古城"。7月10日，第2装甲兵团的先头部队到达第聂伯河一线；14日，攻占了斯摩棱斯克城东的第聂伯河大桥；到了15日，古德里安接到报告，他麾下的第29摩托化步兵师已经攻到距离斯摩棱斯克只有18公里的地点了。古德里安感到斯摩棱斯克应该很快就能到手了，他决定立刻离开已经距离前线非常近的司令部，到第一线的部队去，他希望能在部队攻占斯摩棱斯克之后，立刻就进入这座历史名城。

在这一天中，古德里安陆续收到报告，他麾下的第1骑兵师到达斯塔伊拜恰夫的东南方；第4装甲师在齐里可夫与莫来提乞之间；第3装甲师，位置在乔塞与莫来提乞之间，第10摩托化步兵师在莫吉内夫的南面，对莫吉内夫的苏军形成了合围；第10装甲师突破到了波罗茨克，党卫军帝国师在它的后面；"大德意志"步兵团在莫吉内夫北面；第18装甲师到达了克拉斯尼地区，第17装甲师在来地－都布罗夫罗地区。几支前卫部队以几乎齐头并进的姿态插向斯摩棱斯克的侧后，而步兵已经渡过了第聂伯河。

但是很快苏军就开始组织反击，差不多有20个师的兵力猛烈地插向古德里安第2装甲兵团的右翼，同时被围困在莫吉内夫阿尔夏的部队也开始突围。苏军希望能将德军的步兵驱赶回第聂伯河右岸，从而孤立占领斯摩棱斯克的摩托化步兵师和前卫的装甲师。

苏军以强大的兵力展开迅猛的反攻，德军的装甲部队随时有被切断补给线的可能。但是古德里安却采用了最冒险的应对方法，即坚定决心，以最快的速度向前挺进，击垮斯摩棱斯克附近的守军，穿插包围苏军。因为古德里安与曼施坦因一样，深深地信奉着弗里德里希大帝的名言"进攻愈猛烈，伤亡愈小"。

而古德里安本人也像他的部队一样，几乎是不顾一切地向前赶。7月18日一天，他都和44装甲军在一起。这种几乎孤注一掷地进攻，当然也付出了代价，古德里安本人多次遇险不说，几个前卫师都遭受了损失，第17装甲师的师长韦布将军在战斗中阵亡了。但是战局的发展却如他所料一样进展顺利，由于部队行动太快，很多苏军组织的反扑都落空了，而苏军的背后则不断遭到德国坦克集群的突击。

在这时，希特勒的表彰命令到达了前线，古德里安被授予了铁十字勋章上的橡树叶，这是一份特殊的荣誉。古德里安在陆军授勋的名单中，排在第5位。古德里安感到非常荣幸，他麾下的部队也为之振奋。

No.2 防御，崩毁

战争一开始，德军就控制了制空权。他们的航空兵在400～500公里的纵深内压制苏方军队；他们的飞机狂轰滥炸，不仅使苏方军队受到重创，还严重破坏了苏军集结和运送战略物资所必需的公路和铁路。兵力无法集中，车辆、武器严重不足，苏军除了苦战和败退似乎已经没有其他的选择了。希特勒统帅部制定的以坦克和飞机决定战争胜负的"闪电战"理论发挥了它预想的初步的威力。然而，战局也有希特勒完全没有料到的部分，那就是他们会遭遇苏联人如此顽强的抵抗。

此时，在斯摩棱斯克前面的宽阔地带内，苏联的第19、第16、第22集团军正在与德军展开激战。苏军统帅部采取一切措施，力求阻止德军的前进，但两个方向的形势都十分不利。由于没有航空兵的支援，坦克和炮兵的数量也不足，第19集团军的处境非常糟糕，集团军的各部一边抵抗德军坦克的冲击，一边缓缓后退。步兵第25军竭力向苏拉日、维贴布斯克推进，军长已通过电台请求增援。而步兵第34军与集团司令部失去了联系，他们的命运如何，无人知晓。其他兵团的处境也很不妙。

当第19集团军的各兵力力图向维贴布斯克进攻而大伤元气的时候，德军已经开始向斯摩棱斯克发起进攻。司令官科涅夫报告说，"……我已经没有一个整齐满员、具有战斗力的兵团了，只靠一些分队守住防线。4天当中，我们没有得到任何航空兵的支援，面对敌地面部队的进攻，我们只能坚守。"

情况对苏军来说的确十分危急。例如，苏军机械化军的每个师只拥有2～4辆坦克，而德军在个别方向上却集中了200～400辆坦克。而且，在每一块阵地上几乎都有战斗。斯摩棱斯克的形式更加不妙，德军正准备对此实施主要突击。他们在斯摩棱斯克方向集中了主力，7月16日其坦克兵团占领了该市的西南部，第2坦克集群的主力则沿波奇诺克、叶尔尼亚、克拉斯内方向实施突击。由霍特率领的另一个坦克集群也从北面迂回到了斯摩棱斯克。

苏军步兵第127师由扎巴耶夫大尉指挥的营承担了防守德军坦克主要突击的任务。

"誓死守住阵地！"大尉对全营官兵说，"宁可光荣牺牲，也决不后退一步。"

由牟则列夫率领的炮兵连被分编在各步兵连的战斗队形里。他们在战斗中负责直瞄射击。德军的坦克和装甲车接连被他们击燃，烟柱四起，火光冲天。

然而，炮手班里几乎一个人都没有了，最后一名炮手中弹倒下去了，装甲板上画着纳粹标志的坦克却仍然一辆接一辆地向前爬行。连长牟则列夫一声怒吼冲上去顶了炮手的位置，他冲着德军的坦克吼道："你敢来！这里不让你通过！"在接连直接命中、消灭了德军3辆战斗车后，这位英勇的战士倒在了自己心爱的土地上。

炮兵连全部壮烈牺牲了，失去了炮手协同作战的步兵却毫不气馁。在1944年获得"苏联英雄"称号的红军战士德罗比亚兹科和另一名步兵战士迎着德军的坦克匍匐过去，用他们手中仅剩的武器——燃烧瓶，点燃了德军3辆坦克。

德军万万没有料到他们的坦克部队会遭遇到如此顽强的抵抗，而对方的兵力不过是一个营。他们不断派出飞机和坦克，不断投入新的兵力。但是，英勇的扎巴耶夫营誓死用鲜血和生命守卫他们的祖国，他们发誓德军每前进一步都要付出血的代价。炮弹和飞机扔下的炸弹像暴风雨一样向所剩不多的官兵袭去，在他们周围形成一个火力圈。然而，在这种情况下，扎巴耶夫大尉还在坚持进行指挥。

第19集团军战斗地段的情况日趋复杂和艰苦，他们的两个团在第聂伯河东北岸，为扼守斯摩棱斯克的工业区而进行艰苦卓绝的战斗。霍特的坦克集群在斯摩棱斯克以北向亚尔策沃推进，苏军一些分散的部队只能勉强招架。在斯摩棱斯克的东南，第19集团军的右翼，苏军还被迫与古德里安的主力交战。由于苏军的防御是支撑点式的，德军比较容易向防线纵深渗透。在长长的防线上已经有许多处被德军突破。斯摩棱斯克的每一寸土地上都洒下了苏联战士的鲜血。苏军这些已然丧失主动权的防御，虽然根本无法阻挡希特勒优势部队的铁蹄，但是还是起到了延缓德军进攻步伐的作用。这一点，对于整个战争的发展局势来说，已经是至关重要的了。

而此时，铁木辛哥元帅则向各部发出了集结最强大的力量向斯摩棱斯克发起反突击的命令。一场新的激战即将拉开帷幕。

No.3 "最后一道大门"

1941年7月底，斯摩棱斯克城周围的战斗开始进入拉锯阶段。古德里安指挥的第2装甲集群部队，在这里同苏军展开了自开战以来最激烈的战斗。苏军为了捍卫莫斯科面前的最后一个要塞，不惜投入大量兵团反复冲击德军的前卫部队。古德里安的装甲集团无法摆脱苏军的追击和阻截，而且经过一个多月连续作战后，中央集团各部德军也已是损兵折将，精疲力竭，失去了继续进攻的能力，于是被迫暂停进攻，转入防御。在各个地段，苏军都试图以强大的兵力冲击德军装甲兵团与步兵团的结合部，试图切断两者之间的联系。而古德里安则努力尽快构筑一些防御工事，将步兵调到前沿防御，从而使几个已经因高速奔袭作战而疲惫不堪的装甲师和摩托化步兵师能够退回二线。这些部队一旦得到宝贵的修整机会，战斗力很快就能恢复。当它们锋芒再现时，将一举突破苏军防线，直抵莫斯科。这样的阵地攻防战一直进行了一个月左右。双方都付出了较大代价，但是苏军没能突破德军构筑的防线。

8月底，朱可夫指挥下的预备队方面军瞅准德军势衰之机，突然发起大规模反攻，其首要目标就是位于中央集团军群战线最前沿、如毒针一般刺入苏军战线内的叶尔尼亚突出部。战斗激烈展开。驻守叶尔尼亚的德军装甲10师、摩步17师遭到猛烈攻击，伤亡惨重，防线告急。

8月28日，第2装甲兵团下属的大名鼎鼎的德国党卫军"帝国"师的师长保罗·豪塞尔突然收到古德里安的命令，要求这个师立刻提前结束修整，并以最快的速度赶到斯摩棱斯克附近的叶尔尼亚突出部地带接替摩步17师防守。不愧是素质过硬的党卫军王牌部队，收到命令仅仅12个小时，"帝国"师就做好了一切作战准备，师长命令连夜赶往前线。古德里安手中最锋利的宝剑又出鞘了。国防军统帅部也对"帝国"师寄以厚望，特派飞机在阵地前沿撒下传单，勉励"帝国"师官兵发扬光荣传统，以百战百胜的英勇精神打败苏军。传单最后写道："元首正等待着你们的胜利消息！"

"帝国"师部队是德国党卫军中的一个摩托化步兵师，它首次参加对外征服战争，是1939年的波兰作战。当时尚未建师，各团均以自己的名义参战。德国团加入北方集团军群，在第3集团军编成内行动，进攻姆拉瓦和莫德林；日耳曼人团加入南方集团军群，配合第14集团军作战，向伦敦挺进，皆有出色表现。战后，10月10日，党卫军总部下令将德国团、日耳曼人团和元首团3个团组建成第一个党卫军摩托化步兵师，这就是"帝国"师。保罗·豪塞尔担任首任师长。1940年6月至1941年4月，"帝国"师参加西线作战和巴尔干作战，转战千里，从荷兰、比利时打到法国、保加利亚和南斯拉夫，在入侵南斯拉夫的作战中，德国团迅猛地突破南军防线，攻入首都贝尔格莱德，成为首批入城的部队之一。1941年6月，"帝国"师踏上了征服苏联的漫漫征程。帝国师编入第46装甲军，隶属古德里安的第2装甲集群。帝国师随装甲46军一直插到东面的叶尔尼亚地区，切断了罗斯拉弗尔苏军与东面西方面军主力的联系，苏军4个师的部队一下子被装进了包围圈。7月10日至8月5日，德军在斯摩棱斯克一共俘虏苏军31万人，缴获或摧毁坦克3,205辆，火炮3,120门。

连续一个月的屡战屡胜，使"帝国"师的官兵们正处在士气的顶峰，而经过短暂修整的"帝国"师，部队士兵得到了补充，损坏的装备也基本补充齐全，师长保罗·豪塞尔更加有信心击溃所有的苏军冲击。

到达了指定的防御阵地，豪塞尔不禁有点吃惊，十几天不见，这个地方已经发生了巨大的变化，阵地附近已经没有什么仍然立着的树了，而几个小山头看上去好像被炮火削低了1米左右。一个月前他们构筑的工事，多数地堡已经被掀翻，很多壕沟也被削平了。阵地上到处是毁坏的装备和零散的弹药箱。豪塞尔随手抓了一把土，里面竟然有四五片弹片。

摩步17师已经全部撤出了阵地，只留下一个参谋与豪塞尔换防。豪塞尔看了一眼这位参谋，立刻叫他撤离阵地，他可不想让这个惊慌失措的人影响到他的军心。他立刻传达命令，由步兵团接手阵地，迅速加强工事，而坦克团不参与阵地防守。他组织了一个加强营的坦克，配置在当面阵地的左侧的山坳里，准备伏击敌军侧翼，其他的坦克配置在阵地纵深，作为炮兵使用，同时等待时机发起反冲锋。

天色渐渐亮起来，但是很多阵地的工事还没有得到足够的加强。侦察兵前来报告，苏军坦克团正在向阵地方向移动。"帝国"师的元首团团长立刻请命率坦克出击。但是豪塞尔想了一下，要他继续埋伏等待命令，而让步兵利用工事进行艰苦的反坦克作战。

很快脚下的大地开始微微颤动，远处已能看见尘埃漫天，苏军坦克方阵的轰鸣声已传入耳际。步兵团的战士们已经调集了反坦克力量，准备阻住苏军的坦克方阵。"帝国"师步兵的主要反坦克武器是37毫米PAK－35反坦克炮，该炮可以发射炮弹和超口径榴弹，但是射速较低射程也不远，很难对苏军的KV重型坦克构成威胁。还有少量的88毫米ＦＬＡＫ－18高射炮，用防空高炮进行平射反坦克实属无奈，但是高炮初速高，口径大，炮弹穿甲能力更强，88毫米ＦＬＡＫ－18是1941年6、7月间唯一可以在1,000米距离击穿KV－1坦克的德军火炮。

苏军的坦克群逐渐接近，先头车辆已经开炮轰击德军山坡上的防御工事。炮弹爆炸掀起的泥土将不少德军士兵埋在了壕沟里。"该死的炮兵，为什么不开炮？让我们在这等着被轧死吗？"

炮兵连长普雷迪奇将他的十几门37毫米PAK－35炮掩藏在了阵地的一侧。他知道，千万不能着急开火，自己的炮射程太近，如果现在发射根本打不到苏军坦克的装甲，只会暴露己方的阵地位置，招来苏军坦克的炮弹。必须忍耐，再忍耐。测距兵在不断地报着新标尺：1,000米，800米，600米。普雷迪奇突然大喊一声："穿甲弹，集火射击！"随着一阵阵后

↑用88毫米高炮平射苏军坦克的德军。

座，十几门炮都将炮弹倾泻了出去。两辆苏军的T－26被打中了，立刻停了下来，其中一辆很快燃起了大火。但是一旦发射也就等于暴露了阵地位置。苏军坦克立刻调整了队形，派出几辆巨大的KV－1扑向连长的战地，重型坦克猛犸象般的身材掩护住了其他的坦克。第二轮齐射打了出去，但是这次只见到一辆KV－1轻轻跳了一下，其他的都毫无感觉，37毫米的穿甲弹打在KV－1厚重的前装甲上，就像给对方挠了挠痒痒。

"使用超口径榴弹！"普雷迪奇大声命令，但是还没等他们装弹，KV－1的火炮就"发言"了。立刻有两门37毫米炮被掀翻，连炮手都被吞噬，破碎的肢体被气浪卷到了半空中。一个年轻的炮手目睹了这恐怖的一幕，立刻被吓呆了，蹲在那抱着超口径榴弹一动不动。普雷迪奇大吼一声跳了过去，抢过炮弹装在炮管上："喂，不想被炸碎就给我狠狠地开炮。"

超口径榴弹打了出去，只有一辆KV－1被打断履带停了下来，其他的仍在步步进逼。又是几发炮弹落在阵地上，牺牲的人比上次还多。眼看着庞然大物的KV－1逐渐靠近，好几门火炮的炮手放弃了射击，扔掉火炮，抱着脑袋跑下了阵地。普雷迪奇气坏了："这帮胆小的家伙！"他揪住一个炮手："你来装填，我来瞄准！"

连长亲自操纵着这唯一一门还在开火的37毫米炮。几发炮弹打出去，又有一辆坦克瘫在路上。但是苏军的坦克越来越进了。50米，30米，20米。KV－1已经不再开炮了，准备用几十吨的钢铁身躯碾碎这门炮和两个不要命的德国兵。炮手被打死了，普雷迪奇仍然不撤退，只有10米了，开火！最后一发超口径榴弹终于在近距离撕碎了一辆KV－1的前装甲，坦克一声巨响冒出火光。但是另一辆已经碾了过来，普雷迪奇敏捷地向旁边一跃，跳入壕沟内。回头一看，火炮已被碾成了废铁。

失去了37毫米PAK－35炮阵地，阵地上的步兵没有了掩护，苏军的坦克肆无忌惮地轰击着壕沟和堡垒内的火力点。正在这时，几门88毫米ＦＬＡＫ－18高射炮被推上了阵地。终于等来了有力的武器，立刻反击！射程远，射速高的88毫米炮立刻发挥出威力，很快击毁了几辆Ｔ－26，然后开始对ＫＶ－1动手。眼看着苏联的坦克群在距离阵地只有几十米的地方，失去了最后的冲击力。剩下的坦克撤了下去。首次交战打退了苏军坦克最强有力的冲锋，师长豪塞尔略感轻松了一些。他准备动用他的坦克伏击力量去追击敌人的部队，发动最有力的反冲锋。正要下达命令，突然他觉得苏军撤退的态势有点奇怪，完全没有步兵和炮火的掩护，而是直线地败退。等一下，不能上当。就在这时，豪塞尔隐隐约约听到了天空远处传来了阵阵轰响。他立刻明白了，苏军派来了轰炸机。"所有部队进入阵地！隐蔽，隐蔽！"

他庆幸自己没有派出坦克部队，不然就正好给苏军的轰炸机送去一盘肥肉。很快轰炸机就已经飞到了阵地上空，嘶叫着的飞机将一束束高爆炸弹扔在德军的阵地上。在师长的观察所里已经完全看不见近处的阵地了，因为到处都是尘埃和浓烟。士兵们缩在战壕里，每一声爆炸都让他们浑身战栗，不断传来一声声惨叫。过了一阵，很多士兵的耳朵已经被震得暂时性失聪了，听不见声音的士兵只有默念"圣母保佑"的份儿。

苏军的轰炸机终于扔掉了全部的炸弹，盘旋了几圈飞走了。一些战士刚刚从战壕里露出头来，没想到苏军又开始了地面炮火的轰击。几分钟后，炮火逐渐延伸，苏军步兵在猛烈的炮火掩护下发起了进攻。士兵们高喊着"乌拉"，成群结队地向"帝国"师阵地涌来。他们不怕牺牲，一个劲地往前冲。"帝国"师自参战以来还从未经历过如此场面，一些年轻的士兵由于失聪或是由于极度的害怕已经失去了理智，他们躲在战壕里大声哭嚷。正在此紧要关头，营连指挥官们挺身而出，领着一帮不怕死的老兵冲上最前沿，架起机枪、冲锋枪狂扫，一拨人被打倒，另一拨接过枪继续打，直打得枪管发热发胀。就着样，连续苏军7次强有力的冲击都被"帝国"师顶住了，苏军人马好几次已突入了阵地，又被他们用反冲击赶了出去。

苏军的炮火逐渐地减弱了，冲锋也渐趋无力。豪塞尔师长看看，觉得时机到了，该是把底牌拿出来决一胜负的时刻了。他立刻命令潜伏的坦克营出击，攻击苏军坦克群的侧翼，同时阵地后方的坦克部队立刻追击退下去的苏军步兵。苏军本来已经筋疲力尽，突然遭到强大的装甲生力军前后夹击，立刻失去了应有的队形，步兵被击溃，失去掩护的坦克一辆辆地被"帝国"师的坦克击毁，苏军突击的部队遭到了重大的损失。

然而苏军仍然在顽强地组织对叶尔尼亚突出部的反复冲击。9月份朱可夫指挥的苏军预备队方面军开始投入重大兵力攻击德军叶尔尼亚集团。至9月4日，苏军给予德军重大打击，并对其形成深远包围，迫使其开始退却。9月6日收复了叶尔尼亚。9月8日，苏军前进至乌斯特罗姆河与斯特丽亚那河一带，并以4个集团军的强大兵力在斯摩棱斯克附近再次转入进攻。虽然苏军最终没能收复斯摩棱斯克，没能守卫住莫斯科前面的"最后一道大门"，但是却将德军中央集团牵制在这一地区2个月，极大地延缓了德军对莫斯科的进攻速度，极大地消耗了德军装甲兵团的战斗力，也使德军的"装甲闪击"的战车第一次在苏军阵地前抛锚，这些都为打赢未来的莫斯科保卫战埋下了伏笔。

第7章
CHAPTER SEVEN

围困基辅

★7月29日，朱可夫打电话给斯大林，要求接见。他带上一张战略形势图和一张德军部署图以及其他资料来到斯大林办公室。他向斯大林列举了各个方面军的基本损失情况，特别是谈了他对于德军行动目的的判断。

★希特勒将封锁底边的使命交给了他的"钢铁雄师"——古德里安第2装甲集群和克莱斯勒第1装甲集群。古德里安的任务是突破杰斯纳河，由北向南推进，与北进的第1装甲集群会师于罗姆内，达成合围。

No.1 拖延与消耗

当冯·博克元帅指挥的中央集团军群在白俄罗斯一次又一次合围苏军主力，攻城掠地的时候，伦德施泰特元帅麾下的南方集团军群也在扫荡着辽阔富饶的乌克兰大地。其主要的目标就是乌克兰首府，号称"俄罗斯诸城之母"的历史名城——基辅。19世纪初，拿破仑曾经说过："占领基辅就等于抓住了俄国的双脚。"可见基辅具有十分重要的战略意义。基辅是仅次于莫斯科和列宁格勒（彼得堡）的苏联第3大城市，是重要的政治、科技、工业和文化中心，其周围地域还是著名的大粮仓。它位于第聂伯河与杰斯纳河交汇处，陆路、水路和航空交通四通八达，既是苏联西南地区的交通要冲，也是德国夺取顿涅茨工业区和高加索油田的必经之路。

南方集团军群以克莱斯特中将指挥的第1装甲兵团为先锋，陆军元帅冯·赖歇瑙率领的第6集团军20个师为主攻，在第4航空队负勒尔大将的空中配合下，一路攻城破阵，在7月底就已经直逼第聂伯河右岸和基辅。而与此同时，中央集团军群也恰恰攻克了斯摩棱斯克，合围苏军的强大快速兵团的右翼，也就是古德里安的装甲兵团正处在基辅的正北方。从图上看，呈现出了一个绝妙的态势，克莱斯特与古德里安一南一北两个强大的装甲兵团如两颗箭头一样在基辅南北齐头并进，浩浩荡荡的步兵军团宛如两条长蛇紧随其后，如果他们沿第聂伯河右岸两路合击基辅，就要形成一个无比巨大的包围圈，不仅合围了基辅，也几乎将苏联整个西南方面军装了进去。

密切关注战争动向的希特勒当然看到了这个千载难逢的良机，如果能以中央集团军群和南方集团军群的主力在基辅形成合围，将是一次规模空前的歼灭战。如果能一举吃掉苏联兵力最雄厚的西南方面军，将可能成为对苏联的致命打击。而且他时刻没有忘记进攻苏联最想要的是什么，那就是资源。在"巴巴罗萨"计划确定的时候，他向布劳希奇元帅作了妥协，暂时不将南方的乌克兰作为战争的最主要目标。但是一切计划都要随时机而改变。希特勒坚信，现在这个时机到了，如果能歼灭苏联的整个西南方面军，为什么要让他从口边溜走呢？应该下命令让中央集团军群主力掉头南下。但是他想到这一方案恐怕会有阻力，首先陆军总司令布劳希奇这一关就不一定过得去，何况博克和古德里安他们也都是极力主张攻打莫斯科的。希特勒感到，必须用他自己的力量，亲自去说服他的前线将领。让他们转变立场，然后才能全力执行他的命令。他决定到前线走一圈。

而此时在中央集团军群，冯·博克与古德里安则看到了另一个良机，由于迅速攻克了明斯克和斯摩棱斯克，歼灭了苏联西方面军60余万人，莫斯科已经失去了门户，正是一举攻克苏联首都的好时机。如果此时分兵去支援南方以及北方的作战，宝贵的夏天和秋天就将过去，很可能失去攻占莫斯科的最佳时机。古德里安正是担心这时希特勒的注意力会向南转移，因此当1941年7月29日，希特勒的副官长希孟德上校前来授予他铁十字勋章上的橡树叶的时候，他试探了一下元首的意图，并请求希孟德上校向元首转达他的意见。

8月3日，古德里安得到消息元首已经亲临前线督战，并且收到命令在4日清晨赶到中央集团军群总司令部，亲自向元首报告情况。这是在发动对苏战争以来，古德里安第一次谒见元首，他感觉到，在目前的形式下，希特勒的这次前线督战可能会使战争进入一个转折点。古德里安决定尽力说服元首，使战争向着有利的方向转折。

第二天一早，古德里安来到了位于罗弗伊波里索夫的中央集团军群总司令部。进入会议室，元首已经在这里等待他们了。敬礼之后，元首亲切地握了他的手，并大大地表彰了他在明斯克和斯摩棱斯克取得的战功。在座的还有冯·博克元帅、霍斯将军、希特勒的副官长希孟德上校和陆军总参谋部作战处处长豪辛格上校。在集体讨论之前，前线的3个人都有一个单独向希特勒汇报情况的机会。博克、霍斯和古德里安不约而同地在汇报时提出立刻向莫斯科进攻的主张。然后希特勒召开了全体会议。

在当天的会议上，并没有作出作后的决定，但是几天后，古德里安收到命令，要求他的装甲兵团向西南方向，也就是转回头向德国方向进军，与第2集团军合力进攻戈梅利。古德里安知道，博克元帅和自己的建议没有被希特勒采纳，他也知道布劳希奇和陆军总参谋部的人关键时候也是不敢顶撞希特勒的。博克元帅也同样失望，眼前就是企盼已久的历史性进军，但却不得不把他的强大兵团分兵南北，不知这究竟是会使他坐在第一辆装甲车上进入莫斯科的梦想推延一些时间呢，还是使之彻底泡汤。

就这样，在希特勒的命令下，攻势正盛的德军中央集团军群在莫斯科城外暂停了进攻的脚步，除了少部兵力留作正面防御外，其主力部队则分两路分别投入乌克兰和列宁格勒战区；古德里安也不得不率部加入南方集团军群的行列，参加基辅会战。

↓德军装甲部队在进攻苏联城市时受阻。

 ← 迪特里希，曾任德党卫军第1装甲师师长。

　　当希特勒和他的将军们为究竟是直攻莫斯科还是分兵南北而争吵不休时，伦德施泰特的部队已经在乌克兰的大地上挥戈猛进了。

　　7月上旬，德军南方集团军群以强大的装甲兵力向第聂伯河推进，突破了苏军西南方面军的防线，并将苏军第26、第6和第12集团军分割包围。虽然苏军经过激战，将第6和第12集团军主力撤出包围圈，但是基辅以南第聂伯河下游弯曲部的苏军主力失去了掩护，基辅兵团也无力南下支援。然后德军在对基辅实行封锁的同时，转向基辅以南的乌曼地区，对西南方面军主力实施了深远包围。至8月3日，第1装甲集群和第17集团军在五一城会合，完成了对乌曼地域苏军第6和第12集团军以及第18集团军一部的合围。8月8日，乌曼战役结束。德军消灭了苏军20个师，俘虏10.3万人，缴获坦克317辆，火炮858门。苏军西南方面军和南方面军结合部的局势急遽恶化。

　　与此同时，在基辅城外也展开了一系列激战，德军的装甲先头部队早在7月9日就突破到了基辅外围的日托米尔，只是由于步兵团没有跟上，力量不足才一直没有对基辅发动总攻。损失严重的西南方面军多处主力遭到敌军合围，古德里安已经掉转矛头，而中央方面军主力随时有可能南下，对基辅形成南北夹击，那样的话，西南方面军的几乎全部主力都将被合围。

　　朱可夫接到了西南方面军的报告，在仔细地研究了德军动向和苏军兵力情况后，他相信，基尔波诺斯他们的结论是正确的。德军将集中主力攻击基辅，谋求在这里歼灭西南方面军和中央方面军。他决定必须立刻向最高统帅部报告，行动必须快，准备和实施反措施中任何一点延误或错误都有可能将方面军的主力置于危险之中。

7月29日，朱可夫打电话给斯大林，要求接见。他带上一张战略形势图和一张德军部署图以及其他资料来到斯大林办公室。他向斯大林列举了各个方面军的基本损失情况，特别是谈了他对于德军行动目的的判断。

朱可夫向斯大林建议放弃基辅，斯大林决定解除他的总参谋长职务，让沙波什尼科夫接替他的工作。

西南方面军司令部接到最高统帅部重申的命令：坚守基辅，全体部队不许退过第聂伯河。切断德军第1装甲集群与步兵军团的联系，攻击装甲军团的侧翼。基尔波诺斯知道这又是一个无法完成的任务，但是既然统帅部已经决定了，他们就只有作好死守基辅的准备了，就算最终失守，也要拖上一段时间，多消耗一些德军的力量。

No.2 杰斯纳河之战

1941年8月底，德军中央集团军群以古德里安的第2装甲集群为前卫，以强大的野战军群为主力开始挥戈南下。而南方集团军群伦德施泰特元帅的先头部队也已经抵近基辅近郊，只是步兵军团被甩在了后面。当时，苏德两军在基辅一带的对阵形势是：德军已经分成两路，绕过基辅，楔入其侧后的东北和东南地带，基辅及其正东地区仍为苏军控制。这样，在这里就形成了一个明显的三角形凸出部，这个凸出部的西面顶端是基辅，上斜边是从东北流向基辅的杰斯纳河，下斜边是经基辅流向东南方向的第聂伯河下游。两河的外侧为德军控制，内侧两河之间则由苏军驻守，苏军在这里屯集着西南方面军的主力兵团，兵力达50～60万。希特勒敏锐地意识到：这是一个明显有利于德军的作战形势，于是精心设计了一个围歼方案，计划绕到基辅东面，在凸出部背后来一个南北对进，分别突破杰斯纳河与第聂伯河，锁住凸出部的底边，把西南方面军全部装进口袋，然后将其细细宰割，一网打尽。

希特勒将封锁底边的使命交给了他的"钢铁雄师"——古德里安第2装甲集群和克莱斯勒第1装甲集群。古德里安的任务是突破杰斯纳河，由北向南推进，与北进的第1装甲集群会师于罗姆内，达成合围。

战斗于8月24日打响，古德里安将部队分成两路，实施双层包抄，一路居左（东），实施外层迂回，由第3装甲师担任；另一路居右（西），实施内层迂回，这一路的箭头就由"帝国"装甲师充当。

8月31日，也就是"帝国"装甲师扼守叶尔尼亚突出部，在一天之内连续击退苏军7次强大冲击之后的第二天，师长豪塞尔收到命令转移至南线作战。他立刻以最快的速度将部队撤出阵地，并做好强行军准备。9月4日，"帝国"师在第3装甲师展开攻势的第10天后，按计划投入进攻。元首团是最先赶到指定位置的部队，此日凌晨3时，预定强渡杰斯纳河以北的乌别德河的时间已经到了，但是师属炮兵还没有及时赶到，元首团就在没有炮火掩护的条件下，对河岸苏军工事发起了进攻。最初一连冲击了3次，均受阻于苏军的猛烈炮火，没能奏效。党卫军上尉哈尔梅尔指挥2营紧接着发起第4次冲击，德军坦克喷出火舌，轰击着苏军的堡垒，步兵伴随坦克前进，用密集的火力压制苏军的反坦克小组，尽管坦克损失巨大，但冲击终于取得成功。哈尔梅尔一鼓作气，率部冲向河畔，强渡过河，在河南岸又继续突进，意外地攻入了一个苏军的师司令部，里面的人员还没弄明白发生了什么事就全当了俘虏。

9月6日拂晓，"帝国"师打响了强渡杰斯纳河的战斗，进攻的重点是拿下河北岸的马科斯欣城，因为河上大桥就在城里。古德里安为了加强指挥，亲自来到"帝国"师前线。苏军以两个KV重型坦克排的火力挡住了元首团的去路。炮兵难以撼动山一样坚实的KV坦克，元首团团长恺撒用无线电紧急召唤空军前来支援。可是左等右等，飞机迟迟没有露面。坐镇指挥的古德里安用望远镜看了看，对岸的苏军正在调集部队。他知道，强渡的意图已经暴露，必须一举拿下马科斯欣城和大桥，不然等对方力量加强了，或是苏军回过神儿来炸毁大桥，就再难突破天险了。古德里安命令海因兹团长带领德意志团作前卫，不等空军，立即发起进攻。战斗再次打响，摩托车营排成纵队，穿越层层弹幕急驰向前，一举突入城内。就在此时，久等不到的俯冲轰炸机却在城市上空出现，不管青红皂白地仍下一串串炸弹，市区顿时变成一片火海，摩托车营死伤惨重。党卫军中尉伦特普和党卫军少尉弗兰克顾不上照顾伤员，带上4名士兵驾着3辆摩托车穿过熊熊燃烧的街区直奔城南的杰斯纳河铁路大桥。在桥北，他们及时排除了炸桥用的炸药，然后一气冲过桥，夺取了南岸桥头堡。苏军见状大惊，调集大炮、迫击炮一同猛轰这支小小的敢死队，弗兰克等人紧紧地趴在地面上，一直坚持到夜幕降临，迎来了第一批后援部队，巩固了桥头阵地。

师主力浩浩荡荡开过大桥，向南挺进。9月14日，第3装甲师与第1装甲集群部队胜利会师，拉上了外层包围网。9月16日，"帝国"师攻占了交通重镇——乌代河畔的普里卢基，切断了苏军后撤通道，完成了内层包抄。

在包围圈的另一侧，担任封锁底边的克莱斯特的第1装甲集群中有一支同"帝国"师一样地位特殊且战功卓著的部队，这就是号称"阿道夫·希特勒亲卫队"的第1党卫军装甲师。

第1党卫军装甲师的前身就是"阿道夫·希特勒护卫队"，这支部队与纳粹的冲锋队一同成立，在1923年11月9日，它随同冲锋队和其他纳粹武装党徒在慕尼黑参加了企图颠覆魏玛共和国的啤酒馆暴动。1940年8月，该部队加强到一个旅的编制。在打完南斯拉夫和希腊战役后，该团被升级为党卫军步兵师，师长是被称为"老爹"的约瑟夫·迪特里希。在"巴巴罗萨"作战开始后，该师隶属于伦德施泰特的南方集团军群。基辅战役初期，该师和"维金"师一起，跟随第11军和第17军在乌曼合围了苏军第6、第12集团军以及第18集团军一部，共计23个步兵师、山地师和坦克师，俘虏103,000余人，其中包括苏第6和第12集团军的司令官，缴获装甲战斗车辆317辆，火炮858门，反坦克炮和高射炮242门，载重汽车5,000余辆，铁路列车12列，以及无数其他作战物资，苏军伤亡在20万人以上。乌曼会战结束后，德军离开该地，在宽大正面上向第聂伯河推进。一路未遇敌较大抵抗，于8月的第3个星期进抵基辅与克列缅楚格间的第聂伯河一线。该师在塔甘罗格作战中发现苏军残酷杀害了6个被俘的党卫军士兵，作为报复，迪特里希下令在今后3天内该师部队"不准接受任何（苏军士兵）投降"。

但是这还仅仅是该师纳粹暴行的序幕，真正的屠杀是在9月份攻克基辅之后开始的。

9月中，第1装甲师接收了近万人的苏军俘虏，他们的任务是"合理化"地解决安置问题。士兵将俘虏带到路上，让他们一对对把衣服脱下来，然后将他们驱赶到山坳中，立刻用木材和装甲车封锁了出口，早已在山上架设好的机枪开火了，密集的苏军士兵如割下的麦子一样倒下去。一位年轻的德军下士机枪手实在不忍目睹，面对数不清的苏军士兵，他只能闭上眼睛扣下扳机。打完一条子弹带换上一条，枪管都打红了，仍然有苏军士兵的身体在晃动。

9月末的一天，基辅的犹太人接到命令说，要在第2天夜里到达指定的地点报到，最好的衣服首饰要随身携带。不分阶级、年龄、性别，统统被带到了城外的预定地点。在那党卫军借口要举行某种仪式，让他们把珠宝首饰封存起来，然后就把犹太人带走离开大路，在野外屠杀并掩埋了。这期间种种可怕的罪行，令党卫军第1师组织的行刑队的战士都感到害怕。一个参加了行刑队的党卫军军官事后说，自己只有借助酒力才能行凶，即使这样，在此后的几天里他总是恶梦缠身。

仅在9月的最后两天里，就有33,771个百姓在基辅被枪杀，一个月后，这个数字就上升到了75,000名。而这些暴行，其实都是希特勒侵略苏联计划内的一部分。早在进攻苏联3个月前，希特勒就命人制定了与"巴巴罗萨"配合进行的"东方计划"，这是一个野蛮血腥的计划，它的目的是在肉体上消灭斯拉夫民族，尤其是俄罗斯人、乌克兰人、白俄罗斯人以及犹太人等民族。希特勒指出：对东方的战争将是一场"歼灭战"。战争开始之后，希特勒又叫嚣："我们务必消灭人口——这是我们天职的一部分。应当记住，在我们占领的这个国家中，人的生命没有任何价值，我们需要发展消灭人口的技术。"

根据这个计划，在25～30年内，要杀戮12,000～14,000万，并最终"消灭苏联的生物潜能"。为了完成这一灭绝人性的计划，纳粹建立起来与武装部队并列的第2支部队，由一些"特别队""行动组"和党卫军部队组成，共有10个师，其中充斥着精选出来的纳粹暴徒，对苏联人民肆虐。

No.3 丰　碑

由于德军大的合围圈已经形成，很多苏军部队失去了有效的补给。到1941年9月中旬，基辅附近的形式急遽恶化，很多西南方面军的主力部队都被德军分割包围。

包围圈中的方面军军事委员会和司令部9月17日夜间出发突出重围。军事委员会，司令部大部、政治部、各兵种勤务首长都参与了突围。部队由上亚罗夫卡村取道皮里亚京，那里

↑ 苏军与德军展开了激战。

有一座桥横跨乌代河。后半夜到了河边,敌航空兵轰炸了渡口,要保持队形是很费劲的。渡河后,司令部纵队通过了皮里亚京,奔向居民地切尔努哈,但在拂晓前遭到北面德军坦克的冲击,同步兵分队的联系被切断了。于是,只好改变方向,转到了沿乌代河左岸通过的乡村路,在轰炸和炮击下行驶着。德军多次企图把纵队赶下河,但他们的全部冲击都被打退了。

司令员基尔波诺斯召集司令部领导人员在一所农舍里开会。参谋长图皮科夫将军报告了情况。敌人正从四面八方围上来。德国人在乌代河南岸加强了正面朝北的防御；古德里安的坦克和摩托化部队占领了姆诺加河东岸，北面和西北面的所有大的居民点也都被敌人夺占了。

经过商讨，最终决定建立3个战斗群：为方面军司令部纵队扫清道路的先头战斗群和两个翼侧战斗群。波塔波夫将军负责指挥先头群。巴格拉米扬则奉命指挥内务人民委员部的一个连，任务是掩护整个纵队，防止敌人从后面袭击。

就在这时，部队收到情报，从梅列哈开来了一支很大的法西斯摩托车队。它强渡姆诺加河后，打退了苏军占领那几个高地的分队，眼看就会闯过来了。巴格拉米扬受命率领自己的队伍，向敌人冲击，攻占高地，抢占河上那座桥。他的任务一下子转变了，由后卫变成了第一梯队。

黎明前少将指挥的部队已经突破了敌人的封锁线，但是司令部大部队却被分割在了后面。

原来方面军纵队受到敌人强力的阻击，无法与巴格拉米扬的分队汇合，纵队只得向北行进，并在沃龙基村附近强渡姆诺加河，到达了德留科夫希纳镇附近的小树林。方面军司令部纵队中一共有1,000多人，其中800名是军官。同他们在一起的有基尔波诺斯上将，方面军军事委员会委员布尔米斯坚科和军事委员会委员、师政委雷科夫、图皮科夫少将、多贝金、达尼洛夫、帕纽霍夫、第5集团军司令员波塔波夫少将、该集团军军事委员会委员、师政委尼基舍夫和军事委员会委员、旅政委卡利琴科、集团军参谋长皮萨列夫斯基少将及其他苏军的领导人物。同纵队一起行进的有6辆装甲汽车、2门反坦克炮和5挺四联装高射机枪。

小树林被一个峡谷切成了两半。车辆和人员集中在小树林边缘，战斗车辆在林缘占领了阵地。但遗憾的是，这支队伍又暴露出组织性不强的弱点。占领防御的只有第5集团军司令部警卫队少量部队，许多军官擅自走到镇上的农舍去洗脸，找食物和稍事休息。

而法西斯分子已经发现了夜间消失的方面军司令部。晨雾消散后，侦察兵报告：德军坦克正从东面和东北面开来。从西南面来的掉队战士说，这一方向也有敌人的摩托车和坦克正在接近。

大约过了20分钟，敌人从三面对小树林实施冲击。坦克用加农炮和机枪射击，后面跟着冲锋枪手。在雷鸣般的炮声和机枪的哒哒声中，也夹杂着苏军两门火炮稀疏的射击声——炮少得可怜，而且还要珍惜每一发炮弹。敌坦克突到了树林东缘。装备手榴弹和燃烧瓶的军官们同它们进行搏斗，两辆敌坦克起火燃烧，其余退回去了。

方面军司令员、两位军事委员会委员、图皮科夫将军和波塔波夫将军开始商量接下去怎么办：是在小树林等到晚上呢，还是马上突围。可是敌人又发起了新的冲击。乘车到达的德军步兵从行进间展开成散兵线，在坦克火力掩护下扑向小树林。当他们到达林缘时，被围者在基尔波诺斯、布尔米斯坚科、雷科夫、图皮科夫、波塔波夫和皮萨列夫斯基率领下，投入了反冲击。希特勒分子经不住这种白刃冲击，又退下去了。

基尔波诺斯将军在反冲击中腿部受了伤，人们把他抬到峡谷底的泉水边。被炮弹严重震伤的集团军司令员波塔波夫也被送到这里。他的参谋长皮萨列夫斯基将军已英勇牺牲在战场上。

师政委雷科夫和图皮科夫将军同格列博夫中校一起绕过了林缘，他们同人们交谈，并鼓励他们。

大约在晚上6时30分，基尔波诺斯、布尔米斯坚科和图皮科夫召集指挥员讨论了突围方案，预定天黑后进行突围。就在这时，敌人开始实施猛烈的迫击炮射击。一颗迫击炮弹在司令员身旁爆炸，基尔波诺斯一声不吭地扑在地上。同志们朝他奔过去，将军胸部和头部都负了伤，两分钟后他就逝世了。司令员副官含着眼泪从将军的上衣取下了金星奖章和各种勋章。

夜间，图皮科夫带领人们冲击。他们突然而且不放一枪地扑向敌人。等惊慌失措的法西斯分子清醒过来时，苏军很多指战员已为自己杀开了一条血路。他们经受长时间痛苦折磨后终于回到自己人那里。他们之中有多贝金、达尼洛夫和帕纽霍夫几位将军、格列博夫中校。图皮科夫将军没能和他们一起回来——他在距舒梅伊科沃小树林2公里的奥夫季耶夫卡镇旁的对射中牺牲了。

9月21日，当一切都已沉寂，希特勒分子也已离去后，集体农庄庄员们来到战斗地点，看见了苏军指战员的遗体，他们虽已牺牲，但手里还握着武器，手枪和步枪的弹仓里一粒子弹也没剩下。

1943年，基尔波诺斯和图皮科夫两位将军的遗骨移葬基辅。他们长眠在光荣陵园无名战士墓旁的雄伟方尖碑基座前，长明火在墓上熊熊燃烧，象征着为人民立下的功勋永垂不朽。

一些负了重伤的指战员落入法西斯分子手中。他们中间有方面军军事委员会委员师级政委雷科夫。流血过多的雷科夫遭到了凶残的拷打，并被杀害。

法西斯刽子手们抓走了昏迷中的波塔波夫将军，大家都以为他牺牲了。但是，无论是外伤还是内伤，还是法西斯拷问室的可怕折磨，都没有摧垮这位年轻集团军司令员强壮的肌体和不屈不挠的精神。战争结束时，苏军从希特勒集中营里救出了他。波塔波夫将军回到了苏军的队伍，在自己生命的最后几年（他于1965年去世）任敖德萨军区第一副司令员。

基辅战役中德军共合围歼灭了苏军60万人左右，堪称人类战争史上最大规模的合围战和歼灭战。希特勒的调兵南下歼敌可以说收到了圆满的效果。但是西南方面军指战员们在基辅战役中给法西斯德国侵略者造成了不可弥补的损失，拖住了敌人几个集团军的庞大兵力。该方面军长时间地威胁着已经向东深深楔入的中央集团军群南翼。正是这一情况迫使希特勒于8月下半月在基辅方向集中了自己军队的基本力量。西南方面军军人的坚韧不拔和英雄主义精神，在相当大程度上使得希特勒"闪击战"计划遭到破产。

由于基辅战役的耽搁，德军在莫斯科方向延缓了进攻脚步两个月之久，以至于当莫斯科战役开展之后不久，德军就不得不和俄罗斯冰天雪地的寒冬作战。这为德军最终失去莫斯科战役埋下了伏笔。因此许多军事史家评价基辅战役，在战役上取得了圆满的胜利，在战略上却是失败了。

第8章
CHAPTER EIGHT

列宁格勒的较量

★当德军中央集团军群在斯摩棱斯克鏖战，南方集团军群向基辅猛进时，勒布元帅指挥的北方集团军群也在分兵突进波罗的海沿岸，并在芬兰军队的配合下向着列宁格勒进军。

★勒布发现迎击迂回兵团的苏军并非毫无准备，而是准备充分且力量雄厚，第42集团军一部和第8集团军在这里死守，经过苦战，乌里茨克附近的居民点几经易手，但最后仍然被苏军牢牢控制住了。

No.1 被　困

　　当德军中央集团军群在斯摩棱斯克鏖战，南方集团军群向基辅猛进时，勒布元帅指挥的北方集团军群也在分兵突进波罗的海沿岸，并在芬兰军队的配合下向着列宁格勒进军。

　　列宁格勒——十月革命之前俄国的首都圣彼得堡——无疑是世界上最美丽的城市之一。它是仅次于莫斯科的苏联第二大城市，在苏联的政治、经济、文化和交通方面起着重大的作用。它的建筑、色彩画、雕塑有很多可以称得上是艺术珍品，它的名胜古迹、美丽的公园和博物馆也都是苏联人民向往的所在。更重要的是，它是苏联无产阶级革命的摇篮，十月革命的发祥地。因此，它在苏联人的心目中占据着无法替代的重要地位。

　　希特勒认为迅速夺取这座城市，不论在战略意义上还是在心理意义上都是非常重要的。战略上，北方集团军群可以在这里与芬兰军队会合，可以控制涅瓦河的交通，进一步夺取苏联的波罗的海舰队，并将装甲重兵团解放出来去攻打莫斯科。心理上，夺取了列宁格勒无疑就像夺取了苏联人的第二心脏。

　　在1941年7月至8月间，勒布元帅在芬兰军队的配合下，派出装甲兵团沿卢加——列宁格勒公路突进，然而却在卢加地区遭到苏军的有力阻击，41装甲集团军被击退40公里。攻击爱沙尼亚首都塔林的18集团军也遭到了苏军第8集团军的顽强抵抗。此后德军在拉多加湖地区围歼了部分苏军主力。但是，芬兰军队得到苏芬战争中失去的土地后，就拒绝越过拉多加湖继续向东南推进，德军只能在没有芬军策应的情况下继续突击列宁格勒。曾经一手策划绕过马其诺防线闪击法国的勒布元帅，遇到了从未有过的麻烦。

　　北方集团军得到补充后，开始了新一轮的冲击。由于东翼得到中央集团军的掩护，勒布腾出了更多的兵力进攻列宁格勒。在爱沙尼亚方向，第18集团军肃清了纳尔瓦和塔林地区的苏军，立刻向列宁格勒方向转移兵力。第16集团军得到中央集群调来的第39装甲军的补充，经诺夫哥罗德地域对列宁格勒东南加强进攻。第4装甲集群在第38军的协同下，从纳尔瓦至卢加一线向列宁格勒西南部加速前进。列宁格勒已经是四面楚歌了。

　　由于新锐兵力的投入，战争开始向不利于苏军的方向转化。8月19日，德军第56装甲军和第10军合围了苏军第34、第11集团军6个师，俘虏苏军1.8万人。8月26日，中央集团军群所属第9集团军在大卢基地区围歼苏军第22集团军一部，之后立刻北上与北方集团军群会合。在列宁格勒东南部，8月16日第16集团军占领诺夫哥罗德，次日占领丘多沃，从而切断了列宁格勒——莫斯科铁路。8月20日，德军第41装甲军逼近赤卫军城筑垒地域，从而切断了卢加——列宁格勒铁路和卢加——赤卫军城公路。8月24日，从斯摩棱斯克地区长途赶来的第39装甲军陆续到达丘多沃地区，东路突击力量明显加强。于是，德军自8月25日起，沿莫斯科——列宁格勒公路向列宁格勒发动新的突击。8月30日，第39装甲军进至姆加附近，切断了连接列宁格勒的最后一条铁路线。至9月4日，德军占领了爱沙尼亚除岛屿外的全部领土，控制了芬兰湾南部。而芬兰军队也在德国的强烈要求下从北方发起进攻，8月30日占领维堡市。几天以后，德芬两国军队分别前进至列宁格勒南北不足50公里处，并控制了该市出海口。9月8日，德军攻占施吕瑟尔堡，切断了列宁格勒最后一条陆上交通线，彻底封锁了列宁格勒，从此开始了对列宁格勒长达900天的围困。这是二战中时间最长的一次城市封锁战。列宁格勒全城的军民也从此开始了900天与饥饿、轰炸、战斗和死亡斗争的漫长征途。

从9月8日这一天开始，列宁格勒的局势变得极端危急。它与外界联系只能靠在空军掩护下的通过拉多加湖上空的飞行。

勒布元帅开始了对列宁格勒的疯狂轰炸，他声称"要用轰炸把这座城市从地图上抹掉"。不仅轰炸军事目标，而且对工厂、大专院校、车站、医院、中小学校、商业中心等人口密集的地方都进行野蛮的轰炸和炮击。特别是轰炸食品仓库，他们希望饥饿能瓦解全城军民的抵抗斗志。一切迹象表明，德军马上就要对列宁格勒发起大规模进攻。从希特勒到每一个德军士兵，都已经把列宁格勒当成了一个滚到球门线边上的足球，似乎轻轻一拨，就可以决定胜负了。

然而苏联方面，是决不肯轻易放弃这个重要城市的。被围困的军队和市民开始了城市防御巷战的准备。

苏军西北方面军最初的指挥官库兹涅佐夫大将，由于向斯大林提出撤退收缩防御的建议，被撤职，现任的指挥官是伏罗希洛夫元帅。8月23日，由于战斗的需要，西北方面军被分为列宁格勒方面军和卡累利阿方面军，列宁格勒方面军由波波夫中将指挥。9月5日，斯大林不满意列宁格勒方面的指挥，重新任命伏罗希洛夫为司令员。但是，指挥权的频繁更动并没有扭转列宁格勒的不利局势。斯大林觉得西北方面不是缺少部队或者装备，而是缺少一员真正得力的大将。一旦列宁格勒失守，德军会迅速腾出手来对付莫斯科。形势危在旦夕，谁能力挽狂澜于既倒呢？

No.2 "救火员"来了

1941年9月9日，大将朱可夫正在指挥预备队方面军在叶尔尼亚突出部地区作战，突然接到接替他担任总参谋长的沙波什尼科夫元帅的电报，要求他在当天晚上8点以前赶回最高统帅部。在那里，斯大林命令朱可夫到列宁格勒去，接替伏罗希洛夫指挥方面军和波罗的海舰队。

一到列宁格勒，朱可夫一行迅速赶到方面军司令部所在地——斯莫尔尼宫。朱可夫立刻接替了伏罗希洛夫的指挥，然后和霍津与费久宁斯基一起仔细地研究了当前的局势。

朱可夫到达列宁格勒后的短短几天，夜以继日地工作。他的果断坚决的态度和沉着冷静的作风感染了司令部的其他同事，大家都开始充满信心地忙碌地工作起来。几天后，在原有的基础上，列宁格勒附近形成了一条新的防线。这道防线北起芬兰湾斯特列尔纳附近，经西南的乌里茨克，正南的普尔科沃，东南的科尔皮诺，然后沿涅瓦河到拉多加湖西岸的什利谢尔堡。

与此同时，德军方面的勒布元帅却是心乱如麻，希特勒命令他拿下列宁格勒并调动部队支援中央集团军群。命令的最后期限只剩一周了，但是由于对列宁格勒的包围，德军的战线越来越长，从卢加以东的芬兰湾到拉多加湖，再到诺夫其罗德，战线长达400多公里，而能够直接用于攻占列宁格勒的部队，只剩下10～12个师，并且这些部队损失已经十分严重。勒布知道对手已经换成了朱可夫，这位曾在叶尔尼亚让冯·博克吃过苦头的苏军大将。经过一周的鏖战，勒布领教了对手的厉害。俄军几乎是不顾一切地拼死抵抗，而且相互间的策应明显加强了。乌里茨克得而复失，在普尔科沃和科尔皮诺的进攻也没有进展。实际上，他在主攻方向上的部队没能推进一公里，只是增加了损失，消耗了给养。希特勒几乎是一天一通电话督战，令他每时每刻都如坐针毡。

偏偏这个时候，一向与他有些不睦的陆军参谋长哈尔德在后方看起了他的笑话。他给勒布寄来一张外国的新闻报道，上面说："冯·勒布元帅接到希特勒的命令：迅速占领列宁格勒，不惜任何代价。毫无疑问，他正在坚定地执行这条命令的下面一半，付出可怕的代价，但俄国人仍旧坚决地表明这位元帅无力执行命令的上面一半……"

勒布元帅气得简直难以自控，他真恨透了这帮耍笔杆子的，有本事来前线试试看，难道苏联人就都是麦田里的稻草人等着你去射击吗？可是转念一想，目前的局势确实一天天的在逆转，如果等希特勒失去信心，命令他调动部队支援莫斯科方向，就再也别指望攻克列宁格勒了。必须立刻采取有效措施。

勒布决定采取一次冒险行动，他想在普尔科沃方向实施一次佯攻，这里是苏军重兵防守的地方。然后出其不备地在烟幕掩护下向西北方向实施迂回，绕过普尔科沃，从芬斯克——科伊罗沃猛攻通向列宁格勒的公路，再沿路一举攻入城内。成败在此一举。

9月17日上午，经过一个小时的炮火准备和航空兵准备，德军以排山倒海之势涌向普尔科沃高地前沿的苏军阵地，先头的坦克部队喷出条条火蛇，几乎整个苏军阵地都在燃烧。

一次次坦克集群的冲击被压住了，一排排的德军步兵被消灭在阵地前沿，但是德军士兵在勒布的严厉督战下，也摆出了有死无退的架势，他们咆哮着迎着子弹和刺刀层层推进。

在德军强大的炮火和空军打击下，坚守普尔科沃高地的第50集团军和第42集团军损失巨大，前沿阵地许多部队已经完全拼光了，多数防御工事都已被炸平。部队指挥官不断致电话总司令部，要求补充援军，增加力量。朱可夫看到德军这种态势，听到耳边一片要求增援的声音，他的心里也在思考，德军是不是孤注一掷地在这里强攻了呢？但是多年经验告诉他，越是猛烈地进攻，越可能是迷惑行动。不能调动预备队，必须保持高度警惕据守其他要点。

中午，攻击普尔科沃高地的德军终于退了下去，德军阵地前腾起一道黄色的浓厚烟雾，接着就是苏军的炮火和苏军战士在一片"乌拉"声中的反突击。

勒布的4个步兵师、13个坦克师和1个摩托化步兵师组成的迂回兵团，绕过正面区域，在乌里茨克发起了突击。但先头部队刚刚接近苏军的防卫圈，立刻遭到了密集炮火的轰击，坦克部队反复冲击都被反坦克火力击垮。勒布亲命组织剩余的最强的坦克部队，直接冲击公路。苏军连续的几个反坦克步兵和炮兵阵地被突破，眼看整个阵地危在旦夕。突然天空中闪过一道道强烈刺眼的白光，紧接着是震耳欲聋的声响，德军士兵不知道发生了什么，都呆住

↑ 德军一路冲杀，列宁格勒已经近在眼前。　　↑ 严寒来临，这对德国军队来说是灾难性的打击。

了。还没等明白过来，密集的炮弹就落在了坦克集群的头上，一辆辆坦克和装甲车被掀翻或炸毁，毫无防御的步兵更是死伤惨重。德军不知道这是什么武器，竟然能让大量的炮弹在一瞬间铺天盖地地席卷过来。其实这就是苏军早就给德国装甲部队准备好的秘密武器——"喀秋莎"火箭炮。

勒布发现迎击迂回兵团的苏军并非毫无准备，而是准备充分且力量雄厚，第42集团军一部和第8集团军在这里死守，经过苦战，乌里茨克附近的居民点几经易手，但最后仍然被苏军牢牢控制住了。

迂回不成，勒布又调集了6个师向普希金、斯卢茨克和科尔皮诺方向展开强攻，苏军55集团军死守不放。本来德军已经取得了一定的优势，但预定调动部队的时间已经到了，希特勒毫不留情地调走了第39集团军，勒布最后的努力也付之东流。

从此以后，德军在列宁格勒战场就失去了主动权，只能坚守阵地，进行着艰苦的拉锯战。

No.3 寒冬将至

1941年9月末，当德军列宁格勒方向上的进攻已陷入绝境时，希特勒终于忍耐不了勒布软弱无力的攻势。他决定不再去管列宁格勒，而是重新将目标对准苏联的心脏——莫斯科。冯·博克终于又成为了决定战争命运的关键人物。他等待这一天已经很久了。一经得到希特勒的批准，他立刻策划了又一次大规模的围歼行动。

10月1日的后半夜，瑟瑟的秋风吹过俄罗斯的片片树林，满天的星斗垂在远处的平原上，辽阔的大地显得格外寂静。但树林中却是另一番景象，德军的坦克部队和摩托化步兵已经整装待发，他们的目标是毫无准备的苏军西方面军侧翼的集团军。拂晓，炮声开始轰鸣，火光映红了西半边天空，苏军西方面军前沿和两翼阵地突然遭到了强大炮兵火力和航空兵火力的突袭。这对于已经一个月左右没有大规模行动的部队来说，无疑是一场灾难。

紧接着，德军第4、第9集团军，坦克第3、第4集群，共调集了12个满员师的兵力全部压向苏军第19集团军右翼的两个师和第30集团军的两个师身上。很快就在45公里宽的地段打开了一个缺口。德军的快速兵团沿着突破口迅速向东北方向突进，他们的目标是维亚济马。

10月5日，迅速前进的德军各坦克集团于10月7日在维亚济马附近会合，切断了苏军4个集团军（第19、第20、第24和第32集团军）的退路。至13日，苏军维亚济马集团大部被歼，一部突围，卡卢加失守。

而在南路，第2集团军和坦克第2集群的部队同样打破了防线，向布良斯克方向突进，他们的目标是布良斯克方面军的主力。

很快，古德里安的装甲集群突破了第13、第50集团军的薄弱防御，开始从南北两面迂回包围布良斯克方面军，并突击其基本兵力后方。14日，德军将苏军布良斯克方向军所属第50、第3、第13集团军合围在布良斯克南北地区。德军统帅部为消灭被合围的苏军，动用了坦克第2集团军5个军中的4个军。陷人战役合围的布良斯克方面军各集团军，除部分在10月23日前突围后退到了别廖夫、姆岑斯克、波内里、法捷日、利戈夫一线外，其余大部被歼。

由于寡不敌众和准备不足指挥不利，苏军在半个月内又被德军在维亚济马——布良斯克地域合围歼灭了67万人左右。莫斯科方向的防守严重告急。

希特勒得到前线大捷的消息兴奋异常，终于为在列宁格勒的失利出了一口气。在希特勒的头脑中，东方战役已经大局已定了，他骄傲地给博克下达命令：不准接受莫斯科的投降，即使是主动投降也不接受，要用炮火和轰炸将莫斯科夷为平地。

但是只有在前线的将士才知道，每一天的战斗，甚至行军，都是多么艰难，只有前线的高级指挥官才清楚，还有多少可以预料到的与尚未预料到的困难在等着他们。苏军并没有被击垮，相反是更加坚强地站了起来。何况德军的面前除了钢铁一样的苏军士兵之外，还渐渐多了一个敌人，那就是即将到来的冬天的严寒。

古德里安秘密地向冯·博克呈送了一份报告：根据他战前多年研究坦克和装甲车辆的情况，他认为温度降到零下15度左右，目前的水箱防冻液将会失灵，而到零下20度左右，电池液也会冻结，紧接着是弹药失效，各种橡胶零件会被冻坏。最要命的是，坦克内没有暖气设备，士兵坐在冰冷的铁壳子里面会被冻僵。古德里安提醒博克元帅，到那时不仅部队作战无法保证，连燃料和生活给养的补给都会成问题。

冯·博克不是没有想过这个问题，如果能提前两个月开始对莫斯科的进攻，就一定能在冬天之前结束战役。但是现在时间已经很短了，他只能尽量以最猛烈的突进迅速打垮苏军的防线，剩下的时间已经不允许作战上出现任何纰漏了。再就是祈祷老天爷，不要让寒冷来得太快。

10月7日夜里，漆黑的天空突然开始飘落雪花，开始还是细碎的冰凌，慢慢地已经变成了纷纷的雪片。这是1941年冬天俄国的第一场雪，没想到就下得这么大。

斯摩棱斯克的司令部里，冯·博克元帅一觉醒来就感觉到刺骨的凉意。走出房间一看，外面已经是一个银装素裹的世界。熟悉的景物已经完全变了样子：高高的房顶披上了白色的外衣，树上挂满了晶莹的树挂。院子里，汽车司机在艰难地发动元帅的专车，穿着短大衣的卫兵不断地向手上呵气。博克轻轻叹了一口气，他知道，对于中央集团军群和他自己来说，最困难的日子正在一天一天地临近。

随着严寒天气的到来，德军被迫转入防御，而苏联红军则抓紧时间休整。一场大战即将来临。

04
BATTLE

第四篇 > 闪击·珍珠港

第1章
CHAPTER ONE
日本进退维谷

★罗斯福低头看了看桌上的报告，这是美国国务卿赫尔刚才送过来的。赫尔刚刚结束了和日本驻美国大使野村吉三郎的新一轮会谈，此前的60多次美日两国政府会谈都无果而终，新一轮的谈判却还在毫无生气地进行着。

★东条一上台，就急于开战。10月23日开始，日本当局连续召开了9天的政府与大本营联络会议，围绕何时对美开战及谈判期限问题进行了激烈的讨论。直到11月2日凌晨，才最后取得一致。

No.1 等待一个时机

1941年的夏天，也许是20世纪最炎热的夏天，不论是在美国，在欧洲，在日本，还是在世界其他地方。

一场空前的巨大风暴正在以惊人的速度席卷着整个欧洲，将这片大陆上的一个个国家纷纷卷入到纳粹的铁蹄之下。1941年6月22日，德军突然入侵苏联，苏德战争爆发。在这个具有历史意义的时刻，在6,000门大炮雷霆般的轰击下，德国坦克和步兵师如潮水般涌进苏联边界。苏联在德国300万大军的猛攻下丧师失地，在短短十几天的时间里，德军便突破苏联边界600公里。疯狂压倒了理智，野蛮征服了文明，人类文明受到空前威胁，反法西斯战争使整个国际形势发生重大转变，战争的阴云也使世界上每个国家都无法独善其身，各国无不根据新的形势重新审查对外政策方针。

虽然这场风浪正逐渐在欧洲和亚洲形成一个巨大的漩涡，吞噬着每一个国家，但是在千里之外的美国，却依然平静而繁荣。战争的阴云似乎还完全没有侵袭到这片广袤的土地，宽阔的海洋就像一道巨大的屏障，保护着美国的繁荣和安定。只是，这道屏障究竟还能维持多久？

美国首府华盛顿，天气异常闷热，空气中没有丝毫微风在吹动，而在白宫美丽的屋穹下，此时却有一个人内心正掀起狂风巨浪，他就是弗兰克林·罗斯福。

此时让罗斯福感到心烦意乱的不是那个长着小胡子的疯子——希特勒，至少目前还有英国和苏联在遏制这个疯子的疯狂脚步，让他感到颇为心烦的是另一个民族，一个几乎大多数欧洲人都无法理解的民族——日本。此时，日本正在东亚和东南亚疯狂扩张，势头无人可挡，英法等国自身难保，更无力捍卫自己的殖民地，而美国此时孤立主义盛行，严重制约着罗斯福采取必要的手段去遏制日本咄咄逼人的攻势。

他低头看了看桌上的报告，这是美国国务卿赫尔刚才送过来的。赫尔刚刚结束了和日本驻美国大使野村吉三郎的新一轮会谈，此前的60多次美日两国政府会谈都无果而终，新一轮的谈判却还在毫无生气地进行着。

罗斯福又一次拿起这份报告。其实，不用看他也知道谈判的结果是什么，他对这次谈判特别关注，并且还亲自召见过日本谈判代表野村，警告日本不要继续向荷属东印度推进。他还表示愿意以石油换取印度支那的中立化，维持太平洋的和平。但是由于双方在根本利益上的尖锐矛盾，虽然屡经谈判，但在谈判桌上依然唇枪舌剑，谁也不肯退让半分。

刚才，赫尔前往白宫，向他提交了这份谈判报告并汇报了谈判情况。赫尔竭力要求罗斯福对日本实行禁运，以示报复，罗斯福却依然犹豫不决。不是他不明白现在美国和世界所面临的严峻形势，也不是他不想采取行动，只是国内重重的反战声浪使他无法采取进一步的行动。他曾宣布召开修改中立法的国会特别会议，但是，在参议员博拉、克拉克、范登堡以及库格林神甫和查尔斯·林白上校的领导下，孤立主义者针对修改中立法掀起了一场全国性的攻势，仅仅在3天之内，就有100万份电报和信件涌向国会。而且，让他无法贸然采取行动的最主要原因是民意：最新的民意调查显示，尽管有80%以上的公众同情交战中的盟国，有

50%　60%的公众一贯赞成援助英法，但大多数人都明确表示希望美国避免参战。

但是，目前的形势却是已经到了非采取行动不可的时候了。1941年7月17日，日本电告日本驻法国大使，不管维希政府持何态度，日本军队将于7月24日开进南部印度支那。7月28日，日本不顾美国一再强烈反对，悍然在印度支那南部登陆，随即占领了西贡和金兰湾。日本此举大大激怒了美国，赫尔竭力劝说罗斯福对日本实行新的禁运，以示报复。

是的，他现在只能采取这样的行动。罗斯福心想，这已经是他能采取的最严重的警告措施了，国会会批准的，他心里有底，但是他目前还无法采取进一步的措施。至于未来，他还在等待，等待一个时机，至于是个什么样的时机，他心里也并不清楚，只是理智告诉他还需要等待，等待，再等待。和罗斯福与美国的消极与犹豫不同，在太平洋的另一端，却是另一番景象。罗斯福的决定对于日本而言，无疑是致命的，因为日本是个小小的岛国，资源极为缺乏，所以极其依赖国外的资源，而美国的这一做法无异于釜底抽薪。为了获得荷属东印度年产量800万吨石油的油田，南洋占世界年产量78%的橡胶，占世界年产量67%的锡，以及铁、铝、大米等资源，日本将不惜一战。

No.2 东条做好了战争的准备

1941年6月的苏德战争爆发，在日本同样掀起了轩然大波。日本国内上下也在呼吁采取新的行动："德国人动手了，我们也该采取行动！"德国对苏联的进攻解除了苏联对日本北方的威胁，消息传来的时候，日本军阀摩拳擦掌，蠢蠢欲动。是南进，还是北进？日本统治集团内部再度掀起了争吵。最终，这场争论的最大赢家就是陆相东条英机。正是他，推动近卫内阁通过了《基本国策纲要》，提出了建立在日本领导下的"大东亚新秩序"；也正是他，一手炮制了这个基本国策，并说服近卫首相和内阁中其他文官，使这些人相信，在混乱的现代世界上，这是日本"求得生存的最后希望"。

时年57岁的东条英机是日本法西斯军阀巨头，军事法西斯政治的推行者，侵华战争和太平洋战争的主要战犯之一。他效忠天皇，办事专断，强调"闪电"效率，有"剃刀将军"的绰号，又在侵华战争中"屡建功勋"，深得天皇和日本统治集团的赏识。其实世人所说的日本皇军的现代武士道精神，也是由东条等人一手炮制并大力推行开的。

德军闪电般大举攻入苏联领土，连战告捷。以东条为首的日本军国主义分子认为这是天上掉下来的大好良机，急于攻占新加坡。

这时，在华盛顿，日美正在进行外交谈判，如果进攻新加坡，日美外交交涉就会决裂，便要冒日美开战的危险。是否可以轻举妄动，近卫首相犹豫不决，海军也犹豫逡巡。

于是，在战胜了北进派之后，以东条为首的好战分子又对首鼠两端的近卫内阁产生极大的不满，开始酝酿推翻主张和谈的近卫内阁。东条及其喽罗在公开和私下场合都对近卫进行攻击。他们不仅对他提出种种批评而且于9月18日对他进行人身袭击。当近卫正要离开郊区别墅所在地荻洼的时候，四名身带匕首和军刀的暴徒，跳上汽车两旁的踏板。由于车门紧锁，凶手们还来不及砸碎玻璃就被便衣警察抓走了。

10月12日，日本高层召开了决定战与不战的历史性五相会议。这天，正是近卫50寿辰。会场气氛分外紧张，近卫还想作最后的努力，压制住东条等好战派，也保住自己的相位。

结果两相争斗下，首相在东条英机咄咄逼人的攻势下，颓然落败。

10月14日，又召开了一次五相会议。在会议上，外相和陆相意见对立，东条在会上要求内阁首相辞职。10月16日16时，近卫打电话给内务大臣木户说，他已经收齐了内阁成员辞职信。17时，裕仁天皇召见近卫，接受了他的辞呈。这样，近卫内阁垮台，以大日本帝国的命运为赌注的最后抉择，就交给了下一届的东条内阁。

在东条进宫见驾谢恩时，天皇命令他"遵守宪法条规……陆海军要进一步密切合作"。这其中的含义就是开战的合作，天皇显然是支持东条内阁向英美开战的。

东条内阁的成立表明，日本对美战争只是一个时机选择的问题了。

美国听到这个消息，知道日本已经推出了担负战争使命的内阁，用赫尔国务卿的话来说就是："日本已经转动了战争的车轮。"10月17日，东条上台，此时，日本已经坐在火药桶上。以后进行的外交谈判，只是玩弄外交手腕，虚晃一枪，为准备好作战部署拖延时间而已。

东条一上台，就急于开战。10月23日开始，日本当局连续召开了9天的政府与大本营联络会议，围绕何时对美开战及谈判期限问题进行了激烈的讨论。直到11月2日凌晨，才最后取得一致。

11月5日，日方眼看谈判成功无望，便在日本的御前会议上再次通过了《帝国国策施行要领》，决心对美、英、荷开战，并指令："发动武装进攻的时间定于12月初，陆海军应完成作战准备。"东条英机在此次会议上表明了态度："尽管对两年后战局的估计不明，但也要下决心开战。"会上还决定了日本同美国谈判的最后方案——甲、乙两案。《甲案》旧调重提，宣称可以答应美国关于对华贸易无差别原则的要求；日本可以从印度支那和中国撤军；同时日本表示参战与否由日本自行决定，但没有承诺不攻击美国。

而《乙案》则闭口不谈从中国撤军等问题，仅以日本从法属印度支那南部撤军为幌子，要求美国逼迫蒋介石投降、美国不得干涉"日中和谈"，日美恢复资产冻结以前的贸易关系、对日本供应石油、协助日本取得荷印资源。这种种要求，无疑就是要由日本来独吞中国、称霸西太平洋。因而，美国对甲、乙两个方案都没有答复，而是向日本递交了《美日协定基本纲要》草案，即《赫尔备忘录》，要求日美两国保证双方恪守美国过去所主张的原则；提议缔结中、美、英、日、荷各国多边互不侵犯条约；要求日本政府从中国和法属印度支那撤出一切陆海空军和警察力量；要求日本废弃三国同盟条约。

美国把《赫尔备忘录》视为对日本的最后通牒，而它的内容又是日本根本不愿意接受的，解决冲突的方式最后只剩下战争一途。美国坚持不先开第一枪的原则，因而，日本便决定首先开战。通往战争的轨道已经铺设好了。

战争的列车开出去了，而且一去不能回头。

第2章
CHAPTER TWO

目标：珍珠港

★山本酷爱赌博，他赌博的格言是要么大赢，要么大输。这一点对他的军事思想也有着重大影响，日后的偷袭珍珠港，也极具孤注一掷的赌徒风格。他好赌成癖，但从不计较胜负。为了了解山本的性格。

★1941年4月，春天已经悄悄来临，但是春寒料峭，在东京和鹿儿岛，天气依然非常寒冷，而此时的山本，也遭遇了巨大的阻力。这种阻力不仅来自作为日本海军中央指挥机关的军令部，也来自山本手下的军官。山本又一次面临一个巨大的挑战。

No.1 视战场如赌场

如果说东条英机是将日本帝国加速引向对美战争和太平洋海战的罪魁祸首，那么太平洋海战的第一战——偷袭珍珠港——的始作俑者却是日本海军联合舰队司令山本五十六。

作为一员战将，山本一向深谋远虑，算度准确，胸有兵机，用兵以突然、迅速和敢于冒险而著称。山本喜欢赌博的天性，使他既具有赌徒的冒险心理，又不乏理智的谋算。这在他指挥袭击珍珠港作战中表现得淋漓尽致。在他的"赌徒"生涯中，偷袭珍珠港是他最冒险、受益最大的一掷，其大胆的想象、严密的推论、准确的计算，令他的反对者和敌人都感到震惊。

山本酷爱赌博，他赌博的格言是要么大赢，要么大输。这一点对他的军事思想也有着重大影响，日后的偷袭珍珠港，也极具孤注一掷的赌徒风格。他好赌成癖，但从不计较胜负。为了了解山本的性格，下面不妨举几个赌的例子。

山本好赌，他会玩象棋、围棋、麻将、棒球和轮盘等，这些都可以成为他与人赌博的工具。有时一时找不到赌具，他就与人玩简便的纸上赛马的游戏，如果参加这种游戏的是年轻人或美貌的歌伎，他就押上50钱赌注，故意输给他们，以博一笑，同时也使自己的嗜赌心理得到满足。

山本认为，所谓打赌，就是当遇到某一问题双方各持己见而相持不下时，押上一些赌注，迫使自己对自己的观点或行为负责的一种游戏。这可以说是山本发明的"打赌理论"。有一次，日海军的"金刚"号和另一艘巡洋舰在伊势湾进行舰炮打靶实验，山本的好友堀悌吉认为一定能够击沉靶舰"壹岐"号，山本则认为击不沉。为此，双方商定以3,000日元为注打一次赌。这笔赌注在当时是一个大数目，可以买一幢高级房子。结果，靶舰被击沉，山本输了。堀说："放心，我不会要你这笔钱。"山本则坚持要还，最后两人决定由山本分期将这笔钱捐给海军士官学校第32届毕业生学友会。为这一次打赌，山本直到好几年以后才算还清债务。

山本不光是为了赌或为了玩而玩，他还注意在玩中锻炼自己的耐力。例如，有一次，山本和他的好友重治海军教授下象棋，经过一番激烈的搏杀之后，棋枰上出现了势均力敌的态度，重治看看表说："看这态势谁也胜不了谁，不过按'大成会'（日本象棋联盟的前身）的规则，我多子算胜。"山本则不急不躁地说："我记不得有这种规则，哪有不分胜负的道理，还是接着下吧。"不一会，山本就逐步转为优势了。但是到了晚上12时，还分不出胜负，重治坐不住了，又勉强坚持了一小时，还是难解难分，他不耐烦地说："好了！好了！实在是不行了，就这样结束吧。"山本说："那就是你认输了！打仗也是一样，厌战本身就是失败。使敌人丧失斗志，也就等于消灭或俘房了敌人，达到了打仗的目的。"

赌是山本性格中的突出特点，是其行为的决定性因素之一。从某种意义上说，偷袭珍珠港也可以说是一场赌博。它以国家命运为赌注，以联合舰队为赌具，孤注一掷，不计后果，尽管偷袭奏效，但胜得危险，胜得侥幸。

与山本共过事的法华津孝太曾深有感触地说："在太平洋战争爆发之前，如果美国稍留心研究一下联合舰队司令长官山本五十六的性格的话，至少也能估计到他可能对夏威夷发动突然袭击。"这句话的确一语中的。"知彼知己，百战不殆。"倘若美国情报部门能够对山本其人的性格、为人、嗜好作深入的调查分析，那么虽不能制止日军对珍珠港的偷袭，至少可以采取防范措施，避免遭受巨大损失，山本的这一赌博，就完全可能是另外一种结局。

大约在1940年四五月份，山本就开始酝酿袭击珍珠港。当时，国际上的阵线已经分明，日本已估计到，如果爆发日美或日英战争，日本将不得不对美、英、中三国作战。因此，在日本海军年度作战计划中，将美、英列为作战对象，并拟订了几种行动方案。在此情况下，作为联合舰队的司令官，山本考虑与美海军太平洋舰队作战的问题是完全合情合理的。

1940年11月11日，英国地中海舰队以"光辉"号航空母舰、4艘巡洋舰和4艘驱逐舰组成突击编队，出动21架次舰载机突袭意大利塔兰托军港内锚泊军舰，仅以损失飞机2架的代价，就取得击沉战列舰1艘、重创战列舰2艘、击伤巡洋舰和辅助舰各2艘的战果。这一战例开创以舰载机突袭敌方海军基地并获得胜利的先河。

山本闻讯后立即指示日本驻意大利海军武官全力搜集有关情报，特别是英军所使用的浅水鱼雷资料。因为塔兰托和珍珠港一样，水深仅十余米，无法使用常规鱼雷。这个成功的战例，还有前面提到的美军的演习，都对山本偷袭珍珠港作战方案的形成有着极大的帮助和启示，犹如给山本注入了一支"强心针"，更增添了山本实施密谋的信心。山本此时已基本形成了使用航母和舰载机远程奔袭珍珠港的想法。

1940年11月，山本几次与海相及川古志郎面晤，阐述了他的对美开战的方针和计划：用两个航空母舰编队的全部舰载机兵力，突然袭击珍珠港，力求聚歼珍珠港在泊的美太平洋舰队的主力，同时出动潜艇，在珍珠港进出口海域设伏，待空中攻击开始后，击沉试图逃走的舰艇，造成港口堵塞，封闭进出航道。山本

↑日本海军联合舰队司令的山本五十六，一生极好"赌"。

还对及川说，他愿意辞去联合舰队司令官之职，只求担任袭击编队的司令，亲率航空母舰载机飞行队，袭击夏威夷。这个设想，基本上成为后来制订的"Z"计划的基调。

1941年1月初，山本亲笔给及川上书了《关于战备的意见书》。他提出与美英一战已不可难免。因此，应该在战备、训练及作战计划等方面早做准备和打算。这是山本正式将久存于心中的对美开战设想，变成为一份作战计划的纲要。"山本上书"，将珍珠港推向了太平洋战争的最前沿。

No.2 催化剂，源田中佐

山本推出了理念，使"理念"成为现实却是源田实中佐。而且，即使是山本本人，也没有像源田这样彻底投入"珍珠港"计划。

山本在上书及川的同时，还将他袭击珍珠港计划的要旨写给了第11航空队参谋长大西泷次郎少将，要他草拟袭击"珍珠港"计划。大西就是日后日本臭名昭著的"神风特攻队"的创始人。接到山本长官的手令后，大西立即前往联合舰队的旗舰"长门"号与山本密谈。山本向大西阐述了自己的构想，两人就此构想的细节作了初步研讨。

大西回到鹿儿岛后，立即开始着手挑选拟订计划的参谋。2月初，他给当时在"加贺"号航空母舰任参谋的源田实中佐发了封短电："立即来鹿岛，有急事相商。"这位后来声名显赫的参谋就这样进入了这一秘密计划，登上了历史舞台。

源田不仅是位技术熟练的海军战斗机飞行员，而且是一位很有头脑的参谋。而且，更重要的是，他是世界航空界杰出的空战战术专家，也是"源田主义"思想（即大规模使用战斗机夺取制空权）的创立者。

源田风尘仆仆地赶到鹿儿岛大西的办公室。大西挥手让正在办公室里汇报情况的参谋退了下去，然后亲切地让这位亦友亦学生辈的源田坐在他的面前。

听了大西的介绍和看了山本写给大西的亲笔密函后，源田为山本的计划所深深折服，为山本过人的胆略和气魄所感动。大西令他回去后尽快拿出一份具体的作战计划。

返回"加贺"号后，已是黄昏。源田马不停蹄地立刻开始着手拟订计划。他依据山本"力求歼灭敌舰队主力，使其丧失作战能力，摧垮其士气"的基本思想，夜以继日地工作。两周后，一份具体计划诞生了。这份计划的主要内容是：

出动全部航空母舰，利用暗夜掩护，秘密驶近瓦胡岛；利用拂晓出动舰载机，对敌舰实施突然攻击；舰载机攻击编队要包括俯冲轰炸机、水平轰炸机、鱼雷攻击机和战斗机；鱼雷攻击机一定要使用，要尽快解决鱼雷不能在浅水水域使用的问题；航空母舰编队要尽量靠近瓦胡岛，完成攻击任务的舰载机必须返舰，不能在海上降落；攻击目标的先后顺序是：敌航空母舰、战列舰、巡洋舰和驱逐舰，重点是航空母舰。

在这个计划中，源田对山本的设想作了一些修改和完善。例如，山本曾设想，为了不

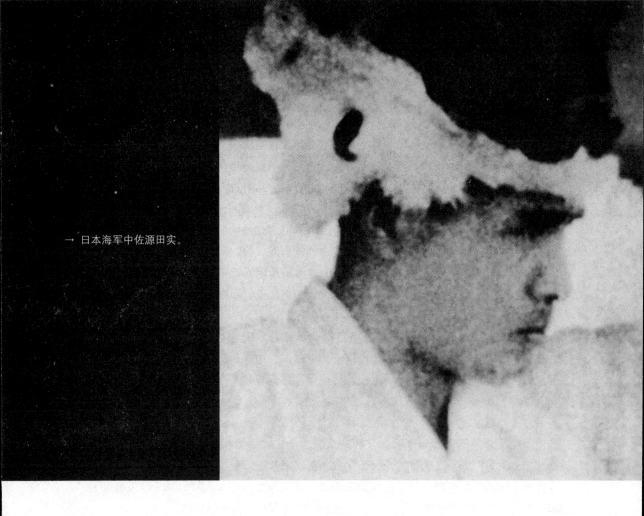

→ 日本海军中佐源田实。

暴露航空母舰目标，担任攻击的舰载机可不必返回母舰，就在海面降落，等待日方的驱逐舰和潜艇前来救援。山本认为，这样既可避免损失航空母舰，亦可使美国人大吃一惊，认识到日本民族视死如归的气概，从而收起与日本人对抗的打算。源田认为，山本的想法是不现实的，一方面这样将对飞行员心理产生不利影响，会白白牺牲一些宝贵的飞行员；另一方面，航空母舰如无舰载机，就无异于一堆废铁，在返航途中如遇到美军的攻击，就只能自取灭亡。因此，他力主担任攻击的舰载机一定要返回航空母舰。

源田把计划递交大西后，他们两人又在一起作了详细的研究，大西对计划又作了不少补充，最后得出一个结论：只要美军舰队确实在港内停泊，并且日军舰队在航行途中不被发现，就能取得成功。4月初，大西将计划呈报了山本。一份即将给世界带来震动的作战计划，就这样出笼了。源田在筹划"珍珠港"计划中可说功勋卓著，是他草拟了"珍珠港"计划，并做了多次修正，以及探索其中的弱点，他还组织和负责偷袭的演习和训练，在这一过程中解决了无数的技术难题，等到后来第一航空舰队正式踏上征途的时候，大部分大西的想法都已经荡然无存，而山本的计划也几乎改头换面，最后执行的彻底是源田版的"珍珠港"计划。可以说没有山本，就没有偷袭"珍珠港"，而没有源田，就很难有"珍珠港"计划的胜利实施，历史就这样决定在一个中佐身上。

No.3 "Z" 计划

1941年4月，春天已经悄悄来临，但是春寒料峭，在东京和鹿儿岛，天气依然非常寒冷，而此时的山本，也遭遇了巨大的阻力。这种阻力不仅来自作为日本海军中央指挥机关的军令部，也来自山本手下的军官。山本又一次面临一个巨大的挑战。

在源田拟订计划的同时，山本在联合舰队司令部又组织了4个研究小组，拟订联合舰队的各种作战方案，并研究有关战略战术。袭击珍珠港当然是他们研究的课题之一。当源田计划呈送到山本手里后，他又参照联合舰队司令部的研究成果，对计划作了审修，并赋予其一个"Z"的代号，称为"Z"计划。4月末，山本派黑岛龟人参谋携计划去海军军令部汇报，力争取得批准。但是军令部不同意。在各执一词的情况下，军令部派人组织参加了一次讨论会，讨论偷袭珍珠港的可能性。

在会议上，"Z"计划受到军令部各高级官员的极力反对。然而，山本的决心之大，远远地超出了所有人的想像。其实从提出这一观点以来，山本是为了维护自己的战略理念与众多的意见相左者争论。他用尽各种手段，来说服、甚至威胁军令部和大本营批准他的计划，他扬言辞职，看来并不是闹着玩的。而当时，日本如果没有他掌舵而想进入战争并取得胜利，简直不可思议。

山本待会场渐渐安静下来后，又转向南云忠一中将，直视着南云的双眼，平静地说："如果南云海军中将不完全赞同，那么就由我亲自率领航母舰队出征吧。"

会场上的人面面相觑，对于这位德高望重、享誉海军的伟大人物，对于这位被誉为"帝国海军瑰宝"的天才指挥家，他的决心、他的要挟没有什么人可以阻挡。

经过一番唇枪舌剑的争论，军令部别无选择，尽管千万个不愿意，富冈最后还是根据源田的要求，勉强答应：把每年海军大学的例行图上作业，由11月或12月提前到9月举行。到时将设立专门图演室对山本的方案进行图演。而最后，在山本一再的坚持下，军令部终于在离袭击珍珠港仅35天的时候，同意了山本的计划。

第3章
CHAPTER THREE

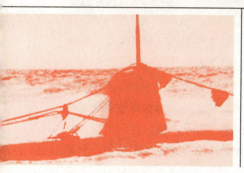

秣马厉兵

★横须贺的海军鱼雷专家爱甲文雄大佐担负起这个攻关项目。他尝试了多种方法，最后，他发现，用飞机平衡器做成木头翅膀，安装在鱼雷上，可以大大减轻鱼雷的下沉。为了验证这一方法，他决定在鹿儿岛进行试验。

★反对的声音甚至传到了日本陆军的耳朵里，以至陆军参谋总长杉山元大将还亲自飞往联合舰队旗舰，会见山本。但是，山本成功地说服了他。他保证珍珠港的胜利只会对陆军有利，该项作战不动用陆军的一兵一卒。杉山则向山本保证，陆军不反对夏威夷作战。

No.1 为战争全面准备

虽然计划直到1941年10月19日才获批准，但是联合舰队有关的针对性强化训练早在8月下旬就已开始。

山本清楚地知道，要让军令部那些顽固不化的家伙们采纳他的计划，就必须在实际训练中将一项项不可能的事情化为可能。

为了进行实战训练，山本选择了鹿儿岛港湾作为训练基地。鹿儿岛港湾是位于九州岛南部的军港。山本司令长官选中此地的重要原因是它的港口地形与珍珠港非常相似——四面环山，港口狭隘，水深12米，等等，几乎是一模一样的。

1941年9月初，山本亲自挑选并任命海军航空兵中的顶尖飞行员渊田美津雄中佐担任第一航空舰队训练总教官，负责对飞行员的训练。

渊田所担负的任务是，不仅要训练"赤城"舰上的下属飞行员，而且还要训练在4月份新组编的第一舰队所有航空母舰上的飞行员。

此后的日子里，在渊田的指挥下，400多名鱼雷机、俯冲轰炸机、战斗机飞行员进行了紧张、逼真和近乎残酷的训练。

经渊田和他的飞行员连日以来发疯似的训练，虽然鹿儿岛的市民对于飞行员违反飞行条令的行为极为不满，但鱼雷机队队员们的训练成绩却得到了大幅度提高。

现在只差最后一个技术难题了，就是找到合适的鱼雷。

日本海军拥有比当时世界各国鱼雷性能都好的"九四"式鱼雷。这种鱼雷每枚重量都在1吨以上，因此高速飞行的鱼雷轰炸机向水中发射鱼雷对水深的要求很严格。在50米的高空发射时，鱼雷入水后，至少要下沉100米。这对于珍珠港这样的浅水域，显然不适合，鱼雷一入水就会一头扎进泥里。要使这种鱼雷充分发挥作用，就必须尽早解决鱼雷本身的有关技术问题。

横须贺的海军鱼雷专家爱甲文雄大佐担负起这个攻关项目。他尝试了多种方法，最后，他发现，用飞机平衡器做成木头翅膀，安装在鱼雷上，可以大大减轻鱼雷的下沉。为了验证这一方法，他决定在鹿儿岛进行试验。

11月上旬，在离结束训练的时间11月15日还有几天的时候，渊田等人进行了一次实弹投射试验。渊田在鹿儿岛湾选择了一处水深只有12米的狭窄水区，然后在他的飞行队里按技术水平上中下三个层次各挑选了一名飞行员，让他们驾驶轰炸机，携带着改装后的鱼雷，依次在预定于水深不足20米处做好标志的鹿儿岛港内发射鱼雷。结果，两枚鱼雷命中目标，只有技术最差的那名飞行员把鱼雷射入了海底。那天，渊田海军中佐的眼睛一直紧紧跟踪着射出的鱼雷。只见发射出的鱼雷在蔚蓝色的海面上并排拖着两道白色的航迹，驶向目标。哈哈！基本成功！也就是说，经过改装后，80%的鱼雷都适宜于在珍珠港内的浅水中使用。渊田兴奋地对爱甲说："太好了，你给鱼雷插上了翅膀。"

与此同时，水平轰炸机则在有明湾海军轰炸靶场进行训练，把一枚枚训练弹投向画在地面上的同美国"西弗吉尼亚"号战列舰一样大小的标志上。飞行员们经过一番拼死训练，投弹技术大大提高，在3,000米的高度，投弹误差一般不超过3米。当时，标准轰炸机使用的是800公斤重的穿甲炸弹，对舰船的水平轰炸能够达到这样高的命中精度，是非常不容易的。

另外，在加强训练的情况下，还根据飞机数量和不同攻击机的性能特点，确定了第1攻击波的具体攻击目标。

水平轰炸机队50架，以5机编队编成10个中队，投弹高度约在3,000米中等高度。进入轰炸航向后，5机编队各机之间要保持半架飞机的距离，以等高度和等航速组成严整的队形。当第1架向导飞机投弹时，第2架和第3架轰炸机的投弹时间不得迟于0.05秒，而第4架和第5架飞机则不得迟于0.1秒，只有这样，才能使炸弹的落点覆盖目标，其中大致可以保证有1枚炸弹命中。但10个编队大体上只有80%的捕捉率，共有8个队的8枚炸弹能够命中目标。另外，当时的投弹装置还不是电动的，完全要靠手来拉投弹索掌握时机，这就更不容易了。水平轰炸机的800公斤穿甲弹装有延迟时间0.2秒的延时引信，能够穿透战列舰的装甲，使炸弹在舰内爆炸，威力很大，一旦命中，十有八九能把敌舰击毁。由于鱼雷机无法攻击停在军港内侧的战列舰，另外要使1艘战列舰完全被毁，一般需命中2枚800公斤炸弹，所以水平轰炸机队共将4艘战列舰作为攻击目标。

由江草隆繁少佐指挥的俯冲轰炸机的飞行员则在宫崎县的富高空军基地训练，把拖筏当成靶子以提高命中率。在笠之原和大分空军基地也进行了更多的训练。俯冲轰炸机队有51架飞机，由于要实施俯冲，每架只能携带1枚250公斤重的特种炸弹。战前通过训练知道，当空袭时，俯冲轰炸机从4,000米的高度开始俯冲，在400米高度时开始投弹，可以获得较好的命中精度。另外，在顺风条件下，还可采取加大俯冲角度的方法来提高投弹精度。采取这样的综合措施，可使精度超过80%。50架飞机共编为3个中队，将同时攻击驻有战斗机的惠勒机场、福特岛机场和驻有重型轰炸机的希卡姆机场。

战列舰及航空母舰等大型战舰，一旦遭到鱼雷和穿甲弹攻击，即使没有沉没，也大多倾倒，没有装甲的水下部分也就露出了水面。此时再用第2攻击波的54架水平轰炸机和81架俯冲轰炸机就能把敌舰彻底摧毁。

在攻击时，为了防止敌机反击，保障己方攻击机的安全，确保战斗空域的制空权，确定由第1攻击波的43架战斗机和50架俯冲轰炸机、第2攻击波的36架战斗机担任掩护。俯冲轰炸机趁敌机未起飞之际，对地面实施攻击，力争将敌机摧毁于地面，战斗机负责消灭已起飞的敌机。

由板谷茂少佐指挥的战斗机飞行员在日本列岛最南端的九州的佐伯空军基地和大村基地为一场大规模的空袭做准备工作。他们集中训练掩护轰炸机、保护航空母舰和射击靶舰。他们在新装备的"零"式飞机中练习编队空战，这种战斗机又称"零战"，是当时世界上最为先进的战斗机，到1941年10月时，日本已生产出150架这种新型飞机。

与此同时，参战舰艇也进行了强化训练。水面舰艇主要是为适应北航线的气候特点，进行在恶劣气候下的海上加油训练。技术人员对加油设备进行了改进，还对加油方法进行了分析研究，帮助舰艇部队提高海上加油的效率。

在北面的伊予滩和丰后水道，潜艇部队的官兵们也正在进行秘密演习。夏威夷作战为日本人的一种秘密武器——特种潜艇——提供了实验机会。这种袖珍潜艇重约46吨，可携带2枚鱼雷和2名乘员。日本人计划用普通潜艇携带它，待接近珍珠港时放出，让它自行溜入珍珠港。但由于特种潜艇无法被回收，发起攻击后艇上人员无法逃生，因而该计划最初被山本否决。后来，日本人决定让特种潜艇攻击后开到预定水域，艇上人员由普通潜艇接走。这样，特种潜艇参加夏威夷作战的问题才落实下来。

以上各部队的训练都是在极其秘密的情况下进行的，所有参训人员只知道训练要求，根本不知道训练目的。

就这样，以珍珠港美国舰队为目标的高强度训练进入了最后阶段。队员们已经做好了一切准备，万事俱备，只欠东风了。

No.2 总裁判的裁定

1941年9月11日的早晨，在离目黑站不远处的一所海军大学里，集中了近两百名海军军官。

他们是应联合舰队司令官山本五十六大将的要求，代表日本海军的首脑人物，来参加历时10天的日本海军大学例行图上作业。这次图上作战演习是在山本司令长官的主持下，根据联合舰队拟订的计划进行的。它的主要课题是，日本实施南进计划，就攻占菲律宾、马来亚、印度尼西亚等战略要地的兵力区分、任务区分、机动方式、后勤补给等进行研究，以便发现问题，寻求解决的办法，进一步完善作战计划。

11日，先是就图上作战演习问题进行商量，然后从12日到16日，进行为期5天的图上作战演习。

由于与美国开战事关重大，所以珍珠港袭击战的图上作业，被单独安排在一间密室进行，而且，这一作业间警卫森严，出入人员受到严格限制。

参加袭击珍珠港图上推演的是海军军令部的军官和联合舰队的军官，共约30余人，由山本亲自坐镇。军令部总长永野修身上将率作战部部长福留繁少将和作战课课长富冈定俊大佐参演。联合舰队出席作业的均系山本亲自选定的各方面主官和主要参谋，其中包括：第1航空母舰编队司令官南云忠一中将、参谋长草鹿龙之介少将，第2航空母舰编队司令官山口多闻少将，第3舰队司令官三川军一中将，第1鱼雷战队司令官大森仙太郎少将，潜艇舰队司令官清水光美中将和参谋三户寿上校以及"Z"计划的制订者之一源田实中佐等。演习的总裁判由联合舰队参谋长宇垣缠少将担任。

图上推演按提议的11月16日作为"X日"（袭击珍珠港打响的日子）开始了。

"红军"代表美军，"红军"指挥官由小川贯玺大佐担任。他是一位美军通，对美军的战术有深入的研究，故而山本选他作"红军"指挥官，要求他在演习中放手去干，以便尽可能多地发现问题，找出对策。"蓝军"代表日军，由南云中将担任指挥官。

首先，蓝军出动了潜艇舰队。于10月14日离开日本，20日抵达沃杰环礁。11月15左右在距离瓦胡岛300海里处包围该岛。

而南云指挥袭击编队向北开到北海道东海岸的一个偏僻港湾集合。这个遥远的海湾可以防止美国潜艇侦查，还可以解决燃料供应问题。

特混舰队沿北航线向东航行，在距瓦胡岛900余公里处，折向南全速前进。途中分别于11月8日和11月13日进行了海上加油。

14日，南云被告知，红军舰队11日时还在珍珠港内，而且有越来越多的"美国人"活动的迹象。

此时，"红军"的"美国防御部队"进行了400海里范围内的一天三次的空中侦查。同一天，"美国人"在夏威夷南面发现了像是潜艇的东西。

15日，即"蓝军"发动攻击的前一天，"红军"看到了可能是从水下潜艇泄漏出的油迹，因而将搜索范围扩大到了600海里。当日傍晚，一架巡逻飞机发现了特遣舰队，但在它发完报告前，日本人成功地击落了它。不过，此时日军的动向已被美军获知，"红军"开始高度进入高度戒备状态。

日军于某一星期日拂晓向"红军"发起攻击。"红军"早有戒备，不时派出巡逻机进行侦察，很快就发现了"蓝军"的袭击编队，迅速派战斗机升空截击，使得第一攻击波的飞机在去目标的途中忙于战斗，而不能有效地对目标进行轰炸。而与此同时，舰艇与岸炮也作好了战斗准备，对前来进攻的飞机进行疯狂扫射。

正在此时，南云的第二攻击波比第一攻击波晚1个多小时来到珍珠港。但是南云的攻击机不仅受到了小川派出的拦截飞机的频频攻击，而且受到了瓦胡岛高射炮部队的拦截，损失惨重，派出的飞机只有一半回到母舰，而珍珠港内的军舰和瓦胡岛的军事设施只遭受轻微损失。

演习结果是，"红军"4艘主力战舰被击沉、1艘被重创，2艘航空母舰被击沉、1艘被重创，190架飞机被击毁；"蓝军"损失也很惨重，2艘航空母舰被击沉、2艘受伤，127架飞机被击落。总裁判裁定："蓝军"袭击失败。

此时，参演人员都明白，这意味着如果美国人得到及时的攻击警报，等待日本人的只有彻头彻尾的失败和死亡。

双方经过重新准备以后，第二次推演开始。

"蓝军"吸取了上次的教训。"蓝军"仍取北航线前进，中途折向南，于攻击前晚间抵达"红军"巡逻机侦察半径圈外，至瓦胡岛的距离约1,200公里，空袭编队由北发出，于次日拂晓"红军"巡逻机起飞侦察前飞抵目标，开始攻击。这次达成了突然性，"蓝军"突袭了"红军"军舰，使其遭受重大损失。"蓝军"损失甚微，成功地撤离了战场返航。

最后的演习结果是："红军"损失惨重，3艘战列舰被击沉，1艘战列舰被重创，航空母舰"列克星敦"号和"约克城"号被击沉，航空母舰"萨拉托加"号被重创，3艘巡洋舰被击沉，另有3艘损失一半战斗力。瓦胡岛的"红军"空军力量陷入瘫痪，50架战斗机被击落，另有80架被摧毁在地面。

而"蓝军"只遭受轻微损失，逃回了日本本土。

总裁判裁定：袭击成功。

这次演习虽然成功，但偶然因素和冒险性太多太大，并未打消人们的疑虑。海军军令部和包括第1航空舰队司令长官南云中将在内的许多高级军官并没有被说服。他们仍然希望先占领东南亚，再把美国人从珍珠港吸引出来，最后在日本近海取得决战的胜利。

反对的声音甚至传到了日本陆军的耳朵里，以至陆军参谋总长杉山元大将还亲自飞往联合舰队旗舰，会见山本。但是，山本成功地说服了他。他保证珍珠港的胜利只会对陆军有利，该项作战不动用陆军的一兵一卒。杉山则向山本保证，陆军不反对夏威夷作战。

10月15日，对与美国开战心存畏惧的近卫辞去了首相一职，由持强硬态度的东条英机大将继任。山本五十六决心与军令部摊牌，迫使他们接受夏威夷作战计划。

最终，经过根据永野总长的决定，受到重重阻力的夏威夷作战计划终于被纳入到军令部的作战计划中了。

但是，山本的计划还存在两个冒险因素：一是被美军发现；二是关于美国的大型航母和珍珠港内的情况。此时，另一批小人物出现在历史的舞台上，对这场旷世大战做出了巨大的贡献，也为这场战争谱写了最为惊险刺激的乐章之一。

No.3 无声之争

为了做到知己知彼，日军也在搜集美军情报上下了很大功夫。1941年5月后，派到珍珠港的日本间谍多达200人，从各方面搜集珍珠港的天气、水文、地形和美军基地、飞机、舰艇部署的情报。

其实，日本从很早以前就开始积极搜集关于美军、尤其是关于珍珠港美军的情报了。日本对美军的谍报工作，至少可以追溯到20世纪30年代初期。

从30年代初期开始，美国就把日本当作自己未来的作战对手。1932年1月，在美海军上将哈里·亚纳尔的指挥下，美海军举行了袭击珍珠港的演习，目的在于检验太平洋的海军基地防卫能力。

日本人对美军的这次演习很感兴趣。当日军得知美军将要进行"袭击"珍珠港演习后，日海军立刻派出了特务舰"襟裳"号油轮前往夏威夷侦查。因为日本一直非常依赖美国向它提供石油，所以它借口去美国西海岸购买石油也就没有引起美国的任何注意。

为了更好地进行监听，"襟裳"号油轮还安装了一套当时最先进的无线电监听设备，截取美军话报和通信，从而掌握演习的第一手资料。

　　在派出特务舰之前，日本已经在夏威夷布下了一个情报网，日本谍报人员伪装成游客、商人、理发师等，潜伏在珍珠港附近。在"襟裳"号到达之后，日本要求这些潜伏在珍珠港上的日本间谍全力搜集美国此次演习的情报。这些谍报人员早早选好合适的位置，从海港附近的公园里，从海港周围浓密的树林中，从临近演习区域的山头上，从美军士兵出入的酒吧餐馆里，从摇荡在海面上的舢板和游艇中，全方位地监视搜集演习情报。

　　"襟裳"号进入美军指定的演习区域后，船上船下的谍报人员立刻采取一切措施监听美军的无线电波，努力掌握美国此次演习的规模、编制和演习的各个细节等重要情报。

　　这次搜集的情报，成了日本人制订偷袭珍珠港计划的重要依据之一。而日本袭击珍珠港几乎就是此次演习的一个翻版。

另外，日本飞机能准确地轰炸珍珠港，重创美国海军，和一个日本间谍的活动是分不开的。这名间谍叫吉川猛夫，化名为森村正。

经过8个月的严格训练之后，1941年3月27日上午，日本海军情报部主管美国方向的第五科的少尉吉川搭乘日本邮船会社的"新田"号客轮从横滨抵达檀香山。

通过不懈的努力，吉川把美国太平洋舰队基地的情况搞得一清二楚，为山本五十六偷袭珍珠港计划提供了准确的情报。他将情报以外交密码发回外务省再转海军，为日本海军提供了大量有价值的情报，其中包括：美军在不同日子的舰艇停泊情况和活动情况，珍珠港美军飞机的机种和数目，珍珠港的防空设施等。他为日军的偷袭成功立下首功。开战后，吉川的身份没有暴露，作为外交人员和美国驻日本的外交人员交换，得以回国，并因此获得日本和德国授予的勋章。

此外，为了得到北航线的实际情况，日军于10月派出两批共4名军官，化装成商人和水手，搭乘经北航线的船只赴檀香山，实地考察北航线的气象、海情及航道情况。除了派遣间谍获取情报外，日军还加强对夏威夷广播和电讯的监听。经过这些努力，在开战前，日军已准确掌握了美军在珍珠港的防御设施、兵力部署、舰艇和飞机的种类数量、驻泊停放情况、美军的活动规律等情报。

就这样，经过吉川等人不懈的努力，日本海军情报部掌握了关于珍珠港美国海军的大量的情报。

其实，美国对日本一系列的动作并不是一无所知。就在日本情报人员积极搜集美军的情报的时候，美国也在试图破译日本的电报电码。虽然夏威夷的美国陆海军反间谍机关和联邦调查局没有发现吉川等人的间谍活动，但是，华盛顿的情报人员却成功地破译了日本外务省和驻外使领馆的往来电报。

当时，日本人同时使用着几种外交密电码。其中最机密的密码系统被称作紫码，用于东京与驻外使馆的电报；而密级较低的、被称为J码的密码则用于外务省与许多驻外领事馆的电讯，自然也包括檀香山的总领事馆。美国人给对紫码及其派生码的破译取了一个神奇的名字——"魔术"。"魔术"发挥了一定的作用，比如，1941年7月19日，美国破译日本驻广东总领事于14日发给外务省的电报，得知日本将以法属印度支那为基地，进占新加坡，以空军和海军"坚决粉碎英美的军事力量"。这份情报的直接后果是美国和英国、荷兰等国冻结日本资产。此外，美国还成立了以麦克阿瑟为首的远东陆军部队。

遗憾的是，美国人并没有充分利用"魔术"的潜力。尽管借助"魔术"，美国在战争爆发前确实掌握了一个很好的情报来源。美国情报界从中了解了日本的开战意图，知道战争的爆发不可避免。但是，"魔术"的缺陷是显而易见的。它只说日本准备打仗，但何时打，怎么打，"魔术"一概没有涉及，从而为美国留下了一个情报缺口。而且，"魔术"破译的是日本的外交电报，而对美国更为有用的却是日本的陆军电报、尤其是海军电报，这些，"魔术"都无能为力。

如此，在美日双方的各怀心思下，大战即将到来。

第4章
CHAPTER FOUR
假象与欺诈

★此后，日美双方你来我往地又进行过几次试探，都未在谈判问题上取得任何进展，反倒造成了日本内阁的危机。10月18日，东条英机就任首相，自此，日本一步一步被推入扩大侵略战争的深渊。

★乘客中一位意大利海军少校这时大声叫喊起来："船正在朝着与过去相反的方向行驶呀！"不一会，乘客中间爆发出一阵惊叫声："奇怪！这艘客轮怎么不往美国开了，怎么又返回横滨方向了。"船上顿时骚动起来。

No.1 故布疑云

日本为了掩盖真实的企图，一直要求和美国展开积极的对话和磋商，而美国为了避免战争，也为了在战争无可避免的情况下尽力拖延时间，从而可以重整军备，加速国防建设，双方就在这样的情况下加紧了谈判。

日本以和谈作为掩护，为了争取美国的相信，1941年2月，日本任命退役海军上将，美国总统罗斯福的朋友，著名的亲英美人士野村吉三郎为驻美大使。他在几个月中与美国官员的会谈多达数十次。日本方面还极力想促成美国国务卿赫尔与野村吉三郎进行会晤，来修补日趋紧张的日美关系。

7月，近卫首相致信罗斯福，表示两国间没有不能用谈判解决的问题，并保证绝不侵犯英美在东南亚的利益。在8月7日，日本政府还提出日美首脑在夏威夷的檀香山直接会谈，通过和平的手段来解决两国的争端。

对于近卫提出要与罗斯福会见，赫尔认为，近卫的建议只不过是缓兵之计，但赫尔并未关死谈判的大门。赫尔对野村大使说，日本的政策和行动"有待于日本政府去决定"。8月17日，刚与英国首相会谈结束回国的罗斯福对美日和谈仍抱一线希望，他召见了野村大使，提出"美国准备重新恢复7月间中断的非正式预备性讨论"。野村立即给东京发报：勿失良机，速作回复。日本为了争取时间，同意了罗斯福的建议。但美国对日本的狡诈本性已有所认识，迟迟未作进一步回复。

9月3日，日本内阁在宫内省召开的联络会议上做出决定："为保卫帝国的生存，（对美谈判）以10月上旬为初步截止时间，在此之前，作好战争准备。到那时如有必要，就决心与美国、英国和荷兰开战。"日本军方的作战计划已制订完毕，到那时，海军和陆军将分头同时袭击珍珠港和香港、马来亚与菲律宾。

以后，日美双方你来我往又进行过几次试探，都未在谈判问题上取得任何进展，反倒造成了日本内阁的危机。10月18日，东条英机就任首相，自此，日本一步一步被推入扩大侵略战争的深渊。

东条内阁上台后，战争的爆发只是一个时间的问题。但是，东条为了麻痹美国，争取时间，就作了一个姿态，派遣老资格的外交官来栖三郎赴美协助野村大使工作。来栖娶了个美国人为妻，是公认的亲美派。与此同时，日本内阁与军方却又在秘密讨论何时为与美谈判的最后期限，何时对美开战。几经激烈地争论，才达成一致意见，决定11月30日午夜为谈判截止时间，同时提出了两套与美谈判的方案，方案中所列条款都是对方难以接受的。实际上这两个方案都是为了转移美国人的视线、分散美国决策者的注意力而制订的。

野村和来栖根据东京的指示分步将甲、乙两个方案递交美国国务院，由于要价太高，并不接受美国提出的从中国和印度支那撤军、取消三国同盟条约等要求，被怒气冲冲的赫尔拒绝了。

山本五十六的特遣舰队按预定时间向珍珠港进发了。日本时间12月7日，也就是机动部队出发11天后，日本外务省给驻美大使馆发去了对美最后通牒的电报。出于策略的考虑，这份电报分两次发出：7日发前13部分，8日发第14部分，即宣布与美断交的那一部分。日外务省指示野村，务必于华盛顿时间7日下午1时准时递交给赫尔。由于翻译电报晚了1个小时，当野村气喘吁吁地跑到美国务院赫尔办公室递上最后通牒时，日本飞机已经对珍珠港实施了1个多小时的攻击。日本的最后通牒的内容赫尔已于两个半小时前就知道了，并且已得知日本正在轰炸珍珠港的消息，因此，当接到野村递来的电报后，他只问了一句："大使先生，你为什么要约定1时会见我呢？"然后就愤怒地挥挥手，令野村出去了。

赫尔之所以能提前两个半小时得知日本最后通牒的内容，是由于美国情报部门早就破译了日本的外交密码，因此，日本向驻美大使馆发的所有密电均被截收。但是，日本的外交掩护还是获得了巨大的成功，一直到日本在珍珠港投下最后一枚炸弹为止，美国都没有能够采取足够有效的措施防范日本的袭击。

山本的计划能够如愿以偿，也得益于日本成功的外交欺骗。

No.2 迷惑敌人，先迷惑自己

为了确保偷袭的突然性，日军还采取了一系列的战略欺骗和伪装。

首先，就是刚才提到的以和谈为掩护。日本先后派出了多人赴美谈判。直到12月7日，就是开战前一天，日本政府还照会美国，声称日本不拒绝谈判。

其次，1941年7月，日本关东军由11个师40万人增加到20个师70万人，并举行了大规模的"关东军特别演习"（简称"关特演"），制造进攻苏联的假象，掩盖对美国的作战准备。10月，在日本内海组织登陆演习，还邀请各国驻日武官参观，以吸引各国的注意力。12月例行的从横滨到檀香山的定期邮船"龙田丸"号照常出航。

12月5日早晨，500多名横须贺海军水雷学校的见习生坐着列车，从横须贺抵达东京。他们头上的水兵帽上的标志都换成了"大日本帝国海军"，而不是"海军水雷学校"这几个字。他们装扮成日本海军官兵，在教官岩重政义大尉的率领下，列队向皇宫的广场走去。一路上不停地有记者和好奇的民众在两旁拍照，而在队伍的不远处，还能见到各国的领事人员在好奇而警觉地观望。

与此同时，另一群大约500名海军炮术学校见习生在教官境民藏大尉率领下，也从另一个方向抵达了皇宫广场，他们也没有佩带海军学员的标志，而是一色海军官兵的肩章。两股戴着同样水兵帽的大军在广场汇合，并一起在二重桥广场参拜了皇宫。随后，各自按自己安排的路线进行参观。水雷学校的见习生参拜了明治神宫和靖国神社后，还前往有乐町车站附近的《朝日新闻》社参观，并在《朝日新闻》社门前合影留念。

下午容许自由活动。见习生们一下子都拥到了东京闹市区，他们好奇地在繁华的银座大街上闲逛。这么多身穿鲜艳蓝制服的水兵突然出现在银座大街的人行道上，一下就吸引了许多路人驻足观望。

1941年12月5日到12月7日的三天时间里，日本海军组织江田岛海军军官学校的3,000名见习生和海兵团的学员，装扮成海军官兵游览东京，营造太平景象，同时作为掩盖机动部队驶往夏威夷采取行动的一种手段。

有的人皱着眉头说："在目前这样紧张的形势下还到东京参观游览，搞什么名堂？"

还有人也不满地说："日本海军都在干什么？这也未免太悠然自得了吧。"

但是也有人对此钦佩不已地说："真不愧为日本海军，如此从容不迫。"

还有人在嘀咕："这么悠闲，看来不会打仗了吧。"

而一贯喜欢刨根问底的记者们却没有穷追不舍地追问，只是一个劲地不停拍照，并偶尔采访个别"海军军官"，请他们谈谈在这种紧张气氛下忙里偷闲、游览美丽东京的感想。很快，日本的各大媒体都登载了这一新闻，而这些新闻也很快传到了英美等国。

但是，玩弄这样一种滑稽可笑的手法，其真正的目的不是别的，而是"要欺骗敌人，首先要欺骗自己人"。由于此时美英等国的谍报机关都在拼命刺探日本的情报，尤其是日本是否会开战、何时开战的情报，所以大本营海军部便认为组织水兵到东京参观游览，可以用来掩盖日本方面决心开战的真实企图。

根据大本营海军部的意愿，各家主要报纸都对这一事件予以报道。12月7日，《朝日新闻》晚刊以《三千海军勇士来社参观》的标题作了报道，并刊登了水兵们参观报社的照片。

此举看来是收到了预期的效果。

不光如此，由于航空舰队等的大部分舰载飞机都在鹿儿岛进行紧张的训练，为了不让国民和国外情报机关察觉到这些飞机的神秘消失，日本大本营又抽调其他部队的飞机进驻参训部队的基地，同时还保持这些基地原有的正常飞行和通讯。这些掩人耳目的措施可谓煞费苦心，也确实收到了良好的效果，日本海军长达半年的集训一直都没有被国外情报机关侦察到。

最后，日本还加强了保密措施。在很长时间里，袭击珍珠港的计划只有山本和极少数高级军官知道。参战部队训练地点在日本南部的鹿儿岛和佐伯湾，参加训练的官兵都对训练的目的一无所知。同时为了掩人耳目，日本海军还将集结地点选在人烟稀少的北方择捉岛单冠湾。在突击编队集结过程中，各舰都选择远离商船航线的偏僻航线，分批按不同的时间、以不同的间隔前往。在航行中，各舰的收发报机一律加上铅封，实行严格的无线电静默，并特别注意反潜警戒。当突击编队的舰艇进入单冠湾后，海防部队就切断择捉岛同外界的一切联系，甚至连岛上居民的粮食等生活必需品都由海军的补给船来运送。对编队舰员的私人信件也一律进行检查，并扣押到开战那天才发出。在突击编队向珍珠港航行途中，所有舰艇严格实行只收不发的无线电静默，夜间进行灯火管制。另外派出数艘驱逐舰停泊在本土，伪装航空母舰的无线电呼号，进行无线电通信，以欺骗美军的无线电监听。同时联合舰队全面更改密码和呼号，以迷惑美军的监听。

No.3 承载任务的"龙田丸"

就在对美开战的箭离开弦的那天下午1时，日本豪华邮船"龙田丸"作为"第二次撤侨船"，从横滨启航，开往美国西海岸的洛杉矶。它除了背负的间谍任务外，还担负着另外一个重要的任务。

攻击珍珠港的行动要取得成功，其中一个绝对条件就是一定要对美国方面攻其不备。日本还决定使用一切手段来迷惑和麻痹敌人，使美国对日本的意图做出错误的判断。因此，日本海军不论是首脑机关还是各个舰队，都在同心协力、采取一切可以想得到的措施来麻痹美国。"龙田丸"的启航和前面提到的诸多行动一样，都是其中的措施。它的一个最重要的任务，就是要让美国人"放心"，以为日本决心开战的时间还早得很。所以，按日本历史学家实松让（《偷袭珍珠港前的365日》的作者）的说法，"'龙田丸'是个掩人耳目的诱饵。"至于报纸上报道的那些"据外交当局发表谈话称"和"据外交与邮电当局发表谈话称"什么的，其实都只是大本营海军当局要求报社这么报道的。

就在"龙田丸"启航前一天的12月1日，也就是御前会议做出开战决定的那一天，船长木村庄平被海军省军务局的大前敏一中佐叫到了海军省。

大前对木村亲切地说："船长，这次要辛苦你了，有一点东西需要你带一下。"说着随手交给他一只长方形的沉甸甸的木箱。

木村有些受宠若惊，弯下腰，双手毕恭毕敬地接过箱子，嘴里说："哪里，哪里，举手之劳而已。"

大前拍了怕他的肩膀说："一路上请多加小心啊。"

木村会心一笑，说："放心，我保证一定送到。而且，我会负责让船上不会出现任何事故的。"

他早知道这只箱子里装满了16支手枪，而且还放着一封使用这些手枪的指令信。

为什么要带这些手枪呢？原来有十几个美国军人决定搭乘"龙田丸"，大家担心战争一打响，要是这些美国军人知道该船随后要掉转船头返回日本的话，那么，他们说不定会胁迫船长将船强行开往美国。

第二天（12月2日），在邮船即将启航前，海军省的林大佐登上了"龙田丸"，他在船桥下的海图室里同木村船长和加藤事务长进行了密谈。密谈时，林大佐严厉地命令说：

"根据海军省的要求，为了不让乘客们收听广播，必须把所有真空管都拆下，船上不得拍发任何无线电报。"

不一会儿，船上响起了开船的铜锣声。林大佐急匆匆地走下舷梯，站立在码头上，一面默默地进行祈祷，盼望"龙田丸"能顺利完成任务后安全返航，一面凝视着"龙田丸"的巨大船体徐徐驶离码头。

佯装驶往美国西海岸撤侨的"龙田丸"于12月2日从横滨启航，就在东乡外相接见格鲁大使的时候，"龙田丸"已到达中途岛北端，在以该岛为基地的美军巡逻机的飞行圈范围外

↑ "龙田丸"号在迷惑美国人的行动中，起到了至关重要的作用。

缓慢地向美国驶去。

在当地时间7日上午10点过后，船上的无线电通讯局局长打电话给事务长加藤祥说："报告事务长，刚刚收到大本营发布的一条重要消息：'帝国海军于今天8日凌晨在西太平洋与美英军进入了战争状态。'我再重复一遍：'帝国海军……'"

很快，海军省发来了电令："龙田丸立即掉头，全速返回日本。"船上的引擎立即加快转速，掉头返回日本。

为了不引起混乱，尤其是引起外国乘客的反抗，船长决定，有关开战的事情只能通知船上的干部，对乘客和一般船员一律保密。可是，该轮过去一直是缓慢地朝东行驶的，现在却突然改变航向，开足马力朝西行驶，这瞒不过富有航海经验的行家。

乘客中一位意大利海军少校这时大声叫喊起来："船正在朝着与过去相反的方向行驶呀！"不一会，乘客中间爆发出一阵惊叫声："奇怪！这艘客轮怎么不往美国开了，怎么又返回横滨方向了。"船上顿时骚动起来。

但是，由于木村船长和加藤事务长等人采取了适当措施，结果乘客中间出现的混乱局面没有酿成严重事件。他们在平息骚动时也没有动用在横滨启航前一天由大前海军中佐交给船长的礼物——手枪。

就这样，"龙田丸"客轮"出色"地完成了日本大本营海军部策划的"佯装"目的，于12月14日平安地返回了横滨港，至于美国方面是否真的上了这一"佯装"的当，则是一个未解之谜。

第5章

CHAPTER FOUR

渐渐露出的
尖牙

★11月7日，山本发布了联合舰队"第二号"作战密令：开始进行第一阶段开战准备。"Y"日定为12月8日。这个"Y"日表示的是"开战的大概日期"。

★12月3日傍晚，机动部队经过近8天的海上航行，准时到达待机地域，在完成加油后，补给船离开了机动部队。12月6日，机动部队开始以24节的航速南下，高速向珍珠港逼近。飞机开始一架挨着一架地摆满了6艘航空母舰的飞行甲板，开始做最后一次检查。

No.1 一触即发

1941年10月18日，近卫首相辞职，原陆相东条英机陆军大将接任首相，从而加快了日本的战争准备。

正当东条为开战忙得晕头转向的时候，11月3日，山本五十六奉命来到海军军令部，与永野总长进一步商讨了对美开战的事宜，商定12月上旬的某天（倾向于8日）定为开战日。

4日晚上，山本回到停泊于佐伯湾的"长门"号上。为了检验部队的作战效果，5日，山本又命令部队进行了战前最后一次大规模演习。

1941年11月5日，日本帝国大本营决定12月上旬对美开战。

5日上午，山本接到了永野总长奉天皇之旨发来的"大海令第一号"：

联合舰队司令长官山本：

一、我大日本帝国为自存自卫，已决定于12月上旬同美国、英国及荷兰开战。在此之前，要分别做好各种作战准备；

二、联合舰队司令长官要根据海军具体作战需要实施准备；

三、有关细则，待军令部总长分别下达指示。

联合舰队的"第一号"作战令，不仅是日本海军部队的战术运用令，还是一份长远的战略计划。它的第一部分提出了日本将征服和占领的军事目标，第二部分提出有关巩固和防御反袭击的措施。归纳它的内容，日本的领土的野心，要求它在太平洋几乎所有的角落同时采取行动，甚至包括苏联东部的沿海各省。从来没有一个国家，制定过范围如此之广的作战计划。

山本接到命令后，心花怒放，当天立刻向所属部队下达了内容更为详细的"联合舰队绝密作战命令第一号"，要求各部队"按本命令附件中所规定的方案实施"做好作战准备。

11月7日，山本发布了联合舰队"第二号"作战密令：开始进行第一阶段开战准备。"Y"日定为12月8日。这个"Y"日表示的是"开战的大概日期"。

11月10日，山本又发布联合舰队"第三号"作战密令："X日为12月8日。""X"日指的是"开战日"。

同时，山本向南云中将率领的空袭珍珠港的特遣舰队下达了密令：

"机动部队务必极为隐秘地于11月22日前在单冠湾集结，并加油完毕。"

12月1日，也就是天皇让木户通知首相批准对美开战之前，海相及川和军令部总长永野驱车来到皇宫，把山本五十六建议的12月8日为袭击珍珠港日期的事报告了天皇。他们说：12月8日是夏威夷的12月7日，那天是星期天，太平洋舰队的大部分舰艇将归港，以便舰上官兵度周末。这将有利于对之实施攻击。永野奏请天皇钦定12月8日为X日（即开战之日），天皇对海军必胜充满了信心，批准了对美开战的计划，也同意将12月8日作为"X"日。

从这不难看出，日本军部是发动太平洋战争的罪魁祸首，但天皇也难辞其咎。

根据山本五十六的命令，1941年11月20日，由31艘军舰组成的庞大机动舰队，在南云忠一海军中将的指挥下，以不同的航线，不同的时间出港，各自从所在地点悄悄出发，秘密地向千岛群岛的单冠湾集中。为了隐蔽军事行动的意图，各舰艇都采取了化整为零、分散行进的方法进行集结。这是日俄战争以来，日本联合舰队最大规模的一次集结。除了各舰长之外，连副舰长都不知道这是一次重要的军事行动。而一般官兵都以为是去北海进行演习。

就在山本五十六发布了联合舰队第三号作战密令，确定X日为12月8日后，11月11日，山本及其随从人员乘火车离开东京，前往岩国航空大队，在那里登上了前来迎接他的"长门"号。这两天，岩国集结了大量军舰，除了南方舰队以外所有的舰队司令官、参谋长和资深参谋，都集合到岩国，来参加联合舰队的作战会议，其中自然包括主角——执行偷袭任务的南云、草鹿和源田等人。

诸位指挥官记下山本的指示。

此时，在陆上参训的飞机，也停回母舰。但是400多架飞机本来在不分昼夜地进行飞行训练，突然消失的话，必然会引起当地居民的注意，更逃不过敌方间谍机关的耳目。为了掩人耳目，山本还指示所属部队制造假象，在第一航空舰队所属的各个飞行部队撤回出战航母后，将原驻扎在九州的第12航空队部分调来，制造鹿儿岛等地仍有大批飞机在训练的假象，同时，这些进驻的部队不断发布假信号和通报，以防敌人窃听。

11月16日，突击编队以"木户部队"为代号，开始向单冠湾集结。各舰实行严格的无线电静默，以不规则时间间隔，取不同航线，分批驶向单冠湾。

17日，山本为了赶去给"赤城"号送行，下令旗舰"长门"号在没有护航的情况下从岩国出发，赶往佐伯湾。

18日，"苍龙"号和"飞龙"号航母在4艘驱逐舰的护卫下离开佐伯湾，向位于千岛群岛的集结地驶去，此后，其他船舰也一艘艘驶出港口，有的沿海岸行驶，有的在离海岸线100海里开外的海面上行驶。夜幕降临的时候，"翔鹤"号和"瑞鹤"号航空母舰也起锚，悄无声息地驶向单冠湾。深夜，"赤城"号也开动，幽灵般驶向大海。稍后，"加贺"号航母在佐世保港装满了刚刚改装完成的浅水鱼雷，也匆匆地赶往集结地。

为了防止美国潜艇的监视，躲过美国间谍人员的视野，日舰都选择了远离商船航道的航线。在航母一艘艘分开启航的时候，联合舰队的其余军舰则实施无线电伴动，进行掩护。集结行动极为秘密，各舰只有舰长一人知道集结的目的。当突击编队进入单冠湾后，海防部队立即切断择捉岛同外界的一切联系，以防走漏消息。

第2潜艇队的3艘潜艇最后于11月23日下午1时半驶入港内，至此，由南云中将率领的以6艘航空母舰为基干的大约30艘军舰全部抵达，集结完毕。

机动部队集结在单冠湾的舰艇计有：航空母舰6艘（"赤城""加贺""苍龙""飞龙""翔鹤""瑞鹤"）；

高速战列舰两艘（"比睿""雾岛"）；

重型巡洋舰两艘（"利根""筑摩"）；

轻型巡洋舰1艘（"阿武隈"）；

驱逐舰9艘（"谷风""浦风""滨风""矶风""不知火""霞""霰""阳炎""秋云"）；

潜艇3艘（伊－19、伊－21、伊－23）；

另外还有加油舰7艘。此外，根据军令部要求，为加强戒备而从大凑警备府派来的海防舰"国后"号和补给船只也都进入了停泊地区。

由于这么多的舰只驶入港内，岛上居民惶恐不安。但是更让岛民惶恐不安的还在后面，舰队一进港，便从11月20日起以演习为名切断了择捉岛与岛外的联系。不用说，同岛外的交通被切断了，就是一切通信往来也都中断了（这种状况一直持续到12月8日开战那一天）。更有甚者，在机动部队隐蔽在该港期间，大凑警备府的军舰和飞机也一直在岛的周围和东部海面上进行戒备。

这些只是日本海军为了保守作战意图，乘敌不备而发动攻击的一部分措施。

23日，在举行了遥拜仪式后，南云长官在上午9时召集各级指挥官、参谋人员和驱逐舰舰长在"赤城"号上进行训话，并下达了机动部队作战命令第一号、第二号和第三号。会议上，南云第一次向全体指挥官和参谋们透露了此次进攻的目标："我们的使命是袭击珍珠港。"会场顿时一片沸腾。随后大家又一起商量了有关作战事宜，并对原计划的各点又反复进行了推敲，一直商议到下午4时才结束。但是他们的工作并没有结束，而是贯穿在整个航行过程中。几乎每天突袭计划都在进行细节修正，很多高级军官甚至片刻不离作战舱室，连晚上都是和衣而睡，抓紧时间对突袭计划进行一遍又一遍的推敲和研究。

第二天（24日），机动部队指挥官南云忠一又召集飞行员在"赤城"号上进行训话，对他们提出了进一步的要求和勉励。

此时，舰队已经保持高度的警戒状态。在航空母舰上，零式飞机都整装待命，甚至螺旋桨都随时转到"起动"位置，而且座舱罩全部打开，好让飞行员在必要时能一跃而入。

No.2 美国人的误判

几乎就在日本调兵遣将、磨刀霍霍的同时，美国方面也通过"魔术情报"大致判断出了日本将要发动战争。赫尔立刻召见了野村和来栖两位大使，想再次摸清楚日本方面是否有可能做出某种让步。

但是，两位大使在谈话中一点也没有涉及这方面的内容，而且美国截获到的其他情报也使人大失所望，即使美国方面在原则上作些让步，也不会有多大效果了。

美国人得出这个结论的主要依据是东乡茂德外相于1941年11月22日从东京拍发给两位大使的一份电报（美国方面于华盛顿时间22日破译）。这份电报说：

希竭力贯彻既定方针。全力以赴地努力实现我方所希望的解决办法。我们所以要求在25日以前解决日美关系问题，有着种种你们所猜测不到的理由。但假如能够在这三四天内结束谈判，于29日签字（再说一遍是29日），并完成互换必要的备忘录，取得英国和荷兰的谅解，总而言之，假如一切事情均能办妥的话，那么我们决定等到那一天。这次我们已真的下定决心，这个期限绝对不能再变更。过了这个期限，事态就会自行爆发。希你们了解这一点后，能做出比以往更大的努力。以上情况只限于两位大使知道。

这份破译的情报说明了事态的严重性，赫尔立即将截获的密电抄报罗斯福总统。此时，罗斯福和赫尔更加清楚地知道了日本政府的内心想法，意识到战争有可能会爆发，但是尽管赫尔领悟了"过了这个期限，事态就会自行爆发"的暗中含义，但他仍然无法就此宣布谈判破裂。罗斯福也指示他必须尽力进行和谈，也尽可能地争取时间。

11月24日，美国方面又破译了东京于24日拍发给野村的一份电报，该电强调，"11月29日这一期限以东京时间为准"。赫尔国务卿看到这份截获的电报时，他就直觉到"这是悬挂在我们头顶上的达摩克里斯剑，而且是附有定时装置的"。

当天晚上，罗斯福总统致电丘吉尔首相，坦言他对前途的估计并不抱什么希望，美国必须对付一场货真价实的战争，而且，他估计近日内就会爆发战争。

然而各方面都情报都误导了美国人，加深了美国首脑们关于日军主要攻击方向是在印度支那地区的判断。

华盛顿的目光只盯着南方。他们做梦也没有想到，就在这次会议结束后4小时——东京时间1941年11月26日清晨6点半，南云指挥的庞大日本舰队，正从单冠湾启航，直扑珍珠港而来。

↓日军舰队向珍珠港疯狂扑去。

No.3 箭终于离开了弦

就在美国感到晕头转向的时候，已经做好出击准备的机动部队正从日本北方的一个角落里遥望着珍珠港内的美国太平洋舰队，随时待命出击。就要出击的前一天，即25日，为了最后一次观赏祖国的山河，三十几艘舰艇上的日本官兵不约而同地齐聚在甲板上，凝视着白雪皑皑的择捉岛上的连绵群山，默默畅想。随后，各舰艇还分别举行了舰长训话和出师宴会等活动。

11月26日，离天明还有很长一段时间，天空乌云密布，朔风在怒吼。早晨6时，"赤城"号旗舰升起了信号旗。各舰上的信号兵都向本舰舰长报告说："旗舰发出信号，起锚，准备出港。"此时，南云忠一率领的日本海军史上最强大的一支机动部队迎着时而飘落下来的雪花，踏上了征程。

以"赤城"号为先导的6艘航空母舰徐徐驶出单冠湾。

12月2日下午5时30分，机动部队收到了山本联合舰队司令长官以密码电报发来的如下命令：

联合舰队作战电令第10号
"NIITAKAYAMANOBORE——1208"（攀登新高山1208）

这是一份密码电报，意思是"按原计划12月8日发起攻击"。

12月3日傍晚，机动部队经过近8天的海上航行，准时到达待机地域，在完成加油后，补给船离开了机动部队。12月6日，机动部队开始以24节的航速南下，高速向珍珠港逼近。飞机开始一架挨着一架地摆满了6艘航空母舰的飞行甲板，开始做最后一次检查。

这时，旗舰"赤城"号收到联合舰队司令长官山本五十六海军大将从"长门"号上发来的和当年东乡元帅所发电文完全相同的一封电报训示：

皇国兴废在此一战，我军将士务须全力奋战。

这份电报训示立刻传达给了机动舰队的全体人员。随后，"赤城"号上升起了"Z"字旗——37年前，在波涛汹涌的日本海上，在30多年前的日俄对马海战前，东乡平八郎海军上将就在挂有"Z"字旗的"三笠"号旗舰上，发出"皇国兴废在此一战，我军将士务须全力奋战"的号令。

庞大的机动舰队以"第一警戒航行序列"呈环行队形，朝远在3,000海里之外的珍珠港杀去。

"Z"字旗在高高飘扬，箭终于离开了弦。

第6章
CHAPTER SIX
险恶的局势

★在山本五十六磨刀霍霍的时候，罗斯福政府也没有闲着。他们也在估计日本下一步的战略，考虑美国可能采取的对策。只可惜，他们在这个问题上犯下了一连串的错误。

★从日本本土出发攻击夏威夷，通常有三条航路可以选择。一条是北线，即从阿留申群岛南下，插入夏威夷，另一条是中央航路，这条航路主要是商船航道，过往商船很多，最后一条是南方航道，即途径马绍尔群岛，从西南方向接近夏威夷。这三条航道各有利弊。

No.1 "我认为日军不会发动这样的攻击"

在山本五十六磨刀霍霍的时候，罗斯福政府也没有闲着。他们也在估计日本下一步的战略，考虑美国可能采取的对策。只可惜，他们在这个问题上犯下了一连串的错误。

1941年初，由于日美关系持续紧张，美国海军对太平洋舰队在珍珠港的安全重新讨论了几个星期。1月24日，海军部长诺克斯把关于夏威夷防御的文件交给了陆军部长史汀生。诺克斯在这份文件的开头写道："如果发生对日战争的话，日本将选择袭击珍珠港内的舰队或者珍珠港基地作为开战的时机。"他建议最优先考虑增加夏威夷的战斗机和高射炮数量，建立防空警戒网。这份文件同时交给了太平洋舰队。

1941年2月，金梅尔接任太平洋舰队司令官。他对珍珠港的防空安全也十分关心，在致海军作战部长斯塔克的信中，他谈到："我认为，对珍珠港的突然袭击（用潜艇或飞机，或两者兼用）是有可能的。"1941年3月，夏威夷陆军航空部队司令弗雷德里克·马丁和夏威夷海军基地防空部队司令就夏威夷的防务问题准备了一份报告。这份报告特别指出，来自空中的袭击是对停泊在珍珠港的太平洋舰队"最有可能也是最危险的袭击"。1941年8月，夏威夷的参谋部甚至设想日本可能出动6艘航空母舰进行攻击，攻击可能在凌晨5时发起，这与后来的实际情况惊人地相似。但实际上，无论是在夏威夷还是在华盛顿，这种警告并没有引起人们的重视。

11月22日，东京发给野村大使的一份电报被美国截获，这份电报中有这样一段电文："这个期限（东京时间11月29日）绝对不能再变更。过了这个期限，事态就会自行爆发"。这份电报立刻被送到赫尔手中，看完电文，赫尔直觉到局势的严重性。因此，他于29日（星期六）深夜打电话给正在暖矿泉度周末的罗斯福总统，强调指出日本的进攻已迫在眉睫，并建议罗斯福提早赶回华盛顿。总统同意赫尔的意见，于12月1日早晨回到了华盛顿。

这一天，凡在华盛顿看到破译了的这一系列日本外交电报的人，都深深感到危机已在眼前。

12月1日，东京致电野村大使说："11月29日这一最终期限已经过去，形势日益恶化。然而，为了不使美国产生过多的疑虑，我们已指示报界做这样的报道：虽然日美之间在部分问题上存在着很大分歧，但谈判仍在继续进行。"

29日，东京致电日本驻伦敦、香港、新加坡、马尼拉的大使馆，训令它们"停止使用密码机，并将其销毁"。

30日，东京致电驻德大使，训令他前去会晤希特勒元首和里宾特洛甫外长，向他们说明当前的形势。电报说："日美谈判目前已处于决裂状态。请你极秘密地告诉希特勒和里宾特洛甫：日本同英美之间存在着突然爆发战争的危险，开战的日期也许会比想象的来得更早。战祸临头的确凿证据已变得越来越明显了。"

"魔术情报"告诉人们形势越来越紧迫了。

就这样，虽然以罗斯福总统为首的华盛顿的军政首脑们已深深感觉到危机迫在眉睫，但是，他们却怎么也想不到日本会在几天后就发动进攻。当他们于12月1日（东京时间为12月2日）夜晚进入梦乡的时候，日本统帅部永野和杉山两位总长正在奏请天皇把开战之日定在12月8日，并且很快就得到了天皇的批准。

在8日凌晨1时，就在南云的攻击机群起飞前几分钟，在华盛顿，负责破译日本外交电报的通讯谍报处，破译了日本政府给美国"最后通牒"的最后一部分——第14部分。该电文说："鉴于美国政府所采取的态度，帝国政府认为，即使今后继续进行谈判，亦无法达成协议。特此通知美国政府，并深表遗憾。"与此同时，"魔术情报"还破译了东京命令野村将第14部分于华盛顿时间"下午1时整递交美国政府"的电文。

情况紧急，传递"魔术情报"的主任克雷默少校和陆军情报局远东科科长布拉顿上校立刻给马歇尔参谋总长的寓所打电话。但不幸的是，马歇尔此时正骑着他心爱的马，在阿林顿公园愉快地进行着星期日早晨的散步。他对昨天晚上以来的形势发展一无所知。

心急如焚地克雷默和布拉顿无法联系上马歇尔，只好来到美国海军作战部部长斯塔克的办公室，将破译出来的日本政府对美备忘录第14部分和"下午1时通电"交给了斯塔克。此时，斯塔克还在自己寓所的院子中悠闲地散步。直到上午10点，他才在布拉顿的催促下满脸不高兴地来到办公室。在斯塔克接过电报，并有些不情愿地阅读的时候，作战部副部长英格索尔、情报局局长威尔逊、通讯部部长诺伊埃斯等人相继来到作战部部长办公室。

早就判断日本的主攻方向为南方的布拉顿说道："从刚才克雷默少校送来的截获电报来看，似乎感到日本计划在南中国海方面进行攻击……"

他的话刚说出口，威尔逊就打断他说："而且日本政府还训令野村大使，要他在事先指定的时间内把这份电报送交美国政府。"

焦急不安的斯塔克冷冷地说道："威尔逊先生，我已经知道了，是下午1时，对吧！"

威尔逊一面点点头，一面又说："对，是下午1时，也就是说，在珍珠港是早晨7时30分。我感到这似乎没有什么值得怀疑的地方。"

斯塔克环视了一下大家的面孔，其中有几个人露出赞同威尔逊这一意见的神情。威尔逊鼓作勇气向斯塔克建议："现在是否立即用电话同金梅尔司令联系一下？"

大家都静了下来，没有一个人发言。只见斯塔克慢慢地把手伸向电话机。他虽然一度拿起了电话听筒，但后来又放了下去。此时是华盛顿时间上午10时15分，在夏威夷则是凌晨4时45分，离日出还有1个半小时。

斯塔克改变主意的主要根据看来有两点：第一，在黎明前妨碍金梅尔的睡眠是一种罪过；第二，华盛顿的最高统帅部不应该对当地指挥官在一些细节问题上命令和督促他们"这样干"或"不许那样干"。

斯塔克一边拿着电报，一边摇摇头说："电话还是不要挂了吧。在这之前，先同总统商量一下。请各位暂时先回去。"大家站起身来，敬礼后，露出多少有些不满的神色纷纷走出作战部部长办公室。

斯塔克同白宫电话总机进行了联系，回答说：总统使用的那条电话线"正在通话"。结果，华盛顿的海军首脑机关并没有就这天清晨来自"魔术情报"方面的警告，要太平洋舰队司令金梅尔等人采取任何措施。

12月8日凌晨1时（东京时间），也就是在斯塔克一度拿起的电话听筒又放回原处后的25分钟后的时间里，巡洋舰"利根"号和"筑摩"号上各有一架"零"式水上侦察机为了对珍珠港进行"临战侦察"，在飞机弹射器的一声巨响下，腾空升起，直往黎明前的夜空飞去。至此，袭击珍珠港的战斗序幕终于拉开了。

在这次作战中打头阵的，是从"利根"号起飞的侦察机。"利根"号舰长冈田为次大佐在他的日记中这样写道："零时，参拜利根神社；零时十五分，司令官向参加参拜之飞行员祝酒，一时零二分，一号飞机起飞。"

在以"赤城"号为首的6艘航空母舰的飞行甲板上，已作好起飞准备的飞机，都已按战斗机和攻击机的顺序，并排停在起飞位置上。飞行员们做好准备后都集中在待命室。在波涛汹涌的大洋中全速航行的舰艇，颠簸得相当厉害。这些舰艇在航行中击起的浪花，在漆黑的洋面上翻滚，舰后留下的航迹，远远望过去犹如拖着一条长长的尾巴。浪花有时候还会飞溅到飞行甲板上来。为了使飞机在颠簸的舰艇上保持稳定，机械师们拼命地想固定自己所负责维修的飞机。

离开斯塔克的办公室，布拉顿上校不肯罢休，他立刻命令马歇尔的勤务兵阿加伊亚上士赶紧去找参谋总长马歇尔，并要马歇尔立即给他回个电话。可是，阿加伊亚却始终没有找到参谋总长。原来，马歇尔这一天比平时多骑了20分钟的马，而且又是在阿林顿公园弯弯曲曲的小路上兜来兜去。直至马歇尔回到迈尔斯堡的寓所后，阿加伊亚才得以把布拉顿的话转告给参谋总长。这时已经是10时28分了。

马歇尔给布拉顿挂了一个电话。布拉顿在电话中把"魔术情报"的要点做了一番说明后，他接着说："现在，是不是让我驱车到阁下挂电话的地方去，把电报带去给你看一看。"

马歇尔回答说："不，用不着那样担心，等我到机关后再给我看好了。"

布拉顿估计过10分钟或15分钟，马歇尔就会到达机关的，于是他就在这段时间内手里拿着"魔术情报"，在机关的走廊里等候他。可是马歇尔却不那么心急。他在寓所里洗一个澡，再慢吞吞地换了一套衣服，然后才前往机关。等得实在有点不耐烦的布拉顿，这时打算在马歇尔前来办公室的半路上见他，于是，布拉顿决定在陆军部大门口的台阶上等候。

15分钟又过去了。当马歇尔终于来到机关时，已经过了11时。

这时，作战计划部部长齐罗、情报局局长迈尔斯等总参谋部的首脑人物先后走进参谋总长办公室。

马歇尔向他们一个一个地征求意见。

大家一致认为，日本持有这样一种企图，在下午1时或1时过后不久，要攻击太平洋的某个地方。

在听了布拉顿等人的意见后，马歇尔思考了片刻，然后斩钉截铁地说："各位，我确信：日本军队将在今天下午1时，或1时过后不久便开始发动攻击。我决定向全军司令发出紧急戒备的指令。"

布拉顿听了马歇尔的这番话，顿时觉得心中的一块石头落了地，他闭上眼睛轻松地叹了一口气。

大家不约而同地看了一下参谋总长办公室里的时钟。时针正指在上午11时25分。

此时，在珍珠港以北的海面上，偷袭的日军机群正从航空母舰上起飞。

马歇尔拿过一张便条纸，用铅笔在上面潦草地拟了一个电文，分别致美国陆军部队在菲律宾、巴拿马运河区、夏威夷和旧金山等地的指挥官。电报说：

日本将在今天华盛顿时间下午1时递交最后通牒。之后，他们将按照命令立即销毁密码机。在这个时刻会发生什么情况不得而知，但你们要严密戒备。

马歇尔写好电文后，马上拿起电话筒给海军作战部部长斯塔克挂了个电话，把自己草拟的电文做了一番说明，要求联名发出警告。参谋总长办公室里此时笼罩着一片紧张气氛。陆军情报局远东科科长布拉顿上校正在一旁紧张地听候命令。

斯塔克接到马歇尔的电话后，有点犹豫不决，他不理解马歇尔为什么要这样做。马歇尔之所以这样做，正是因为"斯塔克认为没有必要再重新发出警告"这一想法已为马歇尔所察觉。然而，斯塔克在接到电话后已经改变了自己的想法。他认为，由于现在处于特殊情况下，所以即使发出警告，也不会对当地指挥官有什么害处。

于是，斯塔克又挂电话给马歇尔："我觉得'下午1时'具有某种特殊重要性，若能紧急通知下去的话，那就在命令陆军部队指挥官的同时，也请顺便转告海军方面。"

因此，马歇尔立即在原先铅笔写好的电文的末尾，加上了"也请转告海军部队"几个字，他一边将此电文交给布拉顿上校，一边吩咐说："把这份电报送到发报处，用最快最安全的方法拍发给各指挥官。"

布拉顿来到了通讯科长弗伦奇上校的房间里，要求上校"十万火急地发报"。弗伦奇虽然能看得出便条纸上的那些铅笔字，但他对马歇尔潦草的字迹还是感到没有把握。为了不出差错，他在布拉顿的帮助下，将这份电文用打字机打了出来。

这份给夏威夷的电报是在华盛顿时间中午12时12分（夏威夷时间早晨6时42分，离日本军队开始攻击的时间还差1小时13分）拍出去的。十分遗憾的是，这一指令没有使用马歇尔桌上的电话、隔壁房间的秘密电话或海军短波无线电发出，而是通过最费时间的西部联合电信公司拍发的，而且不是直接拍往檀香山，而是先从华盛顿有线电报拍到旧金山，同那里美国无线电公司取得联系，然后再用无线电电报拍发给檀香山的美国无线电公司。电报拍到檀香山后，还得从位于市中心的美国无线电公司办事处送到8公里以外的谢夫特堡陆军通讯处，从这里再同副官室取得联系。最后才送到肖特将军手里。这样，马歇尔的电报便被人为地耽误了。

因此，马歇尔的电报送到肖特手里时，已经是日本开始攻击后的7个小时零3分钟了。

金梅尔司令正在美国太平洋舰队司令部（设在潜艇基地）里与他的参谋人员研究形势：

日本的驻外使馆正在销毁密码本；往常日本海军各舰队的无线电呼号大概每隔半年更换一次，而现在刚在11月初更换过的呼号，到了12月1日却又更换了；另外，日本的航空母舰有几艘也去向不明，无法确切掌握其所在位置。华盛顿根据上述情况认为，即使会发生什么事态，恐怕也是在东南亚方面。当时没有一个人认真考虑过夏威夷会不会出事的问题，因为就在一星期前，金梅尔还问过作战参谋麦克莫里斯上校："你对日本海军突然袭击珍珠港的可能性是怎样认为的？"

麦克莫里斯毫不犹豫地回答说："我认为日军不会发动这样的攻击。"

对形势的探讨于下午3时左右便结束了。因为那天是星期六，金梅尔便按照惯例回到离司令部9公里的宿舍去休息了。下午6时45分，他前往哈莱克拉尼饭店出席里亚利海军少将和夫人在那里的草坪上举行的周末晚宴。

No.2 蛛丝马迹

这时，南云中将率领的机动部队正以每小时24海里的航速，向着明天拂晓攻击珍珠港的飞机起飞的预定地点——夏威夷以北360公里——急速驶去。在旗舰"赤城"号的舰桥上，南云长官、草鹿参谋长等参谋人员，以及长谷川舰长和三浦航海长等舰上人员，这时正凝视着西边徐徐落下的火红夕阳，此时已是12月7日。尾随着"赤城"号航行的"加贺"号航空母舰，其后部飞行甲板上站着的舰上人员们也默默地眺望着夕阳。舰尾后面的那条又白又长的航迹笔直地伸向远方。

其实命运的天平虽然一直倾向日军一边，但也没有完全就倒在日本一边，它也时不时地倾向美军一方。在日军袭击前，前面提到的首要目标，即那几艘航空母舰都已离开珍珠港：5日上午8点，由约翰·牛顿少将率领的第12特混舰队前往西部方向的中途岛，舰队中包括"列克星顿"号航母、3艘重巡洋舰和5艘驱逐舰。

而由绰号"公牛"的哈尔西中将率领的包括"企业"号航母在内的第8特混舰队，在完成向夏威夷西方的威克岛运送海军战斗机的任务后，正在返回的路上。该舰队预定于7日早晨7点半进入珍珠港，也就是日军飞机发动进攻前25分钟，但由于受天气影响，在给驱逐舰补给燃料时耽误了时间，因而幸运地没有遭到日本飞机的轰炸。

"萨拉托加"号航空母舰则已经返回美国西海岸。这样，太平洋舰队的航空母舰都不在珍珠港内，使日本失去了头号打击目标，失去了彻底重创太平洋舰队和美国海军的良机。不仅如此，美国的重巡洋舰"印第安纳波利斯"号和"明尼阿波利斯"号也都离开了港口，这些美国的撒手锏侥幸地逃过了这一场大劫，并且成了日后美军复仇的利刃，日本的最终败亡此时已埋下了伏笔。

不过，此时马上就要交战的双方都没有意识到自己有多幸运、又有多么的不幸。

命运女神并不是没有给美国一丝机会，只是她似乎总是特别眷顾日本军队，总是刚把机会之门打开了一条缝，又迫不及待地关了起来。

日本奇袭计划成败与否的关键就在于它的突然性，只有自始至终把美国人蒙在鼓里，不让美国人发觉日军的动向，日本此次计划才能取得成功，否则，等待他们的就将是地狱。日本不仅在外交上、在准备工作上做足了文章，在前往夏威夷岛实施偷袭的途中，也是下了十分的力。可是就是在这个方面，先后出现一系列纰漏，几乎断送了山本的整个计划，却又奇迹般的化险为夷。

从日本本土出发攻击夏威夷，通常有三条航路可以选择。一条是北线，即从阿留申群岛南下，插入夏威夷；另一条是中央航路，这条航路主要是商船航道，过往商船很多；最后一条是南方航道，即途径马绍尔群岛，从西南方向接近夏威夷。这三条航道各有利弊。

北方航线远离美国岸基飞机和巡逻舰只的巡逻圈，而且由于航道浪大雾多，航道情况复杂，所以商船、渔船等也通常不走这条路线。日本大舰队被商船和渔船发现的机会很小，这很利于隐蔽，对于达到突袭的目的很有利。但是由于北太平洋的冬天季风特别强劲，且气候恶劣，经常是浓雾弥漫，不适合大舰队的行动；加上航线又长，途中需要补给燃料，在加油技术上是否能克服困难，以及大小舰艇能否同时到达目的地还都是未知数。

南方航线上有许多荷兰、英国和美国的岛屿，无法顺利通过。

而中间航线利弊和北方航线正好相反。这条航线海面平稳，航行便利，但是来往船只较多，而且靠近中途岛、帕尔米拉岛和约翰斯顿岛诸岛，这些岛屿都处于美军的巡逻圈内，被美军发现的机会非常大。

经过激烈争论，最后，大多数人都同意，北方航线尽管航情复杂，困难重重，但是对于奇袭是非常必要的，中央航线和南方航线被发现的几率太高，一旦被发现，整个作战计划就会功亏一篑。山本也认为，既然偷袭珍珠港本身就是一次冒险，那么航路选择也必须冒险。因此，日军只能选择成功可能性较大的北方航线。

但是就在日军大部队踏上征程后不久，日本特混舰队指挥部收到了一份使机动部队首脑人物大惊失色的电报。这是从先遣部队第6舰队的旗舰"香取"号上发来的一份紧急电报。

原来，11月24日，"香取"号驶离横须贺港，经特鲁克驶往马绍尔群岛的夸贾林岛途中，于28日下午5时左右在塞班岛以东160海里的地方突然遇上一艘美国"布鲁克林"型巡洋舰，它正护卫着5艘运输船朝菲律宾或关岛方向驶去。

当双方相距近1万米左右时，美国巡洋舰上的大炮突然调整仰角，把炮口一齐对准"香取"号。

霎时间，"香取"号上剑拔弩张，充满了杀气腾腾的气氛。

但是，美国方面好像是掩护运输船，从巡洋舰的烟囱里放出大量浓烟，并两次大幅度调整航向。

当美国方面的舰艇随同浓烟一起在水平线上消失时，"香取"号就用紧急暗语电报向上级报告了它同美国舰艇接触的情况。

当时，28日早晨7时（夏威夷时间），由"公牛"哈尔西率领的第8特遣队（以航空母舰

"企业"号和3艘重型巡洋舰、9艘驱逐舰为基干）驶离珍珠港后，正加速驶往威克岛执行特殊任务。

但只有这一天，在哈尔西的舰队中却看不到有战列舰。

原先哈尔西曾考虑到：为使日本方面，特别是夏威夷的日本间谍产生错觉，使其认为美舰这一行动只是一次例行训练，因此有必要让战列舰跟随舰队一起出发。但后来之所以没有让战列舰随队出发，是因为他又断定：首先，他必须尽快地把海军陆战队的战斗机运往威克岛；其次，时速仅17海里的战列舰同时速达30海里的"企业号"航空母舰、巡洋舰、驱逐舰一起出航只会碍手碍脚；最后，一旦与日本舰队相遇，战列舰几乎无法保护美国的舰艇，因为保证安全的最大要素是速度。

哈尔西率领舰队驶离珍珠港后不久，他就命令"企业"号舰长乔治·D·马雷上校发布《第一号战斗命令》。于是，马雷舰长便向舰上人员发出下列命令："企业号"从现在起进入战斗状态；注意防备敌人的潜艇。

这就是说，接到作战部部长斯塔克的"战争警告"后，在美国太平洋舰队中至少有哈尔西的舰队已采取了战斗态势。

哈尔西在命令马雷的同时，还向第8特遣队下达了命令，要所有的飞机都带上炸弹或鱼雷，把鱼雷机上供演习用的弹头都换上供实战用的弹头；飞行员随时准备起飞去击沉和击落被发现的敌舰和敌机。

就在日本方面捏了一把冷汗的时候，又有一场危机袭来。

山本五十六非常担心途中遇到别国的船只，从而使舰队的行动功亏一篑。为此，山本在舰队出发前下达死命令：机动舰队一旦被别的舰只发现，不准主动向对方实施攻击。

在日本舰队大部队行驶的过程中，行动十分隐蔽，但是在12月6日，还是遇到了一艘商船。

这艘商船的船舷上站满了人，好奇地打量着这支庞大的舰队，并不时地指着日本舰队相互议论着。而在日本战舰上，气氛却格外的紧张。日本炮兵已经迅速跑到炮台，扶起瞄准镜对准商船；甲板上的飞行员也跳入敞开的机舱中，并发动引擎；巡洋舰也开始调校炮口，对准这艘船。

但是这艘商船却没有采取任何行动，甚至都没有避让，径直从南云舰队旁擦过。甚至有人还站在船舷上向日本舰队挥手，口中还高喊着什么。

就在南云舰队弹冠相庆、为自己的好运感到高兴的时候，此时，在300海里以外的珍珠港，另一场更危险的遭遇却险些将山本等人多年的苦心经营彻底葬送。

美国舰队和巡逻飞机没有发现300海里以外的庞大舰队，但是在珍珠港附近，美国舰队却发现了一些蛛丝马迹。

作为日本特混舰队先遣队的27艘潜艇都于指定时间到达指定位置，第一分队4艘在瓦胡岛以北海域，第二分队7艘封锁珍珠港东西海峡，第三分队9艘监视珍珠港的入口。其中伊-71号潜艇向编队报告瓦胡岛西北的拉哈纳锚地没有舰艇停泊。也就是说所有的美舰都停泊在珠珠港内。于是突击编队的所有进攻力量都集中用于珍珠港。特别攻击队的5艘潜艇分别放出所携带的袖珍潜艇，由袖珍潜艇自行设法潜入港内。最后2艘潜艇则负责监视夏威夷同美国本土之间的联系。当晚，突击编队收到东京转来的由吉川猛夫发自珍珠港的报告：珍珠港停泊有战列舰9艘，巡洋舰3艘，驱逐舰17艘。另有4艘巡洋舰和2艘驱逐舰在船坞。港内无航空母舰。美军没有飞机巡逻，也没有部署防空阻塞气球。

但是在7号的6点30分整，美军太平洋舰队储存供应船"安塔尔斯"号在返回珍珠港时，船上的一名船员无意中发现离右舷大约2海里的地方有一个形状极为可疑的物体，他立刻报告了舰长克兰尼斯海军中校。克兰尼斯中校拿着望远镜仔细观察，发现那个物体呈圆桶状，顶端微露出海面，在海浪中一起一浮，很像是一艘潜艇的指挥塔。由于供应船上并没有携带任何声呐设备和其他侦测仪器，因此无法准确判定这个物体到底是什么。

克兰尼斯判断这是一艘不明国籍的潜艇，大概是它的下潜控制系统出了故障，无法下潜，正试图躲避美军的侦察。他不敢怠慢，立刻命令发报员把这个消息通知附近的作战舰队。

离"安塔尔斯"号最近的作战舰只是驱逐舰"华德"号，这是一艘第一次世界大战时的旧型驱逐舰，它同类的舰只早就退役或是被改装成扫雷或布雷舰，只有"华德"号和其他两艘驱逐舰仍在珍珠港内服役，只是它的设备极其陈旧。当时，它正在瓦胡岛南方作近海巡逻。

"华德"号上的值勤军官格威廉·戈普那中尉接到"安塔尔斯"号传来的电报，立即报告舰长威廉·奥特布里奇上尉。奥特布里奇正在小憩，闻讯匆匆穿好军装，和格博纳一同跑上舰桥，并下令立刻前往"安塔尔斯"号报告的地点。

其实，这艘潜艇正是日本的王牌之一，也是山本寄予厚望的利刃强兵，它是日本机动部队派出的5艘微型潜艇中的一艘。这种微型潜艇潜水的排水量是46吨，能携带两枚鱼雷，是以电瓶为电源航行的超小型潜水艇，潜水时最高时速为24节，续航力以全速航行可维持1个半小时，但只能行驶大约100海里。这种小型潜艇先要由母艇携带至目的地附近，再自行前进。攻击珍珠港的微型潜艇总共只有5艘，每艘上有两名驾驶员，一名军官和一名士兵。日军原定的计划是让这5艘微型潜艇在开战之前秘密潜入珍珠港内，利用它们速度高和体积小，难以被发现的优点，在部队决战之前，秘密潜入珍珠港，对港内舰只进行鱼雷攻击。这种攻击纯粹是肉搏，因为一般来说，微型潜艇在战斗打响之后，乘员生还的可能性微乎其微。但是日本潜艇部队的决心很大，再三请战，山本最后只好同意微型潜艇部队出征。

12月7日晚上8时46分（即夏威夷时间凌晨1点16分），在距离珍珠港17公里的地方，这五艘潜艇先后离开母舰，向珍珠港进发。

现在被"华德"号发现的就是其中一艘。这艘潜艇是"伊-20"，由潜艇部队的精英广尾彰少尉和片山义雄中士驾驶，它正尾随"安塔尔斯"号准备偷偷溜进港内，在开战的时候制造混乱，谁知却在这紧要关头出了故障。要是被美军确定国籍、甚至"生擒"，那么日本的偷袭计划将彻底泡汤。此时两人头上都冒出了豆大的汗珠，片山拼命地扳动下沉控制杠杆，但是潜艇还是一动不动，广尾也失去了他一贯的镇静，拼命地检察舱内的仪器。

此时在海面上，"华德"号越驶越近，目标已经很清晰了。奥特布里奇皱着眉头，仔细地观察了片刻，突然回头对炮长罗素·克奈普说："发布战斗警报，命令装填手装弹，射手准备。"

"是，长官。"克奈普敬了个军礼，迅速跑向炮台下达命令。第一装填手海军一等兵安布罗斯·道马戈和第四装填手海军一等兵哈乐德·弗兰那根迅速装填好一号炮和三号炮，瞄准手克拉伦斯·凡顿已校准好炮口，牢牢地盯死那艘潜艇。

日本潜艇中的广尾感到不妙，企图采取规避行动并强行下潜，但潜艇还是无法下潜。片山绝望地看着广尾，任脸上的汗流过抽搐的眼角和嘴边。此时广尾的心中却没有恐惧，只有深深的自责和懊恼，死亡到没什么，日本武士随时准备为天皇献出生命，但是要是暴露了目标他就是立刻切腹自杀也难赎其罪了。在临行前，山本长官还特意为他们这些潜艇部队的成员送行，并和每位出征将士一一握手，同时还特意叮嘱，在空袭之前，即使发现最好的时机，也绝不能抢先攻击，以免暴露整个作战企图。广尾恨不得立刻启动自爆装置，但是这种袖珍潜艇为减轻重量和体积，去掉了一切不必要的设备，包括自爆设备。而且在临行前，部队长官甚至要求他们将一切个人物品，包括手帕之类的，都留在陆地上。此时两人只有干着急的份了。

"华德"号此时迅速冲向"伊-20"，距离它只有不到100米，潜艇已暴露无遗。一切准备就绪，戈普那中尉跑到舰长身边，报告说："一切就绪，长官，开火吗？"

奥特布里奇看了看表，时针指向了6点40分，他果断地一挥手，命令说："开火。"

奥特布里奇下令开火，一号炮的射手爱德华·博克莱迅速开出了第一炮，但是第一发炮弹没有击中目标，炮弹划过潜艇指挥塔落到了海中。三号炮台的约瑟夫·福路路和瞄准手凡顿咒骂了一句，和副炮长来区一同校正了方位。射手射出了第二发炮弹，这次打得很准，炮弹打在了潜艇吃水线的位置，正好炸在指挥塔和艇身的接合部。广尾和片山感到有如被重锤击中一般，重重地撞到了潜艇的左壁上，潜艇开始向右舷倾斜，并开始下沉。

就在此同时，美军的3架ＰＢＹ水上飞机在瓦胡岛南部海域进行例行的巡逻飞行时，发现可疑潜艇，可飞行员使用密码向基地报告，以致延误了时间。其中一架由威廉·坦那少尉（正驾驶）和罗勃·克拉克少尉（副驾驶）驾驶的美海军PBY14-P-1巡逻机，正由康奈欧希基地起飞，执行一项例行的反潜巡逻任务。领航员唐纳·巴特勒突然发现了日本的"伊-20"潜艇，立刻报告了坦那少尉。

克拉克迅速投下了PBY上唯一的一枚深水炸弹，此时，潜艇已开始下潜。

在海面上，看见潜艇开始下潜，奥特布里奇命令全速驶去，在潜艇的下潜处投下一串深水炸弹。一枚枚圆桶状的深水炸弹被抛出船舷，砸向潜艇下沉的方向。很快，水面上不时冒出一阵阵气泡，突然，一股黑黑的燃油和残片浮上水面，"华德"号上的水手立刻欢呼起来，奥特布里奇脸上也露出了笑容。

"伊－20"潜艇在下沉过程中在30米深水处碰上了深水炸弹，沉入了400米深的海底。

6时51分，美国驱逐舰"华德"号击沉了其中一艘，9分钟后，巡逻机又击沉了另外一艘。

这是珍珠港之战中响起的第一枪。而"华德"号这一击，在历史上被称为美国在太平洋战争中的第一击。这是历史给日本人开的一个玩笑，"第一枪"不是来自处心积虑捅暗刀的日本人，却是来自一艘美国军舰，而流下第一滴血的也不是作为"猎物"的美国人，却是"猎人"日本人。

山本最担心的事终于还是发生了。庞大的特混舰队行驶几千海里没有被发现，而到了目标的门口，自己的一艘袖珍潜艇却出了事。眼看日本的企图就要暴露无遗，长时间的准备马上就要付诸东流，不要说攻击目标，自己能否全身而退都是未知数。

不过，日本人似乎运气特别好，每当形势要逆转直下时，总会出现一些意想不到的转机。

在击沉日本潜艇后，奥特布里奇命令执勤军官戈普那立刻将这一事件上报，戈普那向第14海军军区执勤军官汇报了此事。此时，渊田指挥的飞行部队已经扑向了毫无戒备的珍珠港，距离轰炸开始只有1小时。

当日执勤的军区军官是海军少校卡明斯基，他是有过多年戎马生涯的职业军人，接到戈普那的报告，他立刻意识到事态的严重性。虽然此时还不知道这艘潜艇的国籍，但是他立刻将这个报告标示为最高级，并立即准备上报给司令部。但发现微型潜艇的报告传到太平洋舰队后却始终没有回复，港内各舰仍然未挂起防鱼雷网，也没有升起防空阻塞气球。卡明斯基得不到回复，立刻又给太平洋舰队司令金梅尔的助理作战计划参谋墨菲打电话。但墨菲漫不经心，要求进行核查，确实潜艇的身份。

6时53分，"华德"号再次向分区司令部报告。但是依然没有引起司令部的重视。

与此同时，PBY14－P－1巡逻机的坦那少尉也向第二巡逻机联队指挥部报告了他们发现不明潜艇的事情，并说他们已经击沉了该艘潜艇。

拉姆齐海军中校不敢怠慢，立刻向司令部汇报。7点左右，墨菲接到了拉姆齐的电话。拉姆齐报告说，第二巡逻队的一架飞机在执行任务时，在距离珍珠港入口不远处击沉了一艘形迹可疑、但国籍不明的潜艇。

此时墨菲也坐不住了，他意识到情况紧急，立刻给分区司令布洛克少将打电话。

放下电话，布洛克深感事态严重，急忙下令加派"莫纳汉"号驱逐舰前去支援。此时距空袭开始仅有10分钟，为时已晚。

而在另一边，墨菲放下电话也不敢怠慢，立刻打电话通知金梅尔上将。

十几分钟后，"华德"号击沉潜艇的报告经过层层上报，终于转上来，到了金梅尔上将那里。金梅尔还是无法判定这是真的进攻，或是一次大规模攻击的前奏。

墨菲一边要求舰艇部队保持戒备，并组织潜水员下水察看，一边命令巡逻机队加强巡逻。然后，他来到金梅尔办公室，请示下一步行动。

金梅尔依然犹豫不决，他拿着报告思考了片刻说："这种潜伏潜艇的报告很多，绝大多数都证明是错误的。"

他又沉默的片刻，看了看墙上的海图，回身对墨菲说："进一步核实情况，有新情况迅速通知我。在此之前，先不要采取任何行动，等证实了再说。"

他看墨菲似乎还想辩驳两句，就挥了挥手，坚决地说："不要引起无谓的惊慌，立刻去执行。"因为发现潜艇的事太多了，所以，听惯呼喊"狼来了"的金梅尔上将，在这关键的时刻，没有引起警觉。

不仅是金梅尔，第二巡逻队指挥官派屈克·贝林格少将、夏威夷地区守备司令华特·肖特中将以及太平洋舰队战列部队航空司令官威廉·海尔赛中将等人都没有做出果断决定，他们都在等待进一步的核实，却没有一个人派出一架侦察机去周边侦察一下。否则，来袭的日本大部队、尤其是正扑向珍珠港的日军大型机群都会暴露无遗。

而且，更糟糕的是，守备区司令也没有将一级警戒上升到二级或三级警戒，从而避免日军轰炸所造成的打击损失。就这样，一个再明显不过的警示却被当做是个偶然事件而不可思议地被漠视了。

其实，日本人的潜艇攻击绝对是个败笔。日军的特种潜艇部队在这次袭击中毫无战果不说，艇上的10名人员，除了酒卷因其所乘坐的潜艇搁浅得以生还以外，其他人无一幸免。如果不是美国军队官僚主义的帮忙，它几乎葬送了山本瞒天过海的攻击计划。

No.3 高枕无忧的美国人

就在美国人还在忙于粉饰太平的时候，日本人早已磨好屠刀，随时准备发动突然攻击。

1941年12月7日凌晨4时（夏威夷时间，即东京时间12月7日23时30分），突击编队经过12天约6,600公里的航程，顺利抵达珍珠港以北约420公里的预定展开海域。

夏威夷时间清晨3时30分，万籁俱寂的夜空中突然响起刺耳的军号声。日军机动部队各舰艇上的号兵鼓足全身的力气吹响了"起床号"。最后一个和平之夜终于结束了。

5时30分，"利根"号和"筑摩"号两艘巡洋舰分别弹射起飞1架零式水上侦察飞机，对珍珠港进行战前侦察。

此时，航空母舰上的所有飞机已做好了一切准备，在每一艘航空母舰的飞行甲板上，都排满了双翼展开、引擎开动的战鹰。机腹下有的挂着重型炸弹，有的挂着鱼雷，铅灰色的外壳上微微闪烁着冷光。第1攻击波的183架飞机已经整齐地排列在甲板的起飞线上。最前面是43架零式战斗机，接着是50架99式高空水平轰炸机和50架爱知造99式俯冲轰炸机，殿后的是40架中岛制97式鱼雷攻击机。

中岛制97式鱼雷机，是日本制造的舰载单翼机，它的最大时速为235海里，续航力1,238海里，其性能大大优于它同时代的对手——美国的"掠夺者"式和英国的"剑鱼"式鱼雷机；爱知造99式舰载俯冲轰炸机，是太平洋战争最初几个月里标准的日本俯冲轰炸机，它的最大时速为242海里，续航力1,200海里，可以携带1颗249公斤炸弹和2颗104公斤炸弹；三菱造"零"式战斗机，是日本制造的最为先进的战斗机，它的作战半径、机动性、速度等性能，都比当时太平洋上其他国家的战斗机，比如美国的"野猫式"战斗机和英国的"水牛"战斗机等要优越得多。

在引擎的轰鸣声中，6艘航空母舰左转弯，转向顶风方向航行。清晨6时，海面上刮起的每秒13米的偏东风没有丝毫的减弱，吹得桅杆上"Z"字旗猎猎作响。

舰桥上那盏指示起飞的蓝色起飞信号灯在不断地闪烁。飞行甲板前面的战斗机开始起飞了。

"起飞！"南云司令长官提高嗓门下达命令。在他的身后，"赤城"号主桅杆上的那面"Z"字信号旗与战斗旗一起迎风飘扬，好像欢送的手一样。

蓝色的信号灯划了一个大大的圆弧。6艘航空母舰上的一号飞机在楔形垫木拿掉后，向后方甲板喷出强大的气流，迎风向舰首冲去。

发动机隆隆作响，飞机在慢慢滑行。舰艇仍然在剧烈摇摆，飞行甲板也在随着摇晃不止。每摇晃一次，送行的人们心头就忍不住一紧。但是，在下次摇摆到来之前，飞机已经蓦地起飞了。甲板上响起了暴风雨般的欢呼声。人们挥动着帽子，挥舞着手臂，还有的则挥舞着带有"Z"字的小旗，为飞行员送行。

第一架飞离"赤城"号的飞机是由板谷茂驾驶的。自他起飞算起的15分钟内，第一攻击波的183架飞机腾空而起，只有1架飞机坠入太平洋，幸好一架驱逐舰及时将飞行员从冰冷的海水中救起。夏威夷12月8日6时15分，第一攻击波的飞机在舰队上空集合完毕，并编好了队形。

6时20分，渊田率领自己的高空轰炸机飞过"赤城"号舰首的上空，他的飞机尾翼上的红、黄识别色带和其他飞行队长的黄色飞机很容易区分开。舰首上的人们看到出发信号，都激动得泪流满面，他们拼命地挥舞着帽子或是手中的小旗，目送着一架架飞机飞向南方，渐渐消失在云层中。

当送走所有的飞机之后，南云再度指挥舰队转向南方，使舰队驶至瓦胡岛最北端外海180海里处。日本原预期多数飞机会遭到重创，所以准备将舰艇驶到尽量接近攻击区的地方去等候机队返航。

在渊田总指挥官座机的后面，是由他直接率领的50架99式高空水平轰炸机队，这是可载3人的舰上攻击机，各机都携带了每枚重达800公斤的穿甲炸弹，足以击穿战舰厚厚的铁甲；在他右后500米空中，飞行高度比水平轰炸机低200米的，是村田重治海军少佐指挥的、由40架97式鱼雷机编成的鱼雷机队，这也是97式舰上攻击机，所携带的鱼雷专门用于攻击浅港水域的军舰；在左后500米空中，飞行高度比水平轰炸机队高200米的，则是由"翔鹤"飞行队长高桥赫一海军少佐指挥的，由50架99式舰载俯冲轰炸机编成的俯冲轰炸机队。板谷茂海军少佐指挥的43架零式战斗机队，在整个机群上空500米担任警戒和掩护任务。

天空浓云密布，云层高2,000米。为了隐蔽，机群慢慢升高，在云层上空飞行。不久，东方的天空开始破晓，机翼下的那片黑云渐渐泛白，朦胧的天空呈现出一片亮光。接着，一轮红日从地平线上冉冉升起，放射出万道金光，将雪白的云海染成了一片金黄色的朝霞。天空也逐渐变成了蔚蓝色。

现在已经没有什么再令狂妄的渊田感到担心的了，他只想到临行前山本的命令："对夏威夷实施投弹攻击的时间，一定要在我国驻华盛顿的外交使节把日本对美国的最后通牒亲自递交给美国政府官员手中30分钟以后，也就是8日3时30分（东京时间），一秒也不准提前。"他忍不住又看了看表，还早，确实没有什么可担心的。

但是，渊田不知道，此时瓦胡岛上正发生着一件足以使他从天堂坠入地狱的事情。命运并没有完全放弃美国人，而命运的天平此时也向美国人倾斜过去，抓住了，也许美国人就能得到一线生机，而抓不住，等待美国人的却一定是死机。这也许是美国人最后的机会。

1941年12月7日，星期日的早晨，夏威夷珍珠港，阳光灿烂，碧海如镜。驻扎在这里的是美国太平洋舰队，官兵们有的在吃早饭，有的已经上岸度假去了。舰艇整齐地停泊在港内，飞机也密密麻麻地排在瓦胡岛的7个机场上。

而在瓦胡岛北端卡胡库角附近的奥帕纳山冈上，有一个视界极为开阔的雷达站。瓦胡岛上陆军其实有5个流动雷达站，但是在7时的时候，正是这些流动雷达站关机的时间。其中4个已经执行了命令，只有奥帕纳的这个雷达站没有关机，而此时，日本飞机只距离220公里了。奥帕纳的这个雷达站之所以没有关机是因为有一名新兵还想继续练习。

凌晨4时的时候，一等兵约瑟夫·洛卡德和二等兵乔治·埃利奥特正上岗值班，埃利奥特是新分过来的雷达兵，洛卡德正在教他如何操纵雷达以及如何使用示波仪，也借此来打发时间，以等待接他们去吃早饭的卡车到来。

7时02分，埃利奥特在荧光屏上发现了一个巨大的尖头脉冲。洛卡德测出了它的距离为210公里。他急忙叫洛卡德来看，洛卡德不慌不忙地走过来，看了半天，对埃利奥特说："这一定是仪器出了故障。"

洛卡德走到仪器跟前仔细查了查，可是没有发现任何问题。

洛卡德立刻上机操作，埃利奥特好奇看着这个异常图像，问他说："长官，这到底是什么？"

洛卡德摇了摇头表示不知道，仔细观察了半天后，他确定，这一定是一个机群在飞行，而且正朝瓦胡岛方向飞来。

7时5分，他们发现这群飞机数量庞大，大约有50多架。埃利奥特建议把这个情况用电话通知情报中心，但洛卡德表示反对，因为此时已过了正常工作时间。但埃利奥特一再坚持，洛卡德就给沙伏特堡情报中心打电话，接线员却找不到值班的人。

此时，示波仪上的可视信号显示机群距离瓦胡岛只有大约30至40公里。

几分钟以后，值班军官克米特·泰勒回了电话。在电话中，洛卡德向泰勒报告了他们所掌握的全部情报——可视信号的方向、距离以及规模。最后，洛卡德还不忘补充说："这是

↑在夏威夷海域中，日军潜艇悄无声息地浮出水面。

我在机器上看到的规模最大的机群。"

值班军官泰勒是名驱逐机军官，尽管洛卡德费尽口舌解释，但是泰勒还是毫不犹豫地说，这是从加利福尼亚飞来的B－17轰炸机群，未加重视。

泰勒之所以那么确定是因为那天清晨他去情报中心的路上，听到夏威夷电台的音乐。他记得一位轰炸机的驾驶员朋友告诉他，每当他们从美国本土飞向夏威夷时，那里的电台都会播送这段音乐，用电波来导航。

而事实上，泰勒的判断并不是毫无根据。因为在早晨的时候，他曾接到通知，说今天早晨将有一队美国空军的B－17飞机从本土飞来。说来也够巧的，此时恰好有一队从加里弗尼亚州汉密尔顿基地起飞的B－17来降落，而且和奥帕纳雷达屏幕上的不明机群仅差五度。

泰勒并没有意识到他犯了一个严重的错误，没有意识到他错把日本机群发射的雷达信号当成了美国机群的信号，更没有想到雷达屏幕上显示的是50架飞机，这个数量几乎占了美国B－17飞机总量的相当大的一部分。

泰勒轻松地对洛卡德他们说："别过敏了，没事的，那是我们自己的飞机。"说完，他放下话筒，打开收音机，欣赏起音乐来。

两位雷达兵只好像看演习一样，当做兴趣继续追踪着目标。他们眼睁睁地看着飞机逐渐临近，7时30分，47公里；7时39分，22公里。到7时39分，疾驰而来的目标突然一分为二，从雷达屏幕上消失不见了。

在陆地上发生异常情况的同时，海上又发现了新的情况。

7时3分（就在洛卡德等人在雷达显示仪器上发现日军飞机后不到两分钟），美国的"华德"号又立新功。它的声呐在水底又发现了一艘不明国籍的潜艇，"华德"号发现目标后立即投掷了大量深水炸弹。

3分钟后，在"华德"号驱逐舰投弹的区域冒出了浓黑的机油，"华德"号确定击中目标，并且确认目标确实是一艘潜艇。

确有一架美国飞机发现了日军的踪迹，但那不是军用飞机，而是罗亚尔·维托塞克和他的儿子驾驶的私人飞机。他们看到两架日本战斗机向他们飞来，立即俯冲，从日机的下方穿过，向自己的私人机场飞去，准备向当局报警。15分钟后，维托塞克在自己的机场着落，立即向陆军和航空兵的值班军官打电话，告诉他们瓦胡岛上空出现了日本飞机。但是，谁也不相信他的话，当然更不可能发出什么戒备命令。实际上，在他们通话的时候，惠勒机场已经挨了第一批炸弹。

但是，就像那个奇异的雷达信号一样，这些情况都淹没在美国的官僚体制之中。

港湾里，美国军舰正准备举行升旗典礼。一切像平日一样，充满了轻松安详的气氛。而雷达屏上的那群飞机更近了，人们还不知道一场灾难即将从天而降。

命运之神虽然一再向美国人露出了微笑，但是美国人却像盲人骑瞎马一样，依然莽莽撞撞地在盲目地欢庆着，命运之神至此终于关上了最后一扇大门，等待美国人的只剩下无尽的地狱和永远的耻辱。

第7章
CHAPTER SEVEN

从天而降的灾祸

★渊田看到他和源田和村田煞费苦心制订的精确战斗计划，由于自己人的失误而落空，气得咬牙切齿。然而，此时进攻的先后顺序已无关大局，成功已经完全在望。他压抑住气愤，指挥各机群展开全面进攻。

★"西弗吉尼亚"号也遭受到鱼雷机队的攻击，它先后被6枚鱼雷击中，左舷被炸开一道长37米、宽4.5米的裂口，几乎全被揭掉，暴露的"内脏"翻滚着长长的火舌，不一会儿便翻倒在水中，激起了一阵冲天巨浪。

No.1 偷袭珍珠港

此时，偷袭珍珠港机群的指挥官渊田已快要飞临珍珠港上空。他看了看手表，指针此时指向7时35分，他再次回头望了望，在他的身后，49架水平轰炸机、40架鱼雷轰炸机、51架俯冲轰炸机和43架制空战斗机紧紧跟随着他。

而在万里之外的联合舰队旗舰"长门"号上，气氛也是格外地紧张。8日零时后，此时，通信兵送来一份电报：

陆军已经成功地在马来西亚和菲律宾登陆，驻守菲律宾的美国名将麦克阿瑟被打得措手不及，已无还手之力。

室内顿时一片欢腾，人们纷纷击掌相庆，只有山本面色木然，不露一丝神情。受到山本的影响，兴奋的将领们很快变得鸦雀无声，室内再次陷入死寂。

就在渊田飞临珍珠港的5分钟前，即7时30分（华盛顿时间下午1时），在华盛顿的日本大使馆中，野村大使正在接收一份东京发来的共14部分的电文，并奉命务必将这份电文在华盛顿时间13时（檀香山时间7时半，预计袭击时间之前的半小时）前交给美国政府。在一大堆外交词令后，电文的最后一部分说明"日本政府对不能通过进一步谈判达成协议而表示遗憾"。美日间最后的一点联系也中断了。这是日本外交部规定的递交最后通牒的时间，由于领事馆解雇了美籍工作人员，日方人员的英文打字速度太慢，文件无法及时打印好，故无法按时递交。野村大使的助手打电话给美国国务院，将原定的约见时间推迟至1时30分。

此时，渊田向机翼下看了看，天低云沉，能见度很不理想，用肉眼怎么也看不见海面。不知道此刻珍珠港的天气怎么样，渊田心里很紧张，关键的时候，天气可别出问题啊！

这时，一件天大的巧事出现了。渊田无意间拧开了收音机的旋钮，他忽然听到在檀香山电台播放的轻音乐背后夹杂着天气预报的声音。

"啊！"

渊田简直惊呆了，他赶紧又仔细调了调频道，听起来好像是檀香山地区的航空气象预报。他马上拿起铅笔，全神贯注地听着。播音员缓慢地播送了两遍。渊田迅速作了记录：

"今天天空少云。山上多云。云底高1,050米。能见度良好。北风，风速10节。"

"太好了！"渊田高兴地笑起来。这事太巧了，即使事先安排，也不可能在这么好的时候得到这么好的情报啊。现在渊田知道了目的地的天气情况，他放心了。

"报告，前面发现海岸！"

"报告，我看到了珍珠港！"

穿过云层，渊田也看到了瓦胡岛的海岸线和珍珠港中停泊的军舰和瓦胡岛机场上的飞机。港中仍洋溢着周日早晨的平静。辽阔的海港上空，云层稀疏，空中几架民航机在懒洋洋的盘旋着。舰队群在斜射的阳光下显得宁静而安详,此时停泊在港内的美军军舰有战列舰8艘，巡洋舰8艘，驱逐舰29艘，潜艇5艘，其他舰艇35艘。在岛上的6处机场停有海军飞机145架，陆军飞机262架，共407架。

12月7日（星期天）早晨的珍珠港几乎处于不设防的状态。由于飞行员们抱怨每星期7天都要出航，金梅尔上将就同意星期天不进行483公里的空中巡逻。停泊在港口内的各艘战舰上的780门大炮有3/4无人操作，陆军的31个高射炮连中只有4个连进入了阵地，进入阵地的士兵还懒洋洋地打着哈欠，而且阵地还没有弹药，因为每次训练之后都将剩余的弹药送回库房，理由是所谓的"容易衰变或生锈"。大多数弹药的储存点都远离阵地，而且还上了重锁。更糟糕的是，连管钥匙的人都不知去向，大概都忙着在悠闲的周日找乐子去了。

在瓦胡岛和位于港湾中央的福特岛上，6个陆海军机场上的美军战机都整齐地排成一字横线。就在几天前，为了防止间谍和美裔日本人的破坏，肖特将军下令把所有的飞机集中放置，以便于管理和监控。但是这么多飞机密集地停在一起，却犯了兵家大忌，一旦敌人来袭，根本来不及疏散，更不要说展开反击了。

华盛顿方面已经警告过所有美国军事单位，日美战争无可避免，只是个时间问题。但是，驻在夏威夷的一般美国官兵，丝毫未感到战争迫在眉睫。在度过了一个欢乐的周末之后，在港的美国舰队的大部分官兵还未起床。平时难得聚在一起的战舰，现在正整整齐齐地排列在港内。除9艘战列舰外，还有巡洋舰、驱逐舰、水上飞机母舰等大小共96艘。这种壮观的阵容，带给官兵无限的安全感，使他们疏于防范。

日机编队已飞行1小时30分，马上就要到达瓦胡岛上空了。渊田海军中佐瞪大眼睛，目不转睛地观察着瓦胡岛的上空，生怕漏掉一点黑影。

渊田拿起望远镜仔细地观察停在港湾的船只，冷静地数了数战舰："内华达、亚里桑那、加里弗尼亚、马里兰、西弗吉尼亚、田纳西、俄克拉荷马……"正好8艘，全是战列舰。只见8艘战列舰覆盖着天篷，威风凛凛地并排停靠在位于珍珠港中部的福特岛东侧。渊田感到有点遗憾，直到最后一刻，他都打心眼里希望早上军令部转来的吉川的情报是错误的，金梅尔的航空母舰可能会在珍珠港内，哪怕一艘也好。可是，眼下这些航空母舰都消失得无影无踪，这不能不说是一个巨大的遗憾。

压抑住内心的些许失望，渊田忍不住仔细地打量起珍珠港来。这个美丽的港湾——传说中鲨鱼神卡亚胡巴贺的神宫——摊开在下方，犹如一个巨大的沙盘模型地图，看上去和他原来想象的完全一样。港内大小96艘美国军舰还是一动不动静静地"睡"在那里，空中也没有1架美机。

7时40分，日军飞机展开成攻击队形。由于各攻击队的攻击方法不同，所以在抵近目标空域、开始攻击之前，各队必须根据自己的攻击方法，事先占据有利阵位，由航空队形展开为攻击队形。譬如，鱼雷攻击队，为了便于发射鱼雷，就需要降低飞行高度；俯冲轰炸机队则必须把飞行高度提高到4,000米，才便于俯冲。另外，为了提高命中精度和攻击效果，有的攻击队还要考虑风向：对俯冲轰炸机来说，最好是顺风，因此要转到上风方向；而对水平轰炸机来说，最好是逆风，因此要转到下风方向。所以，当总指挥官下达展开命令后，各攻击队应尽快展开成各自的预定攻击队形。待下达攻击令后，即按预先规定的攻击顺序和攻击目标实施攻击。

为取得最大的战果，日军制订了两套攻击方案：一是奇袭方案，在美军没有戒备时采用，先由鱼雷机攻击，再由轰炸机攻击。二是强攻方案，在美军已有准备时采用，先由轰炸机攻击，压制和吸引防空火力，再由鱼雷机攻击。战斗机则不论哪种方案都要抢占有利高度，以夺取制空权。采取何种方案由空中指挥官临机决定。规定一发信号弹是奇袭，二发信号弹是强攻。

7时49分，渊田见美军毫无防备，立即决定采取奇袭方案。他转头对后面的电信员水木德信兵曹喊道："水木，现在发出攻击令！"电键立刻敲打出连续的"突！突！突！"的攻击信号。这是日语"突击"一词的第一个假名。渊田随即举起信号枪，向机外打了一发蓝色信号弹，一条火龙拖着硝烟，划破了寂静的长空，坠向碧海，这是命令部队展开的信号。

此时，是夏威夷时间7日早晨7时49分，华盛顿时间7日下午1时19分。

攻击开始了。在看到一发信号弹后，村田的鱼雷机即开始向下滑翔。与此同时，板谷的战斗机加速向前控制领空。这样，飞速较慢的鱼雷轰炸机可以在没有任何障碍的情况下径直飞向目标，俯冲和高空轰炸机紧随其后。若日本人面前的敌人有所戒备，村田的鱼雷机编队将等到俯冲和高空轰炸机把美国炮火引向战舰上空时，再由战斗机掩护投掷鱼雷。

但是在渊田打出一发信号弹后，由于板谷所领导的制空战斗机队被云层遮掩，没有看到信号，所以没有展开攻势。渊田无奈就再向战斗机打了一发信号弹，这次战斗机看到了，立即爬高抢占有利高度。但这时俯冲轰炸机队的高桥少佐误以为是两发信号弹，采用强攻方案，便立即带领俯冲轰炸机朝福特岛和希卡姆机场猛扑过去。鱼雷轰炸机队的村田目睹了发生的一切，他虽然知道高桥的判断失误，但是别无选择，为了摆脱高桥可能给他带来的干扰和妨碍，他只有率领其鱼雷机队以最快的速度冲向目标。然而，高桥还是赶在了前边。这样，这场袭击就是以炸弹攻击而不是预定的鱼雷攻击开始。

渊田看到他和源田和村田煞费苦心制定的精确战斗计划，由于自己人的失误而落空，气得咬牙切齿。然而，此时进攻的先后顺序已无关大局，成功已经完全在望。他压抑住气愤，指挥各飞机队展开全面进攻。随着一阵阵巨大的爆炸声，岛上的机场升起滚滚烟火，港湾的军舰四周水柱冲天而起。美军官兵惊呆了！

第一攻击波展开队形时，渊田的无线电发报机仍在咔嗒咔嗒作响。渊田在巴伯兹角上空盘旋一圈，接着又转头观察珍珠港上空和地面情况。此时，形势已经一片明朗，没有什么能阻止日本的狂轰乱炸，大喜过望的渊田急不可耐地对传令兵说：

"快用甲级电波向舰队发报，告诉他们，我们奇袭成功！"

传令兵的手指灵敏快速地按动了发报机的电键："托拉！托拉！托拉！"意为"虎！虎！虎！"也就是说："我偷袭成功！"电波从万里之遥飞回日本，一直到达日本联合舰队旗舰"长门"号的作战室里。很快，舰上的文书兴高采烈地将电报递给山本，作战室顿时一片欢腾。而此时，山本却模仿指挥淝水大战的谢安，无动于衷地继续和参谋长下着棋，只是他略微颤抖的手还是泄漏出了他内心的兴奋和狂喜。

此时，东京时间是8日3时19分，夏威夷时间是7日7时53分。

No.2 港湾中的地狱

在珍珠港，7时55分正是吃早饭的时间。值勤舰"内华达"号战列舰上的水兵们像平常一样排起整齐的队伍，准备8时准时升旗，军乐队也准备奏国歌。欢度周末的美国海军官兵们正睡在船舱的吊床上做着好梦，檀香山广播电台在播放着轻音乐，教堂里的钟声柔和地在水面上缭绕荡漾。突然，他们发现从东南方上空闪现出一批俯冲轰炸机，简直是从天而降，风驰电掣般紧贴海面飞行，来了个急转弯，一下子冲向机场上空。这些水兵还以为是从岸基飞来的美国机群在进行实战演习，他们在心里暗暗赞叹飞行员高超的飞行技术，有人甚至还向飞机招手大喊"早安"。

没想到，几秒钟内，冰雹似的炸弹即倾泻而下。当第一枚炸弹落在福特岛的时候，海军少将、布雷舰队司令威廉·弗龙还愤怒地对勤务兵说："这是哪个飞行队的飞行员，这么粗心，这么愚蠢，连自己的投弹器也照看不好，真的应该好好收拾他一下。"但是，当他看到疾飞而过投弹攻击的飞机机身上漆的竟然是红色太阳旗，立刻大喊："日本飞机！各就各位！"并下令港内所有舰船立即出港。

夏威夷航空兵参谋长詹姆士·莫利森当时正在刮胡子，第一批炸弹落了下来，他赶紧给陆军司令肖特中将的参谋长沃尔·菲利普挂电话，告诉他日本人来偷袭了。可是对方竟然说："吉米，你是不是昏头了？还是喝多了？快醒醒！"莫利森把电话听筒举得高高的，让对方听听那隆隆的爆炸声。这下子，菲利普清醒了。正在这时，莫利森头顶上的天花板掉了下来。

油轮"拉马波"号的水手长格拉夫较早地发现了日本飞机，他跌跌撞撞地奔进船员室，边跑边喊："日本佬轰炸珍珠港了！"伙伴们望着他，以为他在开玩笑。他连忙说："不骗你们。"可是他们还是又嘘又笑："别蠢了，抬起屁股上甲板去瞧瞧。"正在这时，又一声沉闷的爆炸声响起来了。仅仅几分钟时间，夏威夷的所有机场全部瘫痪，海军没有一架战斗机能够起飞，陆军航空队的情况稍微好一点，也仅剩30余架飞机能够起飞。

当日本机群飞临珍珠港上空的时候，美海军中校罗根·雷姆赛当时正站在福特岛指挥部的窗口边观看护旗队升挂国旗，还合着军乐队的鼓点用食指轻轻敲打着窗沿。7时55分时，他听到有飞机在福特岛基地上空俯冲又急速拉起的声音，还愤怒地转过身对勤务兵说："迪克，出去看看是哪个胆大妄为的家伙，把他的机号抄下来，报告给我，他违反了18条飞行安全条例，我得好好收拾他一下。"

迪克费力地从窗口探出身子，努力想看清这架飞机的机号。

"记下来了吗？是哪个中队的？"雷姆赛问。

"还没有，机号看不清。是不是哪个中队指挥官的座机呀？我看到飞机上好像有一道红线什么的。"迪克回答说。

"那赶快查一下，是哪个该死的中队指挥官的座机。"雷姆赛命令说。

正说着，迪克突然说："长官，我看到它又俯冲下来了，哎呀，它还投下一个黑色的东西，那是什么？"

话音未落，一声巨响从飞机库方向传来。迪克目瞪口呆地说："炸弹，是炸弹，长官。"

迪克还没来得及回过神的时候，雷姆赛已经跑向门口，大喊说："迪克，不是我们的中队指挥官，是该死的日本人，赶快报告。"

话音未落，他已经冲出了房间，奔向电讯室。迪克也战战兢兢地跟在后面。

雷姆赛冲进电讯室，对所有茫然瞪着他的电讯员说："珍珠港遭受空袭，这不是演习！我再重复一遍，这不是演习！"停了片刻，看到电讯员目瞪口呆地看着他，他怒吼道："赶快发报。"

电讯员立即用普通口语广播："珍珠港遭空袭，不是演习！再重复一遍，这不是演习！"

这条著名的无线电消息在7时58分传向司令部，通过金梅尔上将司令部的转播，大半个世界都以震惊的心情收到了这条消息。

不过，此时已为时过晚，日军的炸弹已如狂风暴雨般倾泻在毫无防备的珍珠港上。

分布在珍珠港四周的希卡姆机场、惠勒机场、伊瓦机场和卡内奥赫机场是日机的第1批攻击目标。陆军和海军的大批飞机正一架挨着一架，整整齐齐地排列在停机坪上，宛如参加一次大检阅似的。为了准确地进行攻击，有的轰炸机俯冲到离地面只有几百米时才开始投弹。只见机场上空如晴天霹雳，炸弹如雨，自天而降。一架接一架的重型轰炸机，被炸得四分五裂，只有少数几架美机侥幸起飞，但马上就被高度灵活的零式战斗机打落。地勤人员和飞行员从被打得破烂不堪的飞机上抓起机枪进行抵抗，但根本无济于事。仅仅几分钟，美军机场即被摧毁，几百架美机也成了一堆堆冒烟的残骸。此时，机场上空黑烟滚滚、硝烟弥漫，巨大的烟柱直冲向天空，跑道上更是弹坑累累。

炸弹的爆炸声把星期天早晨的和平气息一下子撕得粉碎。这时，村田率领的鱼雷机队，已经迂回到珍珠港的湾口，正从希卡姆机场那边穿过海军造船厂，进入攻击航向。村田清楚地知道，是奇袭，应首先由他的鱼雷机开始攻击。所以，希卡姆机场上空突然升起的硝烟，使他很是吃惊，一旦硝烟把海面上的战列舰给遮住，他的鱼雷机就无法下手了。于是，村田赶紧率队抄近路，在高桥攻击之后仅1分钟，就对珍珠港内的战列舰实施了鱼雷攻击。

刹那间，港内的军舰就笼罩在一片浓烟火海之中。爆炸声一声接一声，熊熊大火骤然间映红了整个珍珠港。港内升起了一道道的冲天水柱，战列舰燃起熊熊大火，到处是震耳欲聋的爆炸声。一时间，珍珠港浓烟滚滚，烈火熊熊，舰毁人亡，惨不忍睹。爆炸声、警报声和官兵们惊惶失措的呼救声搅成一团。

97式鱼雷机群分两批从几个方向突入，首先用16架鱼雷机对停泊的战列舰实施鱼雷攻击，其次是用24架鱼雷机从东南方向进入，超低空接近"战列舰大道"。

97式鱼雷机纷纷在只有12米的高度，发射装有稳定翼的特制浅水"改2"鱼雷，鱼雷迅速向没有布设防雷网的战列舰飞去。只见海面上蓝白色的雷迹纵横交叉，战列舰在刹那间即发出轰天巨响，水柱四起，火光冲天。

停泊在外侧的"俄克拉荷马"号首先遭到攻击。后腾驾机逼近目标，突然，"俄克拉荷马"巨大的身影赫然耸立在他的正前方。后腾后来回忆说："当我投下鱼雷的时候，我的飞机距离水面只有20米左右。鱼雷发射后，我的飞机开始爬高。此时我才发现我甚至比这艘战舰的桅杆守望台还低。观察员报告说，在该舰位置升起一股巨大水柱。"

　　在受到攻击20分钟后，"俄克拉荷马"号已经快完全倾覆，12枚鱼雷把它炸得变了形，歪着身子插入海底。一位舰上的水兵多年后痛苦地描绘说，它看上去"好像很疲劳，想休息一下"。船底部从油污弥漫的水中翘起，船体不断翻滚，直到上体接触到7.62米深的海底，然后就不再动弹了。

　　一些水兵仍然在"俄克拉荷马"号船体上不断挣扎，一些则慌不择路地跳下满是油污和鲜血的海面。鱼雷轰炸机和俯冲轰炸机尖叫着向他们冲下来，再拉上去，轮番攻击。零式战斗机肆无忌惮地向他们疯狂扫射，轰炸机在他们头顶上轰鸣，一批批炸弹呼啸而下，准确命中目标。

　　此时，旁边的"马里兰"号也同样遭受重创，所幸的是，该舰受创虽重，但一时并不会沉没。趴在"俄克拉荷马"舰壳上的船员在"马里兰"号战友的帮助下艰难地爬上"马里兰"号的残体上，但是，更多的人却随着"俄克拉荷马"号沉入海底。

　　在"俄克拉荷马"号沉入海底的第二天，救援人员费尽千辛万苦用焊枪在"俄克拉荷马"号上打开了几个救生口，救出了33名人员。以为必死却又重获新生的舰员浮出水面后的第一件事就是相互搂抱着失声痛哭，发誓一定要雪耻。但是还有更多人没有得救，这些远离救生口的船员不论怎么大喊大叫，但是他们的声音还是传不远，外面的救生人员就这么错过了他们。当他们明白获救的希望已非常渺茫的时候，他们停止了呼喊和哭泣，在舰板上写下自己的名字和遗书，然后在极度痛苦中慢慢死去，许多人的牙根都迸裂了，血染满了嘴角。后来，当人们打捞起这艘命运悲惨的战舰时，才知道剩下的船员竟然坚持了17天。当这些死相极为凄惨的船员被一一抬上岸边的时候，在场的所有人无不失声痛哭。

　　"西弗吉尼亚"号也遭受到鱼雷机队的攻击，它先后被6枚鱼雷击中，左舷被炸开一道长37米、宽4.5米的裂口，几乎全被揭掉，暴露的"内脏"翻滚着长长的火舌，不一会儿便翻倒在水中，激起了一阵冲天巨浪。

　　突然，一阵雷鸣般的爆炸声传来，"亚利桑那"号战列舰遭到了水平轰炸机的猛烈轰炸，几枚鱼雷几乎同时击中了它，一枚穿甲弹又落在第二炮塔旁边，穿透了它的钢甲板，引起舰首弹药舱爆炸。随着一声惊天动地的巨响，舰身巨大的碎片和上百吨重的炮塔被抛至空中，巨大的"亚利桑那"号也像突然失重了一样跃出海面，又砸了回来。后来，目睹了这次大爆炸的幸存者在形容这次大爆炸时心有余悸地说："这是几百年前在瓦胡岛上的两座火山爆发以来，从来也没有发生过的巨响。"巨响刺穿了许多附近舰只上船员的耳膜。黑红色的烟云飞腾而起，火柱高达1,000多米，桅杆被炸飞了出去，熊熊的大火吞噬着这艘巨大的战舰。紧接着，仿佛还嫌它受的苦不够似的，又有三枚炸弹击中了燃烧着的战舰，它爆发出最后的轰隆声，像濒死的羊羔一样哀鸣着向水下冲去。几分钟后，断裂的舰身就和1,100多名

↑ 美军机场遭到日军的轰炸。　　　　　　　　　　　　↑ 战斗中，被击毁的"亚利桑那"号战列舰。

舰员一起沉没在这嘶嘶作响的人间地狱之中。

　　"加利福尼亚"号有2处中雷，舰上的油库也中弹了。为了防止弹药库爆炸，舰长下令向弹药库中注水，但是这一举动却加剧了这艘战舰的倾斜和下沉。舰长无奈之下只好命令全体船员弃船逃生，但是此时，由于该舰的油库被炸，大量的重油厚厚地堆集在"加里弗尼亚"号舰体四周，油层竟然厚达30厘米，而且油层此时已被引燃，巨大的火苗和浓烟冲上了天空，油库燃烧造成了可怕的烈焰，这艘巨型战舰，也就在冲天的火舌中慢慢地倾斜沉没了。而惊惶失措的船员纷纷跳下舰板，跳入火海之中，但是没有一个人能从厚厚的油层下游走，在火海中挣扎的舰员大部分也都被烧死。

　　板谷茂少佐及其战机队与"加贺"号的战机队在空袭了伊瓦基地之后，又转向了希卡姆基地，接替俯冲轰炸机继续施虐。他们除了扫射棚厂、营房之外，还追逐正在希卡姆基地道路上逃窜的军人。

　　渊田冒着飞机坠落的危险，继续指挥机群把停在港中内侧、鱼雷机队无法攻击的战列舰"马里兰"号作为目标。

　　他率先冲向"马里兰"号，在下达投弹命令的同时，先行投下了4枚炸弹。

　　随后，其他水平轰炸机冒着高射炮火，也冲向"马里兰"号，像洒豆子一样把炸弹抛向"马里兰"号。顷刻之间，"马里兰"号浓烟四起，火光冲天，高射炮火也像被剪断了一样，突然停了下来。两颗装有延期引信的穿甲炸弹穿透了"马里兰"号的舰板，在舰内爆炸，爆炸在军舰舷外的海面上掀起了巨大的层层波纹。爆炸使该艇受到了相当大的破坏，舰体纵倾斜1.5米，舰面燃起熊熊烈火，浓烟滚滚。

　　"田纳西"号相对幸运一些，由于它靠近福特岛一侧，仅被一枚鱼雷击中。但这枚鱼雷依然对它造成重创，并引发舰上燃烧起大火，只是所幸没有沉没。

　　金梅尔的旗舰"宾西法尼亚"号是所有战列舰中运气最好的一艘，由于它临时停泊在海军造船厂船坞中修理，虽然不可避免地吃了几枚炸弹，但是最终还是侥幸逃脱了被击沉的命运。

　　当金梅尔上将赶到太平洋舰队司令部的时候，眼前的场景让他当场僵在那里，一动不动。他的精锐力量——8艘战列舰，有7艘已经被击沉或遭受重创，而此时自己人只不过才打

↑美舰"马里兰"号不幸中弹起火。

下日本人不到10架飞机而已。

金梅尔压抑住内心的痛苦和悔恨,镇静地转过身,命令立刻向海军部和总统办公室汇报受攻击的情况。

美国军队也不是完全没有展开任何还击,虽然被日本战机打了个措手不及,但是许多美军官兵依然顽强地组织了一定的还击。在誓死捍卫基地的过程中,也涌现了许多可歌可泣的英雄事迹,。

停泊在舰队最后面的"内华达"号尽管被一枚鱼雷击中舰首左舷,并被炸开了一个大洞,但该舰上的官兵一边积极抢救船只,一边积极组织还击,并击落了2架日本鱼雷机。而且,由于实施了防倾覆注水,该舰没有沉没,并能继续向日本人开火。

在"西弗吉尼亚"号遭受重创,其舰长班宁上校受重伤时,22岁的黑人炊事二等兵、也是"西弗吉尼亚"号的重量级拳击冠军桃乐斯·米勒赶来协助班宁。在二战以前，黑人长期以来一直备受歧视，他们在就业等问题上都遭受重重压力和阻力，甚至于献身国防也只能担任低级工作，比如充当炊事员或铲煤工，在晋升和受奖上都有重重的限制，以致于二战之前，还从来没有一个黑人获得过海军的重要奖章。米勒和其他黑人士兵一样，也备受歧视，他也曾为黑人的尊严和白人士兵拳脚相向，但这并不妨碍他在关键时候英勇地救助白人战友。在敌机来袭的时候，他主动请缨去危险的炮台上还击敌机。后来由于鱼雷爆炸，米勒无法继续在防炮岗位上值勤而转去担任伤患救援工作，稍后受命营救舰长。然而，班宁终因伤势过重身亡，米勒又赶忙提起一挺机枪继续在舰桥上英勇奋战，他不顾轰炸机的狂轰乱炸和零式战斗机的肆意扫射，一直在甲板上奋战。他的英勇感召了许多忙于逃生的官兵，他们都和他一道用手中的武器和船上剩下的炮塔继续还击日本战机。后来，米勒成为第一位被授予海军十字勋章的黑人，他的英勇行为冲破了许多白人官兵和国民对黑人的歧视和蔑视，也带动了许多冷眼旁观的黑人投入到抗敌卫国的伟大事业中来。1942年，新任太平洋舰队司令尼米兹上将亲自在"企业"号上的授勋仪式中为他第一个戴上勋章。

在诸多英雄事迹中，数彼得·托米契的故事最可歌可泣。他是"犹他"号上的煤水长，8时05分，"犹他"号遭受两枚鱼雷攻击，在系锚处倾斜至30度。当时另一艘中雷的轻巡洋舰"瑞雷"号在其前方，由于该舰上大捆木材松脱落海，不但淤塞了水道，也阻碍了"犹他"号上的官兵弃船逃生。当"犹他"号倾斜得愈发利害、海水大量涌入船舱的时候，许多水兵正陷于下层甲板中，托米契为了让官兵逃生，坚守自己在泵房的岗位，努力抽水，最后成功地帮助了许多人逃上甲板，而他自己却来不及逃生，与"犹他"号一起葬身于大海之中。嗣后海军追赠其荣誉勋章。

"亚利桑那"号在珍珠港遭受攻击后，最先进行了救火和救人行动。舰上的生还高级军官萨缪·弗科中校，在这一过程中发挥了无比的领导才能和顽强的斗争精神。在"亚利桑那"号遭受重创后，他先领导救火队在后甲板救火以及督导转移伤员，而且在最后"亚里桑那"号无法维持时果断命令弃舰，他最后一个离开军舰，并在离舰后继续组织官兵展开援救和反击。由于他的英勇和尽忠职守，他后来被授予荣誉奖章。

在海中，美国驱逐舰也展开了还击。早先，至少有一艘日本小型潜艇成功地潜入了珍珠港。这艘潜艇在入港之后，以顺时针的方向在福特岛西北绕行一周，被威廉·伯伏特少校的"莫那罕"号驱逐舰发现，随即展开缠斗。伯伏特少校下令追击，而日本的小型潜艇也发射了一枚鱼雷，惊险地从"莫那罕"号右舷边擦过，驱逐舰当即开火，其他几艘美国舰艇也猛攻这艘小型舰艇，到8时44分，"莫那罕"号连撞带炸地以深水炸弹击沉了潜艇。这艘日本小型潜艇上的成员酒卷和男少尉与稻桓清二等士官长在饱尝炮火攻击后，搁浅在贝洛兹机场外的海滩上，稻桓溺死，酒卷被俘，成为第一名在二次世界大战中被美国俘虏的日本战俘。

在地面上，美军一些高射炮也展开了反击，他们急红了眼，没头没脑地向天空中所有的飞机开火。就在珍珠港遭受攻击的时候，8时10分左右，11架B－17"空中堡垒"式重型轰炸机编队从美国西海岸，在第一波汹涌的战火中飞抵瓦胡岛。从返航的航空母舰"企业"号上飞来的18架SBD"无畏"式俯冲轰炸机，也如同参加约会一样地赶来了。在他们还没有搞清楚怎么回事的时候，就遭到了日本零式战斗机的猛攻。

当这些重型轰炸机各奔东西找地方降落的时候，珍珠港的许多人还惊恐地想，天哪！日本人真的要降落了！旁边一位希卡姆基地的B－17驾驶员还问他的战友，这些日本人从哪里弄来四引擎轰炸机的？因为日本当时并没有四引擎轰炸机。打红了眼的地面高射炮不管三七二十一对它们就是一阵狂轰，结果，美国"无畏"式飞机被击落7架，"空中堡垒"飞机被击落1架。

与此同时，SBD也顽强地和日机展开力量悬殊的角斗，约翰·福特少尉和通讯三等兵赛尼·皮尔斯驾驶的SBD遭遇日军志贺的战斗机队，他们英勇地以几乎贴地的高度与日机缠斗，最后与日机撞成一团同归于尽。这架飞机后来坠落在伊瓦基地附近，残骸还与日机纠缠在一起。

No.3 第二击

渊田领导的第一波次攻击大约进行了45分钟，已基本完成任务并扬长而去。日方损失飞机9架，其中，战斗机3架，俯冲轰炸机1架和鱼雷机5架。珍珠港内出现了短暂的平静。几艘周围和顶部涂有红十字标志的白色船只出现在硝烟弥漫的海面上，全速向正在燃烧的舰船驶去，冒着被炸的危险和燃烧的烈火去抢救伤员。

然而，美国人的灾难并未就此结束。就在参加第一攻击波次的飞机返航的时候，8时50分（夏威夷时间），由"瑞鹤"号飞行队长岛崎重和少佐指挥的第二攻击波共171架飞机又气势汹汹地杀向瓦胡岛。在目标区高空盘旋的渊田不久即听到第二波攻击机队的引擎声，并在8时54分收到了岛崎重和的"虎！虎！虎！"攻击信号。

8时50分，第二攻击队在卡瓦库角上展开完毕。此时已无奇袭可言，日军早计划好将飞行速度慢且容易被击落的鱼雷机"中岛97式舰攻"改调为高空水平轰炸任务。岛崎直接率领54架高空轰炸机分成两个编队，每队27架，负责攻击希卡姆机场、卡内奥赫机场和福特机场；江草隆繁少佐领导的俯冲轰炸机共81架，他们没有特定目标，专打第一波攻击中未被摧毁的舰船。他们分成4个大队，绕过东面的山脉，再次对舰只进行集中轰炸。由于任务没有指定目标，一切要依靠临场判断，加上此时珍珠港浓烟蔽日，使他们攻击起来倍感困难；进藤海军大尉率领36架零式战斗机，分成4个大队，继第一攻击波后，继续保持对瓦胡岛上空的制空权。

此时，整个珍珠港的上空都被第一波攻击所造成的浓烟所覆盖，港口下面昏暗不见天日，这妨碍了美国军人的反击和救护队的救援工作，但也为日军第二波攻击制造了障碍。此时飞临珍珠港上空的岛崎颇感头痛，不知如何下手，飞高了，就不能找到攻击的目标，而且

↑ "内华达"号遭受重创起火燃烧。

准头也会受到限制；飞太低又很危险，而且在浓烟中也很难辨清方向和目标。而与此同时，幸存下来的美军士兵在日军第一攻击波撤走的间隙已集聚起来，在各自指挥官的指挥下开动一切防空炮火，在珍珠港上空构建了一道绵密的火网。

这波日机所遭遇的是全体戒备、严阵以待的美军舰只。残存的军舰都开动高射炮，对空齐射，在空中形成了一道道柱形集束弹幕。舰上的士兵也爬到舰桥上用机枪等武器展开防御，还有一些士兵爬上指挥塔或是掺望台用步枪扫射俯冲的日本飞机。

军舰高射炮形成的集束烟幕成了日军新的定位点，正苦于找不到、认不清美国军舰的日本80架俯冲轰炸机在江草少佐的带领下，大胆地沿着射来的集束弹幕俯冲而下，躲过枪林弹雨，直冲军舰而来。当俯冲到一定高度，而军舰已清晰可见时，立刻进行瞄准，对反击的美国军舰进行狂轰乱炸。

"赤城"号上的山田昌平大尉也专找"大个头"攻击。当他看到有一处集束烟幕最为密集，欣喜若狂，立刻率领中队全部人马杀过去。但等俯冲到一定高度时，才发现原来只是一群陆上炮台，只好大骂着拉起飞机重新爬高，寻找新的目标。

日军第二攻击波又使珍珠港内硝烟弥漫，一片混乱，巨大的蘑菇云不时腾空而起，到处散发着火药、血腥的气味，令人窒息。

在此次攻击中，美军最振奋人心的、也是最吸引人的行动是"内华达"号战斗舰的英勇突围。

"内华达"号在第一波空袭中虽然遭受重创，但是所幸没有沉没，而且还能行动，在袭击中实际指挥"内华达"号的弗朗西斯·汤姆斯少校了解自己的战舰所处的危险境地。已受重创的"内华达"号，除了是日机新一波攻击诱人的攻击目标外，停泊在它旁边的"亚里桑那"号此时也威胁着它。"亚里桑那"号被炸成炼狱一般，完全为火舌吞噬，随时有爆炸的危险。于是，汤姆斯少校依然决定紧急启航，以免军舰完全被毁。水手长埃德温·希尔接到命令，立刻奋不顾身地冒着大火，跳上码头，解开系绳，使"内华达"号能迅速脱身。希尔没有离开岗位、单独偷生，而是又依然跳入水中游回自己的军舰。在稍后的攻击中，他在一次大爆炸中消失，当时他正准备抛下舰锚。希尔成了珍珠港事件中第14个获得荣誉勋章的军人。

一旦驶离快要爆炸的"亚里桑那"号，"内华达"号在万人瞩目下加速前进。当"内华达"号从形同瘫痪的战斗舰列中骄傲地驶上水道时，着实给现场的千万名美军官兵以无比的精神鼓励。

但"内华达"号的突围最危险的部分还在后面，即海军造船厂前的狭窄水道。此时，"加贺"号的机队捕捉到了目标，开始从南面向"内华达"号发动攻击。日军牧野三郎大尉所率领的俯冲轰炸机队发现，此时只要击沉"内华达"号，就可以让它留在港口入口处的水道中。这样，整个珍珠港的出海口就被彻底堵上，其他舰只就再难以突围出去。

于是，日本飞机像一群苍蝇一样扑了上去，走马灯似的进行狂轰乱炸。它们分头攻击，一批从西南方向顺风切入，一批从东南方逆风切入，以分散美军顽强的防空炮火。当"加贺"号的"舰爆"发动俯冲投弹攻击之后，"内华达"号首先因舰首中弹而起火。但"内华达"号依然一边坚持向前航行，一边猛烈还击。但是，在冰雹一样的弹雨中，"内华达"号先后被6枚炸弹击中，浓烟和烈火腾地一下从甲板上升起，船尾开始下沉。眼看驶不出珍珠港，汤姆斯少校突然命令改变航向，向左驶去。为了避免沉没而堵塞住港口水道，汤姆斯有意准备搁浅在"医院角"海滩上。在它的附近，驱逐舰"萧"号也在日军的狂轰下在浮动船坞中猛烈燃烧，而停泊在水道附近"十十码头"的"阿罔"号也被炸的烈火横飞，一号干船坞的"凯兴"号和驱逐舰"唐纳斯"号也被炸得浓烟冲天。

此时，"内华达"号的前半部已经完全被大火吞没，汤姆斯指挥剩下的官兵拼命避开主要航道，但是珍珠港强烈的水流迫使"内华达"号尚能浮动的舰尾漂向水道。最后，这艘战列舰在霍皮斯特尔角搁浅。到10时45分，拖船才把它拖到入口航道的西侧。虽然它最终没有沉没，但是它的舰首部分已被完全炸毁，舰桥受到严重破坏。全舰有3名军官和47名士兵阵亡，109人受伤。

千磐大尉的机队在牧野机队攻击"内华达"号战列舰的同时，攻击了停泊在福特岛西北岸的舰只。他们甚至攻击医疗舰"慰藉"号。千磐的俯冲轰炸机发现了停泊在福特岛西面水上的水上供应舰"寇蒂斯"号，立刻群起围攻，在俯冲轰炸过程中，日军的一架俯冲轰炸机被击中失去了控制，一头撞上了"寇蒂斯"号，船上立刻升起了冲天的火光。9时12分，"寇蒂斯"号甲板又中一枚炸弹，这枚炸弹穿透三层甲板后在后主甲板上爆炸，造成极其猛烈的大火。

"内华达"号战斗舰突围失败后，"萧"号驱逐舰的火势也愈烧愈猛，火势不断向舰首方向延伸，终于在9时30分引发前弹药仓爆炸，成吨的高爆炸弹炸出来的火球上升到百米高空，碎片也迸射出好几百米之外。

在第一波攻击中没有沉没的美军军舰都再次遭到猛烈攻击。第二波的攻击又造成"西弗吉尼亚"号大火，大火一直燃烧到当天晚上。而"田纳西"号好运依然，虽然它又遭受两弹命中，但都没有引起大碍。"亚里桑那"号成了枚定时炸弹，它溢出的燃油严重地影响着其他船只的安全。

"苍龙"号和"飞龙"号部分机群在众多的目标当中，挑选了海军造船厂作为自己攻击的目标。俯冲轰炸机领队江草也先行杀入船坞修理厂上空，攻击入坞修理的巡洋舰"新奥尔良"号。虽然投弹没有直接命中，但是弹片却将巡洋舰击穿了26个洞，其中直径的最大达6寸，最小的也有1寸宽。空袭时，由于造船厂输入的电力中断，舰上的127毫米防炮需要用人力操作，随舰牧师荷维尔·福吉上尉在旁边奋力鼓舞士气，并要求大家"赞美主，努力传递弹药"，这句话不久就成为大战中最能激励军心的口号之一。

在海军造船厂中的巡洋舰"檀香山"号也难逃厄运，9点15分，它奋力想冲出造船厂，却在9时20分，被一架隶属于"苍龙"号航舰由一级士官加藤驾驶的俯冲轰炸机，从西南方切入攻击。加藤投弹命中了"檀香山"号停泊的码头，击穿了船坞的墙壁，继而引起里面的"檀香山"号爆炸，并使"檀香山"号舰体扭曲。

↑ "宾夕法尼亚"号战列舰遭到了严重的损毁。

→ "西弗吉尼亚"号、"田纳西"号、"亚利桑那"号三艘战舰在战斗中纷纷被炸沉。

在两波攻击中，美国海军没能出动一架战机迎战，到是陆军方面的"夏威夷空军"飞行员充分展现了他们的毅力和顽强，面对日机的狂轰乱炸、围追堵截，他们奋力升空迎战，击落了不少日军飞机，其数量占全部日机损失的一半。第57驱逐中队的五位飞行员，在基地遭受攻击时，立刻从住宿的惠勒基地开了两辆车就狂奔，冒着"零"式飞机的枪林弹雨，迅速来到受训的基地哈雷瓦机场。到机场后刚好有足够的飞机可供作战，包括5架P－40与一架P－36A。稍后，这五位英勇的飞行员顽强地升空，打下了7架敌机，其中最出色的是肯尼斯·泰勒少尉，他一人就击落了两架飞机。

普通民众也迸发出了激昂的爱国主义热情，在珍珠港附近的许多人不顾日军敌机的狂轰乱炸，冲过来参加灭火和救援行动。更有民众用自己的步枪和手枪向日军飞机开枪。11时，医院血库的血浆存量锐减，福雷斯特·平克顿医生立即广播呼吁献血。半小时内已有500人聚集在医院门外等候献血，医护人员分12个地点验血、抽血，但仍感人手不足，有的人竟然足足排了7个小时才献上血。

第二次攻击大约持续了1小时，进一步扩大了第一攻击波的战果。除了零星的爆炸声外，空袭已经结束。在这次攻击中，日军共损失飞机20架，其中，战斗机6架，俯冲轰炸机14架，许多轰炸机虽然被击中，但还是侥幸逃脱。而留在他们身后的是一个真正的人间地狱，到处是烈火以及灰色、棕色、黑色的蘑菇云，陆地上，鲜血、人的尸体和残肢随处可见，水面上也漂着许多美军官兵的尸体，无助地相互碰撞着，沉下去又浮上来。

渊田仍然在这个可怕的地狱上空盘旋，估算着战果，并且召集和指挥掉队的机组人员，他这架严重受损的飞机在珍珠港上空盘旋了近2个小时后，直到最后一架日军战斗机飞离视线，才朝"赤城"号飞去。

这场突然袭击中，由航空母舰上起飞的日本飞机，对珍珠港进行的两波狂轰滥炸，前后持续达1小时50分钟，取得了重大的战果，致使美国太平洋舰队遭到从未有过的惨重损失：

炸沉炸伤美各型战舰40余艘，其中炸沉战列舰4艘（"亚利桑那"号、"俄克拉何马"号、"西弗吉尼亚"号和"加利福尼亚"号）；炸伤战列舰4艘（"马里兰"号、"内华达"号、"宾夕法尼亚"号和"田纳西"号）；炸沉3艘驱逐舰、1艘巡洋舰和4艘辅助舰，重创3艘轻巡洋舰和1艘水上供应船；炸毁美国飞机232架，炸伤163架；美国官兵共死伤近4,500人（死亡2,403人，其中近一半都葬身于被击沉的"亚利桑那"号中，2,097人受伤）。希卡姆、惠勒、福特岛、卡内欧黑、和伊瓦等机场的设施和飞机都遭受重创。综合而言，美军在珍珠港的大型军舰损失约50%，飞机损失约70%，美国太平洋舰队元气大伤，几乎全军覆没，太平洋舰队的战斗力下降了80%～90%，超过了美国海军在第一次世界大战中所受损失的总和。相对而言，日本方面的伤亡几乎微不足道，日军共消耗鱼雷40枚，各种炸弹556枚，总计约144吨。战斗中损失飞机29架，由于日军飞行员都抱着必死的决心，全都不带降落伞，所以机上55名飞行员全部阵亡。加上起飞时有1架飞机因故障坠毁，返航时有2架飞机因迷航而坠毁，总共损失飞机32架。还损失1艘大型潜艇和5艘袖珍潜艇，阵亡艇员77人，被俘1人。总计人员损失133人。

CHAPTER EIGHT

愤怒的美国人

★日本的攻击飞机在完成任务之后，纷纷返回自己的母舰。它们先以瓦胡岛西侧的卡埃纳角为会合点，然后再长途北返目的地——这是为了不暴露自己舰队的方位。这些受损的飞机，返家途中尚需长途跋涉，困倦和紧绷的神经自然造成了一些落地不当的伤亡。

★罗斯福镇静从容而又略显悲愤的站在台前，环视着会场，翻开随身带的一个黑皮记事本，开始宣读："昨天，1941年12月7日，一个污名长留的日子，美利坚合众国突然遭到日本帝国海空部队的蓄意进攻……"

No.1 败笔，不义之战

在柱岛基地，紧张而兴奋的一夜即将过去，传来的电波随着拂晓的来临越来越弱，收到的电报也越来越少。指挥部的人都明白，袭击结束了，其结果是大获全胜。山本五十六在他所擅长的赌博中又赢了个满堂红，再也无法掩饰内心的激动和兴奋，高声地和每个人说笑着，脸通红通红的。宿敌在两个小时之间就被打翻在地，日本朝着称霸远东及太平洋地区、乃至整个世界迈出了异常成功的一步。

在万里之外的珍珠港附近海面上，南云忠一和他的参谋们都站在"赤城"号的舰桥上，目不转睛地注视着南面的天空。

日本的攻击飞机在完成任务之后，纷纷返回自己的航舰。它们先以瓦胡岛西侧的卡埃纳角为会合点，然后再长途北返目的地——这是为了不暴露自己舰队的方位。这些受损的飞机，返家途中尚需长途跋涉，困倦和紧绷的神经自然造成了一些落地不当的伤亡。有时，有些艰难降下的飞机破损太过严重，甲板上的工作人员只得把它们推落到海中了事。在航空母舰的甲板上，没有任务的人员都赶过来，帮助他们艰难地从飞机中爬出来。所有回到"赤城"号上的飞机军官，都立即向负责航空事务的参谋增田报告情况，由他汇总，报告给焦急等待最后统计结果的南云等人。

舰队司令南云忠一的想法是，尽快结束这一切，返回家园。这次偷袭珍珠港，他是冒着失去日本第一航空舰队的危险而来的，现在他的舰队完好无损而且大获全胜，这时回去他完全可以算是载誉而归，他不想让自己卷入冒险之中，再一次体验那种焦急。南云相信，此时他所能做的最大贡献，就是安全地把这些特遣舰队完好无损地带回日本，为将来的大战准备足够的力量。而且，他也是答应了军令部要求——务必保存6艘航空母舰——才得到航母的。

轻而易举的胜利，使南云顿时被冲昏了头脑，也使南云的作战决策思维失去了重心。他现在满脑子想的都是捞够了，可以走了，不能太贪心，不值得为不确定的成果再冒任何风险。他现在只想尽量减少特遣舰队的损失，而不是进一步重创敌人，在最大限度上消灭敌人。其实，他没有领会山本的精神内涵。在山本看来，如果和超过自己甚多的敌人交手是不可避免的话，那么最好的战略不是如何保存自己，而是如何能在最大限度上对敌人展开突然的袭击，最大限度地消灭敌人，只有这样，才能真正地有效保存自己。因为最好的防御就是进攻，只有抓住机会，一举击垮敌人，才能最大限度的保存自己；如果只是为了保护自己的力量，山本根本不会发动什么奇袭珍珠港行动，不如就老老实实地遵循日本既定的战略，养精蓄锐，引诱美军进入日本临海，利用本土优势来决一死战。

所以，在日本机动舰队得手后，当部下请示南云是否还要再派出一些飞机，对造船厂、油库等重要目标实行最后一次补炸时，南云忠一唯一的想法就是返航。这也难怪源田等人会把他看做是个"不会适应环境的人"。

是返航还是继续攻击？南云只觉得头脑中一片混乱，似乎都有道理又似乎都不可行。此时草鹿等人继续坚持慎重的观点，认为下落不明的美国航空母舰和来自敌人岸基飞机的报复随时可能让特混舰队陷入极大的危险之中，袭击应该快如闪电，撤离也应该快如疾风。

南云沉默了许久，突然抬起头，断然地命令说："取消进攻准备，全舰返航！"

很快，"赤城"号悬挂起信号旗，指示特遣舰队准备撤退。许多官兵虽然觉得机会难得，错过这次机会将会抱憾终生，但是能在偷袭中旗开得胜、圆满完成任务后胜利返航，也是一件值得让人高兴的事；而且，终于可以回到日本，受到人们热烈的欢迎，这幕场景让每个人都不由得心头一热。在接到返航通知后，军舰上的日军官兵们都狂热地高呼"班哉（日语音译意为"万岁"）班哉"。

日军虽然偷袭珍珠港获得全胜，但也明显存在几处败笔。一是空袭草草收场，留下了无穷的后患。

渊田美津雄一直等到攻击结束并确认战果后才最后返回，他向南云忠一报告说，预计美军战列舰被击沉4艘，重创4艘，6个月内无法恢复战斗力；瓦胡岛上的机场因大火而无法准确判断战况，但3个小时内未发现美机升空，推测美军战机已所剩无几。渊田在报告中指出，敌舰虽被击沉，但因位于浅水港湾内，很容易打捞和修理，所以应该紧接着对珍珠港内的军工厂、港口设施和贮油设施进行轰炸。但南云忠一却下令舰队返航。

港内的美舰虽然在轰炸中无一幸免，但经过抢修之后，除了老旧的"犹他"号和倾覆的"俄克拉荷马"号、发生大爆炸的"亚利桑纳"号外，其他舰只陆续被修复；受损的飞机也有80%得以重上蓝天。另外，太平洋舰队的3艘航空母舰由于偶然原因全部安然无损地保存下来了。"企业"号在从威克岛返回珍珠港的途中，迟到了10几个小时，从而躲过了这场灾难。傍晚，"企业"号驶入珍珠港。"列克星顿"号离开珍珠港去中途岛运送飞机，"萨拉多加"号则在美国的西海岸进行检修。除此之外，还有部分巡洋舰，由于出去护卫舰队和海上运输队，或出外演习及执行特殊任务等，轰炸时不在港内，因此逃脱了这场葬身海底的灾难。而且，在袭击中未受损伤的其他舰艇仍能出海作战，受伤舰艇很快得到修复，甚至连沉没的战列舰也有半数被打捞出水并进行改装，随后又投入战斗，为美太平洋舰队迅速恢复战斗力提供了条件。

日本人显然漏过了一些比战舰更重要的地面目标。其中之一就是海军造船厂。日本人如果攻击它，美国太平洋舰队就不会只是损失几艘舰船那么简单了，而可能是"面"的失败。届时，太平洋舰队不能及时补充和修复战舰，只能灰溜溜地溜回本土海岸去了。这样，整个历史都可能重写。事实上，珍珠港的海军造船厂在日本飞机一走后就开始了修复舰船的工作，并且修复工作一直贯穿了整个太平洋海战。

日军的另一个"失策"是没有攻击瓦胡岛东南海湾的潜艇基地。在编制袭击计划的时候，决策者甚至都根本没有把这一基地列入攻击范围之列。由于日本人"高抬贵手"，使得太平洋舰队的潜艇从来没有中断过运作，并且在一些海战中发挥了重要的作用。至于为什么日本人没有把潜艇基地列入攻击目标，这是个谜，因为日本人显然很重视潜艇作战，甚至不惜冒暴露目标的危险也要动用并不成熟的微型潜艇来攻击珍珠港。也许当时在制订计划时，他们把目光都集中在航空母舰和战列舰上了，而忽视了潜艇基地。或者也许是日本海军对自己的潜艇力量太过自信，而对美国人的潜艇实力太过轻视的缘故。

日本人最大失策是没有把太平洋舰队的供油系统列入攻击对象。这些油库位于潜艇基地附近，但是并没有深埋于地下，而是高于地面，所以它们储存的燃料油非常容易受到攻击，而且，一旦遭受攻击，它带来的损失将难以估量。因为一旦供油系统被摧毁，油库必然会发生爆炸，随即的大火也会吞噬周围的一切。更致命的是，整个太平洋舰队以及夏威夷的所有部队都将因为缺少燃油而无法行动。夏威夷地区的每一滴燃油都是用油轮从美国本土一点一点运来的，但是却储存在这么容易受到攻击的油库区中。曾经有人向肖特、金梅尔和美国国防部提出过这个问题，但是他们都置之不理。这并不是因为金梅尔和肖特等人没有意识到基地设施的重要性，而是他们认为日本人最有可能发动攻击的时刻是当美国舰队出海的时候，此时内部空虚，日本人才能得手，他们想不到日本人会如此大胆，敢在军舰都在港口时发动攻击。所幸，日本人显然对进攻性武器——战舰和飞机更有兴趣一些，才使这些极其重要的资源幸免于难。否则，美国人就只能乖乖地打道回府，更遑论争霸太平洋了。

另外，日本人成功地袭击了珍珠港，取得了辉煌的战果，他们用实际行动向世人、向美国人显示了海军航空兵的巨大潜力。这种新兵种具有进攻威力大、速度快、作战距离远等特点，它充分证明，航空母舰已可取代战列舰在海战中的主力地位。此战之后，美国等盟国充分地意识到了航舰航空兵所具有的巨大威力。美国主观上吸取了珍珠港的教训，摒弃了旧的传统海战理论。客观上其战列舰部队已受到毁灭性打击，只能组织以航空母舰为核心的舰队来实施海上作战。在其后的实战中一再证明这种编组与战法有效，以后遂大力发展海军航空兵力，并在实践中不断改进和提高完善，逐渐创造摸索出一整套以航母为核心的特混舰队的战略战术，总结出一系列符合武器发展的战略战术。反观日军，日本联合舰队虽然在此次偷袭中打破常规，大胆启用新战法取得了辉煌的战果，但却被这一辉煌的战果所陶醉，没有把这一新战法继续扩大发展。他们作为偷袭珍珠港的创造者，并没有深刻认识到航空母舰及其舰载机在海战中所起的决定性作用，反而依然深受巨舰大炮主义战略思想的束缚，仍然沉湎于旧的传统的战列舰海上决战理论，因循守旧，未能以袭击珍珠港为契机彻底转变海军战略思想，以致后来连遭挫败，最终抵消了在偷袭珍珠港中所取得的物质上的战果。当认识到应以航空兵为主指导用兵和改进武备时，其国力已经不支，等待他们的只剩下败亡的命运。

日本的败亡一方面是他们倒行逆施、不得人心，而且国力和美国无法抗衡。但是另外一个很重要的原因也是他们太固守窠臼，没有从他人的失败中汲取教训。所以，日本的败亡从一开始也许就已经注定。

日本还有一个败笔，就是他们虽然在战术上很成功，但是在战略上却很失败。从军事意义上讲，日本经过长期周密准备，取得了奇袭珍珠港的重大军事胜利。在偷袭珍珠港之后，日军又在1941年12月9日空袭美军在菲律宾的航空兵基地，12月10日击沉英国远东舰队的"威尔士亲王"号战列舰和"反击"号战列巡洋舰。一举消灭了盟军在东南亚和太平洋上的三支最具威力的部队——美国的太平洋舰队，美国驻菲律宾的航空兵和英国远东舰队，取得

↑ 遭到日军袭击后，英国"威尔士亲王"号上的官兵纷纷弃船逃生。

了在东南亚的制空权和制海权，为日军横扫东南亚奠定了基础。此后，日军又挟胜利之势，取得了太平洋战争初期的一系列胜利，初步实现了建立"大东亚共荣圈"的迷梦。但是从战略上看，扩大战争对日本这一岛国并不十分有利。日本本来就贫乏资源，打不起消耗战。而随着日军战线的拉长，兵力开始不断分散，兵源也开始不断枯竭，中国战场和太平洋战场都牵制了日军大量的军力，使他们无法互相支援，形成合围之势。随着战线的不断拉长，战争保障出现困难。更重要的是，日本此举为自己树立了太多的敌人，而且，这些敌人形成的合力极为惊人，远不是这么一个小国能承受得了的。被侵占国家和地区的人民同仇敌忾，奋起抗战，极大地牵制和消耗了日军有生力量，为美、英在太平洋上组织力量进行反攻创造了有利的条件。所以，从战略上看，日本当初孤注一掷地把国运赌博在战争中，从根本上就是完全错误的。而且，他们低估了美国的实力和潜力，低估了对手的决心和毅力，自不量力地寻找到一个它根本无法战胜的对手——美国以及全世界爱好和平的国家和人民。

所以，日本最大的败笔还是他们虽然在军事上取得了胜利，但是在道义上却遭受惨败，而且留下了"偷袭"的恶名。这是山本五十六等人一个更大的遗憾。日本原定要在空袭前半小时递交最后通牒，但是因为翻译电报的延误而拖延，等到交到美国国务卿赫尔的手中时，已经比预定时间晚了80分钟。日本本来想借时间差来规避"不宣而战"的罪名，但是最后还是背上了偷袭的恶名。这使得山本五十六直到1943年战死时，还一直耿耿于怀。而且，日本人的偷袭打破了许多人不切实际的幻想，激怒了世界上所有爱好和平的国家和人民，激发了全世界所有爱好和平、反对战争的人们起来反抗以日、德为首的侵略势力，反对法西斯主义。可以说，道义上的失败才是日本和法西斯势力迅速败亡的真正原因。

1941年12月8日上午6时，在日本陆军省记者俱乐部，陆军报道部长大平和海军报道部的田代中佐向早已等候在这里的记者们发布了大本营陆海军部公报：

"帝国陆海军部队于本月黎明在西太平洋同美英军队进入战争状态。"

上午11时，日本大本营在海军俱乐部黑潮会发布第二号新闻公告："帝国海军于今天凌晨，对夏威夷方面的美国舰队和空军断然进行了猛烈的大规模空袭。"

11时45分，广播电台发布了天皇的"宣战大诏"："朕兹对美国及英国宣战。帝国今为自存自卫，已蹶然奋起，必当摧毁一切障碍！"语气中渗出一股腾腾杀气。接着，东条英机以"拜受大诏"为题，发表对全国的讲话："胜利永存于皇威之下。"此时，在不可一世的战争赌徒们的心中只有无尽的野心和狂妄，残存的一点理智也随着美国太平洋舰队的诸多舰只一道，沉入深深的太平洋中。他们不知道他们捅的并不是小小的马蜂窝，而是只沉睡的雄狮，一只蓦然惊醒，发出震天吼叫，遮天蔽日地扑向小小日本列岛的猛狮。

No.2 历史之耻

珍珠港上空的滚滚硝烟和美国士兵的鲜血使美国国内的孤立主义一夜之间销声匿迹。次日，美国参、众两院根据总统的建议，举行紧急会议。

罗斯福镇静从容而又略显悲愤的站在台前，环视着会场，翻开随身带的一个黑皮记事本，开始宣读："昨天，1941年12月7日，一个污名长留的日子，美利坚合众国突然遭到日本帝国海空部队的蓄意进攻……"

这篇讲话历时几分钟，频频为掌声所打断。最后总统说："我要求国会宣布，自1941年12月7日星期日日本无端发动这场卑鄙的进攻之时起，合众国与日本帝国之间进入战争状态。"

他望着台下所有的人，坚定地说："我宣布，定12月7日为美国的国耻日，美国人民将永远不忘此日。"

罗斯福在如雷般的掌声、欢呼声和激烈的叫喊声中合上了记事本。这是他自担任总统以来第一次代表全体美国人民讲话。

不到1小时，参、众两院一致通过了罗斯福的宣战要求。当天下午，美国政府对日宣战。当天下午4时10分，美国签署了对日宣战书，宣布和日本进入全面战争。

12月8日，继美国对日宣战之后，英国也对日宣战。

12月9日，已经艰苦地同日军奋战了4年的中国国民党政府也正式对日本宣战，10日又对德、意宣战。

接着，澳大利亚、新西兰、加拿大等近20个国家也相继对日宣战。11日，德、意作出反

↑ 臂戴黑纱的罗斯福正在签署对日宣战书。

应，对美宣战。美国同样也对德、意宣战。

至此，战争名副其实地打成了一场世界大战。第二次世界大战也就名副其实地成了"全球战争"。

这件事对美国产生的影响，正像英国首相丘吉尔的朋友爱德华·格雷爵士在30多年前对他所说的那样："美国好像是一只巨大的锅炉。一经在它下面生起火来，它就能够产生无穷的力量。"后来的事实也证明确实如此。

英国首相丘吉尔对此高兴得老泪横流，他在得知日本偷袭珍珠港的消息之后的第一句话就是"好了！我们总算赢了。"事情完全出乎他的意料，他想不到日本人帮了他大忙。曾几何时，为把美国拖进战争，他费尽九牛二虎之力，也只搞到一个《租借法》，而日本人的行动却使美国人不得不痛下决心投入一场全球战争。当天，英国宣布同日本处于战争状态。

而希特勒却对此大为恼怒。据希特勒身边的工作人员说，他在得知日本偷袭珍珠港的消息后，暴跳如雷，在场的人被吓得目瞪口呆。希特勒始终没忘记美国的干涉对第一次世界大战结局所起的决定性作用。他认为德国征服欧洲，摧毁苏联、最后制服英国的目标是可以实现的，但必须有一个条件：美国不介入。因此他尽量不给美国以参战的借口。他在1939年9月曾向德国海军将领下达了严格的命令："任何德国潜艇不准在大西洋攻击美国船队"。但珍珠港事件使美国人终于找到了参战的借口，希特勒的世界性战略因此功亏一篑。

在那个"全球战争"的第一个夜晚，温斯顿·丘吉尔心满意足地安然入睡。夏尔·戴高乐对帕西上校说，今后"应作好解放法国的准备……"

珍珠港事变后一连几天下午，数千名死难者经过简单庄重的仪式被陆续入土安葬，每个坟前都放置着一束鲜花。一排神情严肃的陆战队士兵，对空鸣放三枪，号兵吹响了葬仪号。1942年元旦，珍珠港举行了一次追思弥撒，向死难者致敬。数百名参加者都佩戴花环，以示对亡灵的敬意。6名夏威夷少女唱起"珍重再见"的歌曲，在沉重肃穆的气氛中太平洋舰队牧师威廉·麦圭尔坚定地说："我们不是以悲哀的心情来埋葬死者，他们死时是大丈夫，入土时也是大丈夫。无论如何，我们一定要为他们报仇！"——这就是珍珠港事变之后，所有人的心声！

确实如此，就军事观点而论，日本人赢得了胜利，但在心理上，日本却输了。即使山本五十六本人是如此了解美国，他也没有料到对于这场桌面正在外交会谈、而背后却被无情痛击的事件，会引发美国如此强烈的反应。美国人的意见分歧是许多日本人预见到的，但美国人能在刹那间空前团结，却出乎大多数日本人，包括山本五十六本人和日本天皇的意料。

No.3 复仇，轰炸东京

1942年元旦，日本各大报纸扩大版面，刊登奇袭珍珠港等战地的巨幅照片，宣布自去年12月8日开战以来，不过二十几天，"皇军"便以惊人的速度取得了辉煌的战果。

正当日本朝野沉浸于"胜利"的自我陶醉之际，1942年1月14日，在太平洋彼岸的华盛顿发表了一个反轴心联合国家宣言。由罗斯福和英国首相丘吉尔签字，中国驻美大使宋子文、苏联驻美大使也在宣言上签字。第二天，澳大利亚、比利时、加拿大、荷兰等国也分别在宣言上签字。最后，参加国达到26个国家，此时，日本已成为众矢之的。

美国为了挽回太平洋战争初期的不利局面，牵制日军的进攻，决定对日本偷袭珍珠港进行报复。他们决定不惜一切牺牲，制定一个和奇袭珍珠港一样大胆的作战计划。

而这第一步，就是奇袭日本本土，而且是日本帝国的巢穴——东京。

1942年1月末，美国海军作战部部长金上将和海军参谋们周密研究了空袭日本本土的方案。该方案决定派出航母秘密前往日本海域，然后再由B－25轰炸机从航母起飞，轰炸东京等城市，然后返程降落在中国浙江、江西空军基地，而航母在B－25离舰后立刻返航。

从太平洋上的航母起飞，对相隔1,000公里之遥的东京进行轰炸，然后再飞越黄海东海到达中国境内，而且途中随时有被日军发现并围攻的危险，这个方案在当时来说，是战争史上从未有过的创举——或者叫冒险。这个任务的率领者是航空队第一流飞行员、飞行速度世界记录保持者詹姆斯·杜立德中校，而一开始，他就明白这可能是一场有去无回的赌博。

1942年4月18日早晨，美国第二十机动部队司令官威廉·哈尔西中将率领由"企业"号和"大黄蜂"号航空母舰、4艘巡洋舰、8艘驱逐舰等编成的特混舰队，全速向日本本土方向驶去。"大黄蜂"号航母搭载着16架改装的双引擎陆基B－25重型轰炸机去执行轰炸任务，飞行驾驶员共80人，由杜立德率领，去完成一项震惊世界的空袭任务。

这是一次绝密的军事行动。除了少数人外，连舰上的工作人员都不知道详细的任务。

上午6时30分，日本太平洋沿岸担任警戒任务的渔船在距离东京600公里的犬吠崎，发现向西南方向飞去的美国侦察机，渔船随即向国内报告："看见敌人飞机3架向西南飞去。"

日本海军军令部和联合舰队司令部在接到电报后，又收到其他舰艇发来的电报。

"肯定是美军的航空母舰编队！"日本防卫指挥部判断。

在得知被日军舰艇发现后，美国机动部队异常紧张。杜立德飞行队原预定在夜间袭击日本，此时已被发现，不得不改变计划，当机立断，改在白天空袭日本本土。但是此时出发，B－25将没有足够的燃油飞到中国，他们很可能会坠毁在黄海的海面上，消失在碧波之中。但是所有80名将士都毅然决定继续参加攻击，他们留下遗书，相互赠别，整齐地排列在甲板上等待起飞。

在轰炸机起飞前，哈尔西等数名军官把日本赠送的勋章交给飞行员，说："到东京上空，把这些东西如数退给那帮该死的日本人！"16架B－25起飞后，直扑东京、名古屋、横须贺、神户等城市而去。

上午7时25分，杜立德中校驾驶的第一号飞机，首先从距离东京约1,000公里的地方起飞，随后，16架飞机陆续起飞，超低空飞行，驶向日本。其中，12架飞临东京，1架飞往横须贺、横滨，2架飞往名古屋，1架飞往神户。这些飞机起飞后，特遣舰队立刻调转方向，全速向东方返航。

日本方面犯了和珍珠港遭袭前美军同样的错误，接到报警电报后，日本海军部反应迟钝，一直没有发出警报，而担任本土防御任务的防卫总司令部和东部军防卫司令部也没有发出警戒警报。第17飞行团曾派出战斗机在4,000至5,000米的高空警戒，但由于美军是超低空飞行，所以没有被日机发现。

和美军此前的错误一样，日本东部军司令部也收到过防空监视哨所的报告，说发现敌人大型飞机，但是他们也一样置之不理。

此时，美军的战机已飞临城市上空。开战以来，日本国民每天都叫嚷着"胜利了""胜利了",可是，现在美军却在以牙还牙，把重磅炸弹也投到了他们的头顶上，此时，他们才实际感受到了战争残酷的滋味。

12时15分，东京上空突然出现了美国大型轰炸机，第一颗500磅炸弹已经投下来。

轰炸是在中午工作人员下班的时候进行的。500磅炸弹一枚接一枚地呼啸着落下，按既定计划击中了主要目标。钢铁厂内顿时浓烟滚滚，东京南面的海军造船厂也遭受重创，一艘潜水艇和一艘巡洋舰被炸毁。当飞机掠过东京市时，惊得目瞪口呆的日本民众都站在那里翘望，根本想不到要躲闪。

鱼贯而入的美军轰炸机投弹后迅速返航。由于临时改变计划，许多B－25携带的燃油不够抵达中国境内，一些飞机坠入了大海之中，还有一些紧急降落在中国的日本占领区内，被日军俘获。但是还是有不少美机在下午3时左右平安地回到中国空军基地。

这次空袭，美军有意将日本皇宫划入轰炸目标之外，在杜立德飞行队出发之前，美国罗斯福总统还再三叮嘱不能轰炸天皇的宫殿。美机虽然飞临日本皇宫上空，但没有投弹。不过天皇夫妇及其子女依然仓皇地逃到防空洞去，体味到了战争的恐怖滋味。

这次轰炸的战果甚微，据统计，东京市共死亡39人，伤307人，其他城市也略有损伤，但是，轰炸给日本人的心理打击却是巨大的。美军以牙还牙，用几乎一模一样的方式回敬了日本一下。

美机袭击日本这个爆炸性新闻立刻传遍了全世界，全世界爱好和平反对侵略的人无不感到欢欣鼓舞，增强了反攻必胜的信心。

对于日本，它在政治影响、心理影响和战略方面所产生的影响大得无法估计。本军国主义者受到了当头棒喝，开始恐慌和担忧起来，日本国民的反战情绪也从此更加滋长。

但是这只是美国和世界人民还击的开始，更勇猛的反击还在后面。

日军在开战之初，在不到6个月的时间里，不断呈扇形向东南方向推进，确实有所向披靡之势，但是它这种凶猛的攻势很快就受到了抑制。因为珍珠港不彻底的胜利所带来的影响已逐渐显现：第一，美国政府和人民已很快从珍珠港失败的震惊中清醒，全国上下情绪激昂，形成了巨大的抗日浪潮；第二，太平洋舰队已从瘫痪中恢复，羽翼渐丰，并派遣特混舰队西出太平洋，形成对日本的巨大威胁。

1942年5月7日，日、美海军在珊瑚海海域遭遇，爆发了世界战争史上第一次航空母舰对航空母舰的海战。经过两天的较量，双方各有损失，基本打了个平手。6月5日，日美又爆发了中途岛海战，美军通过破译日军的密码，得知了日本的计划，并于5日10时25分，突然发动空袭，击沉了日本4艘航空母舰，在中途岛海战中取得了巨大胜利。中途岛之战也成了太平洋海战的转折点。从此，日海军的败势就一发而不可收拾。1942年8月8日至11月30日，日美海军展开了瓜岛（瓜达卡纳尔岛）海战，日军再次遭受惨败，此后，盟军在各个战场开始大反攻，日军迭遭失利，节节败退，灭顶之日已为期不远。

1943年4月13日，山本五十六决定到靠近瓜岛前线的肖特兰等岛屿去视察，以鼓舞那里官兵的士气。他出行的电报被美军截获并破译。4月18日晨，山本一行起飞前往肖特兰岛，

↑ 美国轰炸机在东京上空投下了一枚接一枚的炸弹。

一个半小时后在飞临布干维尔岛西海岸上空时，10多架美军P－38式战斗机突然出现，并对他的座机发动攻击，座机躲闪不及，中弹起火，坠入密林中。山本的遗骸直到19日黄昏才被发现。现场一片残骸，只有山本端坐在抛出的坐席上，腰间系着安全带，两手握着军刀，低垂的头向前倾着。5月21日，日本大本营正式公布山本身亡的消息，同时追授他大勋位、功一级、正三位、元帅称号。6月5日，在东京日比谷公园为他举行了国葬。

山本的黯然退场预示了日本帝国的命运，随着策划这一惊天偷袭行动的天才陨落，日本帝国也走上了穷途末路，日本法西斯的灭亡已经指日可待。